中世奥羽のムラとマチ
考古学が描く列島史

飯村 均――[著]
Iimura Hitoshi

東京大学出版会

Villages and Towns of the Ohu Region in Medieval Japan:
The History of the Japanese Archipelago as Depicted by Archaeology

Hitoshi IIMURA

University of Tokyo Press, 2009

ISBN 978-4-13-020146-9

中世奥羽のムラとマチ

目　次

図表一覧

序……………………………………………………………………………i
 1　これまでの研究……………1
 2　方法と課題……………4

<h2 style="text-align:center">I　土器と陶器</h2>

1　古代末から中世初頭の土器………………………………………10
 はじめに……………10
 1　器種構成と変遷……………11
 2　今後の研究課題……………15

2　土器の変遷………………………………………………………17
 はじめに……………17
 1　陸奥中部……………17
 2　陸奥南部1――宮城県地方――……………20
 3　陸奥南部2――福島県地方――……………23
 4　出　羽……………26
 5　煮炊具……………29
 6　調理具……………32
 7　器種組成の変遷と特質……………34

3　平泉から鎌倉へ…………………………………………………39
 1　「かわらけ」とは……………39
 2　土器をたくさん捨てること……………41
 3　平泉のかわらけ……………46
 4　鎌倉のかわらけ……………53
 おわりに……………62

4 土器から見た中世の成立 …………………………………………66

はじめに…………66
1 土器の変化と画期——連続性と非連続性—— …………66
2 土器の使用形態——連続性—— …………69
3 陶器生産とその意味——非連続性の中の連続性—— …………71
おわりに…………72

5 陶器生産 ……………………………………………………74

1 中世陶器の分類…………74
2 研究史…………78
3 編　年…………88
4 成形・焼成技法…………94
5 分布と流通…………95
6 近世窯業の成立——16世紀末から17世紀—— …………97

6 やきものから見える「価値観」……………………………100

はじめに…………100
1 東国における「袋物指向」…………100
2 「袋物指向」の源流…………105
おわりに…………107

7 古瀬戸の流通 ………………………………………………109

はじめに…………109
1 古瀬戸前期様式以前…………109
2 古瀬戸前期様式…………111
3 古瀬戸中期・後期様式…………112
おわりに…………117

II　鉄と塩

1　平安時代の鉄製煮炊具 …………………………………120

はじめに …………120
1　東国の鉄製煮炊具 …………120
2　古代の鋳鉄鋳物生産 …………125
3　把手付鉄鍋と把手付土器 …………128
おわりに …………128

2　製鉄・鋳造 …………………………………130

はじめに …………130
1　中世の製鉄遺跡 …………131
2　鋳造遺跡の存在形態 …………139
3　さまざまな工人・職人の姿 …………145
おわりに …………146

3　中世の鉄生産 …………………………………148

はじめに …………148
1　最近の研究——1990年代後半以降—— …………149
2　陸奥南部の鉄生産 …………153

4　製塩遺跡 …………………………………162

はじめに …………162
1　中世揚浜式製塩遺跡 …………162
2　近世入浜式製塩遺跡——旧新沼浦製塩遺跡群—— …………168

III　城と館

1　山城と聖地のスケッチ …………………………………182

はじめに …………182
1　中世田村荘・小野保 …………183

2　小野町猪久保城跡……………184
　　3　郡山市木村館跡……………188
　　4　山城と聖地……………194

2　南北朝・室町前期の山城………………………………………………196
　　はじめに……………196
　　1　猪久保城跡……………196
　　2　砂屋戸荒川館……………200
　　3　大鳥城跡……………201
　　4　熊野堂大館……………203
　　5　南北朝・室町前期山城の実像……………206

3　「城館」「城跡」という遺跡…………………………………………209
　　はじめに……………209
　　1　福島県川俣町河股城跡——谷に展開する遺跡群——……………210
　　2　福島県いわき市匠番柵館跡・殿田館跡——山間部の極小の山城——………212
　　3　遺跡としての「城館」「城跡」……………218
　　おわりに……………219

Ⅳ　ムラとマチ

1　中世奥州のムラ………………………………………………………224
　　はじめに……………224
　　1　ムラの様相……………226
　　2　ムラのくらしぶり……………236
　　おわりに……………237

2　ムラの「中世」，ムラの「近世」……………………………………239
　　はじめに……………239
　　1　福島県田村地方……………240

2　家・屋敷地の展開……………240
　　3　都市・宗教的な場……………253
　　4　「ムラ」の中世，「ムラ」の近世……………258

3　中世東国のムラ………………………………………………261
　　はじめに……………261
　　1　これまでのムラ研究……………262
　　2　ないものねだりの「ムラ」研究……………269
　　おわりに……………279

4　陸奥南部における中世前期の方形竪穴建物………………………280
　　はじめに……………280
　　1　これまでの研究――北東北地方の方形竪穴建物跡――……………280
　　2　調査事例……………282
　　3　陸奥南部における方形竪穴建物跡を主体とする遺跡……………290
　　4　都市「鎌倉」との関連から……………292
　　5　今後の展望……………294

5　東国の宿・市・津……………………………………………296
　　1　これまでの研究……………296
　　2　「下古館型」と「荒井猫田型」の提唱……………299
　　3　まとめにかえて……………308

6　道と「宿」……………………………………………………311
　　はじめに……………311
　　1　「道」・道跡――その構造――……………313
　　2　道に面した集落――「宿」「市」――……………316
　　3　道と潟に面した集落――「湊」「宿」「市」――……………320
　　おわりに……………324

終章　中世のムラとマチ……………………………………………327
　1　問題意識の前提……………327
　2　ム　ラ……………329
　3　マ　チ……………333
　おわりに……………336

引用・参考文献 ……………………………………………………339
あとがき ……………………………………………………………361
索　引 ………………………………………………………………367

図表一覧

図Ⅰ-1-1	陸奥南部における古代末から中世の土器変遷	12
図Ⅰ-1-2	F群土器	13
図Ⅰ-2-1	陸奥中部	18
図Ⅰ-2-2	陸奥南部（1）	21
図Ⅰ-2-3	陸奥南部（2）	24
図Ⅰ-2-4	出　羽	28
図Ⅰ-2-5	陸奥中南部・出羽	30
図Ⅰ-2-6	内耳土鍋の分布	32
図Ⅰ-2-7	瓦質擂鉢の変遷	33
図Ⅰ-2-8	陸奥南部・出羽の土器組成の変遷	35
図Ⅰ-3-1	多賀城前面の方格地割と国司館	42
図Ⅰ-3-2	山王遺跡SX543土器集積遺構	43
図Ⅰ-3-3	古屋敷遺跡遺構配置図	44
図Ⅰ-3-4	古屋敷遺跡1・2号土坑と出土遺物	45
図Ⅰ-3-5	かわらけが大量に捨てられていた井戸状遺構	47
図Ⅰ-3-6	井戸状遺構出土かわらけ	48
図Ⅰ-3-7	平泉のかわらけ編年	49
図Ⅰ-3-8	平泉で使われた陶磁器	50
図Ⅰ-3-9	東日本における12・13世紀のかわらけの分布	54
図Ⅰ-3-10	鎌倉のかわらけの変遷	55
図Ⅰ-3-11	横小路周辺遺跡出土の初期手づくねかわらけ	56
図Ⅰ-3-12	鎌倉のかわらけ溜まり（1）	57
図Ⅰ-3-13	鎌倉のかわらけ溜まり（2）	58
図Ⅰ-3-14	鎌倉におけるかわらけの大量廃棄の分布	59
図Ⅰ-3-15	鎌倉で使われた酒器	61
図Ⅰ-3-16	平安京の白色土器と鎌倉の白かわらけ	63
図Ⅰ-4-1	岩手県における10～12世紀の土器編年	67
図Ⅰ-4-2	岩手県における11～12世紀の土器編年	67
図Ⅰ-4-3	福島県大江古屋敷遺跡の大型建物跡と廃棄土坑	70
図Ⅰ-4-4	1号土坑出土土器	71
図Ⅰ-5-1	中世奥羽の陶器窯	78
図Ⅰ-5-2	出羽国須恵器系中世陶器編年	90
図Ⅰ-5-3	陸奥国水沼窯跡	91
図Ⅰ-5-4	陸奥国福島盆地周辺の中世陶器編年	92

図Ⅰ-5-5	陸奥国大戸窯跡中世陶器編年	93
図Ⅰ-5-6	窯体構造図	96
表Ⅰ-5-1	奥羽の陶器窯跡	79
図Ⅰ-6-1	平泉出土の陶磁器	103
図Ⅰ-6-2	福島県飯野八幡宮伝来常滑壺	105
図Ⅰ-6-3	大戸窯須恵器の技術伝播・流通	106
図Ⅰ-6-4	五所川原窯須恵器の分布	107
図Ⅰ-6-5	柳之御所跡　第50次調査出土　白磁四耳壺・印章	108
図Ⅰ-6-6	篠原型須恵器出土遺跡分布図	108
図Ⅰ-7-1	北海道・東北地方主要遺跡位置図	110
図Ⅰ-7-2	青森県市浦村山王坊出土四耳壺	111
図Ⅰ-7-3	北海道（道南）の遺跡出土器種組成	112
図Ⅰ-7-4	陸奥北部の遺跡出土器種組成	113
図Ⅰ-7-5.1	瀬戸製品の時期別出土量	114
図Ⅰ-7-5.2	土器・陶磁器の構成比	114
図Ⅰ-7-6	出羽・陸奥中部の遺跡出土器種組成	115
図Ⅰ-7-7	陸奥南部の遺跡出土器種組成	116
図Ⅱ-1-1	東北北部・関東地方の煮炊具，関東地方の鉄製煮炊具	122
図Ⅱ-1-2	郡山市正直A遺跡57号住居出土遺物	123
図Ⅱ-1-3	把手付鉄鍋・把手付土器	124
図Ⅱ-1-4	鋳鉄鋳物と向田A遺跡出土鋳物	126
図Ⅱ-2-1	中世の製鉄・鋳造遺跡	132
図Ⅱ-2-2	広島県大矢製鉄遺跡製鉄炉跡	133
図Ⅱ-2-3	熊本県狐谷遺跡1号精錬炉跡	134
図Ⅱ-2-4	新潟県北沢遺跡1～3号製鉄炉跡	135
図Ⅱ-2-5	新潟県北沢遺跡2号製鉄炉跡地下構造	136
図Ⅱ-2-6	福島県銭神G遺跡製鉄炉跡	137
図Ⅱ-2-7	宮城県水沼窯跡	138
図Ⅱ-2-8	大阪府日置荘遺跡景観復元	142
図Ⅱ-2-9	埼玉県金井遺跡B区鋳造遺構概念図	143
図Ⅱ-3-1	古代末～中世の製鉄遺跡の類型	151
図Ⅱ-3-2	阿武隈高地南部の製鉄炉	155
図Ⅱ-3-3	陸奥南部の木炭窯	158
図Ⅱ-3-4	宮城県大貝窯跡	160
図Ⅱ-4-1	池ノ上遺跡	164

図Ⅱ-4-2　沢田遺跡（1）……………………………………165
図Ⅱ-4-3　沢田遺跡（2）……………………………………166
図Ⅱ-4-4　沢田遺跡（3）……………………………………167
図Ⅱ-4-5　旧新沼浦入浜式製塩遺跡群………………………169
図Ⅱ-4-6　鷲塚遺跡……………………………………………170
図Ⅱ-4-7　鷲塚遺跡推定復元図………………………………172
図Ⅱ-4-8　師山遺跡（1）……………………………………173
図Ⅱ-4-9　師山遺跡（2）……………………………………174
図Ⅱ-4-10　入浜式製塩遺跡群出土遺物……………………176
図Ⅱ-4-11　旧新沼浦入浜式製塩遺跡群の消長……………178

図Ⅲ-1-1　猪久保城跡発掘調査区推定復元図………………185
図Ⅲ-1-2　猪久保城跡縄張図…………………………………185
図Ⅲ-1-3　木村館跡縄張図……………………………………189
図Ⅲ-1-4　木村館発掘調査区平場配置図……………………190
図Ⅲ-1-5　三春町西方館跡……………………………………191
図Ⅲ-1-6　木村館発掘調査区遺構変遷………………………192
図Ⅲ-2-1　猪久保城地形図・縄張図…………………………197
図Ⅲ-2-2　猪久保城東区全体図………………………………199
図Ⅲ-2-3　砂屋戸荒川館跡……………………………………201
図Ⅲ-2-4　大鳥城跡縄張図……………………………………202
図Ⅲ-2-5　熊野堂大館跡………………………………………204
図Ⅲ-2-6　熊野堂大館跡北郭…………………………………205
図Ⅲ-2-7　瀬戸遺跡跡概念図…………………………………207
図Ⅲ-3-1　河股城跡縄張図……………………………………211
図Ⅲ-3-2　河股城跡Ⅱa区……………………………………211
図Ⅲ-3-3　匠番柵館跡・殿田館跡・屹館跡位置図…………213
図Ⅲ-3-4　匠番柵館跡全体図，出土土器……………………214
図Ⅲ-3-5　殿田館跡全体図，北東谷（Ⅰ区）出土陶器……215
図Ⅲ-3-6　屹館跡概念図………………………………………217
図Ⅲ-3-7　千葉県篠本城跡全体図……………………………219

図Ⅳ-1-1　関連遺跡位置図……………………………………227
図Ⅳ-1-2　勝利ヶ岡遺跡………………………………………227
図Ⅳ-1-3　三貫地遺跡…………………………………………227
図Ⅳ-1-4　鏡ノ町遺跡A………………………………………227

図Ⅳ-1-5	郷楽遺跡	230
図Ⅳ-1-6	宮耕地遺跡	230
図Ⅳ-1-7	艮耕地遺跡	230
図Ⅳ-1-8	山口遺跡	230
図Ⅳ-1-9	鴻ノ巣遺跡	230
図Ⅳ-1-10	富沢遺跡	233
図Ⅳ-1-11	「陸奥国骨寺村絵図」に見る建物	238
表Ⅳ-1-1	鎌倉時代の村の様相	235
図Ⅳ-2-1	仲作田遺跡	242
図Ⅳ-2-2	光谷遺跡	243
図Ⅳ-2-3	西方館跡	244
図Ⅳ-2-4	馬場平B遺跡	245
図Ⅳ-2-5	主屋の比較	246
図Ⅳ-2-6	荒小路遺跡	247
図Ⅳ-2-7	宮耕地遺跡	247
図Ⅳ-2-8	宮田B遺跡	247
図Ⅳ-2-9	宮田A遺跡	247
図Ⅳ-2-10	艮耕地遺跡	247
図Ⅳ-2-11	宮田館跡	248
図Ⅳ-2-12	宮ノ下B遺跡	248
図Ⅳ-2-13	鍛冶久保遺跡(17〜18世紀)	249
図Ⅳ-2-14	主屋の比較	251
図Ⅳ-2-15	黒田遺跡Ⅰ区	254
図Ⅳ-2-16	馬場小路遺跡	254
図Ⅳ-2-17	穴沢地区遺跡主な建物の比較	255
図Ⅳ-2-18	近世追手門前通遺跡群B地点	256
図Ⅳ-2-19	主な御堂の比較	257
図Ⅳ-2-20	蛇石前遺跡(16〜20世紀)	259
表Ⅳ-2-1	福島県田村地方の「ムラ」の調査	241
図Ⅳ-3-1	北海道の和人の「ムラ」	263
図Ⅳ-3-2	出羽の「ムラ」	263
図Ⅳ-3-3	北武蔵の「ムラ」	264
図Ⅳ-3-4	上野の「ムラ」(1)	265
図Ⅳ-3-5	上野の「ムラ」(2)	266
図Ⅳ-3-6	千葉県篠本城跡	267
図Ⅳ-3-7	尾張の工人の「ムラ」	268

図Ⅳ-3-8　越後の「ムラ」……………………………………………………269
図Ⅳ-3-9　南中田D遺跡……………………………………………………270
図Ⅳ-3-10　新潟県馬場屋敷遺跡下層………………………………………271
図Ⅳ-3-11　鎌倉市佐助ヶ谷遺跡（1）………………………………………273
図Ⅳ-3-12　鎌倉市佐助ヶ谷遺跡（2）………………………………………274
図Ⅳ-3-13　福島県馬場中路遺跡……………………………………………275
図Ⅳ-3-14　山梨県大師東丹保遺跡…………………………………………276
図Ⅳ-3-15　長野県更埴条里遺跡……………………………………………277
図Ⅳ-3-16　東京都宇都木台遺跡……………………………………………278
図Ⅳ-4-1　東北地方の荘園分布……………………………………………283
図Ⅳ-4-2　関連遺跡位置図…………………………………………………283
図Ⅳ-4-3　福島県船引町台ノ前A遺跡……………………………………283
図Ⅳ-4-4　福島県会津坂下町古館遺跡……………………………………285
図Ⅳ-4-5　宮城県高清水町観音沢遺跡……………………………………287
図Ⅳ-4-6　福島県石川町古宿遺跡…………………………………………289
図Ⅳ-4-7　鎌倉市今小路西遺跡……………………………………………293
図Ⅳ-5-1　関連遺跡位置図…………………………………………………297
図Ⅳ-5-2　堂山下遺跡………………………………………………………298
図Ⅳ-5-3　山谷遺跡…………………………………………………………298
図Ⅳ-5-4　古館遺跡…………………………………………………………299
図Ⅳ-5-5　栃木県下古館遺跡………………………………………………301
図Ⅳ-5-6　観音沢遺跡………………………………………………………302
図Ⅳ-5-7　古宿遺跡…………………………………………………………303
図Ⅳ-5-8　荒井猫田遺跡……………………………………………………305
図Ⅳ-5-9　塔の腰遺跡………………………………………………………307
図Ⅳ-5-10　穴沢地区遺跡群…………………………………………………309
図Ⅳ-6-1　関連遺跡位置図…………………………………………………314
図Ⅳ-6-2　新潟県子安遺跡…………………………………………………314
図Ⅳ-6-3　福島県内屋敷遺跡………………………………………………314
図Ⅳ-6-4　埼玉県堂山下遺跡とその周辺…………………………………317
図Ⅳ-6-5　埼玉県堂山下遺跡時期別変遷図（15世紀後半～16世紀初頭）…317
図Ⅳ-6-6　埼玉県堂山下遺跡全体図………………………………………317
図Ⅳ-6-7　千葉県山谷遺跡全体図…………………………………………318
図Ⅳ-6-8　秋田県洲崎遺跡周辺の地勢と中世遺跡………………………321
図Ⅳ-6-9　地籍図等から推定される堀・道………………………………321
図Ⅳ-6-10　秋田県洲崎遺跡全体図…………………………………………321

図Ⅳ-6-11　大分県玖珠盆地の主要中世遺跡 ……………………………………325
図Ⅳ-6-12　大分県釘野千軒遺跡遺構配置図 ……………………………………326

序

1 これまでの研究

　三上次男は「Ⅰ　古代・中世と歴史考古学」〔三上 1967〕で 1960 年代の日本の歴史考古学の現状を論じている．考古学を意味する「Archaeology」はギリシャ語の「古代に関する学」という言葉に由来し，19 世紀末葉以降，「遺跡・遺物を通じて人類の過去の社会や文化を明らかにする」という「考古学」という概念となった．しかし，ヨーロッパことにイギリス・フランス・ドイツなどでは，その本来の対象は古典時代を中心とする歴史考古学にあるとする考えが根強い．また世界の考古学界では歴史考古学が主流であり，日本とはまさしく逆である．日本の近代考古学は明治 10（1877）年の大森(おおもり)貝塚の発掘に始まり，先史考古学が主流であった．その中で日本の歴史時代の考古学は，「文献史学や宗教史学・建築史学などに従属する単なる補助学のような感を呈し，独自の学的目標あるいは体系的方法論の探究に大して熱意を示さ」なかったと的確に指摘した．さらに，三上は歴史考古学の課題として，「資料の充実」と「歴史考古学の大系の樹立」さらには「全時代をつらぬく方法論の定立」にあると結んでいる．

　日本の考古学で「中世考古学」という呼称が言われ始めたのは，1960 年代からである．中川成夫は以下の指摘を行っている〔中川 1960〕．歴史研究には文献史学的研究，歴史民俗学的方法，考古学的研究方法の三方法があり，これを総合して科学的な歴史が再構成される．しかし現実の歴史界では，考古学は先史時代のみを対象にし，いわば補助学であるという理解が根強いとした．そして，「墓制・墓標の研究」「建築址の研究」「城の研究」「信仰関係遺跡・遺物の研究」「生産関係遺跡の研究」という中世考古学の研究を紹介しながら，古代以来の集落が現在までの集落と立地が同じなので中世遺跡の調査が困難であ

るが，関連諸学との協業によって成果を挙げていることを紹介し，中世考古学は「未開拓の領域であり，洋々たる前途」があり，考古学的方法に立脚し，関連諸学との研究協力が「今後とるべき唯一の方法」と明確に示している．

そして，1961年には広島県草戸千軒町遺跡の調査が開始され，1967年には福井県一乗谷朝倉氏遺跡の調査が開始され，まさに1960年代は中世考古学の「誕生」〔小野1992〕と言えよう．

1970年代以降，全国的な開発に伴う発掘調査の増大とともに，否応なく中世遺跡の調査は著しく増加し，「中世考古学」の認知度は飛躍的に高まった．その中で，1986年には福井県越前一乗谷朝倉氏遺跡の「一乗谷と中世都市 都市の構造と生活の復元」〔福井県一乗谷朝倉氏資料館1986〕が開催され，日本の中世考古学でも「都市」が主要な考古学の対象となり，前川要〔前川1991a〕などが都市研究を進め，1992年には鎌倉考古学研究所の主催で「シンポジウム 中世都市の成立と展開——鎌倉の事例を中心として——」〔鎌倉考古学研究所1994〕が開催され，さらに1993年には網野善彦・石井進・大三輪達彦が主導して中世都市研究会が発足〔中世都市研究会1994〕し，学際的な研究・交流の場が設けられ，1990年代以降は都市研究が飛躍的に進展した．

1970年代以降，日本中世土器研究会・日本貿易陶磁研究会などの研究会が次々と発足し，中世考古学は進展した．同時に，「中世史ブーム」あるいは「社会史ブーム」と相俟って，学際的研究の気運を醸成した．その中で網野善彦は，近年の中世考古学の成果と，考古学との文献史学の協力に進展をみたが，『岩波講座日本考古学』で中世考古学の本格的な論稿がないことは，市民権を完全に確立していないと指摘した．そして，文献史学では知り得ない独自の世界を中世考古学が確実に持ち，相互の限界性を見極めつつ，その資料に即した資料批判の方法——資料学——を確立することの重要性を指摘した〔網野ほか1989〕．

そして，1990年に帝京大学山梨文化財研究所で開催された『考古学と中世史研究——中世考古学及び隣接諸学から——』〔石井ほか1991〕では，「開催趣旨」で「近年，歴史考古学，特に中世考古学の著しい発展と，文献史学，民俗学等隣接諸学との学際的協同研究が進むなかで，中世史研究に多くの成果や新しい課題が生まれている．しかし，その研究体制の充実と研究方法論の確立に

はなお一層の努力が必要とされている．以上の認識にたって，今回のシンポジュウムでは，いくつかのテーマのもとに考古学にかかわる中世史研究の現状を分析し，その課題を探りながら，新たな研究方法論の確立と学際的研究体制のあり方を追求する．」と高らかに宣言され，当時の「中世史ブーム」の熱いうねりと中世考古学研究の蓄積，さらにはその学際的研究を待望した熱い雰囲気を感じさせるものであった．

　この討論の中で，五味文彦からは時期区分を含めた考古学の独自性，あるいは考古学独自の中世史像の構築，及び固有の論理に即した分析方法の確立が求められた．また，伊藤正義からは現状の学際研究が「同床異夢」であると指摘，独自の論理・方法論に磨きをかけて，学問の境界が不明瞭になる中で，他分野でも分かりやすい論理展開を求められた．

　『岩波講座日本通史』では，中世考古学の成果が大幅に取り入れられ，史料論でも「中世の考古資料」の項目が立てられた．その中で小野正敏は，考古資料は極論すれば「人・モノ・空間の関数」であり，それに何を語らせるかは研究者である．そして，考古資料は「無作為，普遍的な存在」であるが，発掘調査で資料が生成されると同時に原資料を内包していた遺跡を破壊する宿命があると指摘した．そして，モノ資料分析の方法としての形式と組成の概念を示し，モノ資料には機能論と意味論があり，そして同時に商品であったことを指摘した〔小野1995b〕．

　1960年代以降，20世紀の中世考古学の研究史を私なりに振り返ると，まさに資料の洪水の中に溺れそうになりながらも，新たな「中世考古学」の方法論を模索し，「学際的研究」の可能性を希求した時期であり，多くの分野別・地域別の研究会が毎年行われ，まさに熱気あふれる時期であった．21世紀に入る2001年に刊行された『図解・日本の中世遺跡』の序文では「毎年数万件の考古学発掘が行われている現在を考える時，その情報の洪水の中で，今一度立ち止まって，中世の考古学研究がどこまでたどりついたかを見直す」〔小野ほか2001〕と述べられている．21世紀になって，ようやく立ち止まれる状況になったとも言えよう．

2 方法と課題

　前述のように，1960年代に誕生した日本の中世考古学は，1970年代以降飛躍的な進展を遂げ，市民権を確立したと考えて良いであろう．しかし，その方法論は確立したとは言えず，学際的研究の方法が確立したとは到底言えない．当然，いまだに独自の方法論で通史を語ることはできないし，日本中世史を独自に語れる部分は多くない．

　本書は，奥羽を事例とした中世考古学研究の実践と，それと同時に研究の過程であり，中世考古学研究のある意味での現在の位置を示すことを目的としている．前述のように考古学は「遺跡・遺物を通じて人類の過去の社会や文化を明らかにする」学問であり，中世考古学も中世という時間幅――これをいつにするかも研究の対象となる――でということになる．この場合，遺跡とは主に遺構になるが，遺跡の立地・環境も含まれるであろうし，遺物は土器や陶磁器，木製品・金属製品などとなるが，当然出土状況――どこから出土したか――という情報も含まれる．

　この遺跡と遺物の研究が車の両輪となって，考古学は初めて成立する．もちろん，小野正敏の言うように何を語らせることができるかという研究者の努力が必要となる．例えば，遺物についても小野の言うように，多くの側面を持っている．それは単なる時間軸としての型式であり，組成論であり，機能論であり，意味論である．さらに言えば，本来「商品」あるいは「手工業生産品」であると言った多様な側面である．単に遺物と言っても，多様な評価の方法がある．

　本書は，これまで中世考古学が蓄積してきた多様な遺跡・遺物論，などの方法論を前提に，中世考古学から見た奥羽の中世社会の実像を明らかにしようとした試みである．それは，資料的な制約も前提にしつつ，なるべく多くの分野から多様な奥羽社会に迫ることを意識し，通史的な側面は希薄であるが，結果的に中世考古学が取り結んだ奥羽社会の実像の一端を明らかにしたい．

(1) 土器と陶器

　土器は古代末から中世・近世初頭の土器の編年を提示して，時期（時代）区分を含む時間軸を明らかにするとともに，器種組成から煮炊具・調理具を含む地域相をも明らかにし，その歴史的意味を考えた．さらに，古代後期に成立する土器の一括廃棄に着目し，土器の機能論・意味論を検討し，中世前期に平泉・鎌倉で成立する東国特有の宴会論理の形成過程を明らかにし，そこから「式三献」と呼ばれる武家儀礼が成立したと指摘した．そして，さらに土器論の視点から，古代と中世と連続性と非連続性に触れ，その時代区分論も考えた．

　東北地方の陶器生産については，研究史を詳細に再検討し，分類・編年・技術・流通を論じ，さらに中世に成立する陶器の「価値観」を考え，東国における「袋物指向」の系譜を古代後期の長頸瓶・中型甕の中域・広域流通に着目し，さらに鎌倉から平泉への中世的な「袋物指向」の継承を指摘した．さらに，東北地方における12世紀から14世紀の陶器生産研究の動向を整理し，同時に16世紀末から17世紀の施釉陶器生産に触れて，「奥羽独特の地域性」を指摘した．

　また，流通論の視点から東北地方を中心とした古瀬戸の出土状況を，出土量と組成から概観し，14世紀中頃から15世紀前半が，古瀬戸が最も流通した時代であると指摘した．

　これまでの土器や陶器の研究は，年代の「基準」としての研究や流通の研究が多く，それらは多くの成果を挙げてきた．しかし，本書では土器・陶器を用途・機能論あるいは「価値観」の視点から主に論じた．それは，ある意味で政治的な側面が見えることがわかる．

(2) 鉄と塩

　中世の鉄と塩の生産について，研究の現状について調査事例を中心に，古代から近世までを概観した．まず，古代の鉄製の煮炊具——特に把付鉄鍋——に着目して，その生産と流通，さらには土製煮炊具との関係を論じ，中世社会成立期の鋳鉄鋳物生産の重要性を確認した．

　まだ調査事例の少ない，あるいは一般に理解の乏しい，中世の製錬遺跡の調査・研究の状況を概観して，今後の課題を整理し，様々な鋳造遺跡の存在形態

を分類・整理した．また，中世に特徴的な集約的な鉄生産地のうち，陸奥南部の事例をいくつか紹介し，調査・研究の課題を整理した．

さらに同じく調査事例の少ない製塩遺跡については，太平洋側にある中世の揚浜式製塩遺跡と近世の入浜式製塩遺跡の調査事例を概観して，その構造と歴史的な意義を考えた．そして，中世と近世及び近代の画期を生産遺跡の調査・研究の立場から論じた．鉄も塩も国家史的な課題を含んでいることが示唆できた．

(3) 城　館

権力者の支配装置である城館を，民衆の側から見直したならば，どう見えるか．あるいは，「城館」が軍事施設・権力装置であるという既成概念にとらわれず，「遺跡」として見直したときにどう見えるかという試みである．

軍事施設・支配装置である山城が，実は民衆の信仰の対象である「聖地」に成立することを明らかにし，その権力の「ひ弱さ」を指摘した．さらに，南北朝期や室町時代には各地に「切岸と堀切」を主体とする山城が成立し，軍事的側面ばかりでなく生活感や政治的な側面が多く見られ，宗教勢力との関係も指摘できることがわかった．

今，遺跡として発掘調査される城館跡は，権力装置や軍事装置という一側面が強調され，それは「村」「町」「都市」あるいは「寺院」などと評価したい遺跡（城館）も少なくない．やはり，先入観を持たず，遺跡評価すべきであり，同時に城館とは何か問い直すべきであろう．

(4) ムラとマチ

「村」「村落」とは何かという定義を含めて，中世考古学におけるムラ研究は極めて低調である．しかし，ムラ研究なしに，中世考古学は中世社会を明らかにできないと考えていた．しかし，絶望的なほどムラと考えられる遺跡の調査事例が少ない．その少ない調査事例から絞り出すように，陸奥南部を始めとして東国の各地のムラの調査事例の集成・分析に努めた．そしてそれが，マチ研究の契機ともなることがわかった．

ムラ研究では，建物規模や構造あるいは屋敷地の建物構成，屋敷地の規模さ

らには立地に注目して，遺跡を類型化して，その地域性や時代性，階層性を明らかにした．また一地域を事例として，中世から近世のムラの建物の構造や柱間・柱配置・平面形に注目して，その時期や変遷を明らかにし，中世と近世の時代区分論まで論及した．また同時に，中世ムラ研究における「板壁掘立柱建物跡」の重要性を指摘した．

　さらにこのムラ研究の中で，東国に特徴的に抽出される「方形竪穴建物跡」という遺構に注目し，「宿」や「市」といった遺跡の可能性を追求したマチ研究を展開した．それは，福島県郡山市荒井猫田遺跡の調査・研究〔藤原・飯村ほか2007〕を契機とした中世のみち研究の進展と相俟って進展している〔飯村2005c〕．

　ムラ研究もマチ研究もまだその緒に就いたばかりであり，評価の分かれるところであるが，確実に進展させるべき研究と考えている．

I 土器と陶器

1 古代末から中世初頭の土器

はじめに

　東北地方における古代末から中世の土器については，奈良・平安時代土器研究の延長線上で触れられることが多く，岡田茂弘・桑原滋郎・小笠原好彦・阿部義平らの研究〔岡田・桑原1974；小笠原1976；桑原1976；阿部1986〕があげられ，いわゆる「須恵器系土器」「あかやき土器」の検討がなされている．その後1980年代にはいると，宮城県多賀城跡出土土器を検討して奈良・平安時代の土器にA〜Fの「群」を設定し，その変遷を明らかにした白鳥良一の研究〔白鳥1980〕がある．そして，特に陸奥南部地域では10世紀中頃とされるF群土器を指標とするような形で，1980年代の古代末・中世の土器研究が展開したといっても過言ではない．また，田中則和は宮城県内の平安時代の土器をⅢ期区分した編年案を示している〔田中1984〕．

　さらに岩手県平泉町の奥州藤原氏関連遺跡から出土する土器は，12世紀の土器の指標とされてきたが，その形式分類や編年は未整理な状態である．近年，大規模調査が実施されている「柳之御所」の調査成果に期待したい．13世紀以降の土器については，12〜17世紀の福島県の土器について体系的にまとめた中山雅弘の研究がある程度である．また，東北地方の「手づくねかわらけ」の意義について触れた河野眞知郎・藤原良章の見解〔河野1986；藤原1988〕や，小野正敏〔小野1984〕や工藤清泰〔工藤1988〕が指摘するような「非かわらけ文化地域」とされる北日本地域からの「手づくねかわらけ」の出土も注目され，その歴史的意義の検討も今後の課題であろう．

　一方，東北地方における中世陶器生産については北東日本海域を研究対象とした吉岡康暢の珠洲系・須恵器系中世陶器の体系的研究〔吉岡1982〕や，太平洋側では藤沼邦彦らの裳裟襷文壺を焼成した水沼窯跡〔藤沼ほか1984〕を始め

とする瓷器系陶器窯の調査・研究〔藤沼 1976・77b〕や拙稿〔飯村 1988〕などがある．吉岡はすでに一定の方向付けをしているが，今後は技術系譜論と編年の整備を課題として論じる必要があろう．その意味で，171 基の古代須恵器窯跡と 36 基の中世陶器窯跡が確認され，継続的に調査されている会津若松市大戸窯跡の調査成果〔石田ほか 1988・1990〕は，東北地方における中世陶器生産の成立と展開を考える上で，一定の解答を得られるものと注目される．

1　器種構成と変遷

　東北地方においては，これまでの研究によって 9 世紀までの土器についてはほぼ共通理解を得ているが，10 世紀以降 12 世紀の土器群，つまり F 群土器と奥州藤原氏関連遺跡出土土器をつなぐ土器群については断片的には指摘されているものの，いまだ体系的な編年研究は少ない．そこで，ここに大まかな土器変遷（図 I-1-1）を提示して，今後の課題を提起したい．今回は陸奥南部地域に限定して検討を試みている．なお，本節では「須恵系土器」「あかやき土器」「土師質土器」「須恵系土師質土器」「ロクロ土師器」と称するものを便宜的に「須恵系土器」と称し，古代以来のロクロ調整，ヘラミガキ・黒色処理の椀・杯を「ロクロ土師器」ないしは「土師器」（「黒色土器」）と称することとし，古代以来の甕の系譜を引くロクロ調整ないしはヘラケズリ調整の甕は「土師器」と理解している．

　F 群土器（図 I-1-2）〔白鳥 1980〕については，陸奥国分寺跡の調査成果による 10 世紀前半頃とする灰白色火山灰の年代との関連から，10 世紀中頃の年代が想定されている．従って，これと同時期ないしはそれ以降と推定される資料のうち一括性の高い資料を抽出したところ，越州窯青磁ないしは緑釉・灰釉陶器を模倣したと思われる椀・皿は陶磁器と同様の形式変化を辿ると推定されることや，須恵器系土器杯・足高高台の椀・皿に一定の型式変化が看取されたことのほか，土師器杯・甕や須恵器，陶磁器の共存関係，さらには器種構成の変化や法量変化から，図 I-1-1 の土器変遷を推定した．

　10 世紀後半の土器群としては福島県古屋敷遺跡 1 号土坑〔会津坂下教委 1990〕→宮城県鹿島遺跡 4 号土坑〔佐々木 1984〕の変遷が推定された．古屋敷

12　I　土器と陶器

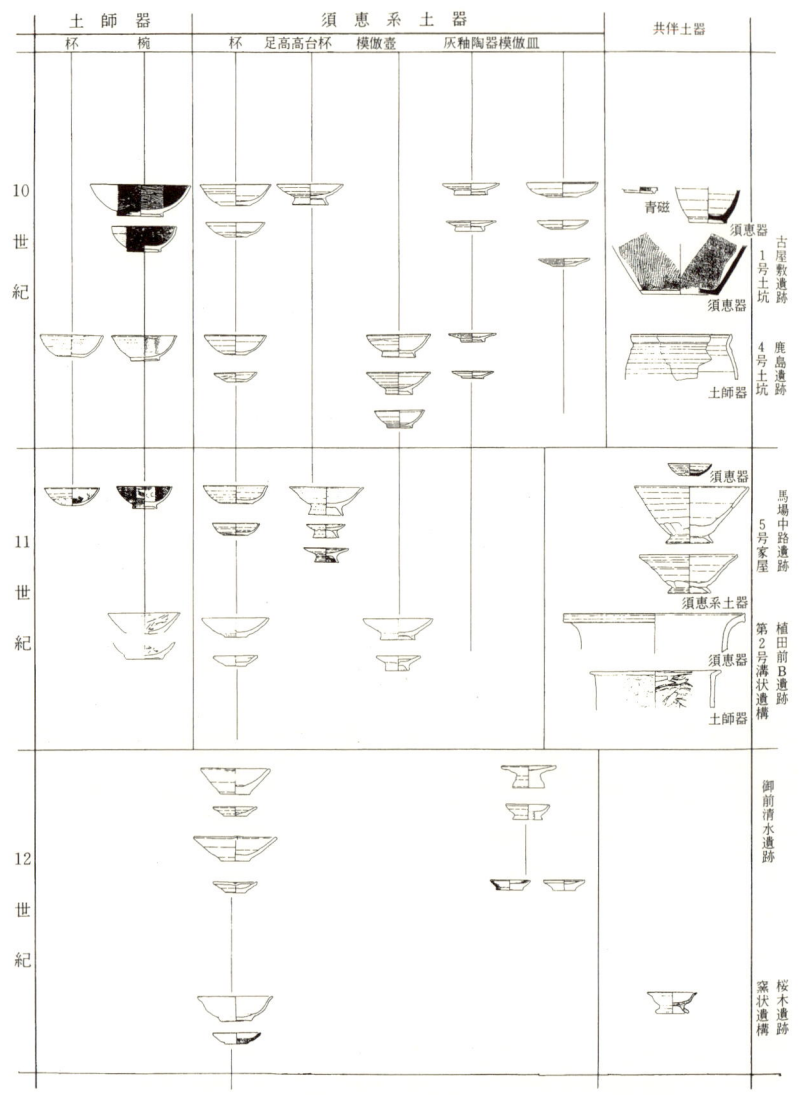

図 I-1-1　陸奥南部における古代末から中世の土器変遷

遺跡例は須恵系土器杯・皿が圧倒的であり，大小のセットを成している．折戸53号窯式期の灰釉陶器模倣皿と足高高台杯，越州窯系青磁模倣の内外面黒色処理の椀，越州窯青磁椀，大戸窯跡産と推定される須恵器長頸瓶・甕が少量見

1 古代末から中世初頭の土器　13

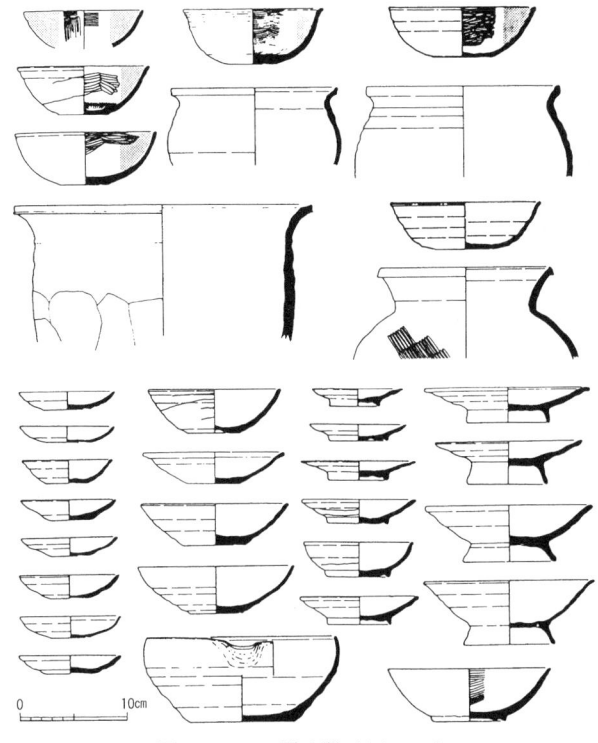

図 I-1-2　F群土器〔白鳥 1980〕

られる．模倣土器の年代観や越州窯青磁が横田・森田分類のI−2類と推定される こと，さらにはE群土器との関係から10世紀中葉を中心とした年代と推定した．鹿島遺跡例は須恵系土器杯が圧倒的で，東山72号窯式期の灰釉陶器模倣の須恵系土器椀・皿・土師器椀，土師器杯・甕が少量見られる．模倣土器の年代観などから10世紀後葉に推定した．

11世紀の土器群としては，福島県馬場中路遺跡5号家屋〔鈴木ほか1983〕→宮城県植田前B遺跡2号溝状遺構〔加藤1981〕という変遷を推定した．馬場中路遺跡例は須恵系土器杯が圧倒的で，足高高台杯・皿，百代寺窯式期の灰釉陶器模倣の土師器椀，土師器杯，須恵器杯（?），足高高台の鉢が少量伴う．模倣土器の年代観などから11世紀前半と推定した．植田前B遺跡は須恵系土器が圧倒的で，わずかに灰釉陶器模倣の土師器椀・須恵系土器椀，土師器甕，須

恵器甕(?)が伴う．模倣土器の年代観や前後の土器群の関係から，一応11世紀後半代と推定した．

　11世紀末から12世紀の土器群としては，福島県御前清水遺跡〔古川ほか1985〕，桜木遺跡窯状遺構〔柳沼ほか1983〕を取り上げた．御前清水遺跡例は一括性に問題はあるが，柱状高台の皿が含まれるのでここに取り上げた．基本的には大小の椀(杯)・皿のセットとなり，遺跡内出土資料の時間幅を考慮し，型式的に2型式に分け，北陸・甲斐・信濃などの研究から，一応11世紀末から12世紀前半の年代幅に収まるものと推定した．桜木遺跡例は土器焼成の開放窯と推定され，椀・皿の単純なセットに，金属器の六器を模倣したと推定される椀が1点伴っている．他の地域の研究から12世紀後葉の土器群と推定される．

　以上の10～12世紀の土器変遷については検討すべき余地も多く，型式変化が必ずしもスムーズとは言えず，欠落している段階や器種があることは明らかである．それを前提としつつF群土器との比較を試みると，土師器・須恵器・須恵系土器など，それぞれの器種構成が多様である点では10世紀的であるが，灰釉陶器模倣の椀・皿を見ると10世紀後半に位置付けられ，足高高台の杯を見ると10世紀後半から11世紀前半の時間幅が推定される．したがって，上限に土器研究の点からも白色火山灰の年代観に妥当性があるとしても，F群土器の下限についてやや幅があり，10世紀中葉には限定できない．つまり，東北地方各地における土器の編年研究を基に，これまで指標となってきたF群土器を再検討することが，今後の東北地方における古代末中世の土器研究の1つの課題と言えよう．

　次に，今回提示した土器変遷からは，以下のような変化を読み取ることができる．10世紀の土器群の特徴としては，①組成のなかで土師器・須恵器の減少傾向が——特に食膳具からの須恵器の撤退，②須恵系土器の出現とその組成の拡大，③「磁器指向型」土器の出現——青磁・緑釉・灰釉陶器模倣土器の普遍化，④足高高台土器の出現と展開，⑤食膳具のなかでの器種組成の多様化，⑥煮炊具の減少などが上げられ，こうした傾向は10世紀後半をピークとして，細々ながら11世紀後半まで継続し，中世的な土器に転換していくようである．11世紀前半には須恵器が消滅し，中頃には足高高台の土器も消滅し，末葉に

は灰釉陶器模倣の土器や煮炊具も土師器甕も消滅し，椀（杯）・皿の2法量のセットにほぼ限定される．

以上のような変化の傾向から，8世紀後半におけるロクロ土師器の出現という画期の次の画期を10世紀前半に考えることができ，さらに中世的土器に転換していく画期は11世紀後半に求めることができよう．東北地方は陸奥と出羽では土器様相が異なり，陸奥でも北部と中部と南部では土器様相が異なることは，古代以来指摘されているところである．したがって，こうした土器の変化と画期の普遍性・妥当性が，東北地方全般についても言えるのかどうかという検討が第2の課題となろう．それは東北地方各地における古代・中世の土器編年研究の進展と，集成が不可欠であろう．

2　今後の研究課題

陸奥南部における須恵器生産の終焉は，前述の土器変遷からも判るように，10世紀末ないしは11世紀前葉であろう．陸奥における陶器生産の初現は12世紀前半とされる宮城県水沼窯跡〔藤沼ほか1984〕であるが，これは窯構造から考えても明らかに東海地方からの技術移入である．しかし，12世紀後半に比定される福島県飯坂窯（いいざかかま）は半地下式窖窯構造であるのに，製品は瓷器系陶器の製品を指向した独特のものである．その後，恐らく福島県八郎窯跡（はちろうかま）表採資料B・C段階とされる13世紀前葉には瓷器系として完成された内容を有する生産が展開され，八郎窯跡1・2号窯跡→宮城県東北窯跡へと展開していく〔飯村1988〕．この過程で問題になるのは，飯坂窯跡の段階で須恵器系の技術がどういう系譜で導入されるかという点であり，なぜ瓷器系の技術移入が遅れたかという点である．

同様のことは大戸窯跡群についても指摘でき，上雨屋（かみあまや）64・65号窯跡は須恵器系ながら瓷器系的要素を強く具備し，赤川窯跡（あかがわかま）と類似した印象を有する〔石田ほか1988〕．しかし，既に調査された13世紀に比定される上雨屋6号窯跡は瓷器系としての完成された内容を有している〔石田ほか1990〕．上雨屋64・65号窯跡の窯構造は不明だが，須恵器系の窯構造である可能性が高い．したがって，13世紀前半段階に瓷器系に転換して行った可能性も考えられる．しかし，

その須恵器系の技術がどこから移入され，なぜその後に瓷器系の技術が移入されたのか，やはり課題となる．一方，1989年調査された南原39・40号窯跡から出土した製品の中には，瓷器系中世陶器の系譜の中のみでは理解できないものがあり，施釉陶器や木製品の「写し」の可能性も考慮する必要があろう．

次に課題になるのは，編年とその下限の問題である．陸奥南部の陶器生産については前述のように技術系譜が錯綜している上に，製品も鉢の高台の有無のように一定の方向性を辿ることは困難であり，型式変化も東海地方と同様の時間幅では考え難い．したがって一定地域——会津地方や福島県北部と宮城県南部などの単位での——窯跡群毎の編年が急務である．また，1～数郡単位での小規模な窯跡群が13世紀に存在した可能性が高いことも，消費地において産地が特定できず，編年作業を遅らせる一因となっている．

下限については編年作業が進まない以上，東海地方の編年や紀年銘資料に頼らざるを得ないが，宮城県安国寺西出土の「T字形」の口縁部を呈する甕で永和3 (1376) 年の板碑が伴出したと伝えられている〔藤沼1977a〕．これは現在知られている窯跡の製品と比較しても最も新しく，これを下限の1点と見ることができる．これ以降の中世陶器生産については皆無となり，16世紀末から17世紀初頭の山形県戸長里窯跡〔月山1986〕や，「正保」の紀年銘資料を出土した福島県岸窯跡〔福島県考古学会1990〕の近世的な施釉陶器生産に至るまで出現しない．中世後期の貯蔵具や調理具は広域流通品である常滑や瀬戸・美濃でまかなわれたほか，瓦質土器（「瓦器」）の甕・擂鉢・花瓶・香炉・火鉢・風炉などがあり，一部の風炉や火鉢を除いては在地における生産と推定されるが，東北地方ではまだその存在を確認した段階であり，その出現については瓷器系の中世陶器の終焉と関連する形で成立するかどうか，今後の課題である．

2 土器の変遷

はじめに

　陸奥南部は主に，岩手県・宮城県・福島県地方を扱い，便宜的に陸奥中部と南部を分けて呼ぶときは，前者が岩手県地方，後者が宮城県・福島県地方を指すこととする．出羽は秋田県・山形県地方として扱い，資料的な制約から地域区分は避けることとした．

　時期区分は古代後期Ⅲ期を10世紀後半から11世紀前半，中世Ⅰ期を11世紀後半から12世紀前半，Ⅱ期を12世紀後半から13世紀前半，Ⅲ期を13世紀後半から14世紀前半，Ⅳ期を14世紀後半から15世紀中葉，Ⅴ期を15世紀後葉から16世紀末，近世Ⅰ期を16世紀末から17世紀前半としている．

1　陸奥中部

　陸奥中部では，盛岡市・平泉町周辺で，良好な資料の蓄積があり，研究も盛んである〔八木1989・93；八木ほか1994；井上ほか1994；及川1994；松本1992・93・94〕．その成果を援用すると，図Ⅰ-2-1のようになる．古代後Ⅲ期の土器群として盛岡市大新町(だいしんちょう)遺跡701号竪穴住居跡の一括資料が挙げられる．丁寧なヘラミガキ・黒色処理を施した高台付椀・椀と，口径9cm強のロクロ調整，底部回転糸切りの小皿のセット〔八木ほか1983〕で，八木光則は11世紀前葉に比定している〔八木1993〕．中世Ⅰ期は，平泉町中尊寺金剛院(ちゅうそんじこんごういん)の下層から出土した一括資料が挙げられる．ロクロ調整，底部回転糸切りの椀・皿のセットで，椀は口径12～15cm，皿は9cm前後である．及川司は平泉遺跡群で比較や中尊寺創建の年代などから，11世紀末12世紀前葉に比定している〔及川1994〕．

　中世Ⅱ期の平泉遺跡群の調査による資料は多いが，ここでは柳之御所跡第

18   I 土器と陶器

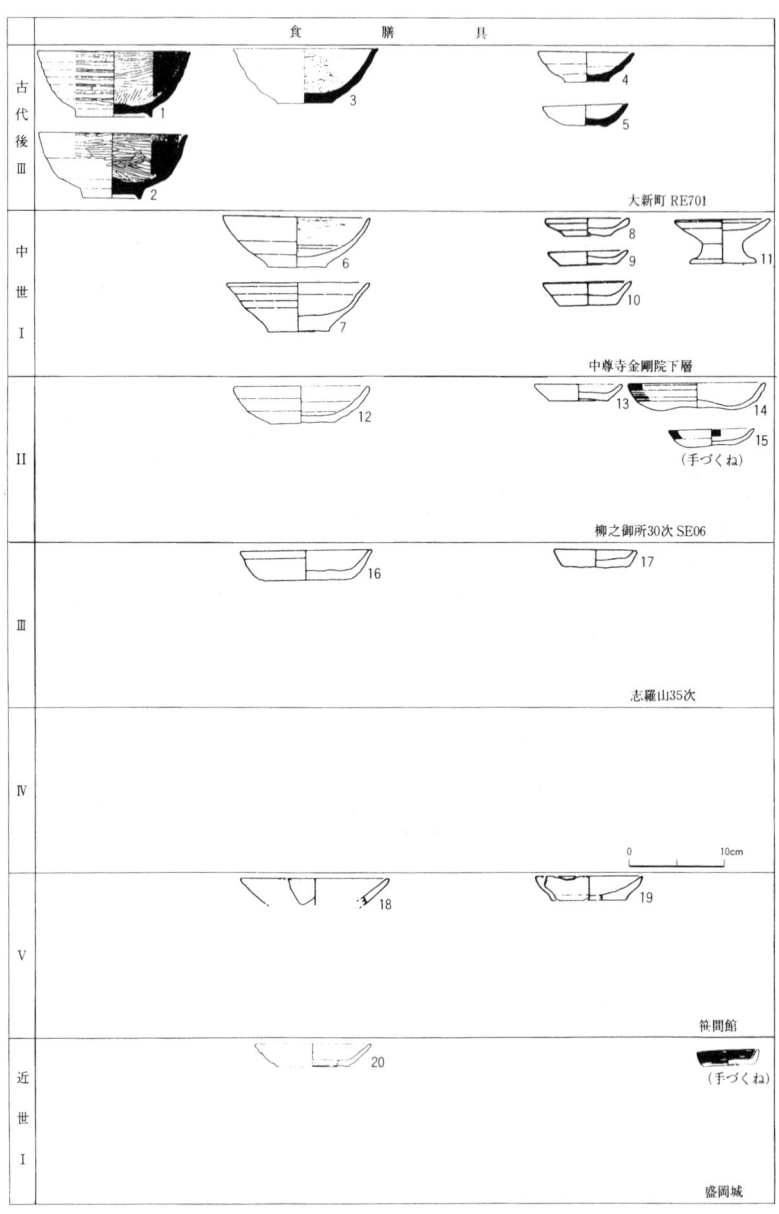

図 I-2-1　陸奥中部

30次調査の6号井戸跡出土の一括資料を挙げた．手づくねとロクロ整形の2者があり，前者が多い．手づくねかわらけはユビオサエとナデ調整により整形し，ロクロ整形のかわらけは底部回転糸切り，不調整で，底部外面に「板状圧痕」，見込みにナデ調整がある．両者とも大小2法量で構成され，口径12～16cmと7～10cmを測る．共伴した折敷底板の年輪年代測定結果から1177年は遡らないことがわかっており，1170・80年代に比定されている〔八重樫1994；八重樫・飯村1994〕．

中世Ⅲ期になると資料は少なくなり，平泉遺跡群で散見される程度であったが，最近の志羅山遺跡第35次調査で良好な資料が出土した．手づくねかわらけは全く伴わず，ロクロ整形のもののみで構成され，口径13cm前後と口径9cm前後の大小2法量で構成される．ロクロ整形で，底部に「板状圧痕」が残り，見込みにはナデ調整がある．平泉遺跡群でのかわらけの比較検討や，鎌倉との対比から13世紀後葉から14世紀前葉に推定され，藤原氏以降の平泉を考える上で重要とされている〔八重樫1995c〕．

中世Ⅳ期以降の資料は極端に少なくなり，「かわらけ溜まり」的な資料は近世盛岡城まで確認できず，拠点的な城館跡の調査例が少ないせいもあるが，生活文化の違いを感じる．その中で強いて挙げれば，花巻市笹間館があり，15世紀から16世紀前半とされ，15,000㎡を調査して十数点が出土しているのみである．手づくねかわらけも含まれるとされるが，主体はロクロ整形で，口径15cm，10～12cm，6～8cmの3法量になる可能性がある．出土量が少なく，実態は不明な点が多い〔高橋ほか1988〕．

近世Ⅰ期は盛岡城跡石垣修理に関連した調査の資料である〔室野ほか1991〕．手づくねかわらけは17世紀の層から出土し，ロクロ整形のものは18世紀後半のかわらけ集中区から出土している．「かわらけの大量使用」の1例である．

以上陸奥中部の食膳具の変遷を概観すると，中世Ⅰ期とⅢ期，近世Ⅰ期に画期を認めることができる．中世Ⅰ期の画期は古代後期にその萌芽が見られた土器の「大量使用・大量廃棄」〔吉岡1994b；村田1995〕であり，椀・皿という2器種への器種の単純化である．中世Ⅱ期には平泉遺跡群で，京都型の「手づくねのかわらけ」が大量に生産・使用され，ロクロ整形のかわらけの器形も手づくねかわらけにすり寄っていく．まさに「かわらけ大量使用」の全盛期を迎え

る．中世Ⅲ期になると「手づくねかわらけ」は消滅し，平泉遺跡群でも鎌倉型のロクロかわらけしか出土しない．しかも，出土遺跡が極端に減少することから，平泉遺跡群の衰退以降は「非かわらけ文化圏」〔小野1991〕であったとも評価できる．中世Ⅳ・Ⅴ期も出土例を探すことが困難なほどであり，近世盛岡城に至って再び「饗宴・儀礼の器」として大量廃棄が確認される．

2 陸奥南部1 ——宮城県地方——

陸奥南部のうち宮城県地方については，多賀城跡周辺を中心に図Ⅰ-2-2のように大まかな変遷を示した．古代後Ⅲ期としては多賀城跡第61次調査鴻の池地区7層の資料があり，934年前後に降下したと考えられる灰白色火山灰などとの関係から，10世紀中葉とされている〔柳沢ほか1991；柳沢1994・95；村田1994・95〕．土師器杯・椀・高台付椀，須恵系土器杯・椀・皿・高台付椀・高台付皿・足高高台付椀などの器種に加えて，土師器耳皿・甕，須恵系土器台付鉢・羽釜，須恵器杯・甕・壺などがある．須恵器系土器と土師器の比率は3：1で，須恵器・施釉陶器はわずかである．

中世Ⅰ期には植田前（うえだまえ）遺跡第2溝状遺構出土資料〔加藤1981〕が挙げられ，型式学的な検討から11世紀代に比定されている〔飯村1990；柳沢1994・95，村田1994〕．前述の陸奥中部の中尊寺金剛院下層資料との対比から，11世紀中葉以前と推定される．土師器高台付椀，須恵系土器椀・皿・高台付椀・高台付皿，須恵器甕・壺で構成され，須恵系土器が9割以上を占める．皿は口径9～10cmを測り，小形化する．同時期の資料として多賀城跡SK078・SE1066が挙げられる〔村田1995；柳沢1994・95〕．

中世Ⅱ期には多賀城跡城前地区から出土した，平泉遺跡群と同時期の資料が挙げられる〔藤沼ほか1991〕．多賀城跡政庁と南門をつなぐ道路を壊して，平場，掘立柱建物跡・土坑・溝跡・井戸跡が調査され，出土したものである．図示したものは技法・器形とも，前述の柳之御所跡出土かわらけと類似し，12世紀後半と推定される．周辺からは白磁椀Ⅳ・Ⅴ類，青磁椀龍泉窯系Ⅰ—5類，常滑片口鉢・三筋壺・甕，滑石製温石などが出土している．

中世Ⅲ期には新田（にいだ）遺跡SD1200・1202溝跡出土資料を挙げた．新田遺跡は中

2 土器の変遷

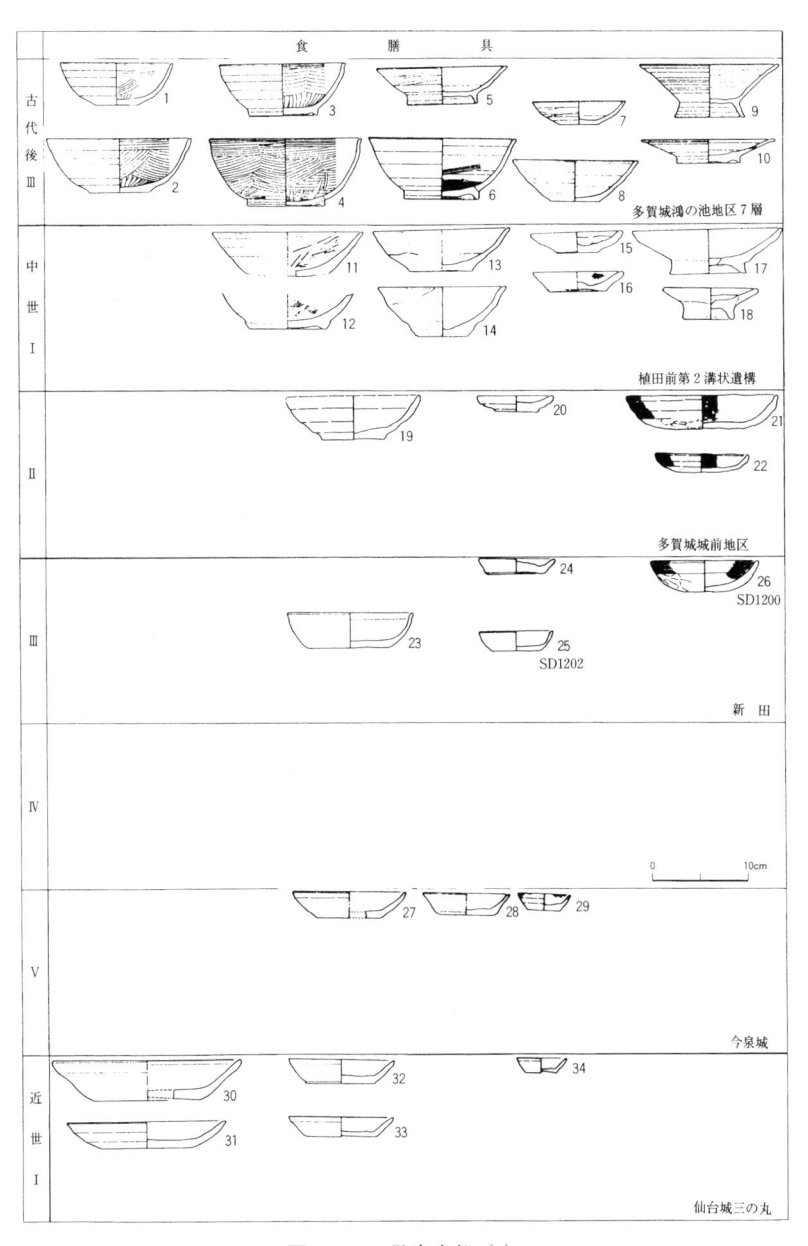

図 I-2-2 陸奥南部（1）

世陸奥府中に関わる在庁官人の館群で，その区画溝跡から出土している．伴出遺物は瓷器系陶器甕・鉢，青白磁合子，青磁椀同安窯系Ⅰ類，青磁椀龍泉窯系Ⅰ―2・4・5類，龍泉窯系青磁盤・酒会壺などであり，13世紀から14世紀前半に機能した溝跡とされている〔千葉ほか1990〕．かわらけには手づくね整形とロクロ整形の2者があり，器形的には類似性が強い．ロクロ整形のものは見込みナデ調整や，底部外面に板状圧痕が残る．手づくねかわらけは地域性が強いが，ロクロ整形かわらけは鎌倉型の東日本通有の器形である．

　中世Ⅳ期の確実な資料は公開されていないが，松島町円福寺跡（瑞巌寺）〔新野1992・93〕や名取市熊野堂大館跡〔恵美1992・93〕などで検出されている．かわらけの使用形態の変化については不明だが，拠点的な遺跡では一定量使用されたことが確認できる．地域支配の拠点が沖積地から丘陵部へ変化したことが，調査・検出事例の少ない要因と考えている〔飯村1995a〕．中世Ⅴ期は今泉城跡1号溝跡出土資料を挙げた．1号溝跡は伴出遺物から16世紀後半から17世紀前半とされ，近世Ⅰ期の資料も含まれる．かわらけはロクロ整形，底部回転糸切りのもので構成され，大量使用・大量廃棄などの使用形態は認められず，灯芯痕・煤付着のある資料が認められ，使用形態の変化が看取される〔佐藤ほか1983〕．近世Ⅰ期のかわらけと器形・技法が類似し，継続性がわかる．

　近世Ⅰ期は仙台城三の丸跡Ⅱ区6・9号土坑出土資料を挙げた．1601～37年のゴミ穴とされ，出土遺物も17世紀前半と考えられる．ロクロ整形，底部回転糸切りで，20cm・11cm・5cm前後の3法量に分かれ，二枚重ねで灯明皿として使用されたものとされている．調査区には茶室の存在が推定され，茶室の灯明皿及び風炉の「前かわらけ」の可能性が指摘されている〔佐藤ほか1985〕．

　以上，陸奥南部――宮城県地方――の食膳具の変遷を概観すると，中世Ⅰ期と中世Ⅳ期に大きな画期を見出すことができる．中世Ⅰ期には土師器・須恵器や灰釉陶器模倣の器種が撤退し，椀・皿の2器種・1法量に単純化し，大量使用・大量廃棄が行われている．ただし，植田前遺跡段階では，土師器・須恵器や灰釉陶器模倣の器種がごく少量残り，古代の終末と見ることも可能である．おそらく，これに後続する時期に中世的な器種構成が完成されるものと推測され，11世紀後半に画期を置くことができる．さらに，中世Ⅱ期には「手づくねかわらけ」の導入と，ロクロかわらけとの器形の互換性という変化が認めら

れる．この「手づくねかわらけ」の導入にあたっては，その類似性から陸奥府中と奥州平泉政権との関係が示唆される．中世Ⅳ期の画期は資料が未発表で明確にできないが，技法・法量的な変化と，使用形態の変化――灯明皿へ――としてとらえることが可能である．近世Ⅰ期への変化の萌芽をみることができる．

3 陸奥南部2 ――福島県地方――

　陸奥南部のうち，福島県地方について中山雅弘による体系的な研究〔中山1985・88・92〕があり，それに拠りつつ新資料を中心に概観したい（図Ⅰ-2-3）．古代後Ⅲ期には馬場中路遺跡5号家屋出土資料を挙げた．火災家屋で一括性の高い資料である．土師器杯・高台付椀，須恵系土器椀・杯・皿・高台付皿・高台付椀・高台付鉢である．須恵系土器が9割以上を占め，図Ⅰ-2-1の変遷を参考に，11世紀前半と推定した〔飯村1990〕．
　中世Ⅰ期の資料として，桜木(さくらぎ)遺跡窯状遺構の一括資料が挙げられる．椀・皿の2器種と，六器模倣と考えられる高台付小椀1点のみが伴う．11世紀後葉に推定され，平窯の可能性が指摘されている〔柳沼ほか1983〕．椀は形態的に白水阿弥陀堂(しらみずあみだどう)境内域出土資料に類似し，12世紀に下る可能性も指摘されている〔中山1985・88〕．皿についても口径約10cmと大きめで，器形を考慮しても，型式学的に図Ⅰ-2-1の植田前遺跡を遡る可能性はない．したがって，中世Ⅰ期の土器群と判断した．
　中世Ⅱ期としては，荒小路(あらこうじ)遺跡〔大越ほか1985〕と艮耕地(こんこうち)A遺跡2号溝跡出土資料〔押山ほか1985〕を挙げた．手づくねとロクロ調整のかわらけが共存し，型式的には荒小路例が先行する可能性が高い．ロクロ調整のものは板状圧痕や見込みナデが残り，鎌倉型の東日本通有の形態となっている．手づくねかわらけは，荒小路例は京都的な技法・形態を相対的に残しているが，艮耕地例はすでに地域色が強い形態・技法となっている．法量的には11cm前後と8cm前後の2法量に分かれる．
　中世Ⅲ期として新宮(しんぐう)城跡出土資料が挙げられる〔鈴木ほか1974〕．ロクロと手づくねかわらけの2者があり，ロクロ整形のものは底部回転糸切り，見込みナデ，板状圧痕が観察される．器形的には鎌倉型の東日本通有の器形といえる．

24　I　土器と陶器

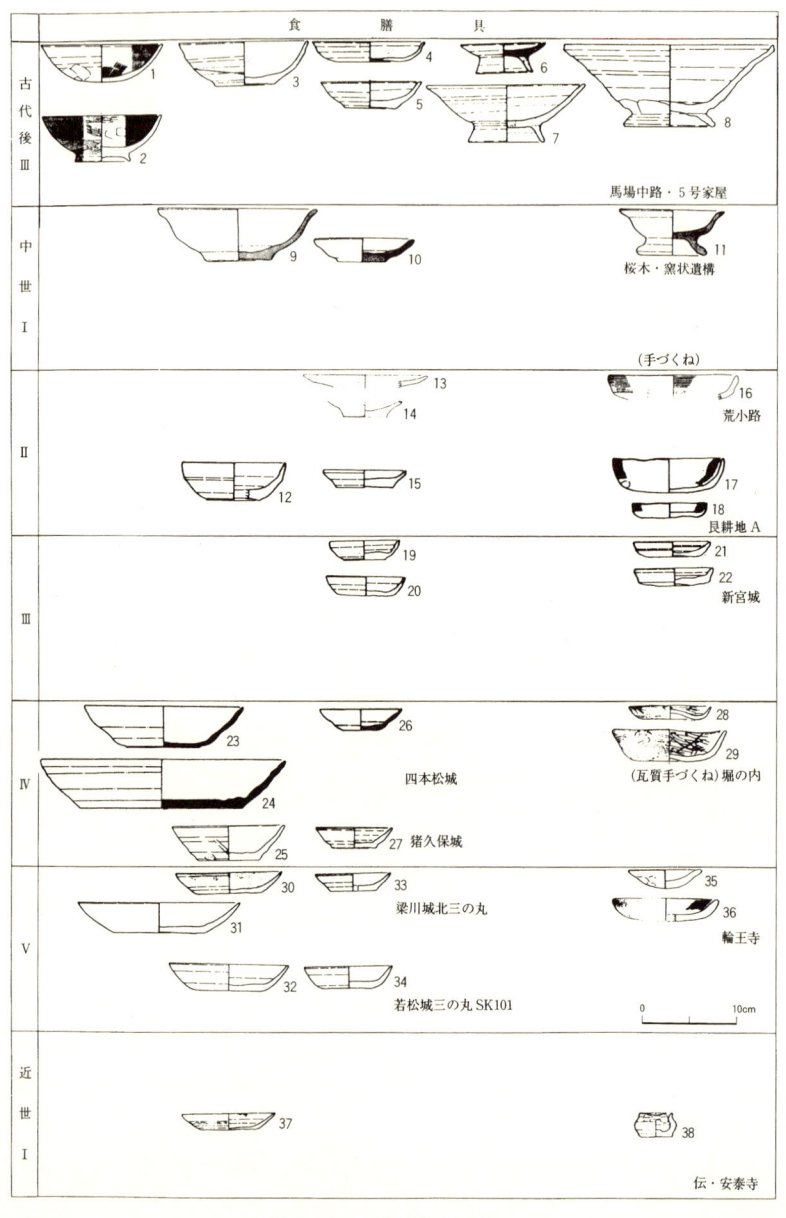

図I-2-3　陸奥南部（2）

手づくね整形のものは，地域色が強い形態・技法で，ロクロ整形のものと器形的に互換性がある．法量的には 8cm 前後の小皿しか確認できない．伴出遺物から 13 世紀後半の可能性を考えている．

中世Ⅳ期は資料が比較的豊富で，ここでは四本松城跡〔鈴木ほか 1976〕・猪久保城跡〔飯村ほか 1994〕の山城跡と，堀ノ内遺跡〔高橋ほか 1992〕という墓地を挙げた．四本松城跡は文献史料や型式学的な検討から 15 世紀前半から中頃に比定され，中山〔中山 1988〕によっても追認されている．猪久保城跡は出土遺物から 14 世紀後葉から 15 世紀前半に限定できる山城跡で，型式的にも斉一性が高い．両山城跡はロクロ整形のかわらけのみで構成され，底部の板状圧痕や見込みナデの手法は全資料に見られなくなり，祭祀儀礼用の灯明皿として使用された個体が散見される．法量的には 12～16cm 前後と 8cm 前後の 2 法量を基本として，25cm 前後の大型のものが希に伴う．同時期の良好な事例としては，南古館跡〔市川 1988〕・荒川館跡〔中山ほか 1985〕がある．

また，堀の内遺跡では墓坑・火葬所が調査され，手づくねかわらけが少量出土している．高橋信一は周辺からの出土遺物から 15 世紀前後と推定し，筆者は京都の「へそ皿」を意識した器形であることから，15 世紀前半と推定した．口径 13cm 前後と 7cm 前後の 2 法量に分かれ〔鋤柄 1995b〕，胎土はロクロ整形のものと異なり，砂粒を含まない緻密な胎土で，暗灰色を呈する．器面には指頭圧痕や丁寧なユビデ調整が観察され，器形的には前代の手づくねかわらけの系譜を引くが，底部中央を意図的に盛り上げており，京都の「へそ皿」を意識しつつ，新たな技術導入がなされないまま，従来の技術で製作されたことが看取される．三春城下町などで類例（平田禎文教示）が見られ，中世田村郡内では田村氏が一定のかわらけ生産者を掌握して，供給していた可能性が指摘される．それは田村氏が熊野先達職を在地支配の根本としていた〔小林 1975〕ことと関わるかも知れない．

中世Ⅴ期としては，梁川城三の丸跡〔目黒ほか 1993〕や会津若松城三の丸跡〔柳内ほか 1986〕，輪王寺跡〔寺島ほか 1989〕が挙げられる．梁川城跡北三の丸跡は戦国大名伊達氏の居城であり，伴出遺物から 15 世紀後半から 16 世紀前半に比定されている．ロクロ整形のみで構成され，底部の板状圧痕や見込みナデが見られなくなり，灯明皿として使用されたものが多数を占める．口径

16cm 前後と口径 11cm 前後，口径 8cm 前後の 3 法量に分かれ，大中小 3 法量となる．同時期と考えられる伊達氏関連の寺院である輪王寺跡では，瓦質の手づくねかわらけが出土しており，注目される．口径 11cm と 7.5cm を測り，京都の「皿 C」の模倣と推定され，16 世紀前半に比定される〔鋤柄 1995b〕．胎土から在地産と推定され，瓦・瓦質土器工人が注文に応じて，器形のみ京都型を意識した手づくねかわらけを製作したものと推測される．会津若松城三の丸跡 101 号土坑出土資料は，伴出陶磁器から 16 世紀末から 17 世紀前葉に比定される．ロクロ整形のみで，底部からやや丸みを持って立ち上がり，直線的に口縁部に至る器形である．口径 12cm 前後と 9cm 前後を測り，ほとんどが灯明皿として使用されている．

近世 I 期としては伝・安泰寺(あんたいじ)出土資料〔飯村ほか 1984〕を挙げた．ロクロ整形の口径約 10cm 前後の皿で，すべて灯明皿として使用されている．文献史料などから 17 世紀中葉から後半に比定されている．伴出遺物として灯明具である片口小壺があり，田村地方や会津地方で類例が見られる．近世 I 期の資料は白河(しらかわじょう)城跡や三春城下町などの近世城郭や城下町での調査例が急増しており，良好な資料が公開されるものと期待される．

以上陸奥南部のうち，福島県地方の食膳具の変遷を概観した．中世 I 期と中世 IV 期には画期が認められる．中世 I 期には土師器や灰釉陶器模倣器種が消滅し，椀・皿の単純な器種構成が完成し，古代後期と中世を画する．中世 IV 期には中世前期的な製作手法──板状圧痕と見込みナデ──が目立たなくなり，灯明皿としての使用が多くなる．ここにも画期を見出すことができる．また，近世 I 期には「かわらけ＝灯明皿」となり，用途も限定されてくる．中世 III・IV に見られた大型器種は消滅し，ほぼ 2 法量に限定される．胎土は均質で，器壁が薄く，ロクロ整形痕も斉一性が高くなる．やはり画期と評価できる．

4 出 羽

出羽については体系的な研究がなく，断片的な資料をつなぐ形となるが，変遷を概観したい．古代後 III 期としては秋田県内村(ないむら)遺跡 16 号土坑出土資料が挙げられ，10 世紀中葉から後半に比定されている〔畠山 1981；利部 1995〕．浅い

土坑内から150点以上の土器が出土し,「饗宴儀礼」による一括廃棄の可能性が高い.器種は土師器杯・甕・高台付椀,あかやき土器杯・高台付椀・皿・高台付皿,須恵器長頸瓶・壺・甕である.

中世Ⅰ期としては秋田県エヒバチ長根窯跡〔桜田1990〕,矢立廃寺〔板橋ほか1987〕が挙げられる.エヒバチ長根窯跡は珠洲系陶器窯跡で,珠洲Ⅰ期に比定され,12世紀後半とされている〔吉岡1994a〕.1トレンチから出土したロクロ整形の椀・皿も陶器ではあるが,かわらけを模したものと判断し,ここに示した(図Ⅰ-2-4).口径13cm前後の椀と口径8cm前後の皿が確認されている.矢立廃寺出土資料はロクロ整形と手づくねの2者があり,器形・法量的に互換性がある.口径14〜15cmと口径8cm前後の2法量の皿で構成される.前述の陸奥平泉遺跡群出土資料に類似することや伴出の陶磁器から12世紀中葉から後半に比定されている.

中世Ⅱ期としては山形県大楯遺跡〔伊藤1988;伊藤ほか1989;佐藤ほか1991〕が挙げられる.遊佐荘の荘家に関わる遺跡であり,12世紀後葉には成立し,13〜14世紀に中心がある.ロクロ整形と手づくね整形の2者があり,器形・法量的に互換性がある.器形的には鎌倉型の東国通有のものである.両者とも口径11〜13cmと口径7〜9cmの2法量の構成となる.

中世Ⅲ期としては秋田県大畑桧山腰窯跡〔長山1992〕と山形県須走遺跡〔佐藤ほか1974b〕を挙げた.檜山腰窯跡は珠洲系陶器窯跡で,珠洲Ⅱ期に比定されている〔吉岡1994a〕.陶器であるので「かわらけ」と同一視できないが,形態的に類似性があるものと判断し,ここに示した.すべてロクロ整形で,口径12cm前後と口径8〜9cmの2法量で構成される.須走遺跡は鎌倉時代の遺跡で,手づくね整形の口径10〜11cmのかわらけを出土しており,参考に示した.

中世Ⅳ期の資料はほとんど確認できず,山形県横川遺跡〔佐藤ほか1974a〕を参考に示した.鎌倉時代を中心とする遺跡から出土したが,伴出した珠洲片口鉢の年代観や型式的な推定から,ロクロ整形の口径約8cmの小皿1点を示した.底部には板状圧痕が残り,灯明皿として使用されている.

中世Ⅴ期として山形県藤島城跡2次調査の資料を挙げた〔伊藤ほか1990〕.ロクロ整形と手づくね整形のかわらけがあり,ロクロ整形のものは口径15cm前後と8cm前後の2法量である.器壁が薄く,器高が低い偏平な器形で,体部

28　I　土器と陶器

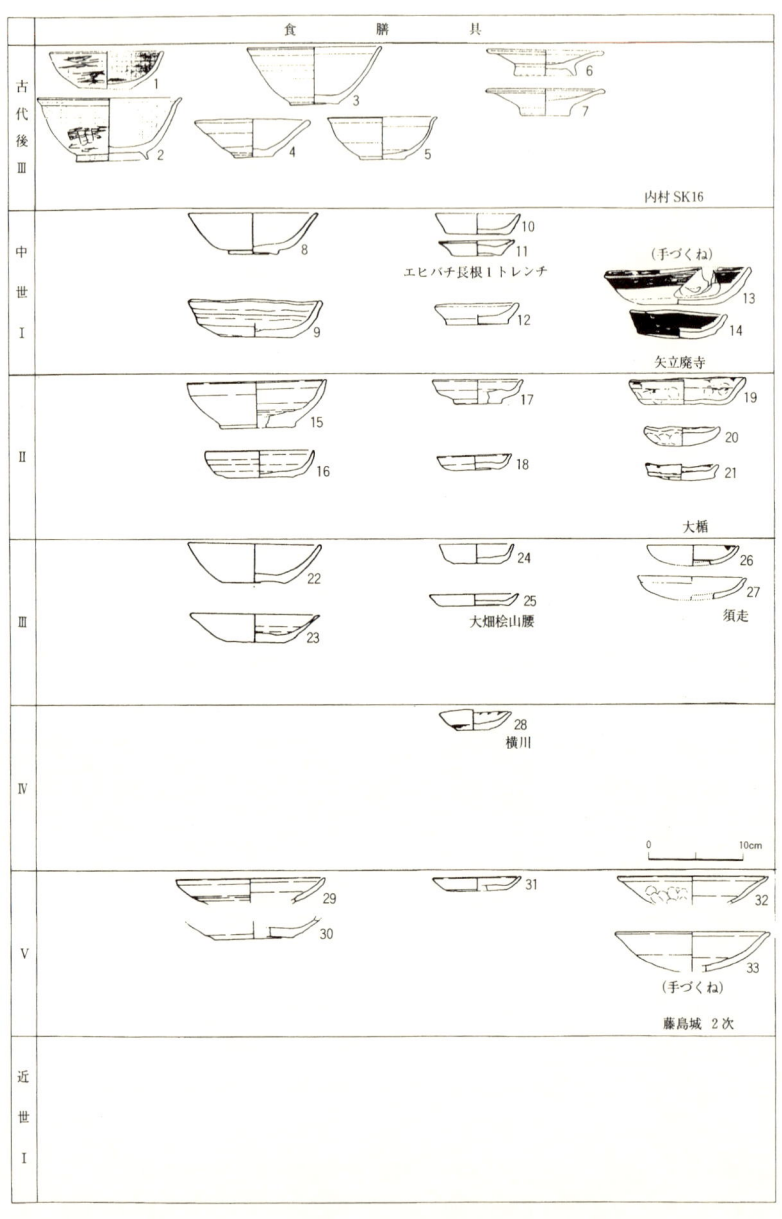

	食膳具		
古代後Ⅲ	1, 2, 3, 4, 5	6, 7	内村SK16
中世Ⅰ	8, 9	10, 11, 12 エビバチ長根Ⅰトレンチ	(手づくね) 13, 14 矢立廃寺
Ⅱ	15, 16	17, 18	19, 20, 21 大楯
Ⅲ	22, 23	24, 25 大畑桧山腰	26, 27 須走
Ⅳ		28 横川	
Ⅴ	29, 30	31	32, 33 (手づくね) 藤島城 2次
近世Ⅰ			

0　10cm

図Ⅰ-2-4　出　羽

に丸みを持つ特徴がある．手づくね整形のかわらけは口径17cm前後を測り，1法量のみであるが，器形や口縁部の処理は京都のかわらけに類似し，「皿C」の16世紀前半の資料に類似する〔鋤柄1995b〕．天文年間前後に汎東日本的に拠点的な城郭に，京都型手づくねかわらけが流入する時期に符合し，注目される〔服部1995；服部実喜教示〕．近世Ⅰ期には資料を見出すことができなかった．

　以上，出羽の食膳具の変遷を概観すると，中世Ⅰ・Ⅳ期に画期を見出すことができる．中世Ⅰ期には土師器・須恵器，灰釉陶器模倣器種などの古代的な器種の消滅と，椀・皿という2器種への器種の単純化である．中世Ⅳ期はかわらけの使用形態の変化と，出土事例の減少があり，中世Ⅴには新たな京都型手づくねかわらけが成立する．したがって，中世Ⅳ期を画期ととらえておきたい．

　陸奥中・南部，出羽の食膳具の変遷を通して，中世Ⅰ，Ⅳ期の画期を認めうる．中世Ⅰ期は器種構成上も中世的な食膳具の成立期であり，中世Ⅰ～Ⅲを通じて，饗宴儀礼のためのかわらけの大量使用・大量廃棄が一定程度認められる時期である．器形・法量・技法とも地域を越えて斉一性が強い．京都型かわらけとの互換性も認められる．中世Ⅳ期にはかわらけの使用形態が変化し始め──灯明皿化，技法的には「底部板状圧痕＋見込みナデ」が消失し始め，法量も3法量に大中小となる地域もある．また，出土の絶対量や出土遺跡数が減少する．中世Ⅴ期には京都型手づくねかわらけの再流入があるが，近世への胎動は始まっている．

5　煮炊具

　陸奥南部と出羽の煮炊具の変遷については，資料的な制約から一緒に扱うこととする．また，変遷を理解する上で必要な他地域の資料については，適宜使用した．中世の煮炊具については，越田賢一郎〔越田1984〕，浅野晴樹〔浅野1991〕，五十川伸矢〔五十川1992a〕などの優れた研究があり，それを基本に伴出遺物を考慮して，変遷を推定した（図Ⅰ-2-5）．

　古代の鉄製煮炊具の普及については，既に述べた〔飯村1994c〕ので詳述はしないが，基本的に古代後期の煮炊具としては土師器甕がある．そして，金属製煮炊具としては五十川分類の「鍋Ⅰ」，把付鉄鍋，羽釜などを想定している．

30　I　土器と陶器

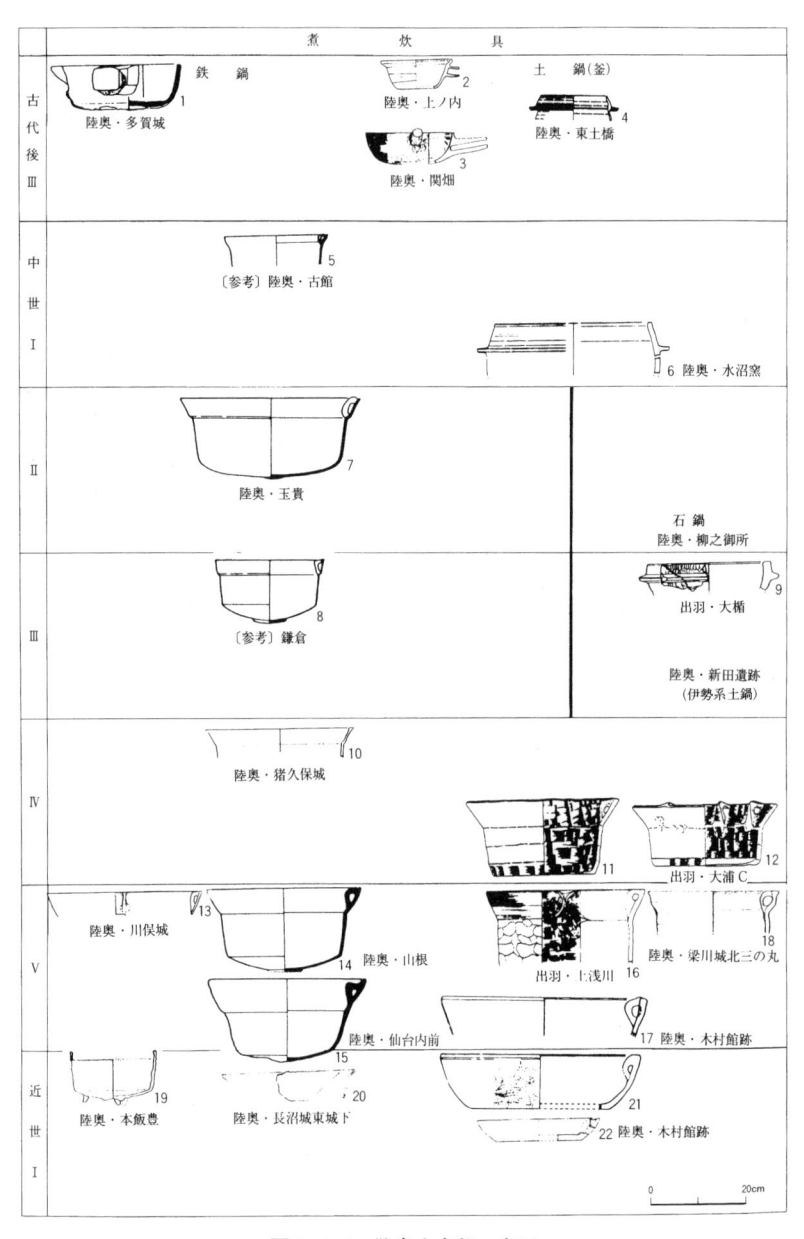

時代	煮炊具
古代後Ⅲ	鉄鍋　1 陸奥・多賀城　2 陸奥・上ノ内　3 陸奥・関畑　　土鍋(釜)　4 陸奥・東土橋
中世Ⅰ	5 〔参考〕陸奥・古館　　6 陸奥・水沼窯
Ⅱ	7 陸奥・玉貴　　石鍋　陸奥・柳之御所
Ⅲ	8 〔参考〕鎌倉　　9 出羽・大楯　　陸奥・新田遺跡（伊勢系土鍋）
Ⅳ	10 陸奥・猪久保城　　11　12 出羽・大浦C
Ⅴ	13 陸奥・川俣城　14 陸奥・山根　16 出羽・上浅川　18 陸奥・梁川城北三の丸　15 陸奥・仙台内前　17 陸奥・木村館跡
近世Ⅰ	19 陸奥・本飯豊　20 陸奥・長沼城東城下　21　22 陸奥・木村館跡

0　　20cm

図Ⅰ-2-5　陸奥中南部・出羽

それと同時に，それを模した土製煮炊具がある．それは「鍋Ⅰ」を模倣した土製煮炊具として福島県鍛冶久保遺跡例〔飯村ほか1993b〕，把付鉄鍋を模倣した福島県関畑遺跡例〔渡辺ほか1982；鈴木1992〕・上ノ内遺跡例〔中山ほか1994〕，羽釜を忠実に模倣した福島県東土橋遺跡例〔山中1995〕である．こうした事例は遺存しにくい金属製煮炊具が一定の階層に，一定量普及していたことを如実に物語っているといえる．

　中世Ⅰ期になると陸奥北部で内耳鉄鍋が成立し，火処の変化と相俟って，以後の東国の煮炊具の主力となる．中世Ⅰ期の遺跡自体が少ないので事例は少ないが，渥美窯から技術導入がなされて成立した宮城県水沼窯跡〔藤沼ほか1984・1992〕では，羽釜が生産されている．もちろん，渥美窯から単純に器種構成も移入された可能性があるので問題はあるが，一定の需要があった可能性も視野に入れておきたい．中世Ⅱ期には岩手県柳之御所跡でみられるような内耳鉄鍋と石鍋があり，石鍋は長崎県西彼杵半島の産とされ，搬入品である．中世Ⅲ期にも内耳鉄鍋は当然存在すると推定されるが，図示可能な資料がない．また，山形県大楯遺跡の石鍋や宮城県新田遺跡の伊勢系土鍋〔千葉ほか1992〕のような特殊な搬入品も見られ，都市鎌倉的な遺物とも言える．

　中世Ⅳ期になると，内耳鉄鍋とともに，それを模した内耳土鍋が成立する．瓦質のものは少なく，土師質のものが多い．この内耳土鍋は中世Ⅳ・Ⅴ期，近世Ⅰ期まで存続し，次第に焙烙化する〔松本ほか1992a〕か，消滅する．この内耳土鍋の分布を図Ⅰ-2-6で見ると，米沢盆地から福島盆地，福島県の中通り中・北部にほぼ限定でき，戦国大名伊達氏の領国と重なる点が，偶然とは考え難い．内耳鉄鍋は口径約30cm前後のものが多く見られ，耳の位置や口縁部の形態がやや変化しながら，近世Ⅰ期まで存続する．湯口は「丸湯口」がほとんどである．16世紀末から17世紀前葉には福島県本飯豊遺跡例〔本間ほか1993b〕のような吊耳鉄鍋が出現してくる．口径17cm前後と小型で，吊耳が2箇所，棒状の三足が付く．丸湯口である．

　以上煮炊具の変遷を概観すると，中世Ⅰ・Ⅳ期に画期が認められる．中世Ⅰ期は内耳鉄鍋の成立期であり，Ⅱ・Ⅲ期を通して，様々な材質・器形の煮炊具が採用されては消えていく．しかし，中世Ⅳ期になると，内耳鉄鍋とその模倣品である内耳土鍋の2種にほぼ限定されて，近世Ⅰ期まで継続する．鉄鍋はⅣ

32   I 土器と陶器

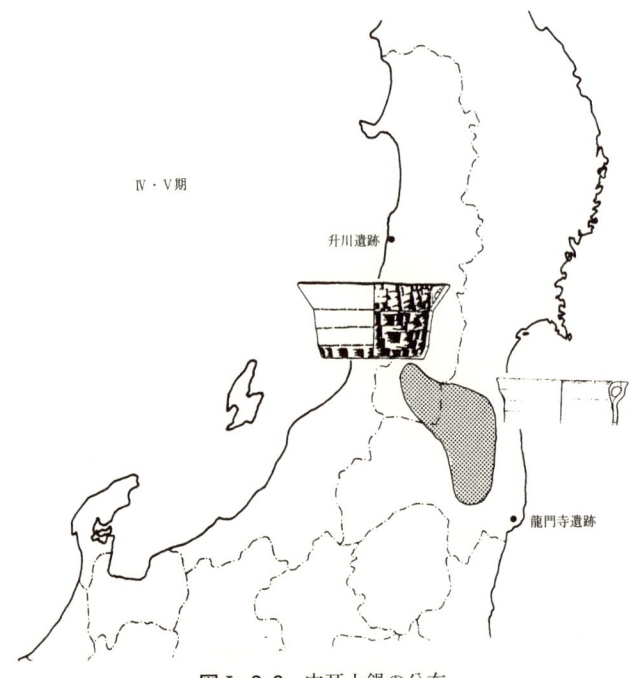

図 I-2-6 内耳土鍋の分布

期以降,器形・法量的にも斉一性が強くなり,型式的な変化を遂げる.この時期により安定的な量産体制——大規模生産地——が確立した可能性が指摘できる.また,土製煮炊具が内耳土鍋に限定されることも,それと表裏を成した現象と考えている.

6 調理具

中世IV・V期,近世 I 期を通じて,陸奥・出羽では瓦質擂鉢が一定量存在する.陸奥南部や出羽の米沢盆地周辺で見る限り,瀬戸・美濃の擂鉢より多い.在地産擂鉢は基本的に瓦質で,中世IV期には成立する.形態変化に乏しいが,口径30cm前後を測り,やや内湾する体部で強く外に張り出す口縁端部を有するものから,直線的に「ハ」字形に開く体部から張り出しの少ない口縁端部を有する形態へ変化する.近世 I 期には仙台城三の丸跡出土例〔佐藤ほか1983〕

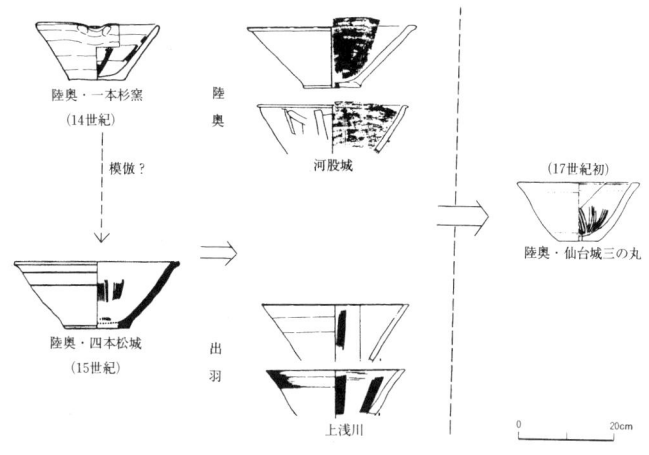

図 I-2-7　瓦質擂鉢の変遷

のように，小型化し，矮小化した形態になる（図 I -2-7）.

　この瓦質擂鉢のモデルについてはにわかに断定し難いが，前代の瓷器系陶器生産〔飯村 1988・92・95b〕での片口鉢の生産を考慮すると，その系譜を引くものと考えるのが素直である．しかし，その終末段階と考えられる宮城県一本杉窯跡〔早川 1992・93：菊池逸夫教示〕でも，卸目を施す片口が少ないことや口縁部形態の違いなどは，やや問題とはなるが，材質の違いや型式差などとして捉えることが可能であり，その系譜関係を指摘しておきたい．こうした独特の擂鉢のほかに，瀬戸・美濃大窯期の擂鉢を模倣したものが，少数例見られる〔松本ほか 1992：本間ほか 1993b〕．

　瓦質擂鉢は陸奥から出羽に普遍的に分布するが，その中でも出土量が多いのは，福島・米沢盆地，郡山・田村地方であり，内耳土鍋と同様に，戦国大名伊達氏の領国であり，その関連が想起される．在地産擂鉢は基本的に瓦質であり，瓦工人との関連が考えられる．福島県伊達地方では伊達氏による寺院造営が盛んになる中世IV期に，瓦生産が隆盛することは既に指摘しており〔寺島ほか 1991b〕，その時期に軌を一にして瓦質土器生産が開始されることは，その関連を如実に物語っている．

　近世 I 期の事例ではあるが，宮城県大沢窯跡では 1650 年前後に松島瑞巌寺に供給された瓦の捨場が調査され，火鉢や擂鉢といった瓦質土器も生産されて

いたことが分かっている〔藤沼ほか1987〕. また, 福島県三春町丈六窯跡では近世後半期の瓦質土器・瓦・土師質土器の窯跡が調査され, 瓦質土器と瓦が併焼されていることが, 確認されている〔平田1995；平田禎文教示〕ことは注目される. これによっても瓦工人と瓦質土器工人の同一性がわかる.

7 器種組成の変遷と特質

器種組成を検討できる遺跡が少ないことから, 中世前期については岩手県平泉町柳之御所跡と山形県遊佐町大楯遺跡を取り上げ, 中世後期については西山眞理子の研究〔西山1994〕に拠ることとした (図Ⅰ-2-8).

中世Ⅱ期の柳之御所跡については, 既に八重樫忠郎が詳細な分析・検討を加えている〔八重樫・飯村1994〕. 柳之御所跡は『吾妻鏡』に見える「平泉館」の可能性が指摘され, 一時期の陸奥国府の機能を有していたことが示唆されている遺跡である. 時期は12世紀中葉から後半にほぼ限定できる.

「堀跡内部地区 (岩手県調査分)」の報告書は未刊であるが, 八重樫の分析によると,「堀跡内部地区」は1㎡当たりの出土土器は破片数で1.86個であり, かわらけが約79%, 国産陶器が約20%, 中国陶磁器が約1%である.「堀跡外部地区」は1㎡当たり出土土器は破片数で1.49個とやや少ない. かわらけが約52%, 国産陶器約44%, 中国陶磁器約4%であり, かわらけの比率が低く, 陶磁器の比率が高く, 堀跡の内と外における「場」の性格の違いを強く反映している.

そのうち, 中国陶磁器の比率を見ると, 白磁の比率が高いのは当然だが,「堀跡内部地区」は青白磁・陶器の比率が比較的高く, それに対して「堀跡外部地区」は青磁の比率が比較的高い. 八重樫は遺跡の「時期差」と指摘している. また, 堀跡の内外とも,「袋物」の比率は60%前後を占める特徴があり,「袋物志向」とも言うべき特質が指摘できる〔小野1993〕. 国産陶器は常滑・渥美がほぼ同数で多数を占め, ほかに須恵器系陶器や水沼窯など在地産瓷器系陶器などの製品が少数見られる. 器種は壺・甕が圧倒的で, 山茶碗がごく少量見られる程度である.

また, 八重樫は志羅山遺跡第21次調査区と比較し, 1㎡当たりの出土土器

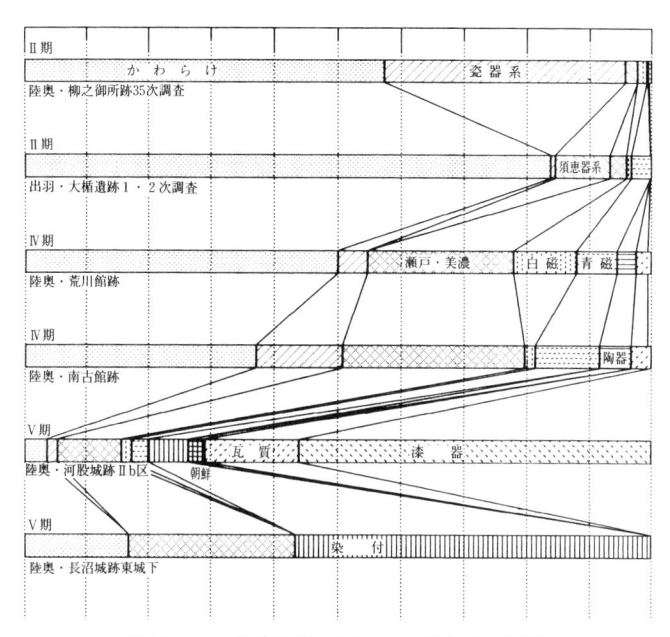

図Ⅰ-2-8　陸奥南部・出羽の土器組成の変遷

が3.22個と多いことや，中国陶磁器の組成が「堀跡内部地区」の組成に類似すること，椀・皿などの器種が多いことから，柳之御所跡との関連で志羅山遺跡の時期・性格を問題視している．

中世Ⅱ期の柳之御所跡の食器組成を見ると，食膳具は5万点とも言われる圧倒的なかわらけに対して，700点前後の白磁・青白磁・青磁の椀・皿がある程度である．陶磁器の90％以上は壺・甕類の「袋物」である．「かわらけ」は「晴の器」であるとされ〔藤原1988；小野1993；松本1992・93・94〕，公式の饗宴儀礼に用いられたとされ，その異常な出土量から見ても，日常食器とは考え難いと仮定すると，中国陶磁器と山茶碗しか食器となり得ない．したがって，出土量の絶対数は少ないものの，古代以来その重要性が指摘〔仲田1993；三浦1990〕されつつあり，工人の存在が想定され，漆器を想定せざるを得ない〔本澤1991；三浦1991〕．中世Ⅱ期の日常の食器に限定して言えば，遺存しているものとしては白磁・青白磁が主であり，存在を推定できるものとしては漆器がある．

もう一つ中世Ⅱ期の代表例として，山形県遊佐町大楯遺跡〔伊藤1988；伊藤ほか1989；佐藤ほか1991〕がある．日本海側では最北の摂関家の荘園である遊佐荘の荘家関連と考えられ，12世紀後半には成立し，14世紀まで存続する遺跡である．その中心時期は13世紀前葉と推定され，柳之御所跡に後続する遺跡であり，日本海域流通圏の特質も見出せる．遺構としては，宗教施設や墳墓堂・墳墓などや建物群が調査されている．

出土遺物は1㎡当たり破片数で，約2.5点出土し，柳之御所跡を上回る．その比率を見ると，かわらけが約80％，珠洲・越前が約15％，中国陶磁器が5％に満たない．中国陶磁器では青磁が圧倒的であり，時代の違いを示している．「袋物」も青白磁の梅瓶や青磁水注などがある．国産陶器では珠洲の比率が高く，時代性を示している．珠洲や越前の出土は日本海域流通圏の特質を示し，青磁の比率の高さは，白磁――柳之御所跡段階――から，青磁――大楯遺跡段階――への転換を見事に示している〔八重樫・飯村1994〕．

食器組成を見ると，柳之御所跡と同様に「かわらけ」が圧倒的であり，約16,000点の「かわらけ」を除くと，500点前後の青磁・白磁の椀・皿やわずかな古瀬戸しか残らない．しかし，漆器の椀・盤なども少し出土しており，その中には都市「鎌倉」〔斎木ほか1993〕や宮城県松島町円福寺〔新野1992・93〕などでしか見られないスタンプ文様を持つ漆器もあり，その存在が重要視される．やはり中世Ⅱ期の食器としては，遺存しているものとしては中国陶磁器とごく少量の国産陶器であり，遺存していないものとして漆器を想定しておきたい．

中世Ⅲ期の良好な遺跡も調査はされているが，未報告なものが多い．中世Ⅳ期以降の陸奥南部の事例を，西山真理子の研究〔西山1994〕に拠り見ていきたい．中世Ⅳ期の福島県いわき市砂屋戸荒川館〔中山ほか1985〕は，14世紀中葉から15世紀前半の山城跡である．30,000㎡を調査して，1,400点余の遺物が出土しているが，かわらけが約50％，瀬戸・美濃が約20％，中国陶磁器が約20％，常滑・渥美が約5％，瓦質土器が3％程度である．

同じく中世Ⅳ期の福島県長沼町南古館〔市川1988〕は，15世紀前半を中心とする平地居館である．約290点の遺物が出土しているが，かわらけが約35％を占め，瀬戸・美濃が約30％，中国陶磁器が約15％，瓷器系陶器が約15％である．ほかに瓦質土器や漆器などがある．中世Ⅳ期の食器組成を見ると，「か

わらけ」の比率は減少しているものの依然として高く,「灯明皿」として使用されているものが少ないことから,「晴」の饗宴儀礼に使用されたことが想定される. ほかに食器としては, 100点前後の瀬戸・美濃や青磁・白磁・染付の椀・皿とともに, 南古館などで少量出土している漆器・木器も, 視野に入れておく必要がある.

中世Ⅴ期も調査例は多いのではあるが, 組成を資料化した事例が少なく, ここでは福島県川俣町河股城跡と長沼町長沼城跡を挙げた. 河股城跡Ⅱb区〔高橋ほか1993・94〕では約5,900㎡の調査で約111点の遺物が出土し, 山城の谷戸に屋敷割りされて, 職人集団が居住していたことが明らかとされている. 漆器が約55％を占め, 中国・朝鮮陶磁器が約10％強, 瀬戸・美濃が約10％, かわらけは5％未満である. 長沼城跡東城下〔市川1990〕は調査途中で保存になった遺跡であり, 資料的に問題はあるが, 参考までに組成を見ると, 染付の椀・皿が圧倒的で, 瀬戸・美濃の椀・皿がそれに次ぎ, かわらけも少量見られる〔西山1994〕.

以上の少ない事例ではあるが, 中世Ⅴ期の食器組成を見ると, 漆器の極端な比率の高さや, 国産陶器を凌駕する中国・朝鮮陶磁器の比率の高さが指摘できる. また, かわらけの比率が極端に減少し,「晴の器」としての性格が失われ,「灯明皿」として使われている. いずれも煮炊具である鉄鍋の出土があり, 中世Ⅵ期は鉄鍋の出土が良く見られる時期でもある. 遺跡の性格や調査地点の性格を考慮しなければならないが, 大まかな傾向性としては指摘できる.

陸奥南部を中心に, 食器組成の変遷を概観したが, 資料的な制約が多く, 不十分の感は否めないが, 食器組成の特質をまとめておきたい. 現象面から言えば, 中世Ⅱ期は「かわらけ＋白磁の時代」, 中世Ⅳ期は「かわらけ＋古瀬戸の時代」, 中世Ⅴ期は「漆器・染付・朝鮮陶器の時代」とすることができる. おそらく中世Ⅰ期は岩手県平泉町中尊寺金剛院下層〔及川1994〕をみると「(ロクロ) かわらけの時代」となり, 中世Ⅲ期は大楯遺跡を参考にすると,「かわらけ＋青磁の時代」ということになるであろう. しかし, こうした現象面の向こう側には常に, 遺存しにくい漆器・木器・金属製品があることを, 無視する訳にはいかない. こうした現象面から言えば, 中世Ⅴ期に顕現化する「かわらけ」の性格の変化や, 漆器・鉄鍋の顕在化を画期とみる. しかし, こうした食

器組成に顕在化してくる現象の端緒は，中世Ⅳ期にあったことは，既に指摘したところである．

3 平泉から鎌倉へ

1 「かわらけ」とは

　恩師である故・奥田直栄先生に，鎌倉から出土するかわらけについて所見を伺ったことがある．先生が「あれは紙コップと同じで使い捨てなんだよ．だからあんなに出るんだよ．」と，冗談とも本気ともつかない口調で，おっしゃったのが印象深く覚えている．「かわらけ＝紙コップ」説ともいうべき見解である．
　百瀬正恒は中世都市京都の土器の消費形態を，「完形品を多量に廃棄した遺構は奈良・平安時代の都市遺跡にも見られるが千個体を越すような大規模な土器廃棄遺構は存在しておらず異常な土器の使われ方」と指摘した〔百瀬1985〕．「かわらけ」とは，清少納言が『枕草子』の中で「きよしと見ゆるもの」として挙げた一つである．藤原良章の研究〔藤原1988・97〕によると，かわらけは「都市的なもの」「大量生産・消費されたもの」「呪術的なもの」「使い捨てのもの」であると整理し，「中世を代表する食器，或は中世の饗宴の意味を象徴する食器」と位置付けている．
　小野正敏は城館跡出土の陶磁器を検討して，地域圏を設定した．それは手づくね整形かわらけの分布圏とロクロ整形かわらけの分布圏，かわらけが使われない地域であるとした．それは「かわらけに象徴される京都との社会的，文化的距離が表現されている」と指摘した〔小野1991〕．
　松本建速は柳之御所跡出土のかわらけの存在意味を検討して，「かわらけの大量使用は，平安京での異常なまでに儀礼化した平安末期の貴族の生活を踏襲したもの（中略）生活を踏襲したのではなく，イデアとして想定されていた，浄土へ近づくための生活を実践した結果」とした．そして，「宴会政治」の存在を考え，「その場合重要なのは，使い捨ての器を用いたという点である．」としている．さらに松本は「東日本の手づくねかわらけをよく検討」する必要が

あると断りながら，「平泉の手づくねかわらけの製作者が鎌倉に移入して鎌倉の手づくねかわらけの製作は開始された」という重要な予測も行っている〔松本1992〕.

田島明人は古代土器研究の立場から，北陸の土器の「使い方」「使われ方」の連続性を捉え，土器の大量廃棄に着目した．古代の土器の大量廃棄の性格を検討し，祭祀的な埋納と「一時的，一過的飲食に供された後，一括廃棄された土器群」があるとした．そして，古代後半期には「土器食器が実用器から儀器へ，ないしは非日常の食器へ急速に傾斜した」とし，中世初期——11世紀半ばから12世紀前半——は「小皿（中皿）・大皿からなる畿内（平安京）での儀器セットの導入期」〔田島1992〕とした．土器の大量廃棄という，かわらけと同じ古代の土器使用の形態を明らかにし，その連続性を捉え直した点で卓見である．

伊野近富は前述の藤原良章の研究を評し，「土師器皿を饗宴に使う器という視点で捉え，その後，この視点は，特に東日本で受け入れられた」とした．そして，「洛北原型が常に使用されるということは，京都と（中略）使用法も本来的に同様であった」とし，「色々な用途に使用された」とした．「饗宴の器として強調する背景には，東日本で出土する土師器皿の量が京都とは全然違い小量であることで，希少価値があるものと考えている」として，柳之御所跡出土の土師器皿の出土量の試算を示している〔伊野1995〕．

吉岡康暢は食文化の視点から「土師器がいつ，どのような契機で一過性のハレの器として定着したか」を論じて，「宴座と穏座の区別は（中略）推古朝まで遡る（中略），三献後に土師器を用いることは10世紀後半には確認できる」とした．そして，「『院』の政権の登場とともに，君臣秩序確認の場としての饗宴空間が膨張」し，「この段階での饗宴具は，かわらけ＋白磁四耳壺（青白磁梅瓶）＋折敷・箸のセットとして定式化した」と論じた．さらに，「都市部ではカワラケが民衆の日常的な「ケ」＝「私」の食器として大量に消費された」としている〔吉岡1994a〕．

鋤柄俊夫は平安京出土の土師器の用途を，遺構・遺物の両面から，あるいは文献史料を検討して，「儀式におけるかわらけの役割は決して少なくなかった」とする一方，「中世都市京都の土師器皿において日常用器としての機能の

喪失は考えられ」ないとした．さらに東日本における京都系土師器皿の分布を検討して，「中世における土師器皿の存在全てがストレートな京文化との関わりで説明できるかどうかは疑問な点も残る」という見解を示している〔鋤柄1995b〕．

以上，最近のかわらけ研究のいくつかを思いつくままに概観した．本来かわらけが饗宴の器でなく，日常用器であったことは確認できる[1]．しかし，律令国家期から王朝国家期に饗宴の儀器としての比重が高まり，中世前期に定型化する．しかし，本来の日常用器としての性格を失ったわけではなく，その事例は中世都市・京都・鎌倉などで普遍的に確認できる．現段階では，そんな風にかわらけを理解しておきたい．そして，各氏の指摘を踏まえ，東国について考えてみるが，最初に王朝国家期の土器の大量廃棄を考えてみたい．

2　土器をたくさん捨てること

青森県の三内丸山(さんないまるやま)遺跡が話題になる度に，門外漢の私はいつもある素朴な疑問が湧く．「何であんなに土器が出るのだろうか？」不思議で仕方がない．もちろん「縄文都市」とまで形容詞が付く遺跡であるので，人口も多く，存続期間も長かったのであろうが，累々と捨てられる土器の量は異常である気がする．捨てるために作ったのではないだろうか．そして「いつから土器をたくさん捨てるようになったのだろうか？」「土器をたくさん捨てる時代と捨てない時代があるのだろうか？」などと考え始める．そうしているうちに，「土器って何かな？」という命題を考えなくていけなくなり，その命題を考える手がかりとして，まず古代後期の土器の大量廃棄を考えてみる．

陸奥国府である宮城県多賀城跡の前面には，道路遺構に区画された方格地割（平行四辺形の地割）が調査され，都市的な空間が展開したことが明らかにされている〔千葉・菅原1994；石川1991〕（図Ⅰ-3-1）．南北大路については多賀城跡創建時にまず作られ，東西大路やその他の道路は8世紀後半以降にほぼ同時に作られている．東西大路の南・北の区画には国司や上級官人の邸宅があり，その外側には庶民居住区や工房・水田が広がる．

そのうち山王(さんのう)遺跡千刈田(せんがつた)地区では，出土した「題籤軸(だいせんじく)」などから「国司の

42   I 土器と陶器

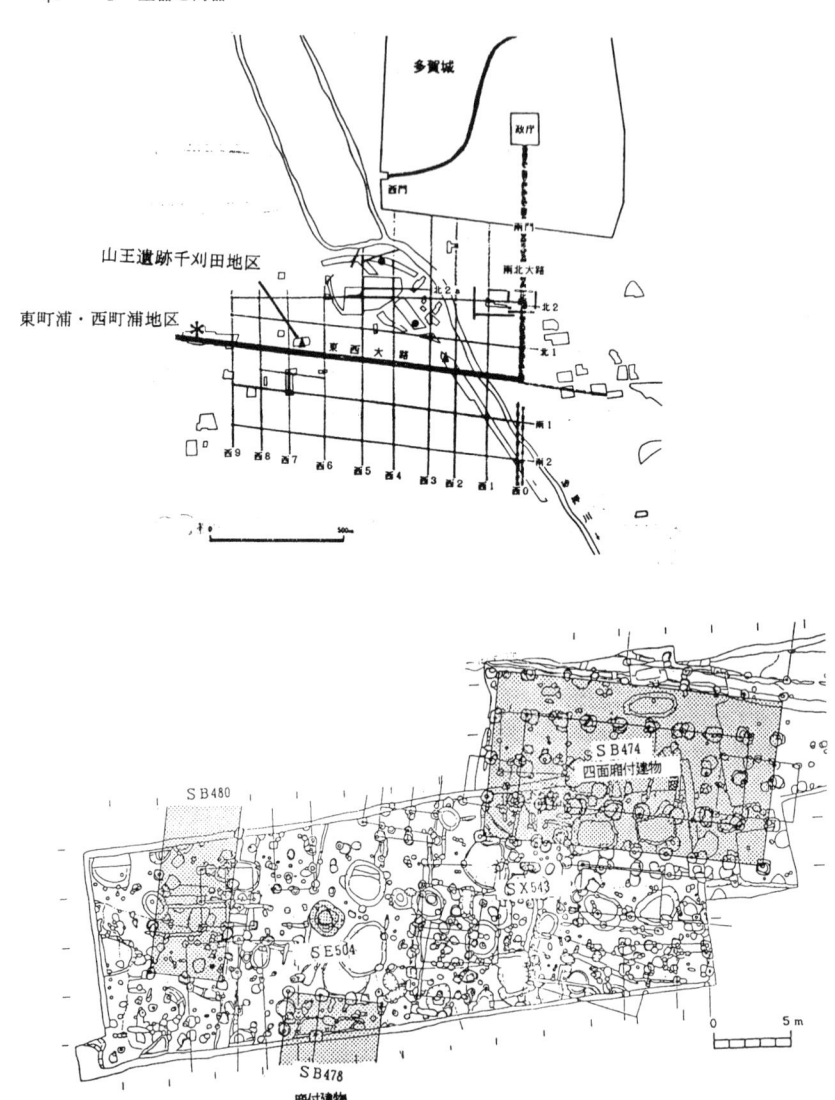

図 I-3-1　多賀城前面の方格地割と国司館

館」と考えられる遺跡が発見され，大型掘立柱建物跡南西側にある SX543 土器集積遺構からは 265 点の土器が出土した（図 I-3-1・3-2）．土師器杯・須恵系土器（非内黒でロクロ整形の土器）杯・須恵器杯で構成され，土師器が 3 割，

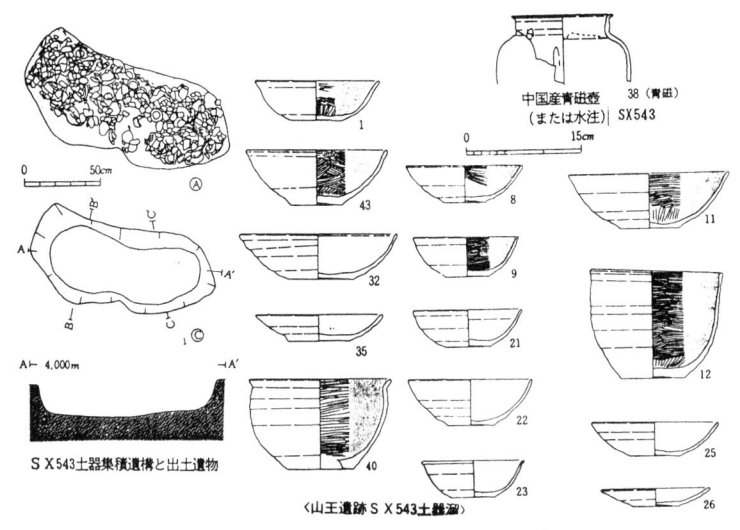

図Ⅰ-3-2　山王遺跡SX543土器集積遺構

須恵系土器7割，須恵器0.1割と，須恵系土器の比率が高い．一緒に越州窯系青磁水注が出土している（前掲図Ⅰ-3-2）．10世紀前葉と考えられている．

村田晃一は，10世紀代に多賀城周辺に顕著に見られる「土器溜」の検討から，「日常の器として用いられたものではなく，主に宴会や儀式，宗教もしくは祭祀的な行為が行われたと考え，食膳具の主体は別の材質のものに転換したと想定」した．特に「居住施設に近接して認められる例は，（中略）宅地内での宴会や儀礼に伴って使われた土器がそのまま廃棄された」と指摘した〔村田1994・95〕．

村田の指摘通り，既述の山王遺跡SX543は陸奥の国司館における宴会——饗宴儀礼——による一括大量廃棄である．完形品が多いことや使用痕が少ないことが，直接的な証拠ともなる．以上のように陸奥国府では10世紀前葉には確実に，土器——かわらけ——による宴会儀礼が確認できる．それは青磁水注を「酒器」とし，在来のロクロ調整・不調整の土師器・須恵系土器を「盃」としている．折敷や箸は不明であるが，秋田城跡〔仲田1996；小松1996〕などの事例から箸が存在した可能性は高い．

やや蛇足となるが，土器を大量に捨てているからといって，必ずしも宴会に

44　I　土器と陶器

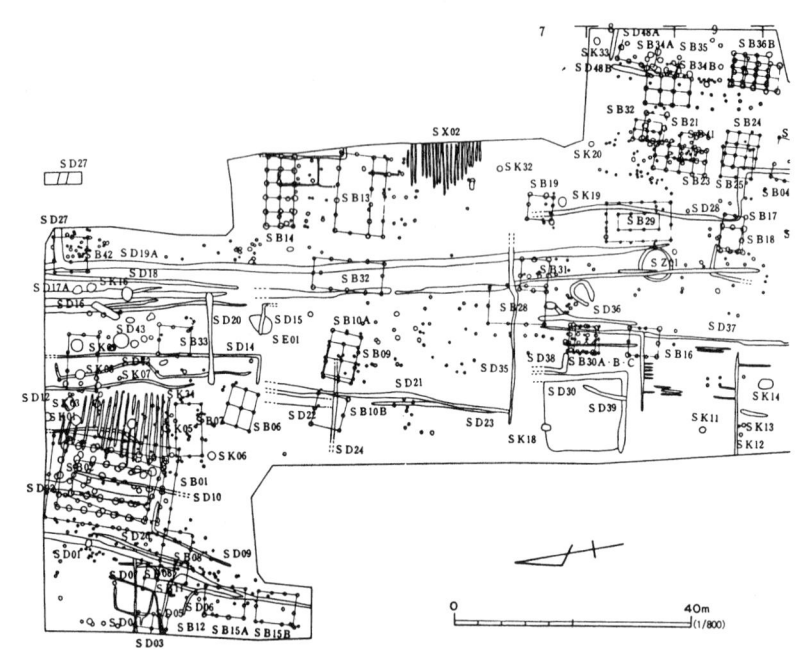

図I-3-3　古屋敷遺跡遺構配置図

伴うとは限らない事例もある．それは同じ山王遺跡の，東町浦・西町浦地区の SK161土器集積遺構では，土師器・須恵系土器が約200点出土し，約20％に墨書があり，大半に油煙が付着している．「万燈会」のような仏教行事が行われたと推定されている〔菅原1994〕．都市の西辺の東西大路沿いで行われているので，古代都市の境界の祭祀ともいうべき事例である．村田が指摘する通り，土器の大量廃棄＝宴会という単純な図式では考えられず，遺構・遺物・出土状態，使用痕跡の有無などの検討を個別に行う必要がある．陸奥でも国府域では10世紀前半に宴会儀礼は確認できたが，国府レベルだけの現象なのだろうか？

　福島県の会津地方，会津盆地の北部である会津坂下町大江古屋敷遺跡〔古川・吉田ほか1990〕（図I-3-3）では，二間六間の身舎に四面に縁・庇が付く大型掘立柱建物跡の北東側に，1・2号土坑がある．ともに土器の一括大量廃棄遺構で，出土点数はそれぞれ50個体以上を数える．10世紀中葉と考えられる〔飯村1990〕（図I-3-4）．器種構成を見ると土師器・須恵器は少なく，須恵系土

3 平泉から鎌倉へ　45

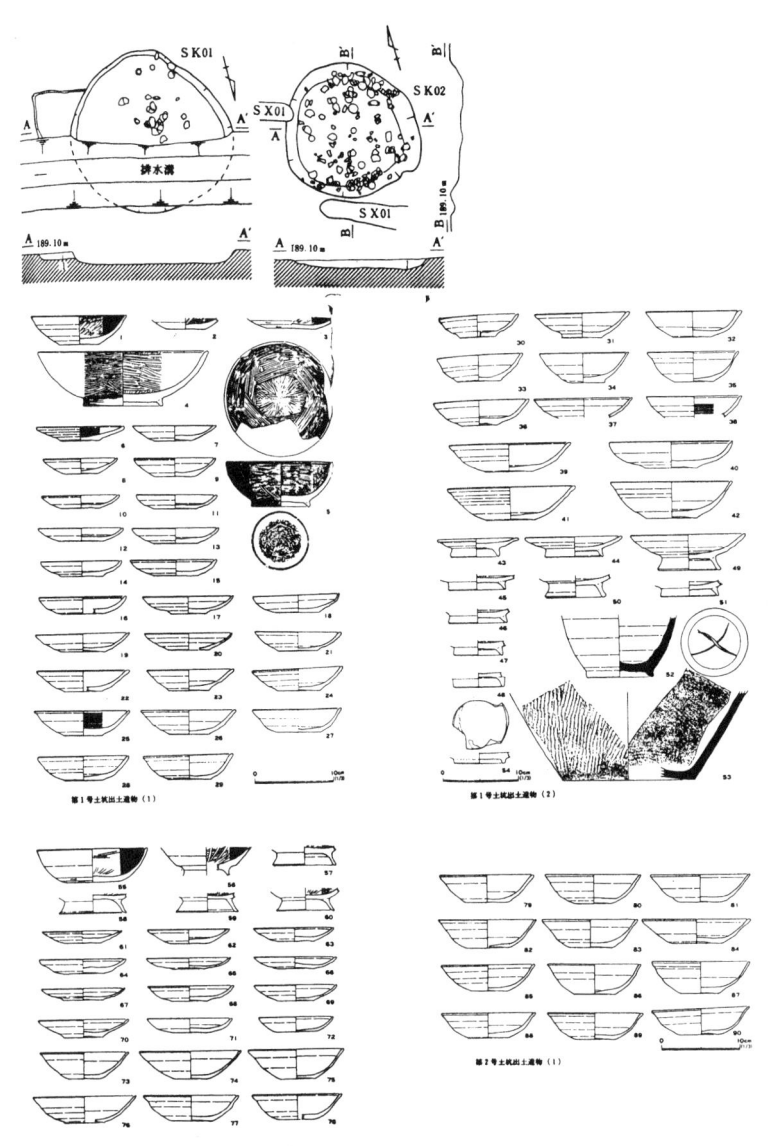

図Ⅰ-3-4　古屋敷遺跡1・2号土坑と出土遺物

器が圧倒的である．黒色土器は陶磁器模倣の椀で，須恵系土器は杯・皿が主である．越州窯系青磁椀を含む．会津若松市大戸窯跡産の須恵器長頸瓶と須恵器甕も出土している．

出土点数や完形品数は山王遺跡例に比して少ないが，宴会儀礼に伴う一括廃棄と考えられる．土器を観察すると，使用痕跡が少ない．しかし，高台の付く底部を残して意図的に打ち欠いているものが少なくなく（前掲図Ⅰ-3-4），廃棄の儀礼として注目しておきたい．遺跡は古代会津郡から分置された河沼郡の支配拠点とされ，このような地域支配の拠点でも，このような宴会儀礼が10世紀中葉には行われたことが確認できる．おそらく大戸窯跡産の長頸瓶・甕を「酒器」とし，須恵系土器皿・杯，土師器椀，越州窯系青磁椀などを「盃」として，酒宴を行ったことが窺える．

以上簡単に確認したように，土器の一括大量廃棄遺構を概観すると，陸奥では既に10世紀には，国府や地域支配拠点で，土器を使った宴会儀礼が確実に行われていることが確認できた．換言すれば，柳之御所跡に代表される中世のかわらけの大量廃棄＝宴会は，陸奥では既に10世紀に確認できることとなる．

11世紀については事例が少なく，明言できないが，おそらく土器の急速な非日常化とともに，祭祀・儀礼的な用途がほとんどになると考えて大過ないであろう．但し，宴会儀礼に伴う土器の一括廃棄遺構が増加するかと言えば，減少すると言わざるを得ない．土器の総量や遺跡の数も減少する現状からすると，短絡的には評価できない．11世紀の問題は，別の機会に考えてみたい．

3 平泉のかわらけ

柳之御所跡の調査は約20ｔとも言われる膨大なかわらけの出土量とともに，画期的な調査となった．遺跡は奥州藤原氏の本拠であり，「平泉政庁」「平泉館」などと称され，保存され国指定史跡となった．この調査を契機として平泉遺跡群では，毎年小規模ながら膨大な件数の調査が継続されている．その調査成果によって，日々新たな知見が加えられている．都市・平泉の形成過程については，考古学の立場から本澤慎輔の一連の論考がある．それによると，代替わり毎に軸線を変えながら都市形成が行われ，基本的に寺院と館の連合体であ

3 平泉から鎌倉へ　47

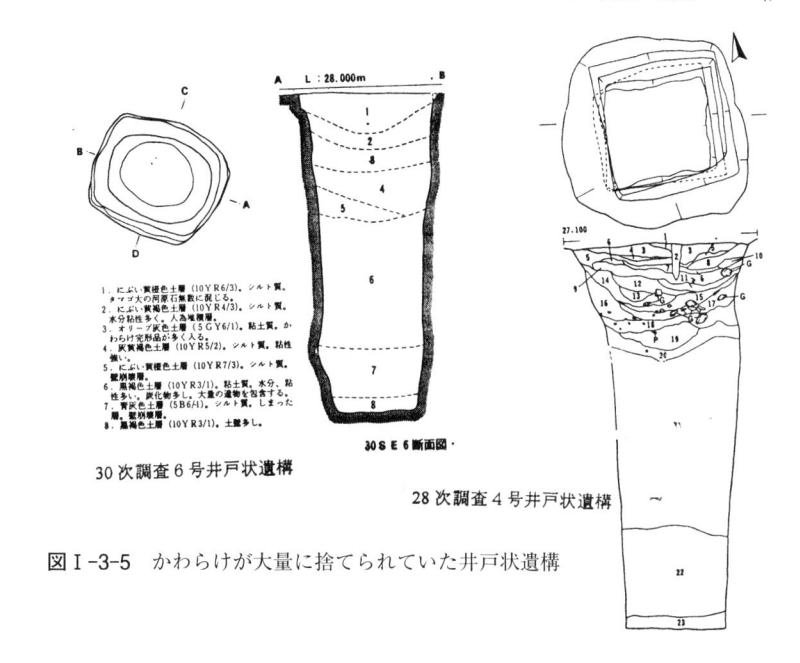

図Ⅰ-3-5　かわらけが大量に捨てられていた井戸状遺構

ることが，明らかにされている〔本澤1993・95a・b・c・96〕．

　柳之御所跡出土土器の組成を見ると，かわらけが9割以上を占め，陶磁器が数％である〔八重樫・飯村1994；八重樫1996a・b〕．かわらけは「井戸状遺構」などと呼ばれる深い穴に，数十から二百個体以上が大量に投棄されている事例がある〔松本1992〕（図Ⅰ-3-5）．かわらけは手づくね整形とロクロ整形のものがあり，ほぼ同量出土する．平泉での京都系手づくねかわらけの成立は，12世紀中葉と考えられている〔松本1993〕（図Ⅰ-3-6）．松本建速の見解〔松本1995〕によれば，手づくねかわらけは平安京の洛外の工人が招来されて，その指導によって生産を開始したと考えられる．志羅山遺跡35次調査や中尊寺跡では，洛外のかわらけに比較的類似する手づくねかわらけが出土しているので，その初現を知る資料となっている〔菅原1997；八重樫ほか1995〕（図Ⅰ-3-7）．

　しかし，前述のようにかわらけ全てを宴会のための「盃」と考えることはできないが，大量廃棄されている事例の大半は饗宴・饗食儀礼による一括廃棄と考えられる．それではその際の酒器は何であろうか．小野正敏が重要な指摘をしている〔小野1993〕．柳之御所跡出土陶磁器の特質として，博多や京都に比

48　I　土器と陶器

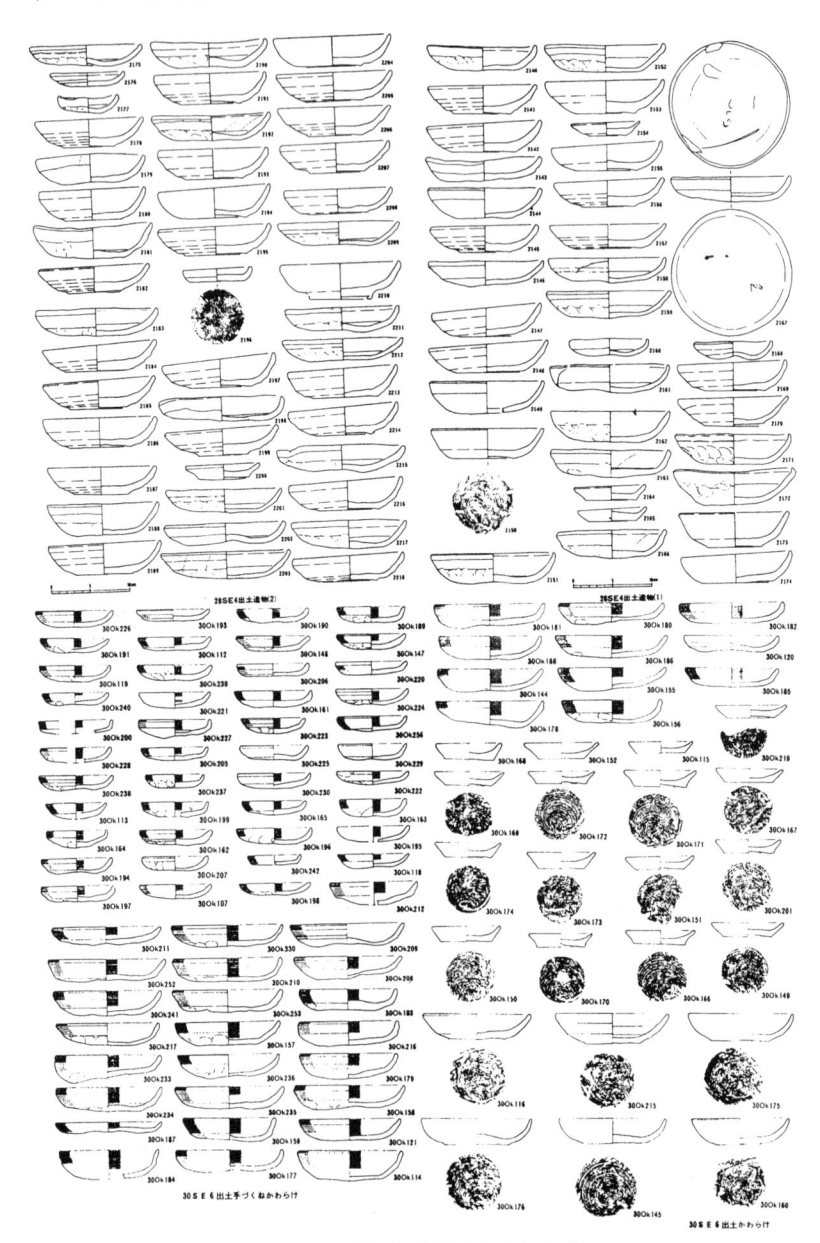

図I-3-6　井戸状遺構出土かわらけ

3 平泉から鎌倉へ　49

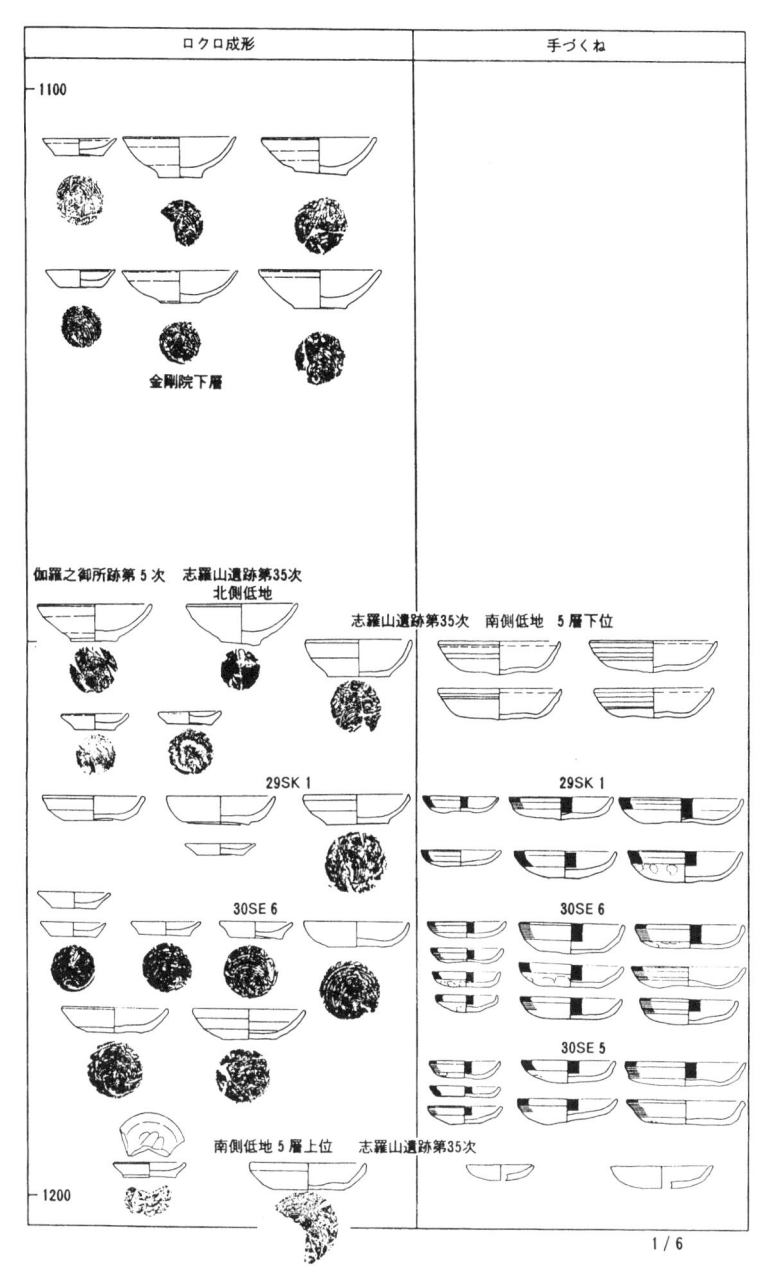

図Ⅰ-3-7　平泉のかわらけ編年

50　I　土器と陶器

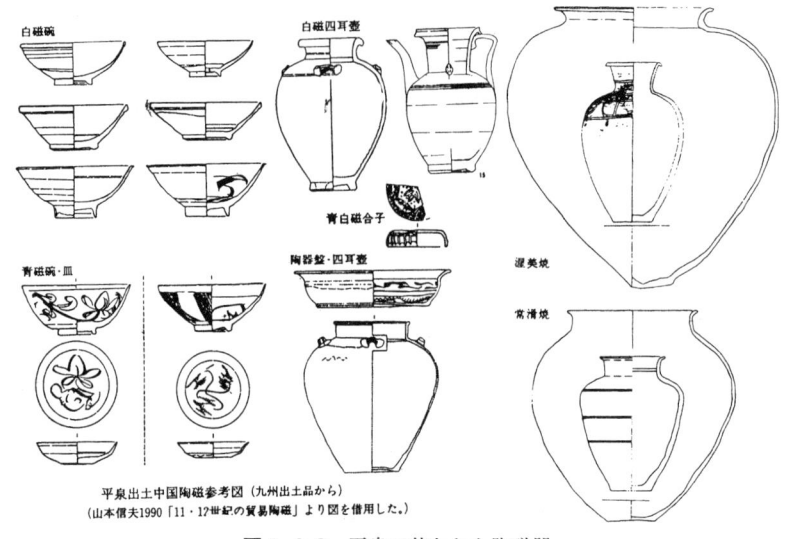

図I-3-8　平泉で使われた陶磁器

して輸入陶磁器としては白磁四耳壺や水注が多いことや，国産陶器では常滑や渥美の壺・甕が多いこと——中でも刻画文陶器の多さは特異であることが——がある．この「袋物指向」とでも言うべき傾向は，八重樫忠郎によっても追認されている〔八重樫1996a・b〕．この白磁四耳壺や水注，褐釉陶器壺，常滑三筋壺や渥美刻画文壺などが酒器になりうると考えている（図I-3-8）．つまり，白磁・渥美・常滑の壺類を「酒器」とし，かわらけを「盃」とした宴会の形式が想定できる．もちろん，多数の白木の折敷や箸の出土から，既に定型的に「晴」の宴会の形式が定まっていたものと考えられる．

　この出土傾向は都市・平泉では基本的に同じであり，出土土器・陶磁器の9割以上が宴会のための器であることは驚異であり，「宴会都市・平泉」と呼びたくなる状況である．その「晴」の酒宴による大量廃棄は平泉ではいつ始まるのだろうか？

　中尊寺金剛院の整地層の下層から出土した百数十個体を数える大量廃棄例が現在のところ初現である．ロクロ整形の椀形・皿形の大小のかわらけで構成され，京都系手づくねかわらけを全く含まない．古代的な技法を残したヘラミガキ・黒色処理された大型の椀形のかわらけも1点伴い，国産陶器は全くなく，

3 平泉から鎌倉へ

白磁（Ⅱ類）のみが伴う．及川司は11世紀後葉から12世紀前葉と考えている〔及川1995〕（前掲図Ⅰ-3-7）．折敷は全く出土していないが，箸が多量に出土し，白磁壺を酒器とし，ロクロかわらけを「盃」とした宴会形式が既に成立していた可能性が高い．中尊寺という遺跡の性格上，仏教儀礼や祭祀儀礼の可能性も考慮すべきであるが，初代藤原清衡の時期の館の可能性もあることから，「晴」の宴会儀礼による一括廃棄と理解しておきたい．

都市・平泉では遅くとも12世紀前葉には「白磁壺＋ロクロかわらけ＋箸」という宴会形式があり，12世紀中葉には「白磁・渥美・常滑壺類＋ロクロ・手づくねかわらけ＋箸＋折敷」という定型化された宴会形式が成立し，頻繁に行われていることが確認できる．前者は前述の王朝国家期の宴会形式を残しており，後者は後述する都市・鎌倉に続く宴会形式であり，「中世東国的な宴会形式」の成立期と位置付けられる．

「東国的」という形容詞を付けた背景には，京都などの状況と異なる点がいくつかあるからである．それは，手づくねかわらけ導入後も一貫して一定量のロクロかわらけを使用することや，陶磁器の袋物を酒器とすること，折敷の出現が遅れる（平安京の実態が不明であるが）ことなどの特質がある．さらに「京都系」と言われる手づくねかわらけの在り方にも独自性がある．

松本建速によると，柳之御所跡出土手づくねかわらけは「深草」「楠葉御牧」などの「洛外にかわらけを供給していた生産者が移動」して，平泉周辺で作られた〔松本1995〕とした．この点は首肯できるが，その後の型式変化や法量変化を見ると，恒常的に京都との情報交換や工人の移動があって生産が継続されたとするには疑問がある．逆に，初期の工人が移動して生産を開始した後は，独自の型式変化を遂げた可能性がある．

つまり，技術的な母胎は「京都系」であるが，恒常的に京都を意識していたのではなく，形だけ模倣し，変化の過程は平泉独特の「平泉型」とも言うべき状況である．したがって，平泉遺跡群出土手づくねかわらけは「京都系平泉型かわらけ」とでも呼ぶべきである．京都系平泉型かわらけの出現以降も，ロクロかわらけは器形を京都系かわらけにすり寄りながらも，常に一定量伴うことは，その独自性を端的に示している．京都に起源を持つような宴会儀礼とは言いながら，その中に既に東国独自の宴会論理が内在していると言わざるを得ない．

さらに捨て方にも注目すると，柳之御所で井戸状遺構と呼ばれる，1 mを超えるような深い「穴」に同時に捨てられ，意図的に埋められている．それは30次調査6号井戸状遺構，28次調査4号井戸状遺構などが挙げられる．前者は壊されたかわらけが約100kg出土し，意図的に割られた折敷も多数出土している．後者では247点以上のかわらけが出土し，白磁四耳壺や折敷・箸も出土している〔三浦・松本ほか1995〕（前掲図Ⅰ-3-6）．「深い穴に大量に一括で廃棄して意図的に埋める」という捨て方は，鋤柄俊夫の平安京出土資料の分析〔鋤柄1995b〕では類例がなく，平泉独特の廃棄儀礼である．

もう一つの捨て方の特徴として，底部のみを残して意図的に体部を打ち欠く事例が，前述の30次調査6号井戸状遺構や28次調査13号井戸状遺構などにある．前者は既述以降であり，後者はロクロ整形のかわらけの小皿のみが十数点出土した〔三浦・松本ほか1995；八重樫1994〕．後者はその遺構の性格を別に考える必要があるが，前者は宴会儀礼に伴う廃棄儀礼であり，前述の王朝国家期の古屋敷遺跡例〔古川・吉田ほか1990〕などと共通する方法であり，その独自性が注目される．八重樫忠郎の教示によると，折敷も意図的に割って捨てたり，「籌木」に転用される場合がある〔三浦・松本ほか1995；八重樫1994〕という，これも廃棄儀礼の可能性がある．

以上，柳之御所跡を中心に平泉遺跡群における独特の宴会の形式を，遺構・遺物に即して見てきた．12世紀前葉には「白磁壺＋ロクロかわらけ＋箸」という，王朝国家期の「国司館」の宴会形式を色濃く残しながら，「青磁」に代わり「白磁」という新たな「酒器」を見出している．12世紀中葉には「白磁・常滑・渥美＋手づくね・ロクロかわらけ＋折敷＋箸」という新たな宴会形式を創出し，独特の廃棄儀礼を行っている．これは京都における形式を前提としながらも，独自の解釈を加えた「東国的な宴会形式の創出」と位置付けた．

白磁四耳壺・水注に加えて，褐釉陶器壺や，「装いの新たな焼き物」〔飯村1995c〕である常滑・渥美・珠洲（須恵器系陶器）などの初期国産陶器を見出したことは重要である．京都を始めとする西国には価値観の創出である．これは既に論じたように，その生産を喚起し，需要を創出し，物流を活発化した要因とも考えられる．また，京都系かわらけの導入は，新たな宴会形式創出の要因とはなったが，形式変化過程，ロクロかわらけが駆逐されず同量使用されるこ

とや,廃棄儀礼の在り方に独自性が際立つ.折敷の使用・廃棄儀礼も同様である.やはり,王朝国家期の宴会形式を継承しつつ,新たなる価値観を付与した,東国的な宴会形式であったと考えざるを得ない.

4 鎌倉のかわらけ

文治5(1189)年の奥州合戦で,源頼朝により奥州藤原氏が滅ぼされて以降,平泉遺跡群でかわらけは出土するが,土器の大量廃棄事例はない.分布論的な視点に立つと,12世紀の手づくねかわらけの分布は,平泉から「外が浜」の地域まで,多賀城跡以北の宮城県域である〔松本1994〕(図I-3-9).特に北上川流域に多分布し,出羽との交通の要衝である秋田県矢立廃寺・浪岡城跡・宮城県花山寺跡などや「外が浜」の内真部(うつまっぺ)遺跡・蓬田大館(よもぎだおおだて)など,太平洋側では陸奥国府多賀城跡・田束山(たづかやま)寂光寺(じゃっこうじ)などが挙げられる.一方,北陸地方や東海地方西部の拠点的な遺跡では出土例が少なくないが,関東地方では現在皆無である.ところが,13世紀になると,東国の都市・鎌倉を中心に,面的な広がりを持って東国一円に分布するようになる[2].驚くべき対象である.政権中枢の変化が,かわらけの分布から見事に読みとることができる.

鎌倉のかわらけ研究については,清水菜穂によりまとめられている〔清水1991〕.河野眞知郎・斎木秀雄・服部実喜らの編年研究〔河野1986;服部1984・85;斎木1983〕(図I-3-10)が基礎となり,新資料が加えられている.近年の宗臺秀明の調査・研究により,12世紀第4四半期に比定できる手づくねかわらけが出土し〔宗臺ほか1997〕(図I-3-11),柳之御所跡30次調査6号井戸状遺構出土手づくねかわらけとの類似性が指摘されている.12世紀第4四半期に導入された京都系平泉型かわらけは,鎌倉の中で独自の変化を辿り,13世紀中葉までに姿を消し,在来のロクロかわらけのみとなる.大雑把に言えば,源氏三代の時代はロクロかわらけと手づくねかわらけを同量使用し,鎌倉幕府の実権を北条得宗家が握った以降は,ロクロかわらけのみが使用されたと理解できる.

先の松本建速の予察〔松本1995〕によると,平泉から鎌倉へかわらけ工人が移入したとされている.前述の分布論的な視点からすれば,12世紀には手づ

54　I　土器と陶器

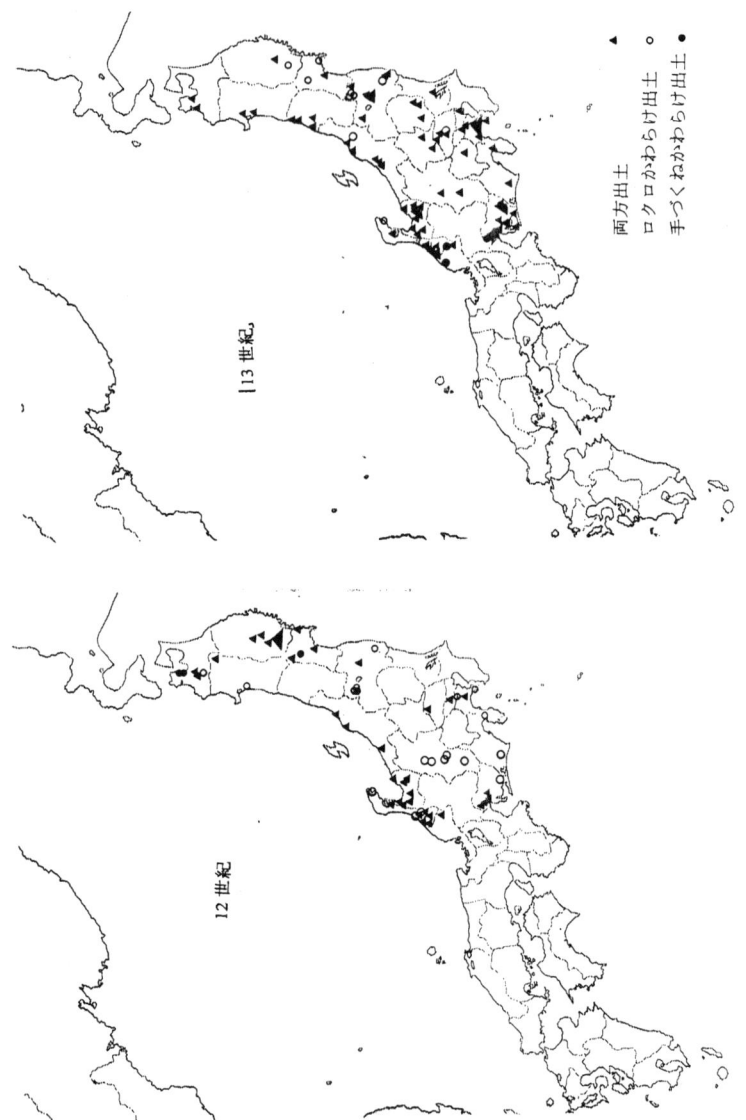

図I-3-9　東日本における12・13世紀のかわらけの分布

3 平泉から鎌倉へ 55

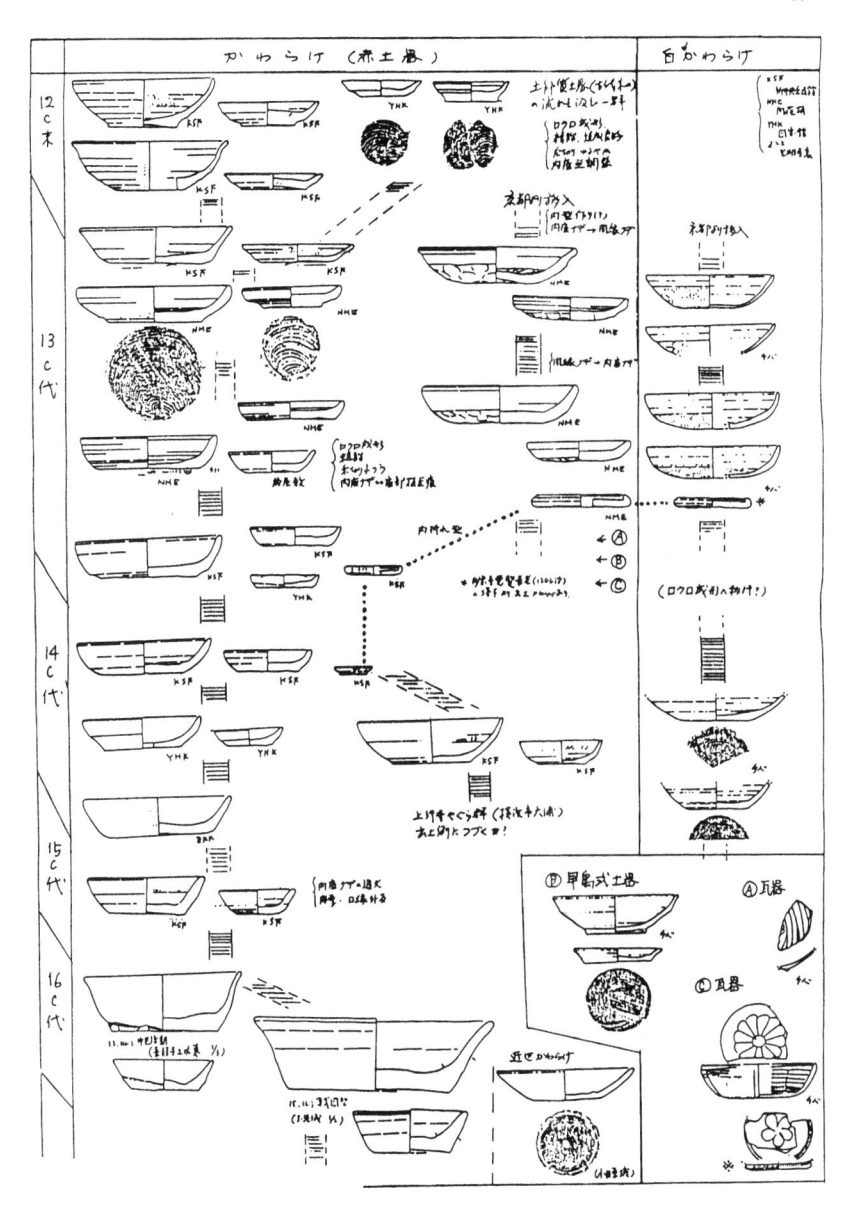

図Ⅰ-3-10 鎌倉のかわらけの変遷

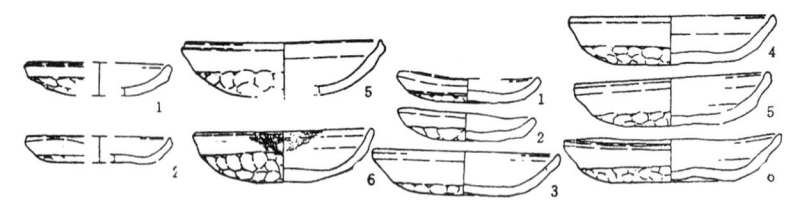

図 I-3-11 横小路周辺遺跡出土の初期手づくねかわらけ

くねかわらけを生産・消費していなかった地域で突然, 12世紀末から大量の生産・消費が開始されたことが明らかである. また, 前述のように鎌倉で初期の手づくねかわらけの器形や調整技法を比較しても, 京都から直接工人が招来されたとは考え難く, より平泉遺跡群出土のかわらけに類似している. 以上の事実から, 筆者は松本の予察を, 蓋然性が高いと考えている. 詳述はできないが, 後の形式変化も, 器形, 法量とも京都の恒常的な影響は考え難く, 独自の形式変化を遂げる. その手づくねかわらけは鎌倉を中心に東国に分布し,「京都系鎌倉型かわらけ」と言うべき状況である〔飯村1997b〕.

次に都市・鎌倉のかわらけの使用形態について, 清水の研究〔清水1994〕から見ていきたい. 清水はかわらけの一括廃棄を出土遺構からA～Fに分類し, 遺構面上から「かわらけ溜まり」や, 土坑, 溝跡, 井戸跡(井戸状遺構), 建物跡,「やぐら」から出土のものがあるとした.「かわらけ溜まり」や溝跡からの出土した事例は, 宴会儀礼に伴う廃棄と考えられる事例が多い(図 I-3-12・3-13). 一方, 土坑, 井戸跡, 建物跡,「やぐら」からの出土例は, 宴会儀礼による事例もあるが, 祭祀と考えられる事例が多い. 捨て方を見ると, 柳之御所跡では深い井戸状遺構に一括で捨てられて埋められていたが, 鎌倉では遺構面上あるいは溝跡などに「かわらけ溜まり」として一括廃棄されている. 捨て方も変化が現れている.

さらに清水は, 時期的に13世紀後半から14世紀という都市・鎌倉の全盛期に一括廃棄事例が多く, 13世紀前半を上限とし, 15世紀を下限とすることを明らかにした. そして, 1,000点以上出土する一括大量廃棄の事例の分布を見ると,「小町口(二ノ鳥居)以北の若宮大路周辺, 及び鶴岡八幡宮に近接した東西両側に点在」し, さらに「政所や宇津宮辻子幕府を中心に, 有力御家人の屋敷地が集中する」地域で,「『かわらけ』使用量が突出して膨大であった」とし

3 平泉から鎌倉へ 57

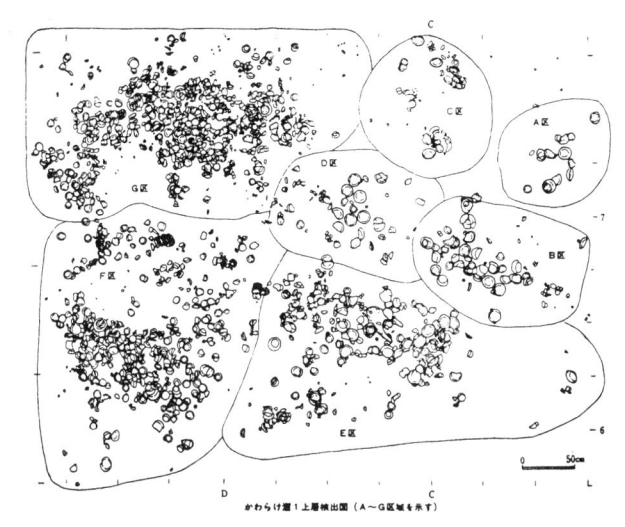

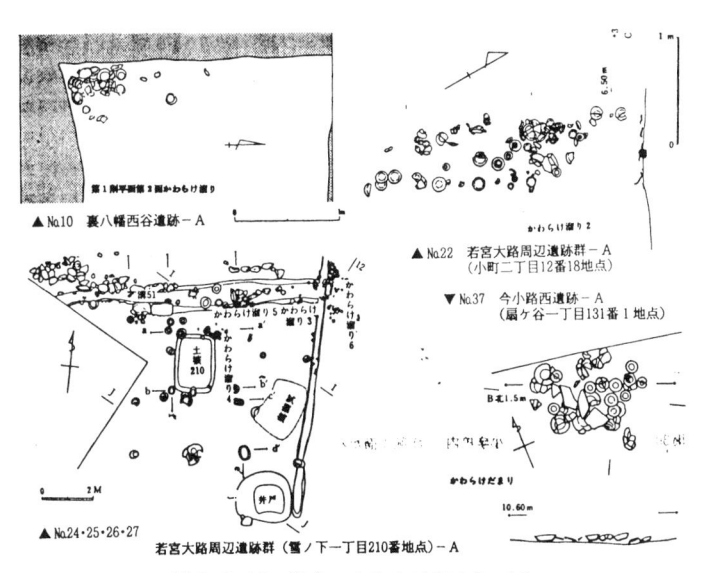

図Ⅰ-3-12 鎌倉のかわらけ溜まり（1）

ている．一方，いわゆる「前浜」地域でのかわらけの一括廃棄の分布が少ないことも指摘している（図Ⅰ-3-14）．そして，遺構面上の「かわらけ溜まり」には，かわらけ以外の遺物の伴出例が少ないことを指摘し，同時に，折敷や箸の

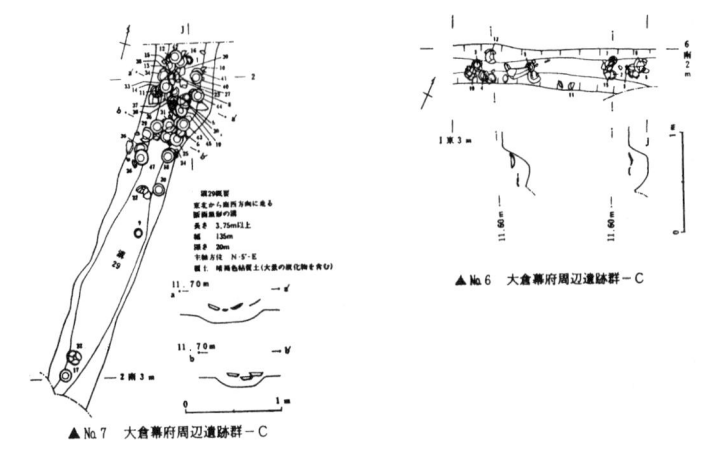

図 I-3-13 鎌倉のかわらけ溜まり (2)

共伴例も少ないことも指摘している.

斎木秀雄は佐助ヶ谷遺跡 (900 ㎡) の出土遺物の個体数 (総数約 31,000 点) を調査し, かわらけが出土遺物の 90% 以上を占めることや, 大小の皿の数がほぼ同じことを明らかにしている. 一方, 汐見一夫は由比ヶ浜集団墓地遺跡 (1,700 ㎡) の出土遺物 (約 27,000 点) の破片数を計数して〔斎木 1994; 大河内・汐見 1997〕, かわらけが約 45% を占めることを明らかにしている. これは, 浜地における遺物の出土数, かわらけの出土数が少ないことを見事に証明している.

都市・鎌倉においては町屋でもかわらけを使用するが, 一括大量廃棄事例は少ない. 一方, 幕府や上級御家人の屋敷地では, かわらけの使用頻度が高く, かつ大量で, 一括大量廃棄事例が多い. このことは場の性格を見事に反映しており, かわらけの性格をも表現している. それでは, 町屋でかわらけはどう使われたのであろうか. もちろん日常の飲食器を考えるのが一番素直であるが, 「日常の中の非日常」とする意見もある.

佐助ヶ谷遺跡出土の箸を分析した谷下田厚子は, 約 4 万本の箸を計量し, その時期的な変遷をまとめている. それによると, 「時代が下るにつれて短くなる傾向」と, 「幅に関して変化はさほどなかった」とし, 「顕著な変化というものはむしろ認められなかった」と指摘している. また, 箸を折って捨てる習慣についても否定的である〔谷下田 1993〕. 同遺跡で, 斎木は 3,500 枚出土してい

3 平泉から鎌倉へ 59

図 I-3-14 鎌倉におけるかわらけの大量廃棄の分布

る折敷を検討し,「形態的な変化は見られない」としながら,14世紀に折敷が小型化することを指摘し,「宴会の様相の変化」を予測している〔斎木1994〕.

　こうした事実から,宴会儀礼ばかりでなく広く日常でも,白木の折敷や箸が使われた可能性がある.前述の町屋でのかわらけの定量使用を鑑みれば,都市ではいち早く「晴」の宴会形式が「日常性」を帯びてきた結果と評価することも可能であり,「日常の中の非日常」説は魅力的である.また,折敷や箸とかわらけが個別に捨てられている事実は,柳之御所跡の一括廃棄事例と異なり,廃棄儀礼の変化が看取できる.

　鎌倉におけるかわらけ・折敷・箸を,柳之御所跡と対比しながら概観した.次に「酒器」について考えてみたい.小野正敏は「鎌倉では陶磁器の組成に都市鎌倉として独特な癖があります.(中略)梅瓶と呼ばれる壺があるのですが,それが大変多いのです.これはやはり京都にもない.九州にもない特徴です.」〔小野1993〕と的確に指摘している.

　内野正は矢部良明の見解〔矢部1978;矢部ほか1983;大三輪ほか1983;矢部1992〕を受けて,国内出土の青白磁梅瓶を集成・分析を行っている〔内野1992〕.そこで鎌倉の特徴を,次のように指摘している.「あらゆる性格の遺跡から出土」「質・量とも他地域より優勢」「搬入の盛期は13世紀後半〜14世紀前半」「蓋部が多く出土し(中略)内容物の存在を想定」できる,などである.小野の指摘によれば,「東国的な袋物志向」は鎌倉に継承されたとし,その「袋物」である青白磁梅瓶は,内野によれば13世紀後半から14世紀前半に多いとのことである.また,蓋が多いことは,「酒器」であったことを証明する傍証ともなる.

　13世紀後半以降は青白磁梅瓶としても,13世紀前半の「酒器」は,何が想定できるであろうか？「やぐら」から少数出土する白磁水注や四耳壺〔手塚ほか1996〕や,若宮大路周辺遺跡群から出土する渥美壺〔宮田1994;宮田ほか1997〕がまず想定できる.そして,12世紀末に開窯し,鎌倉を中心に東国に供給される古瀬戸製品がある〔藤澤ほか1995〕.宗臺富貴子〔宗臺1996〕や服部実喜〔服部1996〕の研究によると,鎌倉では古瀬戸前期様式Ⅰ・Ⅱ期(12世紀末〜13世紀前半)に編年される四耳壺・瓶子・水注などの袋物が,良好な状態で出土する.廃棄される時期は13世紀中葉以降である.

3 平泉から鎌倉へ　61

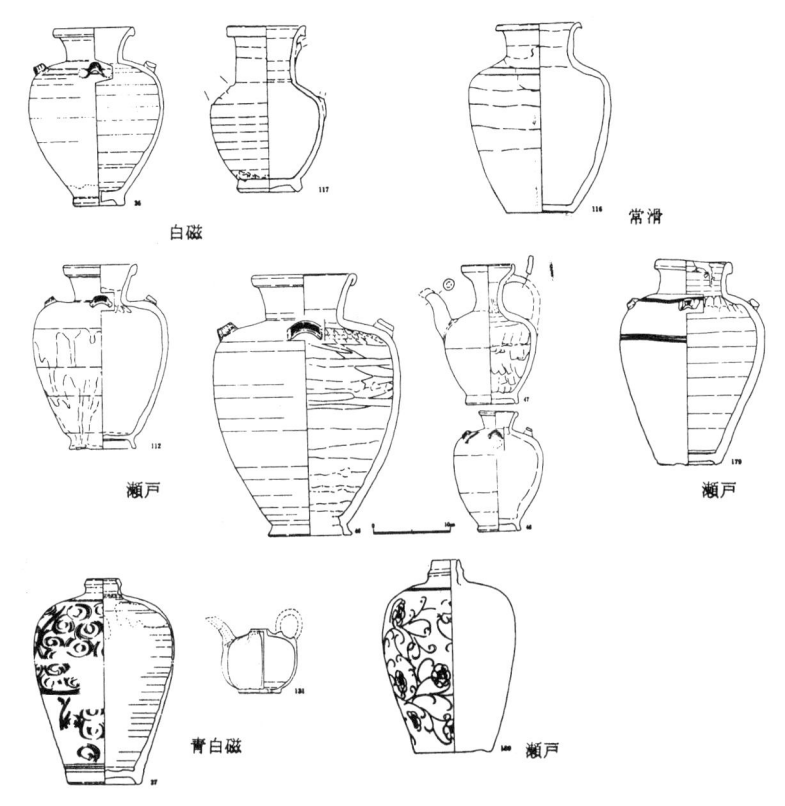

白磁　　　　　　　　　　　　　常滑

瀬戸　　　　　　　　　　　　　瀬戸

青白磁　　　　　　　　　　　　瀬戸

図Ⅰ-3-15　鎌倉で使われた酒器

　宗臺は「未だ四耳壺に固執する様相は，鎌倉の消費者に白磁四耳壺を求める意識が強く，その代替品を求めたことの現れ」〔宗臺1996〕と指摘している．まさに四耳壺・水注・瓶子は平泉に代表される白磁の器種であり，「袋物志向」は平泉の価値観を鎌倉が引き継いだものである（図Ⅰ-3-15）．鎌倉幕府の成立とともに開窯した瀬戸窯は，初期には鎌倉を中心に供給したことが確認できる〔藤澤1996〕．新たな東国政権は「新たな装いの焼き物」を求めたこととなり，平泉における常滑・渥美などと同じ関係を想起させる〔飯村1995c〕．古瀬戸成立期の器種は，入子・卸皿・洗・四耳壺・水注・瓶子などで，卸皿を除けば金属器・中国陶磁器・漆器に由来する器種である．漆器写しの締腰瓶子の存在は，絵巻物などで確認できる漆器の「酒器」の存在を暗示する〔野場

1995〕.

　以上，都市・鎌倉における 12 世紀末から 13 世紀前半の源氏将軍三代の時期の宴会形式は，「古瀬戸四耳壺・水注・瓶子＋手づくね・ロクロかわらけ＋箸＋折敷」であり，平泉——特に柳之御所跡——の価値観や論理を引き継いでいる．白磁は古瀬戸という「新たな装いの焼き物」に読み替え，かわらけ・箸・折敷は同じである．しかし，捨て方に顕著な違いが現れる．北条得宗専制体制が確立する 13 世紀中葉以降は「青白磁梅瓶＋ロクロかわらけ＋箸＋折敷」という宴会形式が定着し，15 世紀以降の有職故実で呼ばれる「式三献」のような宴会形式へ引き継がれている〔小野 1995b；内野 1992〕．「酒器」としては青白磁梅瓶のみならず，中国陶磁器・古瀬戸の袋物も当然使用されていたことであろう．内野正は「鎌倉以来の名家である証として，青白磁梅瓶が伝世された可能性が見逃せない．」〔内野 1992〕としたが，これは鎌倉における「晴」の宴会の酒器の代表であったことに由来すると考えられる．

おわりに

10～11 世紀　「中国磁器（須恵器）＋ロクロ土器＋箸」　浅い穴に捨てる
12 世紀前葉　「白磁＋ロクロ土器＋箸」　　　　　　　　　　？
12 世紀中葉　「白磁＋ロクロ・手づくね土器＋箸＋折敷」　深い穴に埋納
13 世紀前葉　「古瀬戸＋ロクロ・手づくね土器＋箸＋折敷」かわらけ溜まり
13 世紀前葉～「青白磁梅瓶＋ロクロ土器＋箸＋折敷」かわらけ溜まり

　王朝国家期に各地の支配拠点で成立した土器を使用した宴会形式は，都市・平泉へ，都市・鎌倉へと引き継がれながら，その形式を定型化し，15 世紀以降の「式三献」的な武家儀礼の世界を形成したと予測した．その中で，10 世紀前葉の宴会儀礼の成立期，12 世紀中葉の手づくねかわらけ・折敷の導入に代表される中世的な宴会儀礼の成立期，13 世紀中葉の東国的な宴会儀礼の確立期として画期と考えた．もちろん，それは王朝国家期から中世前期の連続性の側面を前提としている．王朝国家期から中世前期への連続性，平泉から鎌倉への連続性は，その政治体制や政権の特質の連続性を表現し，それぞれの画期は逆にその政治体制の独自性を表現していると理解している．その具体的な意

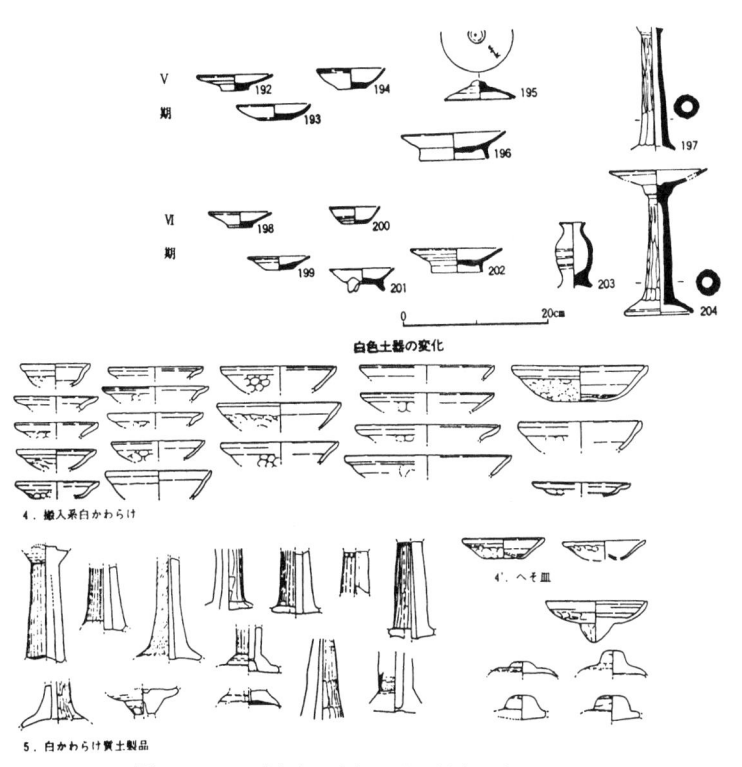

図Ⅰ-3-16　平安京の白色土器と鎌倉の白かわらけ

味について論じる能力はない．

　14世紀以降の東国の宴会儀礼の変遷については，各地に成立する城・館の在り方を踏まえて，後考を期したい．また，既述のように11世紀の全国的に遺構・遺物が減少する問題についても，課題とさせていただきたい．

　最後に，本節で検討した課題を考える過程で抱いた疑問を提示しておきたい．それは，製作技法と色である．これまでの検討で，「手づくねかわらけ＝京都志向」とは言えないことを，再三指摘してきた．それは表面的なもので，内在する論理は東国なりに読み替えられた論理であると考えている．実際，柳之御所跡出土かわらけを見ると，ひっくり返して糸切り痕を確認しないと，ロクロか手づくねか分からないのである．柳之御所跡で宴会をした人達は，折敷の上に乗ったかわらけを一々ひっくり返したのであろうか？　それほどの意識はあ

ったのであろうか．発注者側・生産経営者の論理であろうか？

　もう一つは色の問題である．古くから指摘されている「赤土器・白土器」の問題である〔稲垣1963；大橋1979〕．平泉遺跡群で手づくねかわらけ出現以降のかわらけは，比較的白っぽいのである．鎌倉のかわらけは赤っぽいのである．河野眞知郎が指摘するように搬入品と在地のものがあるが，真っ白いかわらけが13世紀から少量出土するのである〔河野1986・92a〕（前掲図Ⅰ-3-10）．これは折敷の上に置いてもすぐに認識できる色である．

　大橋康二・藤原良章らが『金沢貞顕書状』で指摘した「白土器」「京土器」〔大橋1979；藤原1988〕は，服部実喜〔服部1994〕が指摘した通り，白かわらけであろうか．鋤柄俊夫は「大饗」の史料から，白土器の用途は宮廷・寺院の伝統的な儀式で，限定的に使用されたことを指摘した〔鋤柄1988〕．それは用途・機能的には，古代平安京の白色土器の系譜を引く可能性があり[3]（図Ⅰ-3-16），服部実喜はこの鋤柄の指摘を踏まえ，13世紀中葉に宮将軍の下向に伴う番役・儀式の整備が行われ，京都系土師器（本稿でいう「京都系鎌倉型かわらけ」）は使命を終え，白色土器と瓦器がその役割を担ったことを指摘した〔服部1994〕[4]．金沢貞顕が将軍御所の旬の儀のために京都から取り寄せた事実は，単純に手づくねかわらけから白かわらけ・瓦器に変化したとはならないが，前述した宴会形式の変化を暗示している．

1) 宇野隆夫のお教えによると，「土器は本来，非日常」とする見解もある．「土器」の持つ特性は，再考する必要がある．
2) 松本建速1994「ロクロかわらけと手づくねかわらけ」『岩手考古学』第6号，岩手考古学会のほかに，下記文献をもとに，作成した図Ⅰ-3-9で明らかである．
　　北陸中世土器研究会1992『中世前期の遺跡と土器・陶磁器・漆器』
　　考古学フォーラム1993『第6回考古学フォーラム　愛知県出土の中世土師器皿資料集』
　　神奈川考古同人会『神奈川考古　第21号　古代末期～中世における在地系土器の諸問題』
　　東国土器研究会1988『東国土器研究』第1号
3) 平尾政幸1992「平安宮・京の土器・陶磁器」『古代の土器研究』古代の土器研究会
　　平尾政幸1994「白色土器」『平安京提要』角川書店

平尾によると白色土器は，平安時代から鎌倉時代前半に出土し，平安宮内，特に内裏北部地域に集中して出土し，「元日御薬」のような特殊な用途であることを指摘している．平安京の白色土器・白土器については，高橋照彦・鋤柄俊夫から教示をいただいた．技術的・工人的な系譜関係がないことは明白であるが，「白」という共通性が，用途・機能の系譜性を生んだ可能性もある．
4)　服部の指摘は興味深いが，出土量や廃棄状況を見るとそう単純ではない．また，「白土器」「京土器」は，白かわらけではなく，鎌倉でも極少量出土する「白色土器」の可能性がある．

4　土器から見た中世の成立

はじめに

　中世の成立はいつとするかは，研究者の視点や主な研究対象によって異なる．古代の終わりをいつとし，中世の始まりをいつとするかという研究は，その変化と画期を見出そうとする考えであり，それは歴史的に意義のある研究であることに異論はない．しかし，その背景には古代と中世の間には，必ず変化や画期があるはずだという，一つの「断絶史観」のようなものを感じることが少なくない．

　1992年の北陸中世土器研究会（現・北陸中世考古学研究会）での田島明人の研究〔田島1992〕に触れて以来，「古代と中世の非連続性の側面だけを強調しているが，連続性は全くないのであろうか？」という思いを持ちながら，土器を学んできた．そこで，土器・陶器を素材として，「中世の系譜」を連続性と非連続性の側面から考えてみたい．

1　土器の変化と画期——連続性と非連続性——

　図Ⅰ-4-1は井上雅孝による岩手県の10～12世紀の土器編年〔井上1996〕であり，図Ⅰ-4-2は及川司による岩手県の11～12世紀の土器の編年〔及川・杉沢2003〕である．一目してわかるように，900年代前半までは内黒・非内黒の土器があり，灰釉や緑釉陶器を模したと考えられる非内黒土器の高台付椀・皿の多様な器種が存在する．いわゆる「磁器指向型」の土器群である．ところが，950年頃になると越州窯青磁ないしは灰釉陶器椀を模したと考えられる内外面ヘラミガキ・黒色処理した高台付深椀や非内黒の「柱状高台皿」が出現し，次第に器種構成が単純となり，内黒土器が激減してくる．

4 土器から見た中世の成立 67

図Ⅰ-4-1 岩手県における10〜12世紀の
土器編年〔井上1996〕

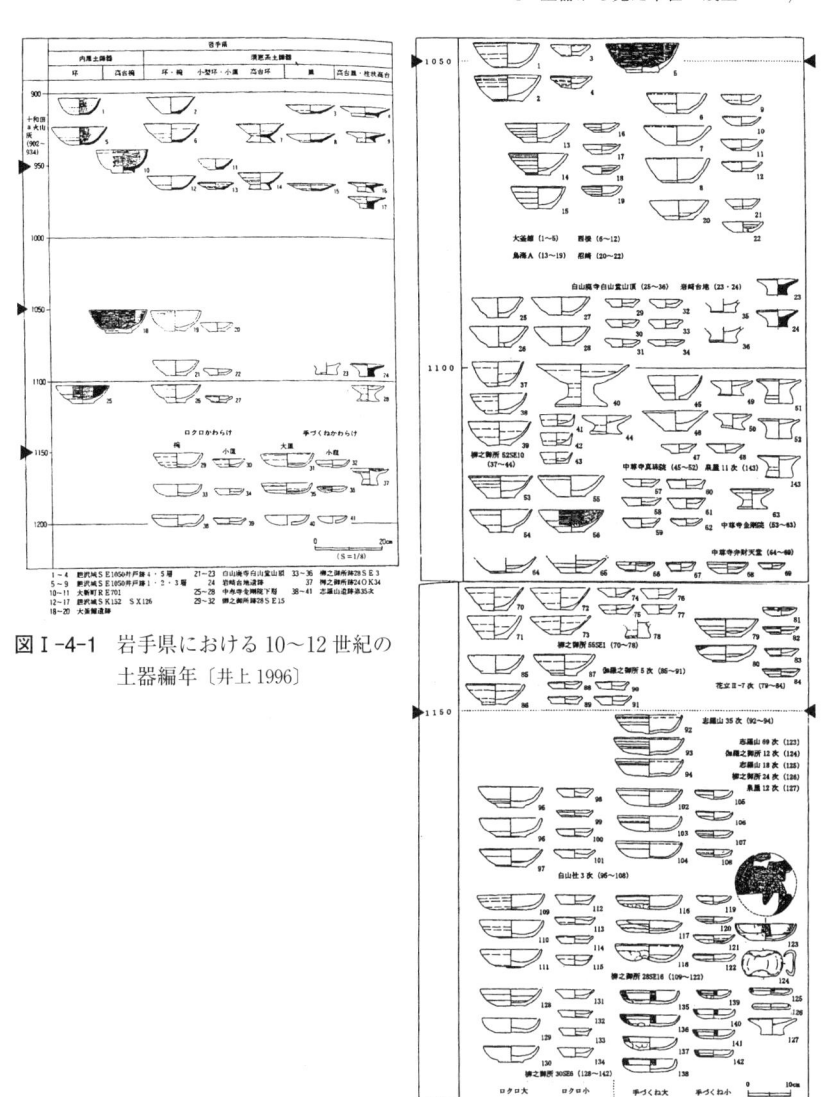

図Ⅰ-4-2 岩手県における11〜12世紀の
土器編年〔及川2003〕

それでも，1050年頃とされる大釜館遺跡では内外面ヘラミガキ・黒色処理された高台付深椀が1点存在するが，高台の形骸化が著しい．これは内外面ヘラミガキ・黒色処理されていることから，古墳時代以来の技術で作られた，古代の「土師器」の一形態ととらえることができる．ただし，その組成の中に占める比率は既に著しく低く，例外的である．そして，内黒土器は皆無であり，非内黒の無高台の椀・皿のセットが既に主流となっていることがわかり，その器形・法量の斉一性が強い．これは，『陸奥話記』にある安倍氏の「鳥海柵」擬定地の鳥海A遺跡出土資料との共通性から，1000年代中頃から後半とされている．つまり，1050年頃には古代的な技法の土器がほぼ払拭され，非内黒の椀・皿のセットという「中世的土器様式」の成立ととらえることができる．

そして，その「椀・皿のセット」は1150年頃まで継続する．その間，椀・皿のセットに100年代後半の清原氏建立と伝えられる白山廃寺例から1100年代前半とされる中尊寺金剛院・真珠院例にかけて，いわゆる「柱状高台皿」が伴う．おそらく，950年頃から継続して存在する器種の可能性が高い．これは平安京で出土する白色土器をモデルとした土器群の可能性が高く，『類従雑要抄』などで言われる「土高坏」の可能性が高い．その用途・機能については，羽柴直人が柳之御所跡出土例から具体的に考察〔羽柴2003〕しているが，「儀器」と考えられる．

また，1100年代前葉とされる中尊寺金剛院下層例では，非内黒土器椀とほぼ同一の器形・法量の内外面ヘラミガキ・黒色処理の無高台の土器椀が一点だけ出土している．古代的な技法の土器ではあるが，器形や組成から見て極めて例外的であり，「先祖帰り的な技法の土器」である．この中世的な土器工人が，古代の土師器工人の系譜にあることを示している事例ととらえることもできる．そして，平泉遺跡群の泉屋遺跡では「柱状高台皿」を焼成した窯が発見され，開放型で古代以来の土器焼成坑の系譜を引く可能性があり，工人の系譜を考える上で注目される．

さらに，平泉遺跡群では1150年頃になると京都系手づくね土器が導入され，手づくね土器はもちろんであるが，ロクロ調整の土器・椀も手づくね土器の器形にすり寄るように急激に皿形化し，手づくね・ロクロ土器とも大小の皿のセットと言うべき器形となり，1200年代以降の土器の器形の起源ともなっている．

この 1150 年頃という時期は，渥美・常滑・珠洲等の広域流通窯やエヒバチ長根・水沼窯等の地域窯が成立し，陶器が大量に流通し始める時期でもある．

このように，古代的な器形・技法の土器が払拭され，斉一性の強いロクロ調整の椀・皿の土器セットが成立する 1050 年頃に第一の画期が想定され，中世的土器様式の成立と考えることができる．しかし，その直接的な萌芽は既述のように古代的な内黒土器の激減や椀・皿のセットの出現，柱状高台皿の出現等を考慮すると，950 年頃にあったと評価することが可能である．逆に，既述のようにこの第一の画期が古代土師器工人の系譜の中に成立していることは，内外面ヘラミガキ・黒色処理の椀が，数例であるが存在することや土器焼成坑の形態からも首肯できる．

さらに，1150 年頃に京都系手づくね土器の導入とその強い影響を受けて成立する，ロクロ調整，手づくね土器ともに「大小の皿のセット」となり，その器形・法量も相互に次第に近似してくることと，中世陶器の生産・流通が相まって，中世的な土器様式の完成期として第二の画期と位置付けられる．つまり，1050 年頃の「椀・皿のセット」の段階から，1150 年頃の「大小の皿のセット」の段階を経て，中世的な土器様式が確立することが，この岩手県の井上・及川の研究からも十分に読みとることができる．

この土器から見た二つの変化と画期の底流には，古代以来，あるいはより直接的には 950 年頃以来の土器の系譜に由来があることは，既述のとおりである．ここでは特に，古代以来の土器の伝統の中に中世があったことを強調しておきたい．

2　土器の使用形態——連続性——

筆者は以前，先学の研究に導かれながら，土器の一括大量廃棄に着目して，古代後期から中世への土器の用途・機能の連続性を指摘したことがある．陸奥国府である多賀城跡の前面に，都市的に展開する方格地割の一角の山王遺跡千刈田地区で「国司館」が発見され，大型掘立柱建物跡の近くから 1000 年代前葉の「土器溜」が発見された．その「土器溜」から土器が 265 個体出土し，内黒土師器 4 割，非内黒土師器 5.7 割，須恵器 0.3 割で，非内黒土師器の比率が高

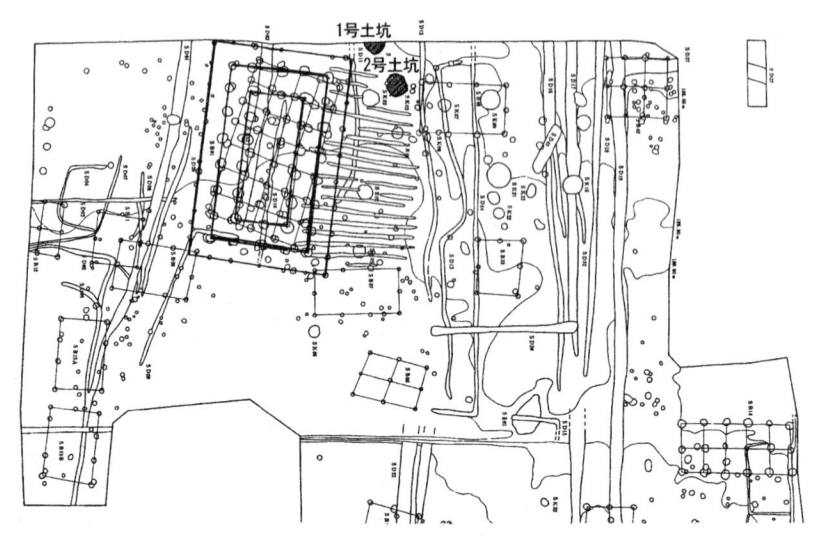

図 I-4-3　福島県大江古屋敷遺跡の大型建物跡と廃棄土坑

い．これに越州窯系青磁水注が伴う．村田晃一は宴会儀礼により一括廃棄であるとされ，平泉遺跡群に連続する土器の非日常化である．土器が日常の器ではなく，食膳具の主体は既に別の材質のものに転換したことも指摘した〔村田 1995〕．

同じ陸奥国では，950年頃の会津盆地で同様の事例があり，大江古屋敷遺跡で二間六間四面で孫庇の付く大型掘立柱建物跡の側の浅い土坑（図 I-4-3）から，約百個体ほどの土器がまとまって出土した．食膳具を中心に内黒土器，内外面黒色土器，非内黒土器，大戸窯跡産須恵器甕・瓶などで構成され，非内黒土器の比率が高い．越州窯系青磁椀も伴う（図 I-4-4）．富豪層の居宅ないしは郡衙関連遺跡ともされている〔古川・吉田ほか1990〕．950年頃の陸奥国では，非内黒のロクロ調整の土器を使用した宴会儀礼が，一定階層で広く行われていたことを示すものであろう．

その後，詳細は論じないが，前掲図 I-4-1・4-2の井上・及川編年にある，1050年以降の大釜館遺跡，鳥海A遺跡や白山廃寺跡，1100年代の中尊寺金剛院や真珠院はいずれも宴会儀礼や宗教儀礼などによる廃棄例であり，富豪層の居宅や「前九年・後三年合戦」関係の柵跡であり，寺院である．「柳之御所」

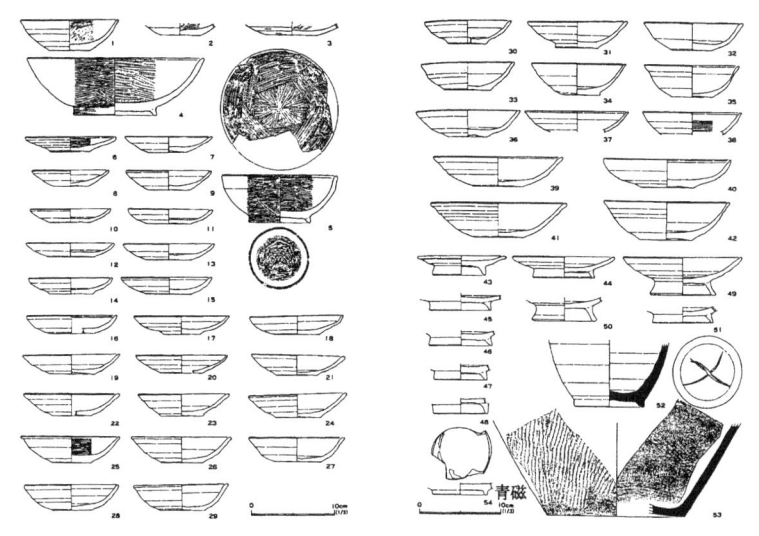

図Ⅰ-4-4　1号土坑出土土器

の土器の使用形態は周知のことではある．この時期は集落遺跡が皆無であり，こうした特殊な遺跡しか検出できないという問題はあるものの，土器が「晴れの器」として機能した事例が，900年頃から一貫して確認できる事実は，土器の使用形態の継続性を示している．

つまり，900年代から顕著になってきた儀器（晴れの器）としての土器の使用形態は，1050年頃からの限定された器種・法量の土器を一括大量廃棄することを強めながら，1150年頃の「柳之御所段階」で手づくね土器を導入し，1100年代後半に一つの到達点を迎える．そして，その機能は1200年代以降の鎌倉武家政権の中にも，形を変えながら継承されていく．前述の土器の編年的な画期とは若干の齟齬はあるが，大まかな流れとその底流にある連続性は同様である．

3　陶器生産とその意味——非連続性の中の連続性——

中世奥羽における陶器生産は，1150年前後には米代川下流の秋田県エヒバチ長根窯跡（珠洲系），北上川下流の宮城県水沼窯跡（渥美系）で生産が開始さ

れる.一方,古代須恵器生産は900年代には遅くても生産が終了している.但し,伝世品であろうが,1000年代前半とされる宮城県植田前遺跡で須恵器甕が伴い,1100年代前葉と考えられる岩手県中尊寺金剛院下層で須恵器甕の胴部片を転用した硯が伴っている例はある.いずれにせよ,古代須恵器生産から中世陶器生産までの窯業生産の空白は,少なくとも百年はあると考えざるを得ない.しかし,福島県飯坂窯の折衷的な須恵器系の窯構造や製品,あるいは福島県大戸窯の折衷的な須恵器系の窯構造や製品や須恵器生産地内での立地を見ると,直接的に「古代須恵器工人の再編」とまでは現段階では断定できないものの,その系譜関係を憶測することは,あながち的外れではない気がする.これについてはまだ,実証的な検討が困難な段階である.

そこで,少し視点を変えて,用途・機能の面から窯業生産を考えてみたい.筆者は以前,先学の研究に導かれながら,平泉遺跡群などの東国の袋物指向について論じたことがある〔飯村2001a〕.陶器を需要した階層は奥州藤原氏をはじめとする新興権力者層であり,その用途は宗教具であり,「晴れの場」での「儀器」であり,支配の道具立て——身分表徴——として利用されたことを指摘した.そしてその系譜は,前述の陸奥国司館の越州窯系青磁水注や,会津の富豪層の館での大戸窯産須恵器長頸瓶に求めることができる.そして,大戸窯独特のリング状凸帯を有する長頸瓶は陸奥南部を中心の広域に流通する.同様の現象は青森県五所川原窯でもあり,長頸瓶と中型甕が北海道道東まで広域に流通する.おそらく,富豪層や村落首長等の祭祀・儀礼の道具とされたと考えた.

つまり,窯業生産の百年以上の断絶を前提としつつも,古代以来の「袋物指向」が前提となって,中世奥羽の陶器生産・流通が盛んになった可能性があり,やはり古代からの連続性を示唆している.より直接的には900年前後の袋物を中心として生産体制が,中世的な窯業生産を準備した可能性が高いものの,百年以上の空白の意味は今,説明はできない.

おわりに

古代から中世への連続性・非連続性という視点にこだわりながら,中世奥羽

の土器・陶器を改めて考えてみた．それは，1050年頃の中世的土器様式の成立，1150年頃の中世的土器様式の確立を経て，中世的土器様式が整ってくる．しかし，その前提，あるいは底流には，900年代の変化と画期があり，それが中世的土器様式を準備したと考えた．

　それでは，900年代から中世的土器様式成立までの時代をどう捉えるか．それは正に律令国家体制とは言いながらも「摂関政治の時代」であり，奥羽で言えば国府・城柵あるいは郡衙などの城柵官衙遺跡が衰退し，それに取って代わるように，国司館や在地富豪層の居宅等の遺跡が顕著になり，奥羽南部の竪穴建物跡を主体とする集落が衰退する一方，奥羽北部では大規模な集落が継続し，堀や土塁で区画した集落や高地の集落が新たに出現する．遺跡からも律令国家支配の衰退は読みとることができる時代である．「王朝国家期」と呼ばれたりするが，中世への胎動が感じられる時代である．

　それでは，1050年頃はどうであろうか．奥羽南半では列島の中でも早く荘園が立荘され，いわゆる「荘園公領体制」が整う時期であり，奥羽北半では「前九年・後三年合戦」を契機として，安倍氏・清原氏が台頭する時代であり，これに関わる「柵跡」も少なからず確認される一方，いわゆる集落遺跡は皆無に等しい．しかし，この時期に奥州藤原氏は準備され，1150年代には平泉遺跡群を規範とする遺跡が「外が浜」から北上川流域，大崎平野，伊具郡まで点在する．この平泉遺跡群の原型が安倍氏・清原氏関連遺跡にあったことは，遺構・遺物の両面から理解できる．

　以上のように，中世は古代を前提としていることは当然であるが，より直接的には900年代以降の世界が中世を準備したと指摘したい．この時代は，「大開発の時代」であり，「地域の時代」であったが，考古学的には資料の少ない時代である．少ない資料を乗り越えて，「無いことの意味」を積極的に考え，より新たな方法論を模索する必要があると考えている．

　（付記）本節では「中世の系譜」を強調する観点から，一つの試みとして，「土師器・須恵系土器・土師質土器・かわらけ」をすべて「土器」と表記した．

5　陶器生産

1　中世陶器の分類

　中世陶器とは12世紀から16世紀に生産された陶器で，楢崎彰一は「中世の主要な窯業地の生産が，主として壺・甕・擂鉢の三種の容器類によって構成され……（中略）……外見的に際だった存在であった……（後略）」〔楢崎1977〕とし，「中世のやきものは，前代の系譜の上から，土師器系と須恵器系および瓷器系の三系列に分類することができる．」〔前掲〕とした．そして，以下の通りの分類を示した．
- (1)　土師器系土器　①土師器（第一類）
　　　　　　　　　　②瓦　　器（第二類）
- (2)　須恵器系陶器　①平安時代の須恵器の器形や製作技術を踏襲して中世陶器に転化したが，鎌倉時代中期以降に酸火焔焼成による茶褐色の陶器に移行したもの（第一類）
　　　　　　　　　　信楽・伊賀・丹波・備前などの西日本の諸窯
　　　　　　　　　　②須恵器の製作技術をそのまま継承した，還元焔焼成による灰黒色の，続須恵器というべきもの（第二類）
　　　　　　　　　　珠洲・飯坂・新溜・泉谷地・笹神・金井・亀井など（東日本）神出・志方・亀山・勝間田・十瓶山・樺万丈など（西日本）
- (3)　瓷器系陶器　　①平安時代の白瓷の系譜を引く施釉陶器（第一類）
　　　　　　　　　　瀬戸・美濃
　　　　　　　　　　②無釉の碗・皿・鉢などの日常食器類のみを焼いた東海各地の白瓷系陶器（第二類）
　　　　　　　　　　猿投・岡山・皿山など

③壺・甕・擂鉢の三者を主に焼いた（第三類）

常滑・渥美・湖西・兼山・中津川など

④平安時代に須恵器の伝統しか持たなかった北陸地方や東北地方において，東海地方の白瓷系陶器の技術を導入して中世窯に転化した窯（第四類）

越前・加賀・笹神狼沢・飯坂赤川・東北・多高田・熊刈・山塚沢・品ノ浦など

　この分類が最も基本的な中世陶器の分類であり，中世奥羽では土師器系土器は当然としても，須恵器系陶器第二類と瓷器系陶器第四類の窯跡があることとなり，特に楢崎は須恵器系第二類と瓷器系第四類のとの関係について「狼沢窯は同一地域内に須恵器系第二類の権兵衛沢窯と共存している．東北地方では，福島県の飯坂赤川窯跡があり，やはり須恵器系第二類の毘沙門平窯と共存する」とし，「瓷器系第四類の中世窯の成立の経緯はまだ必ずしも明らかではないが，周辺に須恵器系窯をもたない越前・加賀窯と，須恵器系と共存する東北諸窯とはやや性格を異にしているようである」が，「須恵器系窯との時期的な関係が明らかにされない現在，成立の経緯は不明というほかない」〔前掲〕と指摘している．

　この楢崎の分類を批判的に継承して，吉岡康暢は中世土器・陶器の新たな分類を提示している〔吉岡1994〕．その主たる論点は，①須恵器系第二類を「須恵器」とする認識，②須恵器系第二類に包括されてきた珠洲陶器に代表される東日本と，瀬戸内・九州の西日本の須恵器系諸窯を別個に類別すべき，③須恵器系第一類に分類されていた備前窯の取り扱い，④瓷器系第二〜四類の区分の問題，⑤須恵器と瓦器の分類基準の問題――「上野型」「武蔵型」――などであった．

　以上の論点を踏まえて吉岡は以下の分類を提示した．

(1) 陶器　①須恵器系　一類A　東播系（神出・三木・魚住ほか）

　　　　　　　　　　一類B　十瓶山系（十瓶山・花園）

　　　　　　　　　　一類C　亀山系（亀山・樺・別所ほか）

　　　　　　　　　　一類D　その他の西日本型（勝間田・鎌山・下り山ほか）

　　　　　　　　　　二類　　備前（還元焔→酸化焔）

　　　　　　　　　　三類A　珠洲系（珠洲・北越Ⅰ・駒形・大畑ほか）
　　　　　　　　　　　　　　（一部酸化焰）
　　　　　　　　　　三類B　その他の東日本型（大戸Ⅰ・飯坂ほか）
　　　　　　　　　　　　　　（一部酸化焰）
　　　②瓷器系　一類　　瀬戸・美濃系（瀬戸・美濃・初山ほか）
　　　　　　　　　　　　　　（還元焰）
　　　　　　　　　　二類A　常滑・猿投系（常滑，猿投，中津川，兼山，
　　　　　　　　　　　　　　丹波，信楽，越前，加賀，北越Ⅱ，大戸Ⅱ，梁
　　　　　　　　　　　　　　川，伊豆沼，三本木，白石ほか）
　　　　　　　　　　二類B　渥美系（渥美，湖西，東遠諸窯，水沼ほか）
　　　　　　　　　　　　　　（還元焰）
　　　　　　　　　　二類C　その他の瓷器系（岡山ほか　碗・皿主体）
　　　　　　　　　　　　　　（還元焰）
　　　③土器　　土師器　各地
　　　　　　　　瓦器　　各地（西日本中心）（低還元焰）
　これらの研究を受けて，中野晴久は常滑研究の立場から，特に技術系譜を考慮して，瓷器系中世陶器に限っての分類を提示している〔中野1997〕．
　第1群（猿投窯・尾北窯・幸田窯・東遠諸窯・美濃須衛窯）
　第2群A類（瀬戸窯・美濃窯）　第3群a類（東栄窯・藤岡窯・三ツ沢窯）
　第2群B類（渥美・湖西窯）　　第3群b類（塩狹間窯・水沼窯）
　第3群C類（常滑（知多）窯）　第3群c類（足助桜ヶ入窯・恵那中津川窯・兼山
　　　　　　　　　　　　　　　　　　　窯）
　　　　　　　　　　　　　　　第4群a類（上七重窯・緑風台窯・丹波窯・信楽
　　　　　　　　　　　　　　　　　　　窯・越前窯・加賀窯・京ヶ峰窯・笹
　　　　　　　　　　　　　　　　　　　神窯・梁川窯・伊豆沼窯・三本木窯・
　　　　　　　　　　　　　　　　　　　白石窯・大戸窯）
　一方飯村は，楢崎や吉岡の分類を参考にして，地域の事情に即して，奥羽の中世陶器窯を下記の通り分類した〔飯村1995d〕．
　須恵器系　珠洲系―エヒバチ長根・大畑
　　　　　　東日本型（折衷系）―飯坂・大戸

　　　　瓷器系　　渥美系―水沼
　　　　　　　　　常滑系―梁川・大戸・伊豆沼・三本木・白石
　そして，「東日本型とは須恵器系の技術を母体としながらも，器形や技法などの点で瓷器系からの影響が認められる段階で，13世紀以降瓷器系の技術導入がなされる窯跡」〔飯村1995d〕と定義付けている．なお，「瓷器系渥美系」は中野分類の第3群b類，「瓷器系常滑系」は中野分類の第4群c類に相当する．

　そしてその後，高桑登らによって再確認された窯跡である山形県平田町新溜（しんため）窯跡は「須恵器系珠洲系」に分類でき〔高桑1998〕，酒井英一・山口博之らによって発見・調査された山形県羽黒町執行坂（しゅぎょうさか）窯跡〔酒井1999；酒井・山口2001・2002〕は「瓷器系常滑系」に分類できる．但し，執行坂窯跡は瓷器系の窯跡としては最も西寄り（日本海寄り）であるためか，製品に須恵器系の影響が色濃く，飯坂・大戸窯のように先行する須恵器系窯跡の存在を想定する必要があるかも知れない．

　以上を整理すると，以下のような分類の対応関係となり，中世奥羽に限っては相互の基本的な分類の考え方に矛盾はない．

		栖崎	吉岡	中野	飯村	窯跡名
須恵器系	第二類	三類A	＋	珠洲系	エビバチ長根・大畑・新溜
		三類B	＋	東日本型（折衷系）	飯坂・大戸（霞ノ沢支群）
瓷器系	第四類	二類B	第3群b類	渥美系	水沼
		二類A	第4群c類	常滑系	梁川・大戸・伊豆沼・三本木・白石・執行坂

　なお，田中照久は「九右衛門窯（くえもんがま）」の焼成実験から，焼成技術面で最初から酸化焔・還元焔で焼成しているのではないことを指摘し，瓷器系陶器の焼成技法を「還元焔焼成酸化焔冷却A型」，須恵器系陶器の焼成技法を「還元焔焼成還元焔燻冷却」と呼称することを提唱し，この焼成技術の違いは生産集団の技術系統の違いという人的な要因であると指摘した〔田中1994〕．中世陶器の存在意義を考えたときに，冷却方法の違いが器面の発色の違いや質感の違いであるとすれば，今後十分考慮すべき問題提起と考えている．

I 土器と陶器

凡例
●瓷器系
○須恵器系
☆施釉陶器

図Ⅰ-5-1 中世奥羽の陶器窯

2 研究史

1960年代以降，これまでの東北地方における中世陶器生産に関する研究を3期に分けて，やや詳しく見ていきたい．

第1期（1960年代から「東北の中世陶器」展まで）（図Ⅰ-5-1・表Ⅰ-5-1）

東北地方における中世陶器生産については，1967年刊行の三上次男・楢崎彰一編『日本の考古学Ⅵ 歴史時代 上』の中で，倉田芳郎・坂詰秀一が的確な予察を行っている．それは，「これら暗褐色を呈する大甕の類は，従来，常滑として処理されてきていたのであるが，関東の地に窯跡が発見され，東北に同一製品が比較的多く認められるにいたり，それとは明らかに分離して考えられなければならず，将来の調査の進展にともなって，かなりの窯跡の存在が知

5 陶器生産

表Ⅰ-5-1　奥羽の陶器窯跡（番号は図Ⅰ-5-1に対応）

番号	窯跡名	支群名	所在地	窯数	分類	調査の有無
1	エヒバチ長根	—	秋田県二ツ井町	3基	珠洲系	確認調査
2	大畑	—	秋田県南外村	4基以上	珠洲系	2基調査
3	新溜	—	山形県平田町	1基以上	珠洲系	試掘調査
4	執行坂	—	山形県羽黒町	2基以上	常滑系	1基調査
5	三本木	多高田	宮城県三本木町	1基	常滑系	1基調査
		芦の口	同上	1基	常滑系	
6	伊豆沼	熊狩A	宮城県築館町	3基	常滑系	2基調査
		熊狩B	同上	3基	常滑系	
		熊狩C	同上	2基	常滑系	
		熊狩D	同上	5基	常滑系	
		山塚沢	同上	8基	常滑系	
		東沢	同上	13基	常滑系	
		品の浦	宮城県迫町	18基	常滑系	
7	水沼	—	宮城県石巻市	3基	渥美系	3基調査
8	白石	東北	宮城県白石市	11基	常滑系	
		黒森	同上	2基	常滑系	
		市の沢	同上	1基以上	常滑系	
		一本杉	同上	20基	常滑系	20基調査
9	梁川	八郎	福島県梁川町	4基以上	常滑系	2基調査
10	飯坂	毘沙門平	福島県福島市	4基以上	（折衷系）	2基調査
		赤川	同上	3基	（折衷系）	1基調査
11	大戸	葭ノ沢	福島県会津若松市	2基	（折衷系）	1基調査
		樋ノ沢A	同上	4基	常滑系	
		樋ノ沢B	同上	1基	常滑系	
		下丸A	同上	6基	常滑系	1基調査
		中丸A	同上	10基	常滑系	
		中丸B	同上	6基	常滑系	2基調査
		谷地平A	同上	7基	常滑系	
A	戸長里		山形県米沢市	1基		1基調査
B	岸	—	福島県福島市	2基以上		物原調査
C	会津大塚山	—	福島県会津若松市	1基		

られるにいたるであろう．その築窯・成形は，おそらく常滑焼の影響のもとになされたものであろうが，その生産はあくまで在地の需要の必要性により展開していたもの」〔倉田・坂詰1967〕という指摘であり，省みれば，正に正鵠を射る指摘となった．

1949年にはすでに窯跡の存在は知られ，1963・69年には秋山政一・目黒吉明らによって，福島県福島市飯坂町に所在する飯坂窯跡の赤川・毘沙門平の2窯3基が調査され，当時は「古代須恵器窯」との認識ではあったが〔福島市史編纂委員会1969〕，結果的ではあるが中世窯調査の嚆矢となった．

1970年代に入ると，宮城県における藤沼邦彦の精力的な調査・研究が特筆される．藤沼は「宮城県内で発見される中世陶磁器は，一部の中国製青磁・白磁，古瀬戸などを除くと，多くは無釉の赤褐色を呈した甕や壺・擂鉢などの日常雑器的なものの陶片である．こうした陶片は，従来ややもすると，一括して，常滑焼と称されるのが常であった．しかし，県内に於いて，東北窯跡をはじめ無釉の中世陶器を生産した窯跡が，3箇所も発見するにおよび，それまで常滑地方からの移入品と考えられてきたもののなかには，県内産のものもふくまれているのではないかと考えられるようになった．こうして，出土品に対する再度の吟味が必要となったのであるが，一方，常滑地方など窯業先進地帯との関連もふくめて，当時の窯業生産の在り方を（在地的な眼で），もう一度眺め直すことが要求されるようになった．」〔藤沼1976〕という問題意識を披瀝し，迫町品ノ浦窯跡（後の伊豆沼古窯），三本木町多高田窯跡（後の三本木古窯），白石市東北窯跡（後の白石古窯）の表面採取資料と窯跡の状況を紹介し，「①窯跡がせまい範囲に群集する傾向がある（品ノ浦窯跡，東北窯跡），②すべて窯体構造は地下式窖窯とみられ，窯長は14〜15mに及ぶものがある．③製品は無釉で酸化焔焼成されている．④器種は基本的に甕・壺・擂鉢の三者に限定される」〔前掲〕などの特徴を指摘し，所属年代，技術系譜，消費地との関係，窯業成立の背景などの見通しを示した．

その中で，年代を鎌倉時代中・後期から室町時代前半とし，東北窯について「室町時代に入っても，N字状口縁が発達しなかったのではなかろうか．」〔前掲〕という卓見を示し，そしてその技術系譜を常滑焼としながらも，「発掘によって窯体構造を明らかにし，他の地域のものと詳細に比較することが必要」

〔前掲〕としている．さらに，消費地出土資料の検討を通して，「在地の未発見の窯の存在をも暗示」〔前掲〕しているとしながら，その供給圏の狭さも指摘し，「なぜそれぞれの窯（跡）が大量生産を行ない，他地域からの移入品を駆逐することができなかったのであろうか」〔前掲〕と疑義を呈している．また，その経営主体を「農業生産の拡大に意欲をもっていた地頭クラスの御家人」〔前掲〕と推定した．藤沼は1976年段階で，陸奥南部における窯業生産の主要な論点をすでに整理し，今日から見ても極めて的確な見通しを示している．

さらに，藤沼は宮城県内出土の中世陶磁器の約85箇所を検討し，宮城県内窯の製品として東北窯跡（約20基），多高田窯跡（1基），品ノ浦窯跡（17基）を始めとして，新たに発見した築館町熊刈窯跡（4基），山塚沢窯跡（8基）の表面採集資料を紹介し，同時に在地産と考えられる「生産地不明の製品―瓷器系陶器」や福島市飯坂町毘沙門平窯の製品も紹介している〔藤沼1977a〕．そして，5窯跡群の特徴を①窯跡が狭い範囲に群集，②窯体構造は地下式窖窯，③製品は無釉で酸化焔焼成，④器種は甕・壺・擂鉢の三種で小皿・椀類を欠く，⑤甕・壺の口縁部は受口状を示す，⑥擂鉢の筋目は希で東北窯のみ，⑦擂鉢で高台を持つものは少ないなどであると考察し，「供給圏についても，かつては…（中略）…地元本位の供給を目的としたせまいものと考えた．しかし窯跡の合計が50基近い数となったことやさらに未確認の窯跡の存在が予想されることなどから，もう一度考え直す必要が出てきた.」〔前掲〕としている．また，安国寺西遺跡，境の沢遺跡の甕は14世紀後半の年号を持つ板碑の下から出土し標式資料になりうると指摘し，さらに毘沙門平窯の製品に関連して，確認が遅れている奥羽産の須恵器系陶器窯の存在を示唆している〔前掲〕．いずれの指摘も，当を得たものであったことは，後に次第に明らかにされることとなる．

以上の成果を中心に藤沼は，『世界陶磁全集 3 日本中世』の「東北」〔藤沼1977b〕の中で，福島県が毘沙門平窯と赤川窯，宮城県が東北窯と多高田窯，熊刈窯，山塚沢窯，品ノ浦窯，山形県が新溜窯と泉谷地窯の九箇所を紹介し，瓷器系5箇所，須恵器系3箇所（毘沙門平・新溜・泉谷地），不明1箇所（赤川）と分類している．そして，日本海側での須恵器系窯跡発見の期待や，太平洋側でも初期の中世陶器窯が須恵器系である可能性，あるいは鎌倉後期には遅くとも開窯された諸窯の供給範囲やその終末の問題を提起した．

これ以降藤沼は，表面調査に終始することなく，発掘調査によりその実態の解明に踏み込んでいくこととなる．宮城県最初の中世窯の調査である三本木町多高田窯跡1基の調査が1977年実施され，1978年報告書が刊行された．単独で存在する分焔柱を有する地下式窖窯で，擂鉢・壺・甕を生産し，年代は鎌倉時代後期とされた．同じく，1977年に東北歴史資料館（当時）により伊豆沼古窯の築館町熊刈A窯跡2基を調査し，1979年に報告書を刊行している〔藤沼ほか1979〕．藤沼は同書で初めて，宮城県の中世窯を「伊豆沼古窯」「三本木古窯」「白石古窯」に整理し，伊豆沼古窯を熊刈A・B・C・D，山塚沢，東沢，品ノ浦の7窯跡群，三本木古窯を多高田，芦ノ口の2窯跡，白石古窯が東北，黒森の2窯跡群とした．熊刈A窯跡では3基を確認し，2基を調査した．いずれも分焔柱を持つ地下式窖窯で，無釉の甕・壺・擂鉢・皿の4種類を焼成し，酸化焔焼成されている．年代は鎌倉時代中期から後期で，地元窯の最盛期と位置付け，地元窯の下限を南北朝時代としている．技術的には常滑窯の強い影響が推定された．

 同じ頃，日本海側の秋田県で須恵器系の窯跡の調査が行われた．その嚆矢となったのが，明治時代に発見され，1970年代には周知された秋田県南外村大畑窯跡である．1980年に小松正夫により1基調査された．窯構造は地上式で珠洲窯に酷似し，壺・甕・擂鉢・皿・陶錘などを焼成し，吉岡康暢の珠洲編年のⅡ～Ⅲ期，13世紀中頃から後半とされた〔小松1981〕．

 一方，1970年代から石川県珠洲窯の研究を推進した吉岡康暢は，1980年に山形県酒田市致道博物館で開催された庄内考古学会主催の研究会で，「北陸・東北の中世陶器をめぐる諸問題」という報告を行い，奥羽の中世窯の分類や編年，技術系譜などについて触れ，その内容は『庄内考古学　第18号』にまとめられた〔吉岡1982〕．吉岡はここで初めて奥羽の中世陶器の分類を試み，「(A) 須恵器系（＝珠洲系），(B) 瓷器系のほかに，(C) 瓦製（瓦質）系に近似するもの，と (D) 須恵器・瓷器折衷系と仮称する東北固有の一群」〔前掲〕とした．そして，略編年を提示し，飯坂窯が宮城県の諸窯に先行するとし，熊刈A2号窯跡と多高田窯跡を13世紀中葉～後半と14世紀前半とした．そして「常滑窯の編年観を他の地域窯に安易に適用するのは危険」〔前掲〕と指摘し，さらに，飯坂窯に代表される折衷系という概念は瓷器系，須恵器系の分類基準では処理

できない地域に即した複雑な実態があり，各地に中世窯が出現する前段階の流通陶磁と関わって生産技術系列を重視すべきとの問題点を提起した．その後，吉岡の問題意識は前述の分類〔吉岡1994a〕へと系統的に整理されてくる．

藤沼邦彦は『日本やきもの集成　1　北海道　東北　関東』〔藤沼1981〕で，最新の調査成果を踏まえて奥羽の中世窯を概観している．この段階で福島県で2支群，宮城県で13支群，秋田県で2支群，山形県で2支群の計19支群があるとして，各窯跡を紹介している．福島県飯坂窯は須恵器系で毘沙門平窯が4基，赤川窯が3基あり，12世紀末まで遡りうる．宮城県水沼窯は瓷器系で，渥美窯に酷似し，12世紀前半の東北最古の中世窯である．宮城県白石窯は瓷器系で，3支群14基からなり，年代は13世紀末以降とされた．宮城県三本木窯は瓷器系で2支群，2基からなり，年代は14世紀初めとされた．伊豆沼窯は瓷器系で7支群52基からなり，年代は13世紀半ば〜14世紀初めとされた．山形県新溜・泉谷地窯跡は不明とし，秋田県大畑窯は須恵器系で，1基が調査され，年代は13世紀中頃から後半とされ，同じく秋田県茂谷沢窯は須恵器系で，13世紀初め頃とされた．そして，東北地方太平洋側では瓷器系が主流で，そのはじまりは12世紀前半の水沼窯まで遡り，12世紀後半には飯坂窯のような須恵器系窯も成立するが，宮城県では50基を超える窯跡が13世紀半ばから14世紀に最盛期を迎えるが，その終末は明らかでない．一方，日本海側は須恵器系が主流としている．さらに，「東北地方で生産された中世陶器の編年を確立することこそが当面の課題」〔前掲〕と強く指摘した．

一方，宮城県水沼窯〔藤沼ほか1984〕については，1981年に発見され1983年調査された．調査では8基の窯跡が調査され，このうち陶器窯は3基，炭窯は5基である．3基の陶器窯は分焔柱を持つ地下式窖窯で渥美窯に類似し，「渥美半島から工人が直接この地にやってきて窯を築いた」〔前掲〕とし，年代を12世紀前半代とした．そして，奥州藤原氏による開窯を示唆し，北上川河口の湊に近い場所を選定し，短期間の操業であったと指摘した．

こうして，次々と中世窯の発見・調査が続く中で，東北歴史資料館（当時）で「東北の中世陶器」展という展示会が開催され，『東北の中世陶器』〔藤沼ほか1983〕という展示図録も刊行され，「東北地方の陶器の生産」についても概観され，1970年代から80年代初めの研究を総括した展示となった．

第 2 期（1980 年代半ばから 1990 年代前半まで）

　同じ時期に，福島県でも新たな中世窯の発見があり，寺島文隆らにより宮城県境に近い梁川町で八郎窯跡群が発見された〔目黒ほか 1984〕．また，戦前から須恵器窯跡の存在が知られていた福島県会津若松市大戸窯跡では 1982・83 年に分布調査が実施され，26 基以上の中世窯の存在が明らかにされた〔大戸窯跡群を守る会 1983；柳内ほか 1984〕．

　そして，藤沼は 1986 年刊行の『図説　発掘が語る日本史　1　北海道・東北編』〔藤沼 1986〕で，中世奥羽に 20 支群 110 基を超す窯跡の存在を明らかにした．そして，陶器研究の課題として，「遺跡で発見される陶器の産地同定」と「東北地方独自で編年を組み立てる」〔前掲〕ことを挙げた．さらに，生産が 12 世紀前半から少なくとも 14 世紀初頭まで継続し，14 世紀中ころ以降窯跡が発見されないことや，地域毎に技術の違う窯がなぜ成立，共存するかなどの課題を改めて提起した．

　寺島文隆らは 1985 年に梁川町八郎窯跡の調査を実施した．そして，調査者の一人である飯村は，その調査成果を紹介し，従来の研究を踏まえて，飯坂窯→八郎窯→熊刈Ａ 2 号窯→多高田窯の変遷と，13 世紀前半の年代観を示した．さらに，その供給圏を「福島盆地一円」と予測し，福島県における新たな窯跡の発見の可能性も予測している〔飯村 1988〕．報告書で飯村〔寺島ほか 1987〕は，さらに詳細な分類と編年を検討し，「表面採集Ｂ・Ｃ地点資料→ 1・2 号窯跡」〔前掲〕の変遷を推定し，「表面採集Ｂ・Ｃ地点資料段階で，新たな東海地方の器種構成，窯構造，製作技術を直接移入された可能性が高い」〔前掲〕と指摘した．そして，その経営主体を伊達氏膝下の村落領主を想定している．

　また，赤羽一郎は東日本の焼締陶器を通覧し，「このような製品の伝播が陶器需要の高まりを背景としたことは論をまたないが，同時にこのことは在地生産への意欲を喚起したであろうことも十分想定されよう．在地生産は，商品流通の空隙を補完するものという論理は，この場合不適当である．他国の優れた製品の流入によって，在地生産が促されたと考える．」〔赤羽 1987〕とより積極的な評価をしている．

　吉岡康暢は北東日本海域における中世窯業の成立に関連して，大戸窯跡雨屋

64号窯,二ツ井窯跡群駒形エヒバチ長根窯,飯坂窯跡群毘沙門平・赤川窯の出土・採集資料を考察し,珠洲窯の出羽への影響をⅠ期とⅡ期の二段階とし,磐城の赤川窯を承安三年銘経筒を伴う天王寺経塚出土壺との類似から12世紀末から13世紀初頭,先行する毘沙門平窯を12世紀第3四半期後半としている.そして,飯坂窯→梁川窯→大戸窯→北越窯という擬瓷器の流れと,珠洲系の逆の伝播経路が阿賀川水系を介して交錯したと指摘した〔吉岡1988のちに1994a〕.さらに,その経営形態についても広域窯との対比で検討を進めた〔前掲〕.

一方,日本海側の秋田県では,かねてから様々な名称で呼ばれ,実態が不明であった須恵器系窯跡である秋田県二ツ井町エヒバチ長根窯跡の範囲確認調査が,1988年に桜田隆らによって実施された.3基の窯跡が確認され,甕・片口鉢・鉢・四耳壺・小皿・陶硯・浄瓶・経筒容器の8器種の生産が確認された〔桜田1990〕.

さらに,柳内寿彦は1983年時点で大戸窯跡群で確認された3支群26基の表面採集資料を紹介し,中丸支群→谷地平支群→樋の沢A支群の編年観を示し,13世紀前半から14世紀前半の年代観を与えた〔柳内1986〕.一方,会津若松市では大戸窯跡群の保護を図る目的で,1986・87年に詳細分布が実施され,8支群36基の中世陶器窯跡の存在を明らかにした〔楢崎ほか1988〕.そして,1989年に試掘調査,1988・90・91年に発掘調査を実施し,その概要が明らかにされた.これと並行して,1992年8月に会津若松市で『大戸窯検討のための「会津シンポジウム」 東日本における古代・中世窯業の諸問題』〔会津若松市教育委員会ほか1992〕が開催され,東日本各地の古代・中世窯の研究成果が報告され,大戸窯の技術系譜などが議論された.

その成果は『会津大戸窯 大戸古窯跡群発掘調査報告書』〔石田ほか1993・94〕として公刊され,石田明夫が分布や器種構成,窯構造や技術系譜,編年について分析を試み,窯式編年試案を示した.それによると,上雨屋64窯式→上雨屋6号窯式→南原39・40号窯式→南原49〜54号窯式→上雨屋32〜38号窯式→上雨屋14〜16号窯式となる.その後,石田明夫は『会津大戸窯 大戸古窯跡保存管理計画書』〔石田ほか1998〕では若干修正を加え,さらに年代観を提示した.須恵器系である葭ノ沢群の上雨屋64号窯跡を12世紀末から13世紀前葉とし,瓷器系である樋ノ沢B群の上雨屋6号窯跡を13世紀前葉,中丸

A群の南原39・40号窯跡を13世紀中葉，中丸B群の南原49号窯跡を13世紀中葉から後葉，谷地平A群を13世紀後葉から14世紀初頭，樋ノ沢群を14世紀前葉から中葉とし，編年図を提示している．

また，日本海側の秋田県南外村では，1991年大畑桧山腰窯跡の調査が行われた〔長山1992〕．報告書では，大畑窯には大畑桧山腰窯跡，甕コ沢窯跡，赤平平家窯跡の4基以上の窯跡が存在したことを明らかにされ，桧山腰窯跡では地上式の窯跡1基で，甕・壺・片口鉢・碗・小皿・杯・提子・四耳壺・陶錘・陶硯・分銅形陶製品・擦粉木・陶製五輪塔などを焼成し，考古地磁気調査の成果などから13世紀前半の年代が示唆された．

藤沼邦彦は東北地方出土の常滑・渥美を集成・分析し，水沼窯の存在から知多・渥美半島の陶器生産に関与した勢力と平泉藤原氏との関係や石巻港の重要性を指摘した．そして，鎌倉時代には地頭層の関与で宮城県・福島県で瓷器系の窯跡が成立し，常滑製品との競合の結果，14世紀のうちに操業が途絶えることを指摘した〔藤沼1991〕．さらに，藤沼は水沼窯跡の再検討を行い，改めて渥美半島からの陶工の直接的な移入，12世紀前半とした年代観，平泉藤原氏の密接な関与を指摘し，さらに平泉藤原氏の北上川を介した外港としての石巻湊＝牡鹿湊の重要性を論証した〔藤沼1992〕．

第3期（1990年代半ば以降）

飯村は1994年7月に常滑市で開催された『全国シンポジュウム　中世常滑焼を追って』でコメントし，陸奥南部の常滑系陶器生産について①地域の需要をまかなう主体的な生産，②14世紀以降の生産停止は陶器自身が不要になる生活の変革，③12世紀末13世紀前葉に技術導入後，地域の中で形態変化などを指摘している〔飯村1995b〕．その後，飯村はその所論をさらに強調し，中世陶器を「装いの新たな焼き物」と称し，東北の中世陶器生産の経営主体としての奥州藤原氏を始めとする新興権力者層の存在，土器・須恵器系陶器工人の再編成，14世紀の陶器生産の終焉と生活様式の変化による需要の変化・衰退などを指摘した〔飯村1995c〕．

そして，飯村は『概説　中世の土器・陶磁器』で，それまでの研究を踏まえて，分類，編年，成形・焼成技術，流通について概説し〔飯村1995d〕，東北地

方南部の食器の地域性を検討する中で，瓷器系陶器生産の終焉と瓦質土器生産の系譜性を示唆した〔飯村1997b〕．さらに，飯村は平泉遺跡群などに顕著に見られる「袋物指向」の内容とその系譜を検討し，「袋物指向」が中世奥羽における陶器生産の一つの背景である可能性を示唆した〔飯村2001a〕．

これに対して，八重樫忠郎は宮城県瑞巌寺境内遺跡の調査成果から，13世紀後半とされる22〜24層の出土陶器を検討し，常滑が圧倒的で東北産瓷器系陶器が少ないことを指摘し，同時に20層以上で東北瓷器系陶器の出土点数が常滑より多いことを指摘し，流通事情による可能性を示唆した〔八重樫ほか1997〕．

菊地逸夫らは1992・93年に白石古窯一本杉窯跡（支群）の調査を行った．その成果によると，①未完成・未使用の窯跡を含めて20基の分焔柱を持つ地下式窖窯を調査，②甕・壺・擂鉢・火鉢・陶硯・五輪塔・陶錘などを焼成，③操業時期は13世紀後半頃で大きく4時期に分けられ，2〜3基単位で操業しているが，型式的には分けられない，④窯構造や器形は東北地方南部独特，⑤窯詰めが明らかとなったなどが挙げられる〔菊地ほか1996〕．中世奥羽の陶器窯としては，初めて一支群を全面調査した例であり，その集約度や生産量は，従来のイメージを一新するものとなった．

中野晴久は1996年11月に瀬戸市で開催された『古瀬戸をめぐる中世陶器の世界〜その生産と流通〜』で，八郎窯跡A・C地点を3型式，八郎窯2号窯跡，大戸窯南原39・40号，上雨屋6号窯跡を4型式，八郎窯1・2号窯跡，大戸窯南原32〜38号，49〜54号，上雨屋13〜16号を5型式，熊刈A窯2号窯跡を6a型式，一本杉窯4・20号窯跡を6b〜7型式に編年し，その需要と技術移転の背景に都市民の嗜好・好みを忠実に反映したことを指摘した〔中野1996・97〕．

日本海側の須恵器系窯跡についても，従来疑問視されていた泉谷地・新溜窯跡のうち1996年の山形県教育委員会の分布調査で，新溜窯跡1基を確認した〔渋谷ほか1996〕．高桑登の検討によると，器種は擂鉢・壺であり，珠洲Ⅲ期並行とし，須恵器系としては最も遅くまで生産していると指摘した〔高桑1998〕．同じ山形県の羽黒町では1998年に執行坂窯跡が発見され，刻画文壺が採集され注目を集めた〔酒井1999〕．酒井英一・山口博之らによって，2001・2年に試掘調査・発掘調査が実施された．分焔柱を持つ地下式窖窯で，壺・甕・擂鉢・小皿を焼成し，13世紀中前後の年代観が示された．特に，出土した「蝶鳥瓜

蔓草文壺」は「誂え物」とされ，羽黒修験との関係も強く示唆した．また，長坂区でも窯跡の存在が推定され，2基以上の窯跡群と考えられた〔酒井・山口 2001・2002〕．

高橋博志はそれまでの研究を踏まえて，陸奥南部における中世陶器生産を概観し，生産・流通体制について，「その技術系譜や産地比定を含めた基礎的な，実証的な作業がまだまだ不足しており，仮説の域を出ていない．基本に立ち返り，各遺跡での共通認識に基づく分類・分析作業を経た研究の蓄積」〔高橋 2002〕が必要であると，的確に指摘した．まさに，今後の研究指針の一端を示したといえる．

以上，研究を段階別に見ると，第1期は中世奥羽における陶器窯の最初の発見，調査の段階であり，宮城県を中心に藤沼邦彦がその研究をリードし，「東北の中世陶器」展で総括される．第2期は研究の広がり，深化が図られた時期であり，福島県の八郎・大戸窯，秋田県の大畑・桧山腰窯の調査や大戸窯に関するシンポジュウム，藤沼・吉岡らの一連の研究に代表される．第3期は山形県の新溜・執行坂窯跡の調査・研究に代表される研究のさらなる広がりと，飯村の論考に見られる用途・機能論を含めた生産背景の研究や，衝撃的な調査となった一本杉窯跡のような一支群の面的な調査の評価，あるいは高橋が指摘した課題など，21世紀の新たな研究の方向性を模索したものとなっている．

3 編　年

東北の中世陶器の編年については，体系的な吉岡康暢の研究を始めとして，宮城県を中心として藤沼邦彦が，福島県を中心として飯村〔飯村1988〕が，大戸窯跡について柳内寿彦・伊藤正義・石田明夫〔石田ほか1993・94〕が，仮説を提示している．しかし，年代観の定点が少なく，珠洲や常滑の編年研究に依拠したものであり，自立的なものとは言えない．消費地遺跡で産地同定をしようとしても，未発見の窯が多く，産地を識別するのが困難なのが現状である．こうした状況で編年を提示するのは困難ではあるが，今後の研究の手掛りとして提示する．以下地域ごとに略述する．

出羽では実体の明らかな3窯跡を提示した（図I-5-2）．吉岡によるとエヒバ

チ長根窯跡が珠洲Ⅰ2期（12世紀後半）並行，大畑の2窯が珠洲Ⅱ期（13世紀前半）並行で，その中で桧山腰窯が先行するとのことである．エヒバチ長根窯では甕・壺・片口鉢・椀・皿・水瓶・経筒外容器・硯を焼成し，大甕・波状文四耳壺，宗教具を焼成している点が注目される．椀・皿はカワラケと共通する器形で，片口鉢の底部切り離しは静止糸切りである．在地色もあるが，基本的には珠洲からの直接的技術移入である．大畑桧山腰窯では甕・壺・片口鉢・提子・椀・皿・陶錘・五輪塔・水瓶・硯・摺粉木・押圧具・分銅形製品を焼成し，五輪塔などの宗教具の生産とともに，片口鉢・大型の壺の生産が目立ってくる．片口鉢はおろし目の付くものが出現するが，加飾的ではなく，底部切り離しは回転糸切りである．エヒバチ長根窯との連続性は稀薄で，新たに珠洲からの技術移入を想定する必要があるが，珠洲窯に比すると多様性に欠ける．大畑窯では桧山腰窯からの継続性が認められ，器種淘汰が進み，壺・鉢を中心に甕・陶錘・分銅形製品が少量あるのみである．片口鉢は断面三角形の口縁部形態に特徴があり，内面には8・10条を単位とするおろし目があり，底部は回転糸切りである．出羽国でも新たな窯跡の発見が想定されるが，珠洲窯からの数度の技術移入を経ながら，取捨選択・器種淘汰が進められて，12世紀後半から13世紀前半にかけて生産されたことが確認される．

　陸奥国では宮城県県北，福島盆地周辺，会津の3地域に分けて略述する．このうち，12世紀前半に渥美窯からの技術移入で生産された水沼窯は，東北最古の中世窯となる（図Ⅰ-5-3）．水沼窯では壺・甕・擂鉢・椀・羽釜・注口付鉢を焼成し，壺・甕・鉢の生産が多い．特に袈裟襷文壺の生産は注目される．藤沼によると製品は平泉町泉屋遺跡・柳之御所跡，多賀城市新田遺跡でしか確認されていない．奥州藤原氏を背景とした一過性の生産であり，継続しない．宮城県でほかに熊狩A・多田高窯が調査され，藤沼は熊狩A→多田高窯への変遷を推定している．13世紀中頃から14世紀前半に比定される．常滑窯の技術系譜に連なるが在地化が著しく，擂鉢を中心に壺・甕などを生産し，器種構成が単純である．擂鉢は無高台で，口縁部を角形に仕上げる特徴がある．壺・甕は「受け口」の口縁部形態で，それが次第に発達する傾向がある．

　福島盆地周辺の編年については図Ⅰ-5-4に示した．東日本型の須恵器系とされる飯坂窯の生産母体や技術系譜については問題が多いが，天王寺経塚との

90　I　土器と陶器

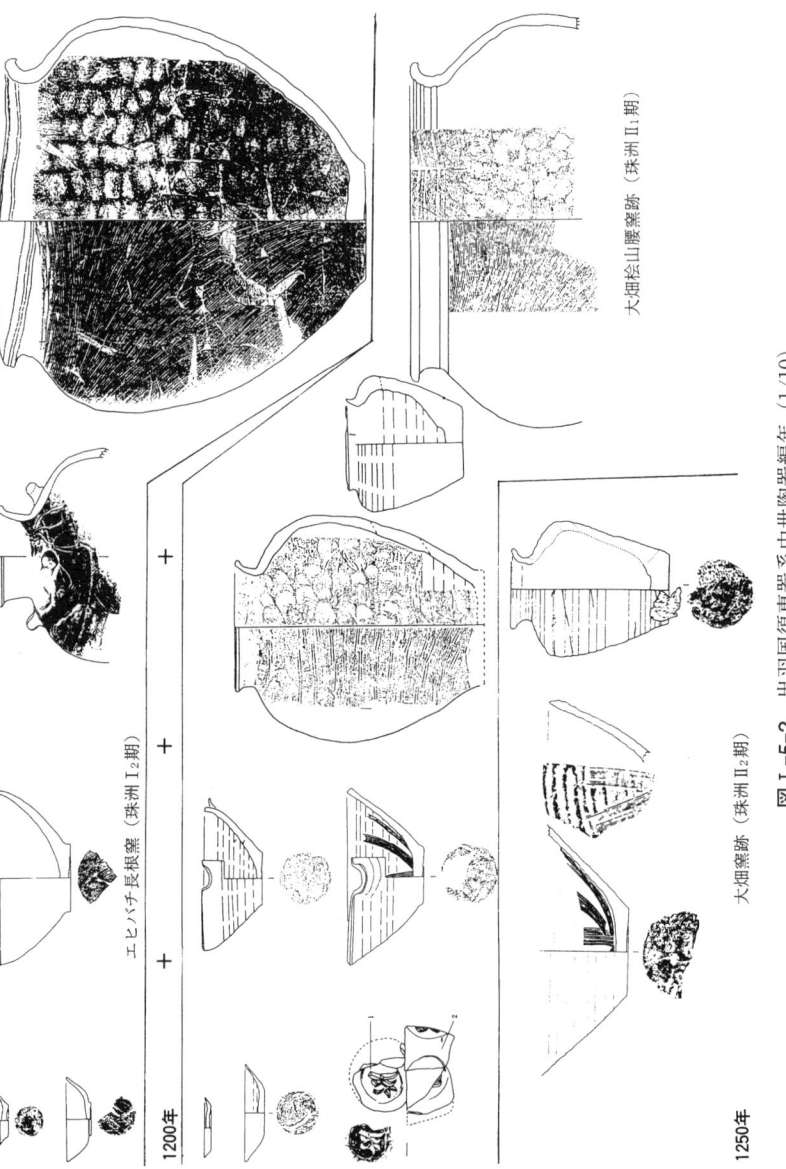

図I-5-2　出羽国須恵器系中世陶器編年（1/10）

5 陶器生産　91

12世紀前半

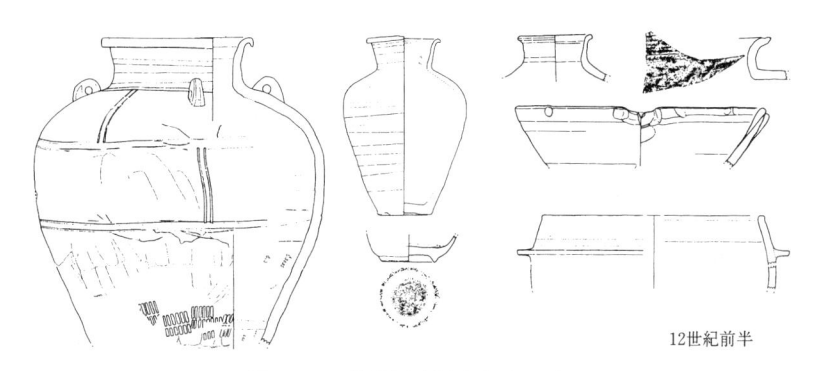

図Ⅰ-5-3　陸奥国水沼窯跡（1/10）

関係から1171年を一つの定点とする．飯坂窯では甕・壺・片口鉢を生産し，怒り肩で舌状口縁の甕や，波状文の装飾のある壺，直線的な体部で，底部回転糸切りの片口鉢に特徴がある．1200年頃には常滑からの直接的な技術移入により，飯坂窯の工人を母体として，瓷器系の八郎窯跡が生産を開始する．頭初は常滑と同じ技術・器種構成で生産されたが，すぐに器種淘汰が始まり，片口鉢を中心に壺・甕を生産する．そして，13世紀後半には宮城県白石窯跡や福島市飯坂町周辺（未発見）に生産の中心が移り，14世紀後半には終焉を迎える．片口鉢は基本的に有台から無台に変化し，白石窯段階で無高台で，おろし目の付くものが出現する．製作技法は常滑と同じであるが，口縁部を角形に仕上げる特徴がある．白石窯段階になると，底部粘土板の上面から粘土紐を積み上げるため，底部粘土板が突出した器形となる．壺・甕の製作技法は常滑と同じで，「受け口」口縁を発達させる形で変化し，14世紀に至っても「T字」化はしない．調整は新しくなるにしたがって，粗雑化・簡略化する．押印の八郎窯段階は方形正格子→長方形正格子の原体となり，白石窯跡段階では押印が見られなくなる．

　会津の大戸窯については詳細な報告書が公刊され，伊藤正義・石田明夫によって編年が提示されているが，図Ⅰ-5-5はそれを飯村が咀嚼したものである．上雨屋64号窯は東日本型の須恵器系とされ，壺・甕・片口鉢を焼成している．壺・甕はタタキ整形とナデ整形のものがあり，口縁部は角形に仕上げる特徴がある．大型の壺の器形は独特であり，大甕も存在する．片口鉢は内湾する器形

92　I　土器と陶器

毘沙門平窯

1171年（天王寺経塚）

赤川窯

須恵器系
↓＝転換
瓷器系

1200年

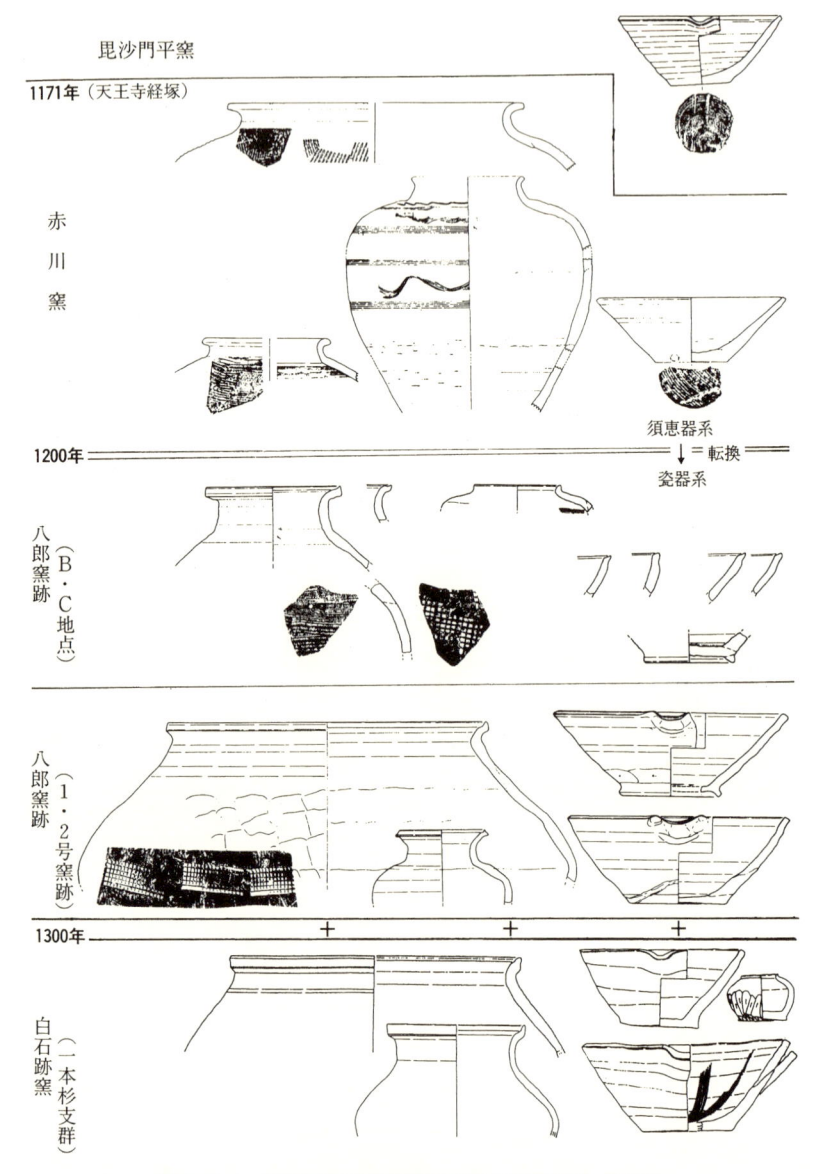

八郎窯跡（B・C地点）

八郎窯跡（1・2号窯跡）

1300年

白石跡窯（一本杉支群）

図I-5-4　陸奥国福島盆地周辺の中世陶器編年（1/10）

5 陶器生産　93

1200年　上雨屋64号窯

須恵器系
↓転換
磁器系

上雨屋6号、南原39・40号窯

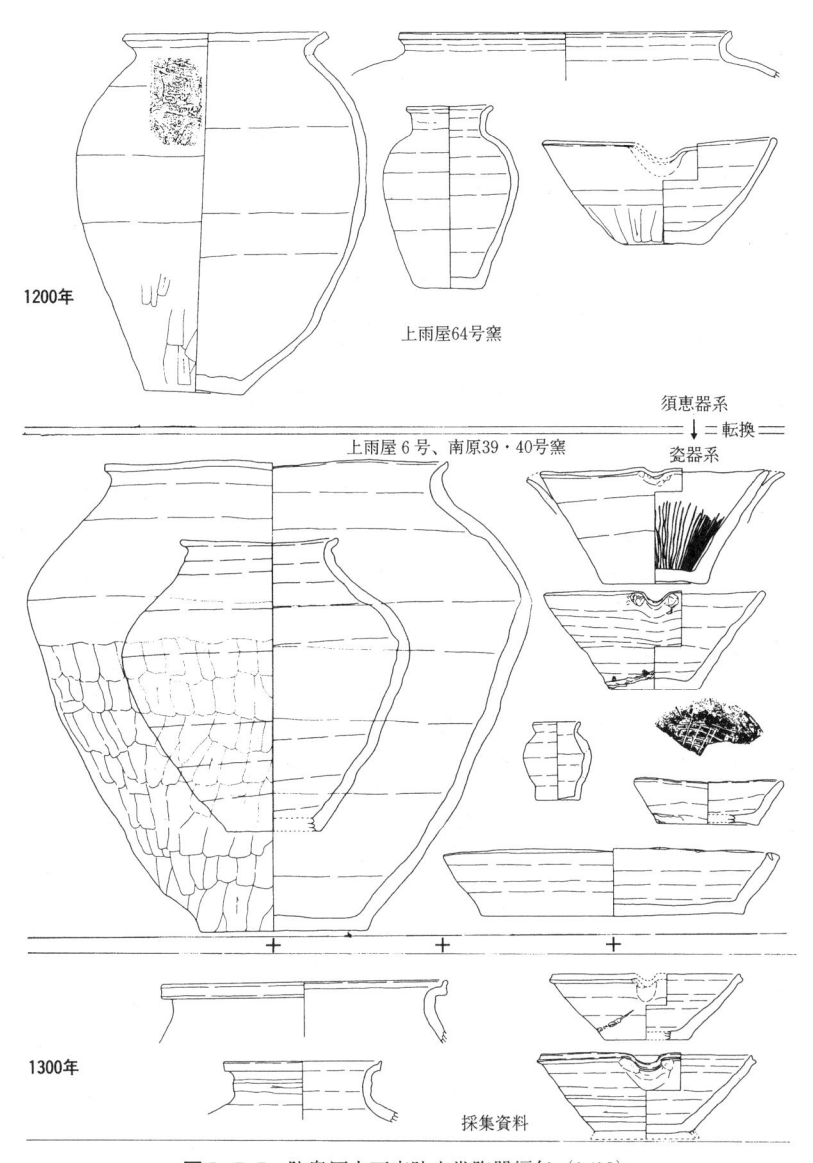

1300年　採集資料

図Ⅰ-5-5　陸奥国大戸窯跡中世陶器編年（1/10）

で，外面ヘラケズリ調整，内面に7条前後で放射状ないしは流水状のおろし目が施される．直接的に珠洲窯との関連は考えられないが，先行する珠洲系の窯跡の存在（未発見）や，新潟県北沢・背中炎窯の影響が想定されている．13世紀前半の上雨屋6号窯の段階には瓷器系の技術移入が達成され，14世紀後半まで生産を継続する．技術移入については常滑窯から直接とは考え難く，石川県加賀窯や新潟県赤坂山・狼沢(おおえんざわ)窯の影響を想定する見解と，福島盆地周辺からの影響を推定する見解がある．上雨屋6号窯段階には，片口鉢・甕・壺を中心に，卸し皿・火鉢・硯などのほかの材質の製品の模倣もしている．技法的には常滑と同じであるが，片口鉢が基本的に無高台である点や当初からおろし目が付く点は，独特である．13世紀後半以降は採集資料しかないが，壺・甕は「受け口」口縁が発達する形で変化するものと推定される．陸奥国の各生産地は基本的に1200年前後に常滑から技術導入した後は，独自の型式変化を辿ることが看取される．その型式変化の過程は前代の須恵器系の生産や周辺の窯跡の影響を受けて，やや複雑な様相を呈する．

　東北地方の窯業生産を概観する3つの画期が想定できる．第1の画期が，窯業生産が開始される12世紀中葉であり，それは吉岡が指摘するように京都系土師器の流入と軌を一にしている．第2の画期が須恵器系から瓷器系に窯業技術が転換する13世紀前葉であり，珠洲系の窯跡でも新たな技術移入期となっている．第3の画期は14世紀後半であり，ほぼ一斉に窯業生産が停止する時期である．

　古代須恵器生産との連続性が確認できない現在，中世窯業生産の成立を支えた生産集団は不明である．また，生産が一斉に停止する現象についても，十分な説明が成されていないが，瓦質土器・瓦生産への転化の可能性も考えられる．14世紀後半以降，常滑の生産も衰退していく中で，東日本では陶器の壺・甕・擂鉢は，桶や樽などの木製品や臼や石鉢などの石製品へ単純に読み替えられるのか．残された課題は多い．

4　成形・焼成技法

　珠洲系の甕・壺は粘土紐積み上げ，タタキ整形で，片口鉢や小型の壺は粘土

紐積み上げロクロ整形である．瓷器系のものは基本的に渥美・常滑と同じであり，甕・壺が粘土紐積み上げ，ナデ・ケズリ整形で，片口鉢は粘土紐積み上げロクロ整形で，ヘラケズリ調整が見られる．東日本型須恵器系とされる飯坂・大戸窯はやや異質であり，特に大戸窯に見られるナデ技法を多用するのは独特である．それぞれの技術的特徴は前述した通りである．

珠洲系の窯は半地上式窖窯，瓷器系の窯は分焔柱を有する地下式窖窯，飯坂窯は半地下式窖窯，大戸窯上雨屋64号窯は有段の地下式窖窯である（図Ⅰ-5-6）．規模の点では珠洲・常滑窯に比して小さいが，構造的には基本的に同じである．東日本型須恵器系の2窯は，前代の技術系譜の差が反映しているものと考えられる．

九右衛門窯の焼成実験を通して田中照久は，酸化焔焼成を否定し，器面の発色の違いは冷却方法の違いに起因することを明らかにし，「酸化焔冷却」と「還元焔燻冷却」を提唱している．そしてその差異は人的な技術系統の差によるとしている〔田中1994〕．その意味で，須恵器系で構造が違っても酸化気味の製品が多いこと，あるいは瓷器系の製品でも還元状態の製品が多々見られることは頷ける．

5 分布と流通

12世紀水沼窯の製品は多賀城市と平泉町でしか出土せず，奥州藤原氏の「御用窯」的性格が窺え，エヒバチ長根窯の製品は米代川流域と平泉で出土する．12世紀の窯業生産の成立については，奥州藤原氏が密接に関わっていることが分かる．12世紀後葉以降，大戸窯は会津盆地を主たる流通圏とし，僅かにほかの近隣地域にも供給している．福島盆地に所在する窯跡は，福島盆地を中心に数郡規模で流通している．宮城県北部の窯跡も数郡規模で流通していると，想定している．近年，福島県の南部や太平洋側にも瓷器系窯跡があることは，胎土分析の結果などから明らかであり，2～3郡単位で窯跡が想定できる．その窯跡数は13～14世紀で200基以上になることが予測され，常滑製品の補完という評価だけでは，消費地遺跡でほとんど常滑製品を出土しない状況を説明できない．また，大畑窯の製品も雄物川流域に流通していると考えられるが，

96　Ⅰ　土器と陶器

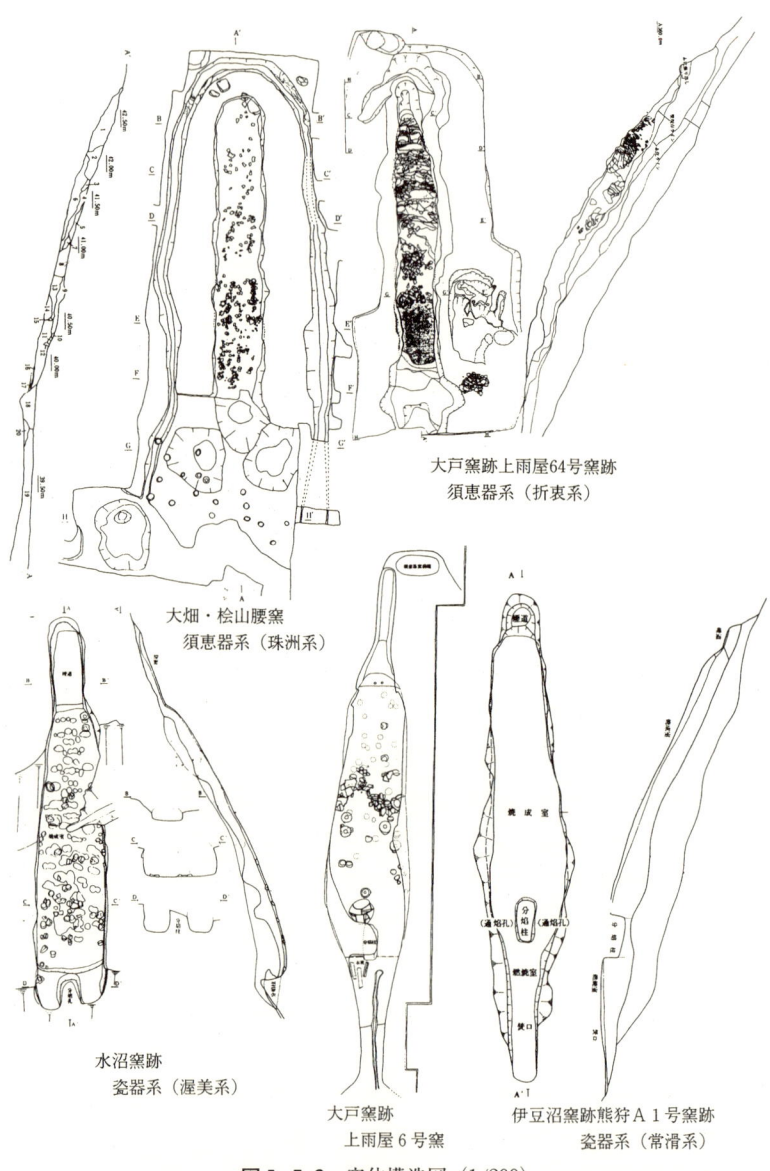

大戸窯跡上雨屋64号窯跡
須恵器系（折衷系）

大畑・桧山腰窯
須恵器系（珠洲系）

水沼窯跡
瓷器系（渥美系）

大戸窯跡
上雨屋6号窯

伊豆沼窯跡熊狩A1号窯跡
瓷器系（常滑系）

図Ⅰ-5-6　窯体構造図（1/200）

具体的には確認できない．出羽国では他にも横手盆地や米沢盆地などに須恵器系の窯跡の存在が想定されており，今後の調査が待たれる．

6　近世窯業の成立——16世紀末から17世紀——

最後に，本節で取り挙げる16世紀末から17世紀の施釉陶器の考古学的研究の動向について，若干触れたい．

1972年頃，水野哲らにより発見され，1985年に水野・手塚孝らにより調査された山形県米沢市戸長里窯跡は，唐津影響下の割竹式登窯で，伊達政宗との関係から天正18・19年の操業を推定された〔水野・手塚ほか1986〕．

伊藤正義は日本の窯業史を概観する中で，窯業地を3タイプに分類し，「A—全国規模タイプ，B—1～数国規模タイプ，C—狭小地域タイプ」に大別し，この時点で東北地方最古の近世窯とされた，山形県戸長里窯跡をCタイプとし，唐津・朝鮮系の技術が主体で慶長から寛永期のなかでの短期間の操業を強く示唆した〔伊藤ほか1990〕．Bタイプとしては1988年調査された福島県岸窯跡を挙げ，技術系譜は錯綜しているが，瀬戸美濃系の技術の比重が高く，1640年代から18世紀前半までの操業と，県中・県北～宮城県南部への流通を推定した〔伊藤ほか1990〕．

伊藤が挙げた福島市飯坂町に所在する岸窯跡は，1987年に発見され，1988年〔鈴木・堀江1996〕と1997年〔堀江ほか1998〕に調査された．物原の調査のみであるが，瀬戸・美濃の技術を母体に肥前の技術も取り入れた生産で，「正保□年」の紀年銘資料の存在や肥前陶磁の供伴から，1640年代前後の開窯と17世紀中の廃窯を推定した〔鈴木・堀江1996〕．さらに，堀江格は岸窯跡群としては正保以前の寛永年間からの開窯と，18世紀までの操業を推定した〔堀江ほか1998〕．

1975年頃に発見され，1996年に石田明夫によって確認された会津大塚山窯跡は，瀬戸美濃の系譜を引く大窯構造で，16世紀末に豊臣大名である蒲生氏郷により，工人が招来されて開窯されたと推測されている〔石田ほか1996・2000：石田1998〕．東北地方最古の施釉陶器窯の可能性が高まった．

また，飯村は東北地方南部の近世窯業研究の状況を概観し，会津大塚山窯跡，

戸長里窯跡を二大窯業生産地からの逸早い技術導入と継続性を持たない生産という点から黎明期とし文禄・慶長年間の可能性を示唆した．そして，近世窯業の成立を継続的，安定的な施釉陶器生産という点から「岸窯の時代」と称し，寛永年間の開窯を示唆しつつ，17世紀中葉とした〔飯村1997d〕．

関根達人は『江戸遺跡研究会第12回大会　江戸の物流——陶磁器・漆器・瓦から——』で「相馬焼の生産と流通」という報告を行い，相馬焼以前の近世陶器生産を2段階に分け，第1段階16世紀末，17世紀初頭の会津大塚山窯跡と戸長里窯跡を挙げ，茶道具と大型日常雑器に限られた偏った生産が短期間行われ，流通圏も狭いとした．第2段階，17世紀前葉から後葉としては，岩手県川原毛窯，会津本郷焼などやいわき市菩提院窯，福島県天神山窯があるが，前者は実態不明であり，後者は第1段階の窯と同様な性格とした．

そして，生産規模・継続性の点で17世紀代の窯の代表として，岸窯跡を含む岸・大鳥丘陵窯跡群を挙げ，出土分布から流通圏はあくまでも信達盆地として，前述の飯村の「岸窯の時代」と称した評価を過大であると批判し，遠隔地の遺跡から遠隔地流通に不向きな擂鉢が出土することから，長距離輸送に向いた碗・皿生産に転換できなかったことが，市場拡大ができなかった要因と，岸窯の限界性を指摘した〔関根1999〕．

さらに，関根は仙台城二の丸跡の調査成果を契機として，岸窯系陶器の分布と編年を再検討し，その成立は1620年代を遡り，初期は擂鉢を主要器種とし，北は仙台から南は白河を流通圏とし，最盛期は17世紀後半とし，18世紀以降急速に流通範囲が縮小することを指摘した〔関根2000〕．

一方，石田明夫は会津大塚山窯跡以降の会津の焼き物を整理し，その編年的な見通しを示した．それによると，会津大塚山窯跡が16世紀末から17世紀初頭，戸長里窯跡が17世紀第1四半期，岸窯が17世紀第2四半期，長沼天神窯が17世紀中頃としている．そして，会津本郷窯の成立を先行する小田瓦窯との関係から17世紀中頃前後とした．

やや巨視的に見れば，奥羽地域は原始・古代以来，日本海側と太平洋側という異なる文化圏，地域圏を持ちながら，相互に影響しながら独特な地域性を創出してきた．例えば中世・近世窯の創始期は，逸早く最新の技術を取り入れながらも，「折衷系」とでも呼ばざるを得ないような，錯綜した技術系譜の中で

成立した独特の窯業生産を展開させる．その在り方は，通時代的な列島史の中でも「奥羽独特の地域性」と評価せざるを得ない．

　近世陶器窯の考古学的な研究は，ようやくその緒についたばかりであり，今後新たな窯跡の発見を始めとして，消費地遺跡出土陶磁器分析の方法論も含めて，多くの調査・研究が展開することを期待して止まない．

6　やきものから見える「価値観」

はじめに

　1977年刊行された『世界陶磁全集　3　日本中世』で楢崎彰一は「中世の社会と陶器生産」という一章を起こし，「三　陶器生産と中世社会」の中で壺・甕の機能について触れ，「種籾の貯蔵」「発芽を促進させる浸種」に利用されたとし，「二毛作の普及に伴って……（中略）……大きな効果をもたらした……（後略）」と指摘し，また，「肥培技術の発達によって肥甕としての機能が増大」したとし，「農業生産と深く結びついていた点に中世陶器の特色がある」とした〔楢崎1977〕．「種籾・施肥中世論」ともいうべき論点である．もちろん，この中で楢崎は水甕・酒甕としての用途や経筒外容器や，蔵骨器・蓄銭容器としての用途も当然，指摘している．この農業生産と密接に結び付いた中世陶器の機能論について，筆者は近年の調査・研究の状況から，やや疑問を持っている．
　筆者は東北地方における中世陶器生産の背景について幾度か触れた〔飯村1995c・1997b〕が，すぐれて権力的・宗教的な背景しか見出すことは出来なかった．また，中野晴久は全国的に瓷器系中世陶器を分析する過程で，その生産・流通・消費の状況から「壺甕日常雑器論への疑義」を提示し，「むしろ都市部の需要増大がより重要な契機となっている」ことを指摘している〔中野1996・1997〕．

1　東国における「袋物指向」

　矢部良明は「この（11世紀末〜14世紀前半の中国陶磁輸入の）第二波の主体をなす陶磁はかつての青磁にかわって白磁となった．この主役の交替はそのまま中国陶磁の主役の交替を反映したものであった．そして，白磁では四耳壺・水

注・梅瓶が主要器種となった．かつての平安貴族にかわって地方の豪族や有力地下人がひろく主な購買層者となり，十三世紀になると，この三器種を所持することは身分証明となり，身分を象徴することになったようで，地方の時代の文化の幕開けをかざる表徴となり，権威が植え付けられることとなった．そのために十六世紀から十七世紀初頭の遺跡から，十二～四世紀につくられた中国製水注・梅瓶・四耳壺が出土しており，この間，地方有力豪族のステイタス・シンボルとして輝いた価値を保持しつづけた．」〔矢部1985；（　）は筆者注〕と的確に指摘した．そして，瀬戸・常滑・渥美・珠洲などで，中国陶磁器の影響を受けた器種——四耳壺・水注・瓶子などを焼成することも指摘し，特に瀬戸では最も重要な器種と指摘した〔矢部1983a・85〕．さらに，矢部は「武家文化と瀬戸焼の白磁写し」の関連を指摘し，「中国で南宋から元時代に焼かれた白磁のうち，とくに好んで日本人が輸入した白磁四耳壺・白磁水注・白磁梅瓶の三器種」を焼物の「三種の神器」と称したりもした〔矢部1994〕．

　こうした矢部の見解を受けて内野正は，青白磁梅瓶の国内での出土様相を実証的に考察し，「鎌倉の場合は，量・質ともに他地域より優勢」「特に関東地方が多い」「搬入の盛期は13世紀後半から14世紀前半」「鎌倉以来の名家の証として，青白磁梅瓶が伝世」〔内野1992〕などを指摘した．

　12世紀の柳之御所跡出土陶磁器について論じた矢部良明は，白磁四耳壺に注目し，「遺跡の面積からすればおそらく日本でも最も集中して密度の高い出土精況」であることを指摘し，「四磁壺・水注・梅瓶は武家文化の価値体系に組み込まれ，重要な意義をもっていた」とし，「この価値が十二世紀の段階ですでに確立していた」と指摘した〔矢部1992〕．

　同じく平泉出土陶磁器について論じた小野正敏は，同時代の西日本の都市遺跡——京都・博多・太宰府など——とその組成を比較して，以下の指摘をした．白磁の中で四磁壺の比率が高いことから，「平泉で醸成された都市の好みと言いますか，京都や博多とは異なる志向性が鎌倉に引き継がれていっている」とし，同時に「国産の陶磁器の組成では（中略）器種をみると甕の比率が大変高い」ことも指摘している〔小野1993〕．

　こうした見解を受けて平泉遺跡群の調査を担当している八重樫忠郎は，平泉出土の常滑・渥美を分析し，大甕が多いことや常滑三筋壺や渥美刻画文壺が非

常に多いことを指摘し，その実用的用途を推測している．さらに，12世紀の常滑・渥美の最大消費地が平泉であることを的確に指摘した〔八重樫1995a〕．さらに，平泉出土の刻画文陶器を集成・分析し，国内で最も12世紀の壺が出土する遺跡であることを指摘し，「宴会の席で権力の象徴たる壺を使用することにより，周囲の人間に自分の権力や財力を誇示した」とする反面，「三筋壺などは造られた当初はやはり宗教色の濃いもの」とし，経塚の経筒外容器としての用途も担ったとも指摘している〔八重樫1995b〕（図Ⅰ-6-1）．以上のような各氏の見解を受けて飯村は，中世前期の陶器「袋物」を政治的・宗教的な産物としか，考えられないと指摘した〔飯村1999d〕．

そこで，宗教的な用途が明らかな経容器・経筒外容器について，東北地方を概観してみたい．木口勝弘の研究によると，経塚は1962年段階で北は青森県から南は福島県まで137箇所が報告され〔木口1995〕，その後も発見例は増加している．藤沼邦彦は宮城県内の経塚15箇所を分析し，平安時代後期に属するものには「寺社と関連ある地域に占地」「経容器として三筋壺を利用すること」「銘文を持つのがない」と指摘し，「岩手県地方のものと共通性をもつのは，藤原氏の政治勢力に基づく平泉仏教文化圏に属していたため」としている〔藤沼1975〕．

三浦謙一は，岩手県での経塚と考えられる33遺跡を分析し，12世紀に属するものがほとんどで，そのうち北上川上・中流域に30遺跡が集中することを指摘した〔三浦2000〕．そして，経容器・経筒外容器と考えられる陶磁器は，常滑22点（三筋壺13点，二筋壺2点，甕7点），渥美7点（袈裟襷文壺2点，壺4点〔刻文有り〕，鉢1点），須恵器系陶器6点（波状文四耳壺2点，波状文双耳壺1点，波状文壺2点，壺1点），猿投2点，白磁四耳壺3点であり，都市平泉の出土陶磁器の組成の中では，出土比率の高くない刻画文壺・有耳壺がある一方，比較的比率の高い白磁四耳壺もあることを指摘している〔三浦2000〕．

さらに，三浦は「岩手県の経塚造営の背景には平泉藤原氏とその拠点都市として人と物資・情報が行き交う平泉の存在が第1の背景としてあった．仏教に篤く帰依した平泉藤原氏は12世紀の前半代に経塚を自ら築造し始めるとともに，その影響を受けた武士を中心とする層が12世紀全般，特に中葉以降に県内各地で経塚を築造する原動力となった」と指摘し，「圧倒的に多い数の経塚

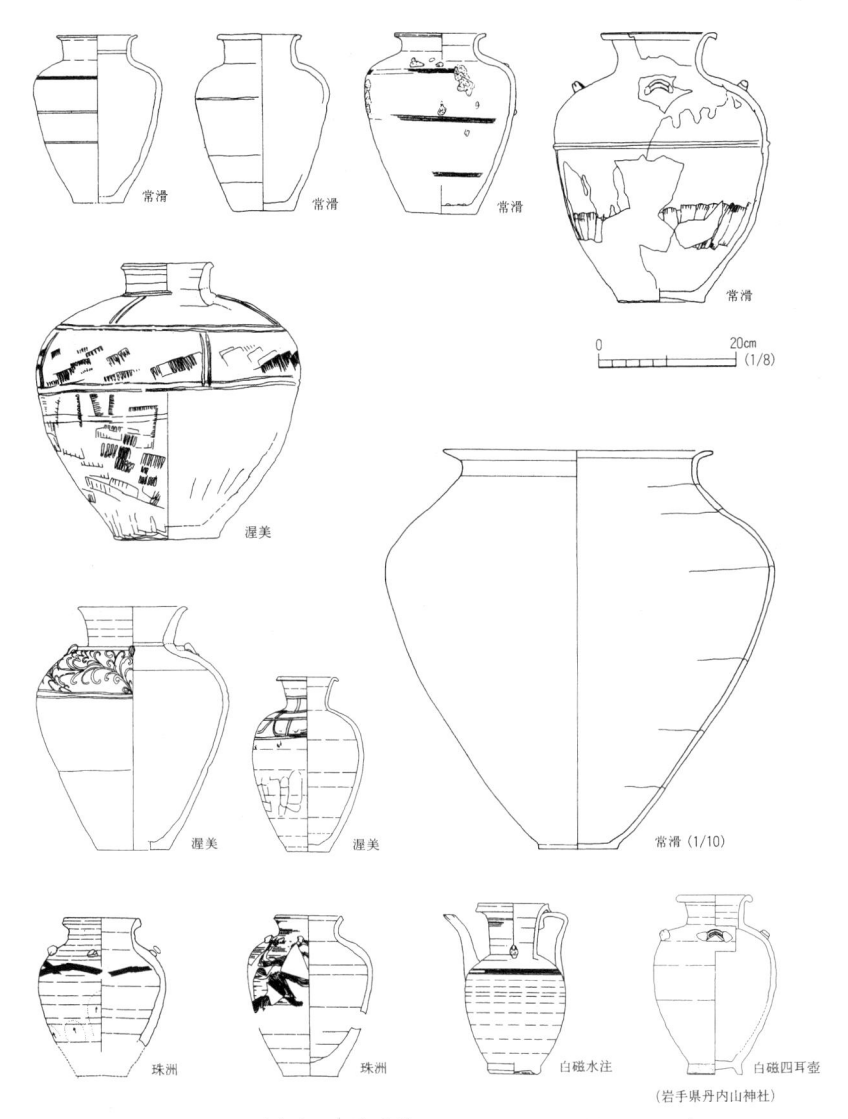

6 やきものから見える「価値観」 103

図Ⅰ-6-1 平泉出土の陶磁器〔八重樫 1995b；八重樫ほか 1996〕

が造られたことはそのことを物語る」〔三浦 2000〕としている.

以上の各氏の研究や，吉岡康暢の経外容器の研究〔吉岡 1994〕などを踏まえると，列島中でも東北地方の経塚の多さは確認でき，特に北上川流域の集中度

は特筆に値する．また，三浦の指摘する出土陶磁器の特質も明らかであろう．

こうした12世紀の陶器の使用形態を確認すると，東北地方の中世陶器生産の開始に関する筆者の指摘が想起される．筆者は「時代の要求である宗教具生産としての側面も色濃くもちながら，やはり権力者側では『装いの新たな焼き物』への欲求を強く持っていた」とし，「新興の為政者側の採算を度外視した理不尽なまでの欲求が，『装いの新たな焼き物』の工人を意欲的に招来し（中略）生産を喚起した．」そして，「『装いの新たな焼き物を最も早く，潤沢に流通した地域』であるからこそ，より一層生産を喚起した．」とした〔飯村1995c〕．また，筆者は先学の研究に導かれて，かわらけの一括廃棄に着目し，これを「ハレ」の宴会儀礼の結果と推定し，一緒に特徴的に出土する陶磁器から，「『白磁袋物＋ロクロかわらけ＋（箸）』という形から『白磁四耳壺・常滑・渥美壺等＋ロクロ・手づくねかわらけ＋箸＋折敷』とういう形に変化している」と指摘した〔飯村1998a〕．

つまり，陶器を欲求した階層は奥州藤原氏をはじめとする新興権力者層であり，その用途は宗教具であると同時に，「ハレ」の場での儀礼の容器であり，それは当時の価値観――身分表徴の道具立て――として必要不可欠であったと考えざるを得ない．その一例として，福島県いわき市飯野八幡宮の神酒壺を挙げたい．常滑の小型の壺で，飯野八幡宮に伝来し，「神事に拝飲される一夜酒を収液する陶質の壺」「祭器」である．肩部に五本源氏車紋が五箇所スタンプされ，自然釉がかかる〔馬目1986〕（図Ⅰ-6-2）．鎌倉・南北朝時代から伝世し，「ハレ」の場――神事――の酒器に使われた例である．優品という側面はあるが，明らかに当時の人々の価値観の一端を垣間見ることができる好例である．

こうした優品でなくとも，伝世する在地産陶器の袋物の事例がある．福島県小野町猪久保城跡は14世紀後半から15世紀前半にほぼ限定できる居館型山城であるが，13世紀後半～14世紀前半の漆貼りの在地産瓷器系陶器壺・鉢が出土し，火災に遭った痕跡があり，廃城時まで使用されたことが推測された〔飯村ほか1994〕．50～100年程度の伝世が推定され，さらに主殿と推定される建物跡の裏側の堀跡から出土しており，また後述する柳之御所跡出土白磁四耳壺例のように漆が貼られていた状況から，その特別な用途も推測できる．

一方，宮城県瑞巌寺境内遺跡の調査成果を見ると，14世紀とされる20層より

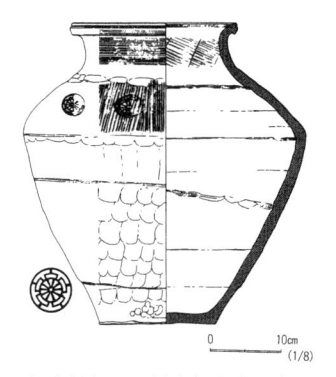

図Ⅰ-6-2　福島県飯野八幡宮伝来常滑壺〔馬目1986〕

上層で在地産瓷器系陶器の比率が，常滑と初めて逆転する〔八重樫ほか1997〕．用途の検討は必要だが，在地産の瓷器系陶器生産の下限が14世紀前半を下らない現在，伝世を想定せざるを得ない．陶器の価値観を考える参考になる．

2　「袋物指向」の源流

　東国の中世前期のかわらけの一括廃棄に関連して，筆者は，先学の研究を引きながら古代後期の土器の一括廃棄を指摘した〔飯村1998a〕．その中で筆者は「ハレ」の宴会儀礼の道具立てとして，宮城県多賀城市山王遺跡千刈田地区の陸奥「国司館」では，10世紀前葉のSX543から多量の土師器と越州窯系青磁水注が出土〔石川1991；村田1995〕に注目し，青磁水注を「ハレの器」と考えた．また，富豪層の居宅と考えられる福島県会津坂下町大江古屋敷遺跡では，10世紀中葉の1・2号土坑では須恵系土器・土師器が多数出土し，会津若松市大戸窯跡産の長頸瓶・中型甕が出土した〔古川・吉田ほか1990〕ことから，須恵器が「ハレの器」として機能したと考えた．ここでは，「国司館」では青磁，富豪層では須恵器であり，「ハレの器」に一定の階層差も指摘できる．

　石田明夫の研究による大戸窯の長頸瓶は，精良で緻密な胎土や，頸部にリング状凸帯を有する点や，高台を包み込む杯形焼台の痕跡などに特徴があり，その直接的・間接的な影響は東北地方全域の須恵器窯に影響を与え，そして長頸瓶・中型甕等は福島県だけでなく，宮城・山形・新潟県への流通が確認されて

106　I　土器と陶器

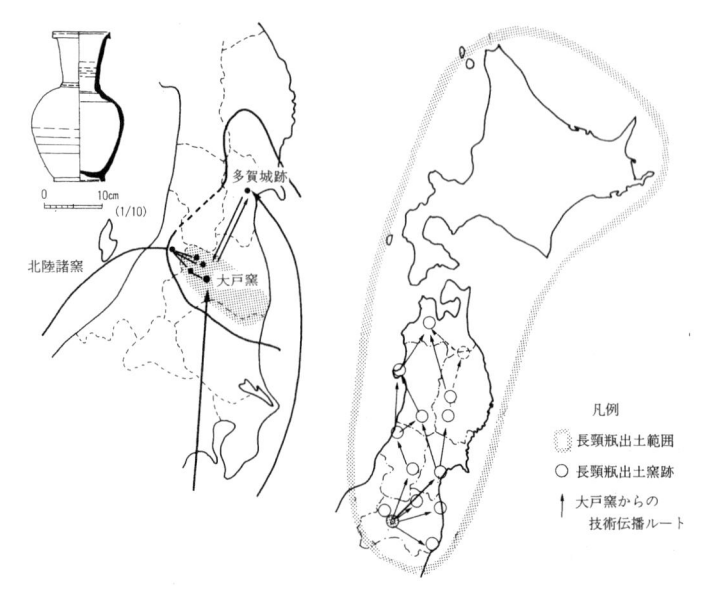

図I-6-3　大戸窯須恵器の技術伝播・流通〔石田 1998〕

いる〔石田ほか 1998〕(図I-6-3).つまり,9～10世紀の広域流通須恵器窯跡であり,平安時代の東北地方で「一大ブーム」をなした窯跡であることが指摘できる.

同じように広域流通する須恵器窯としては,9世紀後半～10世紀の青森県五所川原市の五所川原窯がある〔工藤ほか 1998〕.青森県全域・秋田県北部・岩手県北部,北海道道東までの流通が確認され,「擦文土器」分布圏と重なることがわかっている.また,遠隔地に流通する器種は,独特の器形の長頸壺と甕が主である〔豊田 1997；三浦ほか 1997；越田 1997〕(図I-6-4).

以上のように,古代後期の長頸瓶(壺)や甕の特徴的な広域流通は,古代後期の東北地方に色濃くある「袋物指向」を表現している.遠隔地で出土する遺跡では,官衙関連遺跡のみならず集落遺跡もあるが,器種が限られ,出土数も少なく,その特殊な用途・役割が十分伺える.

つまり,都市・平泉に特徴的に認められる「袋物指向」は,すでに東北地方の古代後期にその価値観が成立し,集落(村落)レベルの祭祀＝祭事＝政治的な「ハレの場」に必要な道具立てとしての役割を担ったことを指摘しておきた

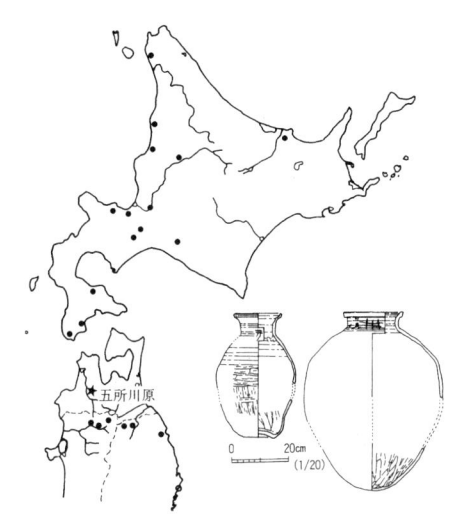

図Ⅰ-6-4　五所川原窯須恵器の分布（青森県以外）〔三浦ほか1997；工藤ほか1998〕

い〔飯村1999d〕．

おわりに

　古代後期の東北地方で成立した須恵器の「袋物指向」の価値観は，都市・平泉の「白磁・常滑・渥美・珠洲袋物」に引き継がれ，都市・鎌倉の「古瀬戸・青白磁・常滑・渥美袋物」に引き継がれ，その価値観が武家政権の中で江戸時代初期まであったことが指摘されている〔矢部1994〕．

　その意味で，1999年に柳之御所跡50SE03から出土した「布着せ」の白磁四耳壺と「磐前村印」の「銅印」は，その価値観を考える意味で象徴的である．地域支配の実務的な道具立てである銅印と，ステータスシンボルであろう白磁四耳壺が一緒に廃棄された状態で出土した〔斎藤ほか1999〕ことは，平泉における袋物に対する価値観を象徴しているといえる（図Ⅰ-6-5）．

　西国でも京都府亀山市篠窯跡独自の器形の壺・鉢が，10～11世紀初めに広域に流通することが指摘されている〔伊野1991〕（図Ⅰ-6-6）．また，7・8世紀の静岡県湖西窯産長頸瓶の東国——太平洋沿岸諸国——への流通〔後藤ほか1989〕

108　I　土器と陶器

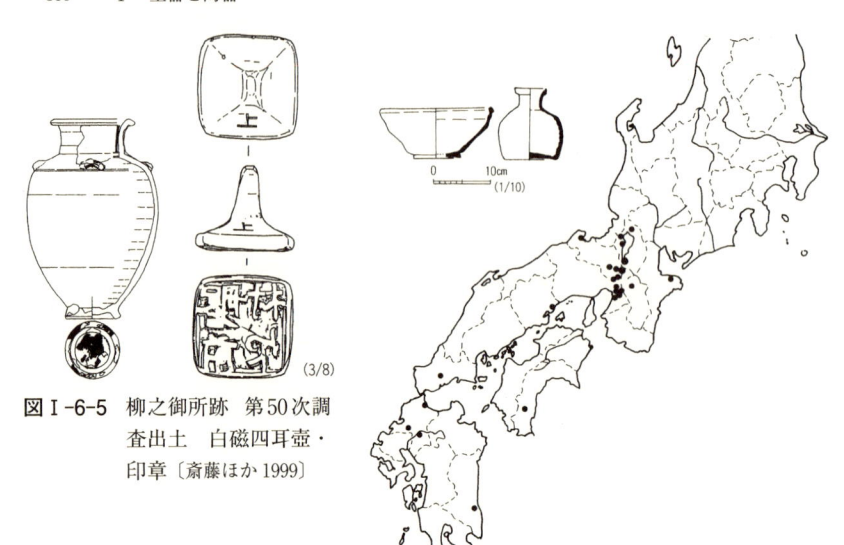

図 I-6-5　柳之御所跡　第50次調査出土　白磁四耳壺・印章〔斎藤ほか1999〕

図 I-6-6　篠原型須恵器出土遺跡分布図〔伊野1991〕

も良く知られていることである．「袋物指向」起源は時代的にも遡り，同様の価値観を持つ地域を広げる可能性はあるが，最終的に古代後期の東北地方により特徴的に見られる現象であり，「平泉から鎌倉へ」と中世的な価値観に引き継がれたことを特に指摘しておきたい．

7 古瀬戸の流通

はじめに

　北海道・東北地方における古瀬戸の流通の特徴については，古瀬戸前期様式以前では拠点的な遺跡に，瓶子・入子・卸皿などが極少量出土する．14世紀中頃から15世紀前半に組成の中で出土量が相対的に多い時期——古瀬戸の時代——があり，この時期が古瀬戸の最も流通した時代である．

　地域相としては，古瀬戸は道南までしか流通しないが，図Ⅰ-7-1の通り，古瀬戸が優越する地域と中国陶磁が優越する地域がある．宮城県から山形県米沢盆地，福島県域——会津盆地西端地域を除く——では古瀬戸が優越し，それ以外の陸奥北部から出羽の地域では中国陶磁器が優越する．

　特に，青森県十三湊遺跡〔榊原1996〕は出土陶磁器の絶対量が多い上に，中国陶磁器が優越する地域にもかかわらず古瀬戸の出土量・出土比率が異常に多い．一方，北海道勝山館跡〔松崎1994〕を見ると，出土陶磁器の絶対量が非常に多い上に，中国陶磁器が優越する．この点が一つの課題となる．

　本節では，まず出土量を取り上げ，出土陶磁器の絶対量が多いのか少ないのか，あるいはその組成はどうかを主な分析の視角として検討していく．

1　古瀬戸前期様式以前

　図Ⅰ-7-2は青森県市浦村山王坊跡出土の四耳壺で，施釉ではなく自然釉で施釉以前のもので，口縁部が打ち欠かれ，骨がぎっしり入り，骨蔵器として使われた〔加藤ほか1987〕．従来は常滑と理解されていたが，藤沢良祐により「古瀬戸草創期」に位置付けられている．古瀬戸草創期の製品が青森県の十三湊までもたらされている．

110　I　土器と陶器

1	北海道余市町大川遺跡
2	北海道函館市志海苔館跡
3	北海道上ノ国町勝山館跡
4	青森県弘前市中崎館跡 青森県弘前市境関館跡
5	青森県中里町中里館跡
6	青森県青森市尻八館跡
7	青森県浪岡町浪岡城跡
8	青森県八戸市根城跡
9	青森県市浦村十三湊遺跡
10	秋田県秋田市後城遺跡
11	山形県遊佐町大楯遺跡
12	山形県藤島町藤島城跡
13	岩手県花巻市笹間館跡
14	宮城県仙台市南小泉遺跡 宮城県仙台市今泉城跡
15	福島県郡山市安子島跡
16	福島県いわき市岸遺跡 福島県いわき市荒川遺跡
17	福島県長沼町南古館跡
18	福島県三島町元屋敷遺跡
19	福島県川俣町川股城跡

図I-7-1　北海道・東北地方主要遺跡位置図

　12世紀の岩手県平泉遺跡群では，文治5（1189）年までの遺構に古瀬戸製品は入っていない．後掲図I-7-4.1の青森県中崎館跡〔工藤1995〕は12世紀後半の平泉と同じタイプのかわらけを出す遺跡だが，白磁・青磁，須恵器系中世陶器は確認されているが，古瀬戸は1点も出土していない．おそらく，古瀬戸は文治5年の段階までに生産していたかは別として，12世紀の古瀬戸の製品は現在，出土していない．山王坊跡出土の古瀬戸草創期の製品が例外的である．

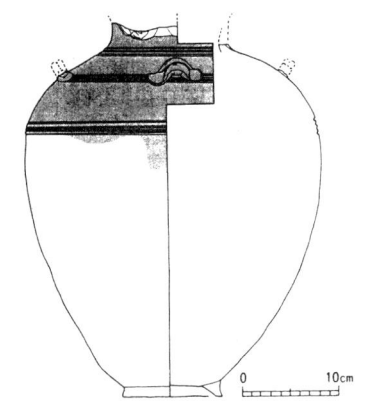

図Ⅰ-7-2　青森県市浦村山王坊出土四耳壺（1/6）　※アミ部分は自然釉

2　古瀬戸前期様式

　13・14世紀――鎌倉時代――の古瀬戸の出土状況では，宮城県瑞巌寺境内遺跡では，鎌倉時代に相当する21～23層で，瀬戸製品は入子が2点だけという状況で，中国陶磁器や瓷器系陶器は多数出土している．この瑞巌寺は鎌倉時代には円福寺という禅宗寺院として，北条氏の厚い庇護下にあり，関東祈祷寺とされたお寺で，このようなお寺の調査でも，古瀬戸前期様式は入子2点だけという状況である〔八重樫ほか1997〕．

　日本海側の山形県大楯遺跡（後掲図Ⅰ-7-6.2）〔伊藤ほか1989〕は，摂関家領遊佐荘の荘家ないしは出羽の留守所，国衙関連の可能性もある遺跡で，㎡当たりの出土点数が22点で，中国陶磁器6％，瀬戸美濃0.1％という状況で，卸皿・瓶子などが出土している．下限は14世紀にかかる日本海側の遺跡ですが，古瀬戸の出土量は極めて少ない．

　鎌倉時代にほぼ限定できる遺跡として，福島県荒井猫田遺跡がある．奥大道に面して館群・町屋がある遺跡で，13～14世紀にほぼ限定できる遺物が出土している．古瀬戸は瓶子3片，卸皿1点のみで，これも比率を出せば0.1％前後である〔高橋1998〕．

　東北地方の古瀬戸前期様式は都市・鎌倉の出土状況に比べると極端に少なく，

112　I　土器と陶器

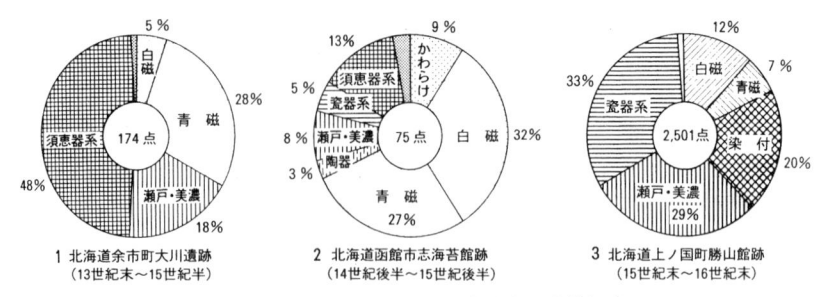

図 I-7-3　北海道（道南）の遺跡出土器種組成

1　北海道余市町大川遺跡（13世紀末～15世紀半）：174点（須恵器系48%、瀬戸・美濃18%、青磁28%、白磁5%）

2　北海道函館市志海苔館跡（14世紀後半～15世紀後半）：75点（須恵器系13%、瓷器系5%、瀬戸・美濃陶器8%、瀬戸・美濃3%、青磁27%、白磁32%、かわらけ9%）

3　北海道上ノ国町勝山館跡（15世紀末～16世紀末）：2,501点（瓷器系33%、瀬戸・美濃29%、染付20%、青磁7%、白磁12%）

拠点的な遺跡でも 0.1% 以下という状況である．

3　古瀬戸中期・後期様式

北海道（道南）

北海道の中世遺物の出土状況ですが，古瀬戸は余市町大川遺跡や苫小牧市の遺跡で確認されていて，道南を中心とした遺跡から出土している．余市町大川遺跡（図 I-7-3.1）〔吉岡 1995；宮 1996〕では，㎡当たりの出土破片数が 0.01 点で，青磁・白磁などの中国陶磁が 33%，瀬戸美濃が 18% で中国陶磁が優越する．13 世紀末から 15 世紀後半の遺跡である．

函館市志海苔館跡（図 I-7-3.2）〔吉岡 1995〕では，㎡当たりの出土破片数が 1 点未満で，中国陶磁が 59%，瀬戸美濃が 8% で，瀬戸美濃の数倍，中国陶磁が出土している．14 世紀後半から 15 世紀後半の遺跡である．上ノ国町勝山館跡（図 I-7-3.3）〔松崎 1994〕は 15 世紀末から 16 世紀末の大窯期を中心とした遺跡で参考程度に検討するが，㎡当たりの出土破片数が 2.2 点を超えており，中国陶磁が 37%，瀬戸美濃が 29% と，意外と拮抗した数値を示すが，4：3 の比率で中国陶磁が優越する．

陸奥北部

青森県境関館跡（図 I-7-4.2）〔工藤 1995〕では 15 世紀を中心とする遺跡で，㎡当たりの破片点数が 0.1 点，中国陶磁が 34%，瀬戸美濃が 17% で，瀬戸美濃の倍，中国陶磁が出土している．青森県中里館跡（図 I-7-4.3）〔工藤 1995〕は

7 古瀬戸の流通 113

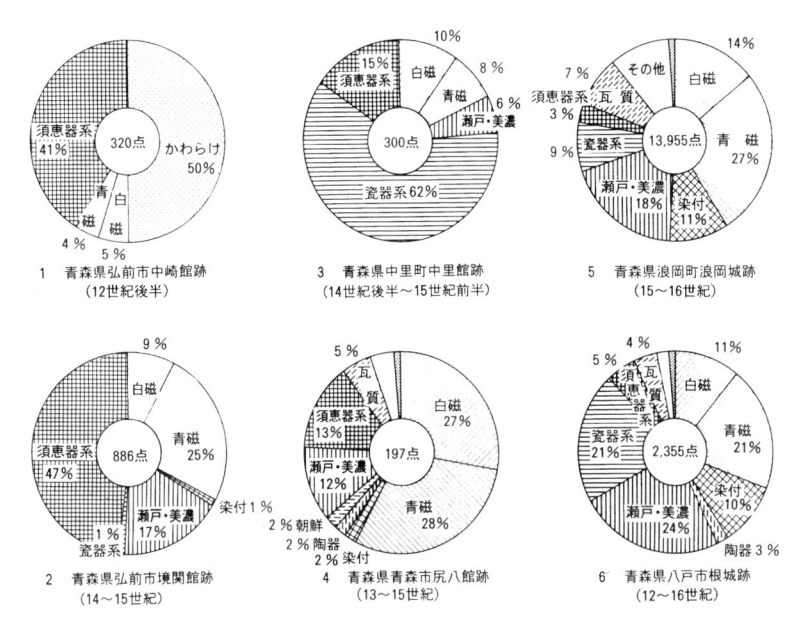

図Ⅰ-7-4 陸奥北部の遺跡出土器種組成

14世紀後半から15世紀前半を中心とし，㎡当たりの破片点数が0.1点，中国陶磁が18％，瀬戸美濃が6％で，瀬戸美濃の3倍近く中国陶磁が出土している．

著名な青森県尻八館跡（図Ⅰ-7-4.4）〔工藤1995〕は13〜15世紀の遺跡で，図示されたものだけで㎡当たりの破片点数が0.3点で，中国陶磁が57％，古瀬戸が12％で，中国陶磁が古瀬戸の4倍くらい出土している．青森県浪岡城跡（図Ⅰ-7-4.5）はこれも大窯期に比重のある遺跡なので参考程度ですが，㎡当たりの出土破片点数が0.6点，これを内館・北館両方合わせて，中国陶磁が52％，瀬戸美濃18％で，瀬戸美濃の3倍近く中国陶磁が出土している．

太平洋側の根城跡（図Ⅰ-7-4.6）〔工藤1995〕は12〜16世紀の遺跡ですが，㎡当たりの出土破片数が0.4点で，中国陶磁が42％，瀬戸美濃が24％で，やはり瀬戸美濃の倍近く中国陶磁が出土している．陸奥北部は14・15世紀も一貫して中国陶磁が優越する状況である．

図Ⅰ-7-5は青森県市浦村十三湊遺跡〔榊原1996〕で，榊原滋高によると，図Ⅰ-7-5.1の通り十三湊遺跡の時期的なピークは中期様式Ⅳ期から後期様式Ⅲ期

114　I　土器と陶器

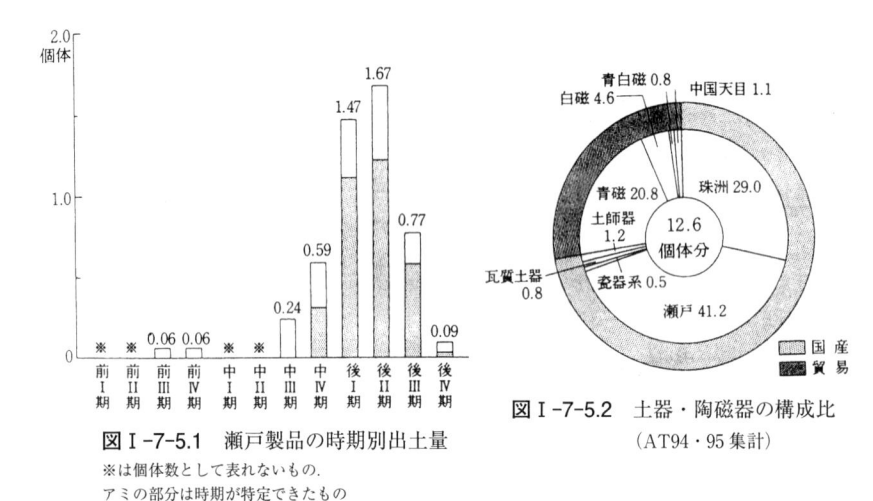

図Ⅰ-7-5.1　瀬戸製品の時期別出土量
※は個体数として表れないもの.
アミの部分は時期が特定できたもの

図Ⅰ-7-5.2　土器・陶磁器の構成比
（AT94・95集計）

で，前述のように陸奥北部の同時期の遺跡は中国陶磁が優越するが，図Ⅰ-7-5.2を見ると，古瀬戸が41％，中国陶磁が27％ということで，周辺地域とは逆に中国陶磁の1.5倍くらい古瀬戸が出土している．十三湊遺跡は『廻船式目』に「三津七湊」に数えられる著名な港湾都市であるが，周囲と異なる特異な状況にある．

出　羽

　日本海側の秋田・山形では，秋田市後城遺跡（図Ⅰ-7-6.1）〔吉岡1994〕は中世の土崎湊の一部とされ，中国陶磁が39％，瀬戸美濃が26％で，勝山館と類似しかなり拮抗しているが，4：3で中国陶磁が優位である．内陸の山形県藤島城跡（図Ⅰ-7-6.3）〔伊藤ほか1990〕は大窯期も一部入る遺跡で単純に比較できないが，15世紀から16世紀を中心とする．古い遺物は12世紀から出土している．㎡当たりの出土破片点数は1点で，中国陶磁が29％，瀬戸美濃が10％ということで，瀬戸美濃の3倍中国陶磁が出土している．

陸奥中部・南部

　岩手県笹間館跡（図Ⅰ-7-6.4）〔高橋ほか1988〕は15～16世紀の遺跡で，㎡当たり出土破片数は0.03点，中国陶磁が57％，瀬戸美濃が25％というような状

7 古瀬戸の流通　115

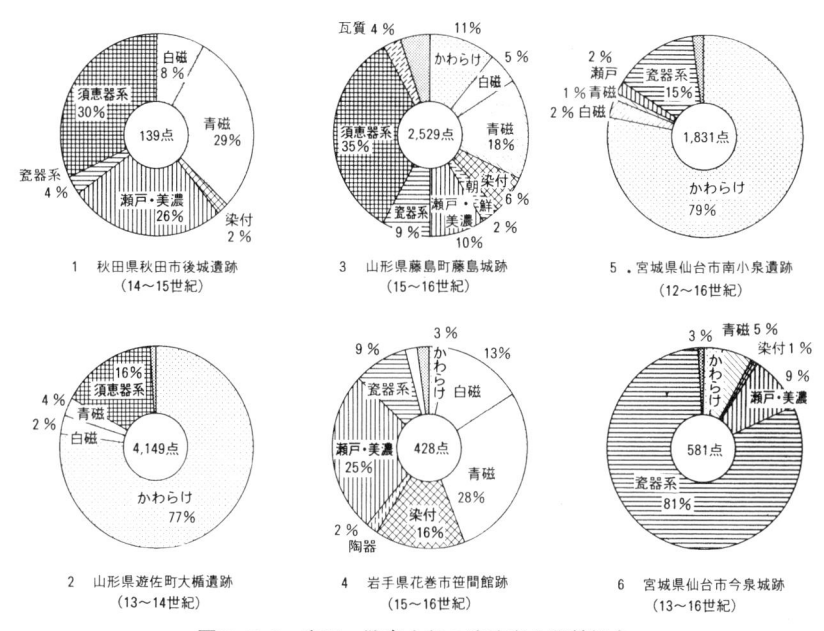

図 I-7-6　出羽・陸奥中部の遺跡出土器種組成

1　秋田県秋田市後城遺跡（14～15世紀）
2　山形県遊佐町大楯遺跡（13～14世紀）
3　山形県藤島町藤島城跡（15～16世紀）
4　岩手県花巻市笹間館跡（15～16世紀）
5　宮城県仙台市南小泉遺跡（12～16世紀）
6　宮城県仙台市今泉城跡（13～16世紀）

況で，やはり瀬戸美濃の倍以上，中国陶磁が出土している．前述までの地域より，㎡当たりの出土破片数が極端に少ないことが注目される．仙台市南小泉遺跡（図 I-7-6.5）〔佐藤ほか1990〕は13～16世紀の遺跡であるが，㎡当たりの出土破片数は0.7点，瀬戸美濃が9％，中国陶磁が6％と，瀬戸美濃が優越する．時期的な問題もあるが，瀬戸美濃製品がやや多い状況が指摘できる．

　福島県地域は㎡当たりの出土破片数が極端に少なく，1点を超える遺跡は皆無です．郡山市安子島城跡（図 I-7-7.1）〔高橋1995〕は13～16世紀の遺跡ですが，㎡当たりの出土破片数は0.2点，瀬戸美濃7％，中国陶磁6％と瀬戸美濃が優越する．いわき市岸遺跡（図 I-7-7.2）〔吉田ほか1990〕は13～15世紀の遺跡で，㎡当たりの出土破片数が0.2点，中国陶磁が11％，瀬戸美濃がわずかに多くて16％である．

　いわき市荒川館跡（図 I-7-7.3）〔吉田ほか1985〕は13～15世紀前半の遺跡で，㎡当たりの出土破片数が0.1点で，中国陶磁が11％，古瀬戸が12％と，わずかに古瀬戸が多い．同時期の長沼町南古館跡（図 I-7-7.4）〔西山1994〕は古瀬

116　I　土器と陶器

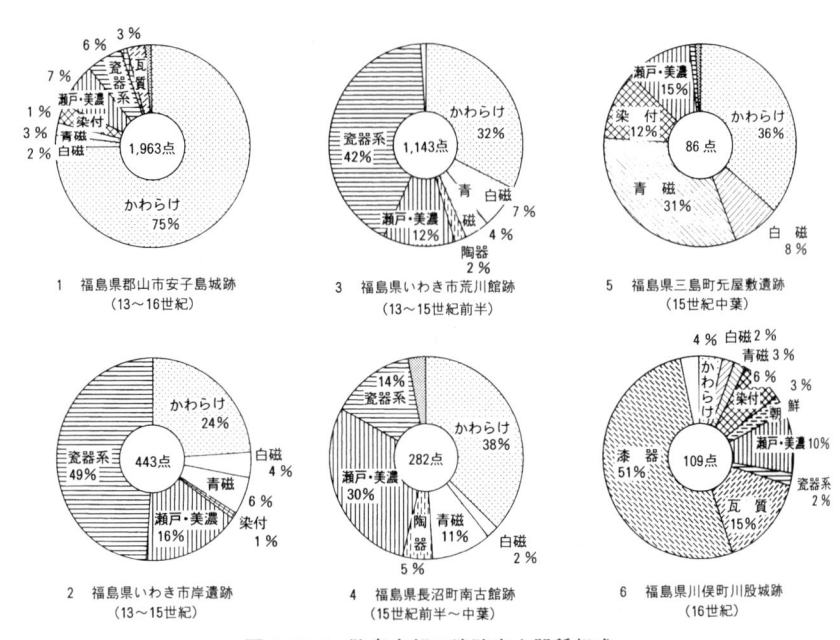

図I-7-7　陸奥南部の遺跡出土器種組成

1　福島県郡山市安子島城跡（13〜16世紀）
2　福島県いわき市岸遺跡（13〜15世紀）
3　福島県いわき市荒川館跡（13〜15世紀前半）
4　福島県長沼町南古館跡（15世紀前半〜中葉）
5　福島県三島町元屋敷遺跡（15世紀中葉）
6　福島県川俣町川股城跡（16世紀）

戸後期I期からIV期を中心とした遺跡で，㎡当たりの出土破片数が0.02点，中国陶磁が13％，古瀬戸が30％で，中国陶磁の3倍くらい古瀬戸が出土している．中通り地方の会津寄りに立地していることも出土比率と関係する可能性がある．

会津の三島町元屋敷遺跡（図I-7-7.5）〔西山1994〕は古瀬戸後期様式III・IV期の遺物だけが出土し，㎡当たりの出土破片数が0.04点，瀬戸美濃が15％，中国陶磁が51％ということで，瀬戸美濃の3.5倍近く中国陶磁が出土している．新潟県境に近い遺跡であることから，北陸地方の様相に近い可能性がある．最後に参考に，福島県川股城跡（図I-7-7.6）〔西山1994〕を挙げた．㎡当たりの出土破片数が0.09点で，瀬戸美濃が10％，中国陶磁が11％である．これは16世紀後半にほぼ限定できる遺跡であり，絶対量が少なく比較にならないが，やや中国陶磁が多い．

おわりに

　福島県中通り北部にある桑折町大檀遺跡〔木本ほか1985〕で，古瀬戸前期様式の締腰の瓶子があり，遺跡は13〜14世紀の伊達氏一族の墓地とされ，郡規模の地頭の一族の蔵骨器に古瀬戸前期様式が使われている．前期様式の製品は蔵骨器に使われることも多いと予測される．また，古瀬戸前期様式は都市・鎌倉に密接に関連する遺跡でも出土量が多いとは言えない．

　さらに，既述のように古瀬戸中期・後期様式が優越する地域と中国陶磁が優越する地域があることを説明してきたが，古瀬戸が優越する地域では東北地方の太平洋側は同時に，陶磁器出土の絶対量が非常に少なく，「本当に生活ができるのか？」と疑いたくなる状況である．それに対して，北海道勝山館や青森県十三湊遺跡の出土量の多さが際立つ．

　最後に，東北地方の瓷器系・須恵器系陶器生産との関連を指摘しておく．現象面では，古瀬戸が隆盛する直前に，14世紀中頃前後に陶器生産はピークを迎えて，突然生産を終了する．現象面はそうであるが，在地産陶器を古瀬戸が補完したとか，移行したということではないことは明白であることを指摘しておきたい．

II 鉄と塩

1　平安時代の鉄製煮炊具

はじめに

　福島県田村郡小野町鍛冶久保遺跡の調査で検出された，5号掘立柱建物跡は1×3間の規模で，「囲炉裏」（14号土坑）が伴うことを確認した．その時期は，検出面から出土した土器から10世紀後半と考えた．古代の事例ではないが，中世の事例として田村地方では普遍的に，掘立柱建物跡に伴う「囲炉裏」が確認されているが，検出面・主軸方向の共通性からのみ判断するのは危険かもしれない．しかし傍証として，土師器鍋が上げられる．口径約50cmを測る大型である．これは前代の土器に系譜を求め難く，鉄鍋の模倣の可能性が高い．つまり，囲炉裏に掛けるには適した器形といえる．こうした居住形態の変化——竪穴住居跡から掘立柱建物跡へ——，火処の変化——カマドからイロリへ——，それに対応した煮炊具の変化を指摘した〔飯村ほか1993b〕．この時点で具体的な検討をする余裕もなく，煮炊具の変化を指摘するに止まったが，本節では平安時代の鉄製煮炊具の普及を考えてみたい．

1　東国の鉄製煮炊具

　筆者はかつて，平安時代後期から中世前期の土器の変遷過程を検討し，10世紀後半の土器群の特質として「煮炊具の減少」を上げた〔飯村1990・91〕．土師器の煮炊具は，9世紀代はロクロ調整の甕が主体で，次第にロクロ不調整となり，ヘラケズリ調整を主とした甕となる．そうした土師器甕も11世紀代には全く姿を消す——もっとも，11世紀代の遺跡はほとんど確認できないが——．その土製煮炊具の衰退とともに，既述の鍛冶久保遺跡のように「鉄鍋模倣の土師器鍋」が突然出現することに鑑みると，その前提に鉄製煮炊具の普及がある

ことが看取できる．

　それでは東国における鉄製煮炊具の普及はどうであろうか？

　関東地方について水口由紀子は「日常的な煮炊具として鉄鍋のほかに鉄製の甕や羽釜も存在し，その出現は 11 世紀以前に遡る」と指摘した．それは，群馬県月夜野古窯址群出土の 10 世紀前半とされる土製羽釜（図Ⅱ-1-1.8）と，11 世紀代とされる長野県更埴市屋代馬口遺跡出土の鉄製羽釜（図Ⅱ-1-1.7）との類似性から，「忠実な模倣」としている．さらには鉄製煮炊具の出土例として，東京都多摩ニュータウン出土の三脚の付く鍋（図Ⅱ-1-1.1）や東京都落川遺跡群出土の吊り手が付くもの（図Ⅱ-1-1.4），多摩ニュータウン出土の鍋（図Ⅱ-1-1.5），千葉県大道遺跡出土の甕に近い形態のもの（図Ⅱ-1-1.6）がある．こうした様々な形態の鉄製煮炊具の出土例を提示しつつ，水口は「鍋以外の日常的な鉄製の煮炊具は約 100 年を遡り，10 世紀前半には存在していた」と指摘している〔水口 1989〕．

　東北地方北部では，日本海北部の土器様相を論じた三浦圭介が，鉄鍋がⅢ—1 期（10 世紀後葉）には出現し，Ⅳ—2 期（11 世紀後葉）以降，土師器煮炊具に代わって主体的となる〔三浦 1990〕としている．五十川伸矢は，内耳鉄鍋を「鍋Ｃ」と分類して「鍋Ｃの古いものは青森県古館遺跡出土の 11 世紀後半〜12 世紀に位置付けられるもの」（図Ⅱ-1-1）と評価する一方，前述の三浦の挙げた 10 世紀代の出土例について，「再検討の余地が大きい」と指摘している〔五十川 1992a〕．10 世紀代の出土例については異論があるものの，煮炊具として 11 世紀以降継続的に内耳鉄鍋が使用されていることが確認できる．岩手県柳之御所跡出土の完形の鉄鍋（図Ⅱ-1-1）は，それを象徴するものであろう．また，10 世紀代の五十川分類の鍋Ｃ（内耳鉄鍋）の存在については異論があるが，平安時代のほかの形態の鉄製煮炊具について，津軽地方に多く分布する把手付土器の関連で後述する．

　陸奥南部の平安時代の鉄製煮炊具は，郡山市正直Ａ遺跡 57 号竪穴住居跡出土の鉄製容器の破片は，鍋の可能性が指摘されており，注目される〔山内ほか 1994〕．共伴遺物は土師器高台付椀・須恵系土器杯・磨石（図Ⅱ-1-2.1〜7）で，筆者の年代観〔飯村 1989・90〕では 11 世紀前半代と考えられる．なお蛇足であるが，同住居跡出土の「磨石」（図Ⅱ-1-2.7）は，水口が指摘する東京都落川遺

122　Ⅱ　鉄と塩

鍋C
（内耳鉄鍋）

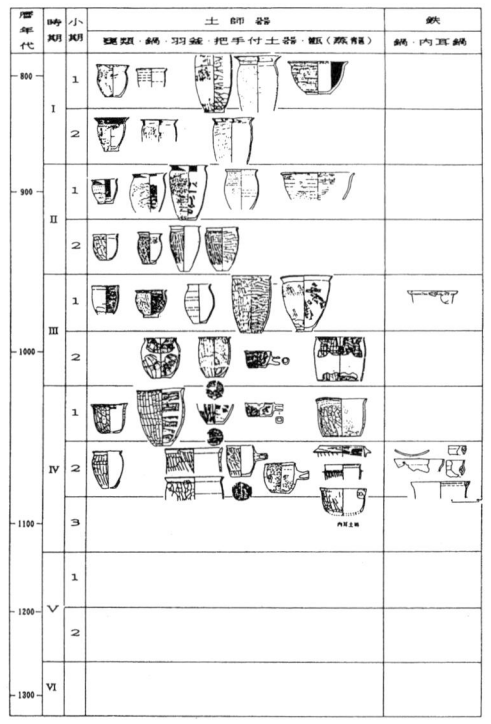

青森県古館遺跡

岩手県柳之御所跡
〔五十川 1992〕

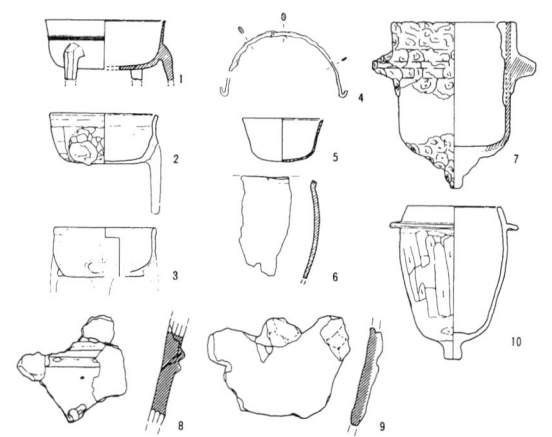

東北北部の煮炊具変遷〔三浦 1990〕

1．多摩ニュータウンNo.91A遺跡〔伊藤 1986〕
2．小山田遺跡群No.27HD-4号土坑〔北原他 1984〕
3．多摩ニュータウンNo.144遺跡1号住居址〔原川 1982〕
4．日野市落川遺跡M-19-7土坑〔福田他 1983〕
5．多摩ニュータウンNo.355遺跡住居址〔千葉 1987〕
6．千葉市大道遺跡064号住居址〔榊原 1983〕
7．更埴市屋代馬口遺跡〔岡田 1971〕
8．日野市落川遺跡M-18Gr2土坑〔福田他 1987〕
9．日野市落川遺跡M-20Gr2土坑〔福田他 1987〕
10．月夜野古窯址群須磨野A支群〔中沢他 1985〕

図Ⅱ-1-1　東北北部・関東地方の煮炊具，関東地方の鉄製煮炊具〔水口 1989；三浦 1990〕

1 平安時代の鉄製煮炊具　123

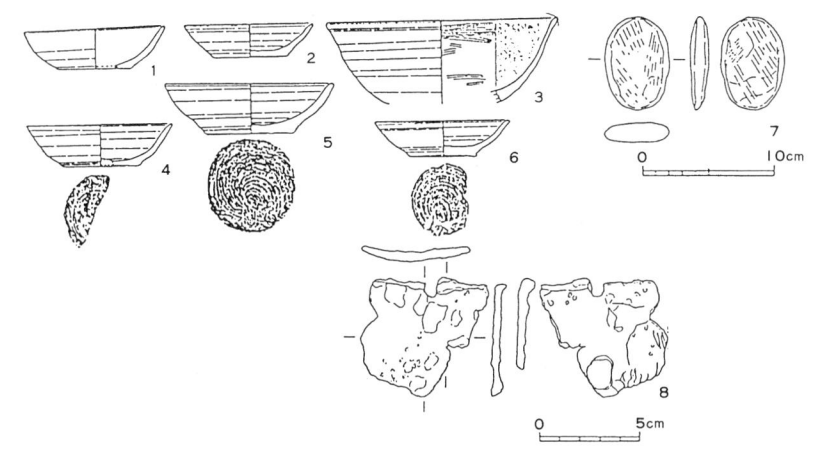

図Ⅱ-1-2　郡山市正直 A 遺跡 57 号住居出土遺物〔山内ほか 1994〕

跡出土の「すり石」〔水口 1989〕と共通し,「粉食文化」の普及を象徴している. それは筆者が 11 世紀前半と考えている,郡山市馬場中路遺跡 5 号家屋跡出土の須恵系土器高台付鉢〔吉田ほか 1983〕についても,同様のことが言える.

　ほかに鉄製煮炊具の良好な出土例は少ないが,宮城県多賀城跡第 14 次調査 324 号住居跡出土の鉄鍋は,口径 24cm で,把手と注ぎ口が付く形態である〔岡田ほか 1972〕. 以下本節では「把手付鉄鍋」と称する (図Ⅱ-1-3.3). この住居跡からは鉄刀・灰釉陶器が出土しており,年代観は明記されていないが,灰釉陶器椀が刷毛塗りで外反する器形であることから,黒笹 14・90 号窯式期〔楢崎・斎藤 1983〕に比定して大過ないと考え,9 世紀～10 世紀前半と推定した〔前川 1989〕.

　この鉄鍋に形態的に類似したものとしては,本宮町関畑遺跡西区 1 号ピット出土の土師器「把手付注口土器」がある〔渡辺ほか 1982〕(図Ⅱ-1-3.6). 口径 18.6cm で,注口と把手が付き,内外面に丁寧なヘラミガキと,黒色処理を行っており,光沢を持つ. この 1 号ピット出土土器については,施釉陶器を含めて鈴木雅文が再検討し,10 世紀中葉の年代を与えている〔鈴木 1992〕.

　法量や注口の有無については多賀城跡例と異なり,把手も中空である点で異なる. しかし,関畑遺跡例は金属製品の忠実な模倣であり,10 世紀中葉段階で,こうした形態の鉄製鍋が存在していたと考えられる. 関畑遺跡例が鋳鉄鋳物と

124　Ⅱ　鉄と塩

IB類　IB類

9鋳1(1/6)　1 器物　9鋳15(1/6)

2 性格不明品

向田A遺跡

3 多賀城跡324号住居跡

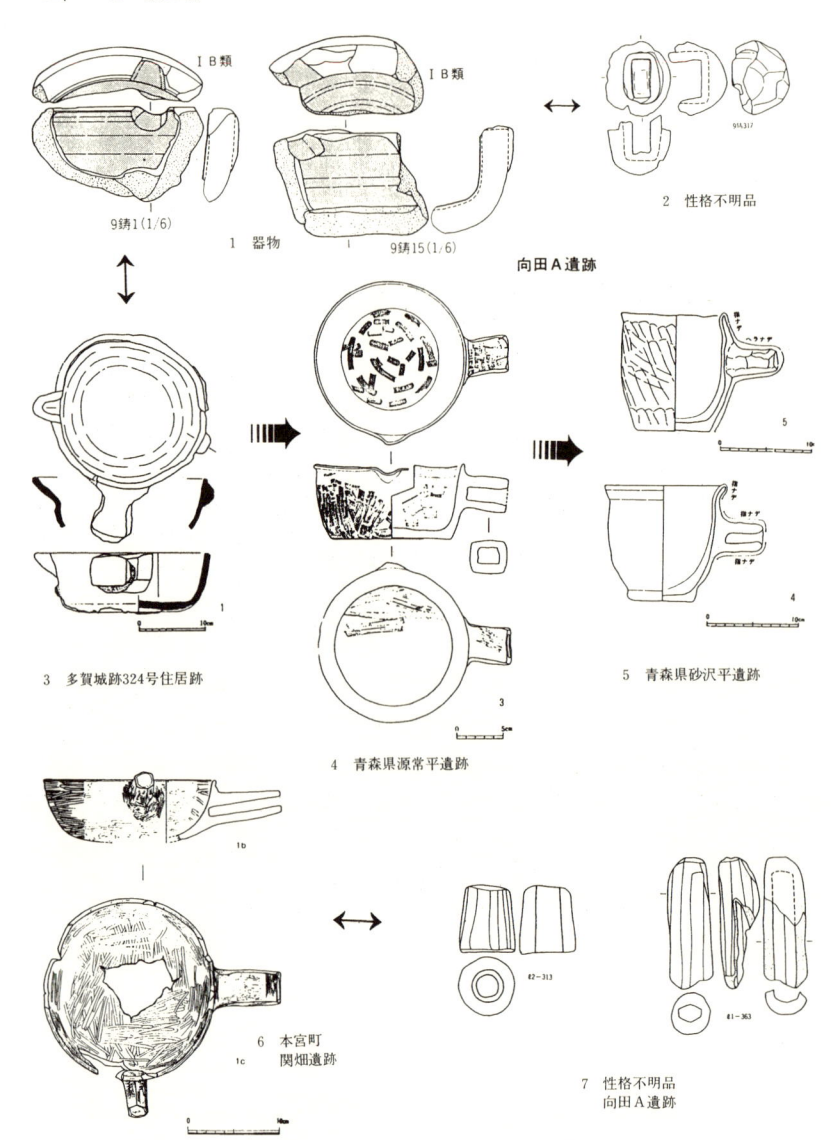

4 青森県源常平遺跡

5 青森県砂沢平遺跡

6 本宮町関畑遺跡

7 性格不明品
　向田A遺跡

図Ⅱ-1-3　把手付鉄鍋・把手付土器（各報告書より転載）

仮定すると，把手と注口は別鋳となる．注口を六角形に作っていることは，多賀城跡例に比しても精巧な作りと評価でき，一般的な煮炊具でなく，儀礼用の高級品とも評価できる．それは鈴木が指摘した，関畑遺跡が「寺院や公的施設と関連した性格を有していた」とする見解を，肯定するものでもある．

以上の少ない事例を以って，「10世紀以降，陸奥南部では鉄製煮炊具が普及し，土師器煮炊具を駆逐した」と断じるのは早計かもしれない．しかし，陸奥国府である多賀城跡など官衙遺跡ばかりでなく，関畑遺跡などの地域の拠点となる遺跡の調査でも，10世紀以降は鉄製煮炊具が存在することが十分予測される．11世紀以降は鍛冶久保遺跡や正直B遺跡などの事例や，前述の関東地方や北東北地方の状況から，鉄鍋の一般的な普及は十分推測できる．

2　古代の鋳鉄鋳物生産

福島県では新地町武井地区製鉄遺跡群〔寺島ほか1989〕や原町市金沢地区製鉄遺跡群〔安田ほか1991〜95〕を始めとして，7世紀後半から11世紀に至る多くの製鉄遺跡群が調査されている．さらに鋳造遺跡としては，武井地区製鉄遺跡群内に所在する向田A遺跡，相馬市山田A遺跡〔寺島ほか1991a〕，原町市蛭沢・河内迫遺跡群〔原町市教委1994〕などがある．山田A，蛭沢・河内迫遺跡群については未報告であり，詳細は不明である．しかし，向田A遺跡で安田稔が詳細な報告〔寺島ほか1989〕をまとめている．

それによると鋳造遺構は鋳造炉4基，鋳込み場・廃棄場4基で，8世紀後葉を始まりとし，9世紀前葉から中葉にかけて2面の鋳造作業面を確認している．出土鋳型は安田により器物，獣脚・獣脚蓋，梵鐘，性格不明品に分類され，器物3,579点，獣脚（蓋）573点，88個体，梵鐘は龍頭を含め図示できたものが45点，性格不明品は図示できたもので45点である．さらに安田は器物を法量からIV類に分類している．

五十川は安田分類IVB類を羽釜，安田分類I類を多摩ニュータウン出土例（図II-1-4.4）と同じ「鍋I」に推定している．特に「鍋I」について五十川は「西日本の青銅製仏具を生産した鋳造遺跡の場合と比較すると，この鍋Iの鋳型が極めて大量であり，この鍋Iなどは日用の煮炊に用いられるものを基本と

126　Ⅱ　鉄と塩

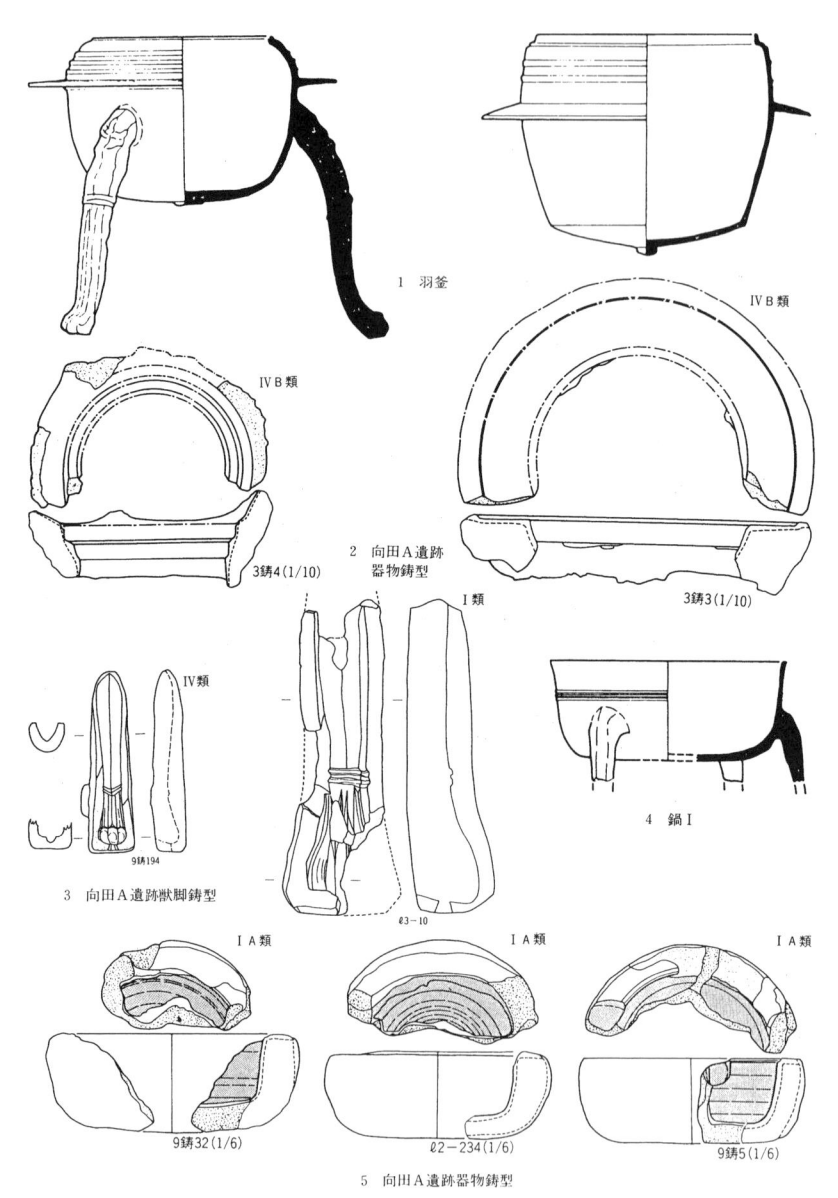

1　羽釜

ⅣB類　ⅣB類

2　向田A遺跡器物鋳型
3鋳4(1/10)　3鋳3(1/10)

Ⅰ類
Ⅳ類

9鋳194
ℓ3-10

4　鍋Ⅰ

3　向田A遺跡獣脚鋳型

ⅠA類　ⅠA類　ⅠA類

9鋳32(1/6)　ℓ2-234(1/6)　9鋳5(1/6)

5　向田A遺跡器物鋳型

図Ⅱ-1-4　鋳鉄鋳物と向田A遺跡出土鋳物〔五十川1992a；寺島ほか1989〕

して製作された」と指摘している．一方，安田は「Ⅰ類についてはその法量と器形から日常器の鋳型ともとれるが，(中略) 獣脚との対応関係と，同時期における日常器としては土器が存在する以上，(中略) すべてに器物鋳型はⅣ類の形態などから仏具を鋳込むための鋳型」としている（図Ⅱ-1-3・1-4）．

もちろん，梵鐘を始めとして仏具を生産しているのは確実であるが，「獣脚」＝仏具というのも短絡的かもしれない．それは例えば，方格地割が検出され，国司・在庁官人級の居住区とされる多賀城市山王遺跡では鋳鉄鋳物の獣脚が出土している（1994年，多賀城市埋蔵文化財センター展示で筆者実見）．それは，一定の階層では獣脚付容器が日常生活に使われたことを示唆していると考える．さらには，多賀城跡第14次調査324号住居跡出土鉄鍋（図Ⅱ-1-3.3）と安田分類ⅠB類・性格不明品（図Ⅱ-1-3.1.2）の鋳型が対応することが確認できるからである．ⅠB類は口径18.0〜22.8cmで，22cm前後が多く，器高7.5cm以下である．図Ⅱ-1-3.1（9鋳1）のように注ぎ口が付くものもある．法量，注ぎ口，器形とも多賀城跡出土の把手付鉄鍋に良く似ている．

図Ⅱ-1-3.2（9鋳317）は性格不明品とされているが，多賀城跡出土鉄鍋の把手に大きさ・形が酷似する．両方の鋳型は同じ9号鋳造遺構から出土し，9号鋳造遺構は多賀城跡出土把手付鉄鍋の年代と重なる9世紀前半以降とされている．以上の諸点から，多賀城跡出土の把手付鉄鍋と同じ形の鉄鍋が，向田A遺跡で作られたことがわかる．また，既述の関畑遺跡出土の把手付注口土器の六角形注口は，性格不明品（図Ⅱ-1-3.7，l1-363・l2-313）に大きさ・形が類似し，こうした形態の鉄鍋もまた，向田A遺跡で作られた可能性が考えられる．

以上のことから，向田A遺跡では梵鐘を始めとして，羽釜や火舎といった獣脚の付く宗教的な器物も生産しているが，五十川のいう「日常的な鍋」の生産も肯首できる．それは五十川のいう「鍋Ⅰ」ばかりでなく，筆者の指摘する把手付鉄鍋の存在も，絶対量は少ないが看過できない．しかし，安田が指摘するように8・9世紀代は土師器煮炊具が卓越しており，前述の把手付鉄鍋の出土遺跡や生産量を考慮しても，官衙・寺院・地域の拠点的な遺跡までの普及に止まった可能性が指摘できる．そうした律令国家が陸奥南部にもたらした「技術」を母体として，9世紀以降の鉄製煮炊具の普及があったことが容易に理解できる．

3 把手付鉄鍋と把手付土器

　最後に，把手付鉄鍋と東北地方北部の煮炊具の変遷を見ると，系譜関係が感じられるので触れておきたい．それは関畑遺跡の報文で渡辺一雄も指摘した〔渡辺ほか1982〕，一群の把手付土器である．この把手付土器は三浦によると，Ⅲ─2期（10世紀末から11世紀前葉）に出現し，Ⅳ─1期（11世紀中葉）に盛行し，Ⅳ─3期（11世紀末から12世紀前葉）までで消滅する〔三浦1990〕．三浦によると，把手付土器は源常平遺跡例（図Ⅱ-1-3.4）から砂沢平遺跡例（図Ⅱ-1-3.5）に形態的に変遷することが指摘されている．

　把手付土器の古い形態とされる源常平遺跡例は，前述の多賀城跡出土把手付鉄鍋に，注ぎ口が付く点や，把手の形態まで類似している．これは明らかに，把手付鉄鍋を祖形として模倣したものであり，それが在地化して砂沢平遺跡例のような把手付土器に変化したものと考えられる．おそらく10世紀末までには煮炊具として把手付鉄鍋が津軽地方まで普及し，それを模して把手付土器が作られ，形態変化をしながら11世紀代に盛行したことが分かる．

　把手付土器は，共存する土師器甕との関係を考えると，その用途が単に日常の煮炊具とするには問題がある．しかし，11世紀後葉から普及してくる内耳鉄鍋に駆逐されるように消滅していく状況から推測すると，煮炊具と考えるのは妥当であろう．また，把手付鉄鍋の代替品として把手付土器が普及すると考えるのも，やや短絡的に過ぎるきらいもある．いずれにせよ，それらについては，当該地域に不案内な筆者が論じるのは不適当であるので，陸奥南部にあるような把手付鉄鍋が10世紀頃までには，津軽地方まで波及していたことを確認するに止めたい．

おわりに

　東国における古代の鉄製煮炊具の研究や，鋳鉄鋳物生産の研究を踏まえて，陸奥南部においては鉄製煮炊具が9世紀代には一定の階層に普及し，10世紀後半には一般に普及し，11世紀代には土師器煮炊具を駆逐したことが確認で

1 平安時代の鉄製煮炊具

きた．具体的には，9・10世紀代には五十川の「鍋Ⅰ」と，多賀城跡出土の把手付鉄鍋が挙げられる．正直A・鍛冶久保遺跡例は「鍋Ⅰ」ないしはその模倣であり，関畑遺跡例や津軽地方の把手付土器は把手付鉄鍋の模倣である．その鋳鉄鋳物生産の場として，向田A遺跡を始めとする鋳造遺跡を挙げた．

11世紀後葉以降，内耳鉄鍋が列島の北から広く東国社会に普及していく．律令国家は東北北部までその支配を達成しようとした．それは，列島規模での人・技術の移動をもたらし，古代後期に「モノ」を中域に流通させる生産体制を準備したと評価できる．それが中世社会にどう繋がっていくか未だに明言できないが，内耳鉄鍋の出土分布をみると，広く「北の文化」が中世東国社会を規定した側面が否定できない．

追記：吉岡康暢に把手付鉄鍋と文献史料にある「サシナベ」との関連について御教示を得た．関根真隆は『奈良朝食生活の研究』で，『大日本古文書』15巻376頁にある『佐志奈閇』や，『万葉集』3824の「刺名倍」，『和名抄』金器類条の「銚子」をサシナベとし，ナベの一種としている．関根は「銚子は…（中略）…本来は柄と口のある小さな釜という意である．サシナベもそのような柄と口のあるようなナベではなかろうか．サシとはそそぐ，つぐという意で…（中略）…法隆寺献納宝物中の㷉斗と称するような形状のものではなかったろうか．」〔関根1969〕としている．

一方，平安時代の食器に関して渡辺実は「酒を入れるものには…（中略）…鍋に口と水平の長柄の付いた銅か真鍮の銚子があった．」〔渡辺1990〕としている．材質・形態が一致するとは文献史料からは断定できないが，把手付鉄鍋が「サシナベ」と呼ばれていた可能性は高い．

また，越田賢一郎には秋田城跡〔小松正夫ほか1993〕でも把手付鉄鍋が出土していることを教えていただいた．越田は本節の把手付鉄鍋と源常平遺跡出土の把手付土器の系譜関係についても，筆者同様の見解をお持ちであった．明記しておきたい．

2 製鉄・鋳造

はじめに

　製鉄遺跡に関する考古学的な研究は研究史が厚く，しかも近年その研究は飛躍的に進展している．製鉄遺跡の研究は，後述するように広島大学考古学研究室やたたら研究会が主導してきたと言える．筆者が製鉄遺跡の関心を持つようになったのは，福島県新地町に所在する武井地区製鉄遺跡群〔寺島ほか1989〕や，原町市に所在する金沢地区製鉄遺跡群〔安田ほか1991～95〕の調査に参加してからである．ともに7～10世紀に至る東北経営のための律令国家主導の鉄生産に関わる遺跡群である．

　その中で，向田A遺跡の調査をお手伝いして，その遺構や出土鉄滓・炉壁・鋳型の意味がわからず，困惑したことを鮮明に記憶しているからである．その後，安田稔が詳細な報告書として刊行したが，筆者にとっては「未だにわからない」というのが正直な感想である．

　鋳造遺跡・鋳造製品に関する考古学的な研究は，坪井良平の一連の業績[1]がその始まりであり，すべてと言っても良いであろう．それは五十川伸矢が「（前略）坪井氏の業績は（中略）現在もこれを越えるものは存在しない（後略）」〔五十川1994a〕と評しているように，一つの到達点を示している．その後の研究は停滞したかの感はあったが，1980年代に入ると遺構・遺物に即した鋳造遺跡研究が推進され，1991年に発足した鋳造遺跡研究会がその研究の牽引車となっている．研究会の中心として活躍している五十川伸矢の一連の研究は，現在の到達点を端的に示していると同時に，研究史も的確にまとめられている．したがって，鋳造遺跡研究会資料〔鋳造遺跡研究会1991～95〕や五十川の一連の論文〔五十川1987・91・92a・b・94a・b・95〕を参照していただければ，今日的な課題は網羅されているといっても過言ではない．

1 中世の製鉄遺跡

鋳造遺跡成立の前提には，原料である鉄，燃料である木炭，溶解炉・鋳型を作るための粘土などが必要であることは当然である．近年の鋳造遺跡の発見・調査の頻度に比して，そうした原材料を生産・採掘した遺跡が意外と少ない．そこでまず中世の製錬（精錬）遺跡の調査・研究の現状について考えてみたい．尚，調査例が少なく，未報告の遺跡も多いことから，筆者の予断と推測が多いことをお断りしておきたい．

(1) これまでの研究

1987年開催されたたたら研究会「日本古代の鉄生産」シンポジュウム・公開講演で，潮見浩は「中世への展望が開けることも，ひそかに期待しております」〔たたら研究会 1987〕としている．残念ながら，シンポジュウム・公開講演を通して中世の鉄生産については，あまり触れられなかった．それが1987年段階での状況と言えよう．1991年にシンポジュウム記録集刊行段階で行われた座談会で，川越哲志は広島県矢栗・石神・大矢遺跡を，近世たたらの先駆的なもの，古代箱型炉の大型化したものと位置付ける一方，潮見浩は「これが中世の主流になるかどうかという問題ですね．それはもう少し地域を拡大して類例を重ねませんと判らないわけですね」〔たたら研究会 1991〕と述べている．潮見は既に1983年の段階で「大矢型」（図Ⅱ-2-1・2-2）を提唱し，「これが古代末期における代表例になるのか中世的な製鉄炉の典型的なものとなるかについては，類例の増加をまって検討すべき余地が多い」〔古瀬・潮見 1983；潮見 1989〕としている．つまり，中国地方では古代長方形箱形炉から近世たたらに至る発展段階のわかる中世の製鉄炉として「大矢型」製鉄炉を位置付けられるが，それが列島内で普遍化できるかどうかが課題となってきたといえる．

1993年刊行された『中国地方製鉄遺跡の研究』で，潮見浩は調査成果を総括して，「中世の製鉄遺跡の探究は私どもに重要な課題であった」とし，三類型を提示して発展過程を示した．それは，「大矢型」「矢栗型」とされる「中央部が長方形にちかく，その両側部もそれに平行でいて直線的になるもので，全

132   II 鉄と塩

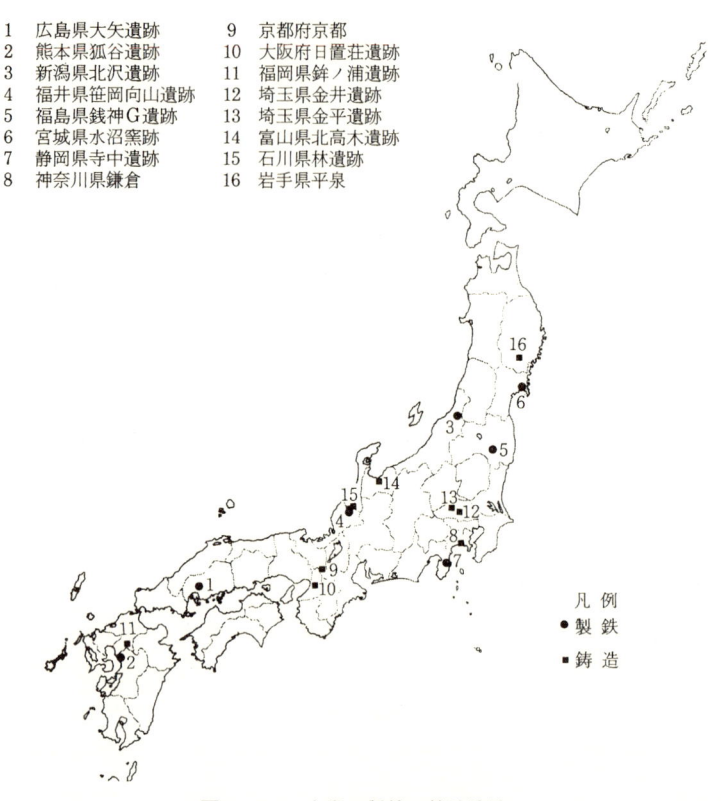

1 広島県大矢遺跡　　9 京都府京都
2 熊本県狐谷遺跡　　10 大阪府日置荘遺跡
3 新潟県北沢遺跡　　11 福岡県鉾ノ浦遺跡
4 福井県笹岡向山遺跡　12 埼玉県金井遺跡
5 福島県銭神G遺跡　　13 埼玉県金平遺跡
6 宮城県水沼窯跡　　14 富山県北高木遺跡
7 静岡県寺中遺跡　　15 石川県林遺跡
8 神奈川県鎌倉　　16 岩手県平泉

凡 例
● 製鉄
■ 鋳造

図II-2-1　中世の製鉄・鋳造遺跡

体的に長方形」のもの，さらに「基本的な形態は共通するが（中略）その規模も大型となる」ものとし，「この三つの段階を経て本床釣りに完成する」〔潮見1993〕としている．

1995年刊行された河瀬正利の著書においては，中国地方の「大矢型」製鉄炉の事例を挙げつつ，「立地は集落により近くなり，構造も大型化，複雑化してくるといえる．そして覆屋をもつものが増えてくる」とし，「製鉄に携わる専門の工人集団が存在しはじめたことを示している」〔河瀬1994〕と指摘している．

1995年行われた広島大学考古学研究室30周年記念シンポジウム『製鉄と鍛冶』で，村上恭通は西日本の中世製鉄炉を検討している．村上は九州の中世

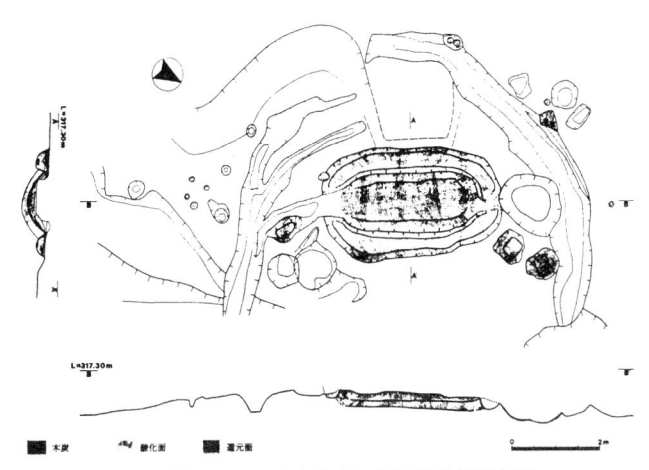

図Ⅱ-2-2　広島県大矢製鉄遺跡製鉄炉跡

製鉄炉の特質として,「箱形炉から竪型炉へと比較的単純な炉形変化」,「複数の炉が併存」,「幾度も立て直しが行われる傾向」,「付随して複数の鍛冶炉が検出される」ことを挙げている.一方中国山地の中世製鉄炉の特質として「遺構配置が画一化」する一方,地下構造にバリエーションがあり「本床状遺構・小舟状遺構を備えるタイプ」,「本床状遺構のみのタイプ」,「『門田型』に通じるタイプ」などがあるとし,「中世製鉄炉が近世の『永代たたら』への橋渡しを担っている」〔村上1995〕としている.

以上のように,中国地方における古代・中世・近世への製鉄炉の発展過程は,考古学的に明らかにされつつある.しかし近年,中国地方以外でも中世の製鉄炉・木炭窯が少ないながら発見されつつあるので,ここで簡単に紹介し,その意義を考えてみたい.

(2) 各地の製錬遺跡

九州地方の事例で,前述の村上も挙げているが,熊本県荒尾市金山・樺製鉄遺跡群〔勢田ほか1992〕の狐谷遺跡(図Ⅱ-2-3)では,12世紀後半から13世紀の半地下式竪型炉が調査されている.全長約110cm,幅約50cm,遺存壁高23cmの小規模な竪型炉で,長さ約2mの大型の踏みふいご座が検出され,羽口が出土していることから,強制送風されていることが確認されている.2基

134　II 鉄と塩

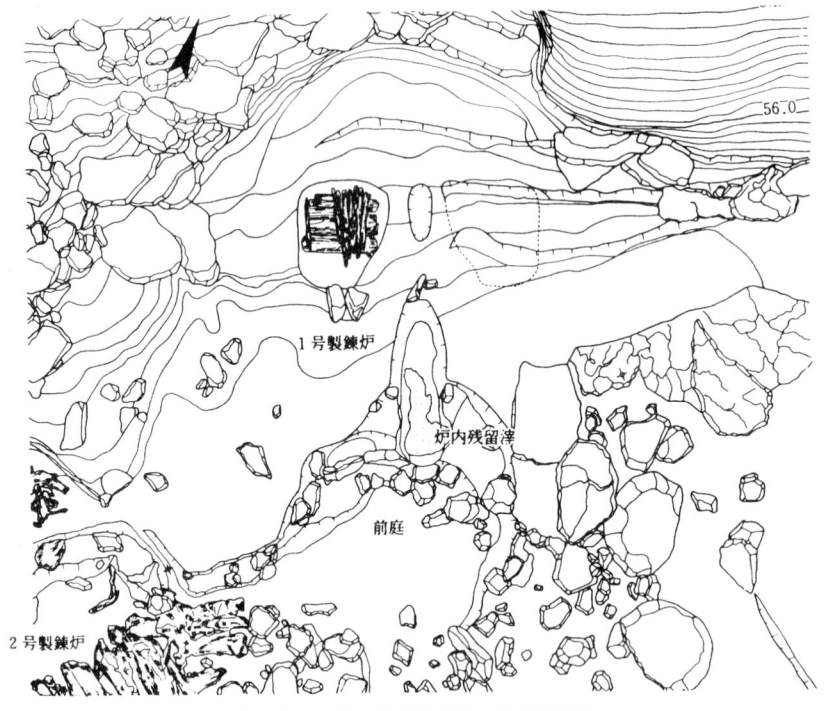

図II-2-3　熊本県狐谷遺跡1号精錬炉跡

の製鉄炉で約8tの廃滓量が確認されている．この製鉄炉に伴って，鍛冶炉や円形の木炭窯が伴っている．既に村上も指摘しているが，同遺跡群の大藤1号谷遺跡の平安時代の製鉄炉と形態差がないことから，古代の製鉄炉との基本的な形態の変化は認められないが，送風技術や選鉱・製炭技術などの原料・燃料供給での技術変革の可能性を検討する必要がある．しかし，古代から中世前期にかけて，炉の形態変化がほとんどないことが指摘できる一方，集約的・専業的な原料鉄生産の成立とも評価でき，今後の調査例の蓄積が期待される．

　北に目を転じてみると，北陸地方の新潟県豊浦町北沢遺跡〔川上1992〕（図II-2-4・2-5）では3基の製鉄炉が調査され，12世紀後半から13世紀初頭に比定される．1辺約1mの隅丸方形の竪型炉で，基礎構造の深さは約0.5mの規模で，炉壁の出土量や基礎構造の構築状況から，作り替えが行われた可能性が高い．廃滓量は80tで，羽口は出土していない．地下式窖窯の木炭窯4基が伴

2 製鉄・鋳造 135

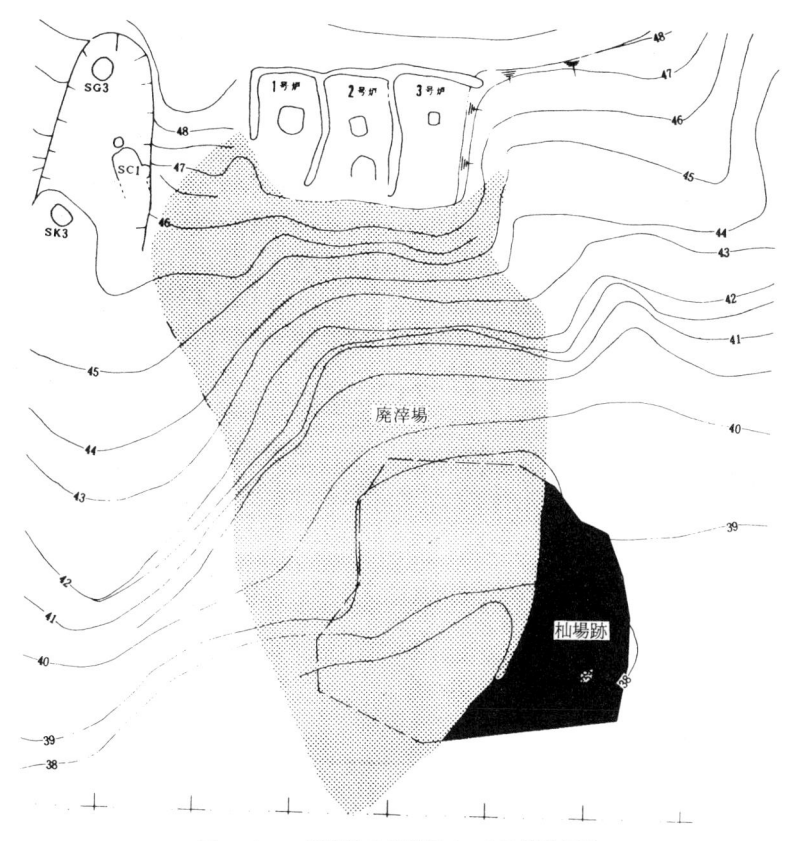

図Ⅱ-2-4 新潟県北沢遺跡1〜3号製鉄炉跡

うほか，木炭焼成土坑も多数検出されている．炉の形態としては，古代竪型炉の系譜を引くものと推定されるが単系列では理解できない．炉壁の構築法などに鋳物師集団との関わりが指摘されている．調査者の川上貞雄は，製錬炉の可能性を示唆している．北沢遺跡では製鉄用燃料生産の木炭窯が，珠洲系陶器の生産窯として転用されている事実や，廃滓場の下層から検出された杣場と考えられる多量の木材・木製品の出土から，川上は「杣工・製鉄・作陶は同一衆であろう」とし，「山の民の集団」であるとしている．北沢遺跡のある五頭山麓は，古代以来の須恵器・鉄生産地帯であり，手工業生産に比重を置いた地域と言える．こうした手工業生産を横断した工人集団の存在形態は，中世前期にお

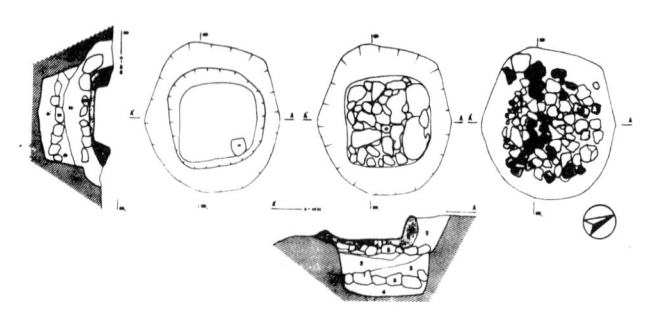

図Ⅱ-2-5 新潟県北沢遺跡2号製鉄炉跡地下構造

ける東国の特質を示している．製鉄炉に限定して言えば，久田正弘は福井県笹岡向山遺跡などの中世製錬炉の例を引きつつ，「北陸地方の中世前半期には方形の製錬炉が存在することが確実である」〔久田ほか 1993〕としている．

　東北地方で中世の製錬炉の確実な調査例はないが，福島県阿武隈高地南部の分布調査成果を概観する．寺島文隆によると，阿武隈高地南部西縁で 55 遺跡以上の中世から古代の製鉄遺跡が確認されている〔寺島 1983〕．その中で調査された遺跡では，須賀川市銭神G〔寺島ほか 1982・83〕・東山H遺跡・下竹の内遺跡など出土遺物から中世の可能性が指摘されている[2]．銭神G遺跡（図Ⅱ-2-6）では製鉄炉の一部が調査され，1辺 3.6 m，深さ 1.7 m の隅丸方形の基礎構造と，約 0.7 m の隅丸方形の路底塊が出土したことから，炉の規模がほぼ推定されている．廃滓量は 1,000 t を超えると推計されており，羽口も多く出土していることから，当然強制送風と考える必要がある．阿武隈高地南部では近年中世の可能性のある製鉄遺跡が調査〔高橋・井 1991〕されており，中世後期の一大生産地であった可能性がある．陸奥南部においても「隅丸方形の筒型」の竪型炉が中世後期に普及していたことを示すものであり，その遺跡数と廃滓量から膨大な鉄生産を推定する必要がある．とすれば，中世後期の陸奥南部の社会史を描く時に，阿武隈高地の鉄生産を含む手工業生産は不可欠と言えよう．陸奥南部では他に中世の製鉄用木炭窯が調査され，宮城県石巻市水沼窯跡〔藤沼ほか 1984；藤沼 1992〕（図Ⅱ-2-7）や河南町須江関の入・群田遺跡〔中野 1994〕で，全国的にも類例のない副室を伴う地下式窖窯が確認されている．北上川下流域にもやはり中世の鉄生産地が想定できそうである．

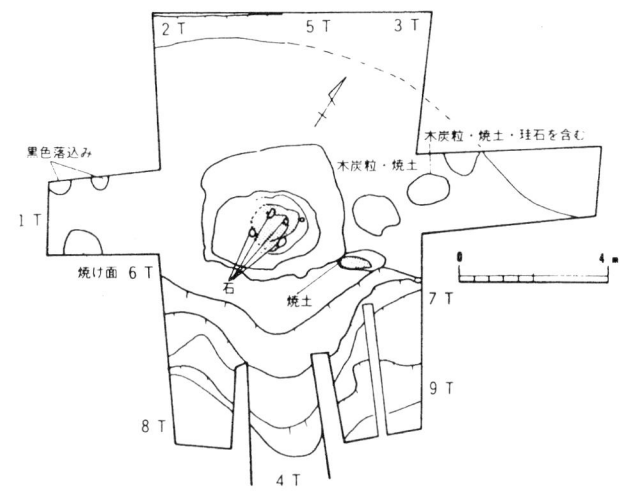

図Ⅱ-2-6　福島県銭神G遺跡製鉄炉跡

　東海・関東地方では，ほとんど中世の製鉄遺跡は確認されていないが，静岡県伊東市の寺中遺跡〔武蔵考古学研究所1992・93〕では11〜13世紀の製鉄炉が12基調査され，約30tの廃滓量が確認されている．詳細は未報告のため不明であるが，円筒形の竪型炉の可能性が考えられる．伊豆では比較的多くの製鉄遺跡が確認〔佐藤1983〕されており，都市・鎌倉の後背地としての鉄生産地であった可能性が指摘できる．

(3) 現状と課題

　中世の製鉄遺跡を整理すると，九州では土佐雅彦の分類〔土佐1981〕の「門田型」から「西原型」へ発展し，中世前期においては狐谷遺跡1号製錬炉のような踏みふいごを伴う半地下式竪型炉に継承される．北陸では古代との関連は不分明であるが，北沢遺跡に代表されるような方形の竪型炉が中世前期に普遍的に確認されつつある．東北地方南部でも，中世前期の製鉄遺跡は北上川下流域などに確認されつつあるが，具体的には不明である．中世後期には阿武隈高地南部でも多くの製鉄遺跡が調査されつつあり，銭神G遺跡に代表される隅丸方形の竪型炉が中世後期に普遍的に存在する可能性が明らかにされつつある．東海・関東地方は不明であるが，伊豆で確認されつつある土佐の分類の「日詰

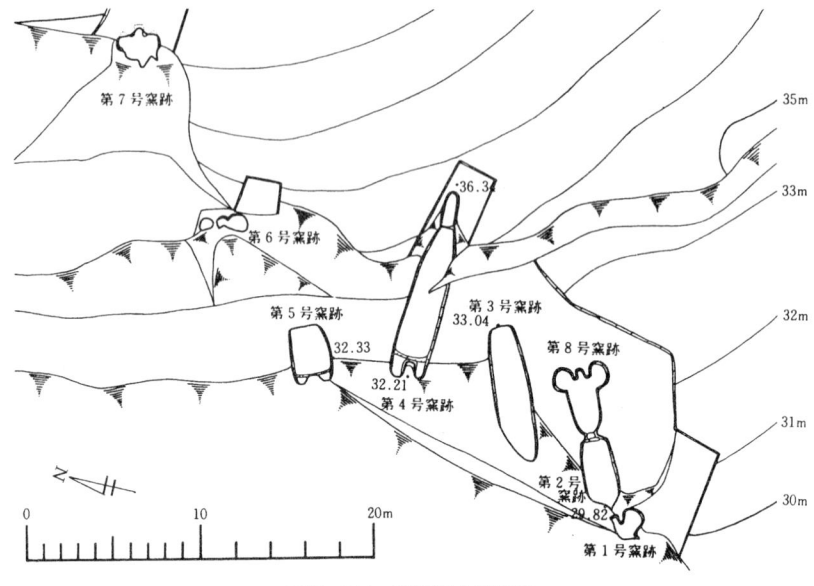

図Ⅱ-2-7　宮城県水沼窯跡

型」が古代後期から中世前期に存在する可能性が，寺中遺跡の調査例などから明らかにされつつある．

　中国地方で確認されつつある発展過程とは，異なる状況が列島各地で確認されつつある．しかし，近世になると中国地方で発展を遂げた「たたら吹製鉄」の技術が各地で受容されていることが，明らかにされている〔河瀬1994，寺島ほか1984〕．したがって，中世の製鉄炉は古代の箱形炉・竪型炉から各地で独自に発展を遂げて，形成されたと考えられるが，具体的にはこれからの課題である．しかし，中国地方以外では竪型炉系譜の技術が大きな比重を占め，発展していることは明らかであろう．中世前期には古代からの生産形態を継承しながら，中世的な生産地が郡を越えた規模で集約化され，分業・専業化されていることは想定され，東国においても中世後期には，新たに阿武隈高地南部のような大規模な生産が達成されたことは十分想定できる．

　中世の鉄生産について，管見に触れた限りではあるが，現状を簡単に整理してきた．今後の調査例の蓄積によって体系化できるものと考えるが，若干の問題点も指摘しておきたい．一つは遺構の性格の明確化，特に製錬炉か，精錬炉

かという問題である．もちろん分析学・金属学的な立場からの研究は重要ではあるが，考古学的な性格を付与することが第一義的である．次に時期比定の問題であり，出土遺物の少ない製鉄遺跡では，遺構の重複関係や形態変遷も重視しつつ，時期比定を行う必要がある．その際に，基礎構造の形態変遷が重要となろう．さらに遺構細部の検討や出土羽口・鉄滓から，選鉱技術・送風技術などさまざまな技術解明も重要となる．さらに廃滓量や分析結果から，生産量を推定することも重要となろう．また，同一遺跡でどの段階までの生産工程が行われたか，あるいは他の手工業生産とどういう関係にあったかも，検討する必要があろう．これらを踏まえることによって，具体的な工人集団の存在形態を明らかにできる．いずれにせよ，製鉄遺跡の調査においては，考古学ではあまり得手ではない遺構論や，取っ付き難い鉄滓の研究が重要なのである．

2　鋳造遺跡の存在形態

　鋳造遺跡はさまざまな立地・環境にあり，さまざまな存在形態をとることは，周知のことである．それは同時に，工人・職人の存在形態・実態を反映しているものと考えられる．そこで東国を中心にさまざまな鋳造遺跡を概観し，工人・職人の姿を探ってみたい．尚，未報告の遺跡も少なくないことから，筆者の予断と推測が少なくないことをお断りしておきたい．

(1) 都市内における鋳造

　東国の中世前期都市の代表である鎌倉では，羽口や銅滓・鋳型・未製品が発見され，銅細工師の存在が指摘されている．鎌倉市長谷小路周辺遺群の今小路西遺跡〔宗臺ほか1993a〕では道路跡・井戸跡・溝跡などが調査され，14世紀末から15世紀初頭の井戸跡に，硯・水晶玉未成品・鋳造銭・銅未製品などが出土し，硯・数珠屋・銅細工師の職人の存在が指摘されている．長谷小路周辺遺跡〔宗臺1991・93b〕（二階堂邸用地）では方形竪穴建築址・溝跡・土坑群などが調査され，13世紀中葉から14世紀前半の遺構面から，獣骨や骨細工未製品・硯未製品が出土し，獣骨解体・皮鞣・骨細工や硯師の存在が指摘され，また瓦の出土から周辺に瓦葺小堂宇の存在が指摘されている．

長谷小路南遺跡〔宗臺ほか1991・93b〕では13世紀第4四半期から15世紀初頭の方形竪穴建築址・井戸・土坑群が調査され，骨製刀装具の未成品や加工途上の獣骨やふいご羽口・とりべ・銅滓・砥石が出土し，銅精錬が行われた可能性が指摘されている．宗臺秀明は京都左京七条・八条周辺の調査を例に引きつつ，長谷小路周辺遺跡群では「銅細工・鋳銅製品のほかに動物を扱う（職人）工芸人・屠者もいた」とし，「区画整備の後に職能民が集まり，その維持管理においては極楽寺があたっていた」と考察している〔宗臺1994〕．由比ケ浜集団墓地遺跡群や長谷小路周辺遺跡群などの「前浜」に，銅細工師・数珠師・硯師，獣骨解体・皮鞣・骨細工師などの各種職人集団が，混在的に集住している姿が描き出される．

　もう一つの存在形態としては，鎌倉市今小路西遺跡の，鎌倉時代中期の高級武家屋敷の南谷屋敷前庭の小屋掛けの凹地・柱穴から，粘土・焼土塊・燭台鋳型・銅滓などが出土し，注文により「銅細工師」が屋敷内に「出職」する存在形態が河野眞知郎によって指摘されている〔河野1990・94〕．高級武家屋敷内では小型の鋳銅鋳物を，注文によって「出職」する職人の姿が窺われる．以上，中世前期都市鎌倉では，銅細工師やほかの職人の姿はある程度描くことができるが，鉄精錬・鋳物師（鋳鉄鋳物）・鍛冶師などの金属加工職人の姿は，よく見えないことが指摘できる．

　中世京都では七条・八条町周辺に，鋳造関連遺跡が集中することが指摘されており，堀内明博によると，平安時代後期には七条町が成立し，15世紀中頃には衰退し，戦国期には洛内に遺跡が少なくなることが指摘されている．鋳型としては，鏡や仏具・刀装具などの小型品が圧倒的で，羽口・坩堝・とりべ・砥石・有孔磚・鉄滓・銅滓・鉄塊・銅塊などが出土している〔堀内1994〕．銅細工師・鋳物師の存在が指摘される．

　さらにやや詳しく見ると，八条院町（京都駅駅舎）の第2次調査では，鎌倉時代に「室町小路に面した地域を生活空間として利用し，奥まった部分に工房を持つ」構成がわかり，竪穴状遺構4基から鏡鋳型・ふいご羽口・坩堝などが集中して出土し，鋳造工房とされている．また，第1～7次調査では銅製品の鋳造が目立ち，「銅細工」が行われたことがわかるとされ，鋳型の種類からすると，「第1次調査区では六器・鈷・華瓶などの仏事の関わる製品の鋳型が多

く」,「第2調査区から第7次調査区では鏡の鋳型が多く」,「十一町では銅磬の鋳型が炉床に再利用」されていた.また,「北方にあたる左京八条三坊二町・七町の調査では刀装具の鋳型が多く出土し」ている.「同じ銅細工でも地点によって生産されたものが異なっていた」とされている.文献資料でも元応元(1319)年6月の『八条院町年貢帳』には,「番匠・薄屋・丹屋・金屋・完屋・塗師などの手工業者」がみられ,対比が試みられている〔京都市埋文研1996〕[3)].

以上のように,中世都市内における鋳造は,都市内の町屋に常住する職人として「銅細工師」が想定でき精錬から鋳造の工程を担ったと考えられ,今小路西遺跡例のように武家屋敷に「出職」する場合もある.鋳造品としては鏡・仏具・刀装具などの小型品のみである.したがって,大型品の青銅鋳物や鋳鉄鋳物の鋳物師は,都市内に常住する職人としては存在しなかった可能性が高い.

(2) 中世の鋳造集落

河内鋳物師の本貫地として知られ,畿内を代表する中世の鋳造工人集落(鋳物師集団の集落)である大阪府堺市・美原町日置荘遺跡(図Ⅱ-2-8)は,すでに鋤柄俊夫が詳細な分析・復元を行っている.それによると,日置荘遺跡Ⅰトレンチは13世紀の鋳造集落であり,「北群に生活空間,南群に作業空間があった(中略)南群は作業場として複数の倉庫が鋳造遺構をとりまいていた(後略)」とし,(溶解)炉基底部・鋳造土坑が調査され,「製品も鍋程度の小型品」と推定されている.そして「名主階層であり大工または小工である鋳造工人を家長として,その一族および小百姓または下人などが,専属的でないにしても各種工程に携わった」生産形態が推定され,鋳鉄と青銅鋳物の両者が行われた可能性が高い〔鋤柄1993〕.

太宰府鋳物師とも考えられる福岡県鉾ノ浦遺跡(前掲図Ⅱ-1-1.10)を始めとする,観世音寺西側に13世紀の仏具の鋳型を出土する遺跡が多く,狭川真一は「鋳造技術を持った,あまり大きな製品を作らない小規模な手工業者がこのあたりにたむろしているような傾向が窺え」る〔狭川1995〕としている.鉾ノ浦遺跡は13世紀後半から14世紀前半の鋳造遺構が調査されている.調査区はA〜D群の4ブロックに分けられ,A〜C群では溶解炉底・鋳造土坑が検出さ

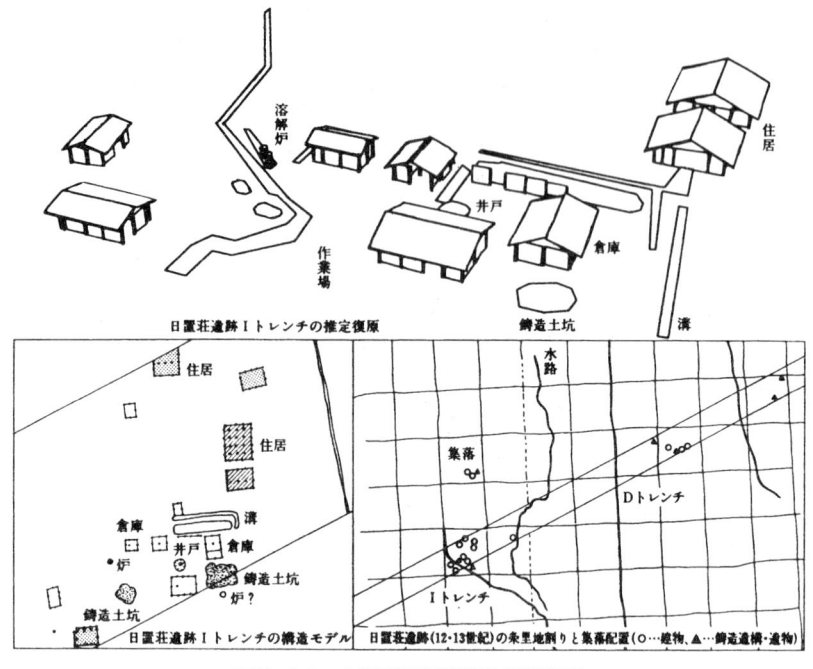

図Ⅱ-2-8　大阪府日置荘遺跡景観復元

れ，焼土・炉壁・鋳型などが出土している．鋳型から，梵鐘・鍋・椀・釣灯籠・風招などさまざまな仏具が生産されていたことがわかる．小型品のみならず梵鐘の鋳造土坑も調査されている．青銅鋳物が中心ではあるが，鋳鉄鋳物も存在する．鋳造工房の存続期間は短く，建物跡と鋳造関連遺構のまとまりもある程度推定されており〔山本・狭川1987〕，かなり恒常的な鋳物工房・集落が想定されている．観世音寺前面の地域では，華瓶・鰐口・金鼓・仏像・磬・三鈷杵・三鈷剣・独鈷杵・錫杖などの仏具の鋳型が広がりを持って出土〔山本・狭川1991〕している．「筑前太宰府鋳物師」の本拠と見て差支えないであろう．

　東国では，近年調査が飛躍的に進展した，北武蔵の鋳造工人集落に注目したい．埼玉県坂戸市金井遺跡B区（図Ⅱ-2-9）では，13世紀中葉から14世紀前半の第1～15の鋳造遺構群が検出されている．鋳造遺構としては，溶解炉・ふいご座・鋳込み跡・梵鐘鋳造土坑・鋳造土坑・粘土採掘坑・炭焼き窯跡・鍛冶遺構・鋳造関連土坑などがあり，出土遺物としては，鉄塊・炉壁・銅滓・鉄

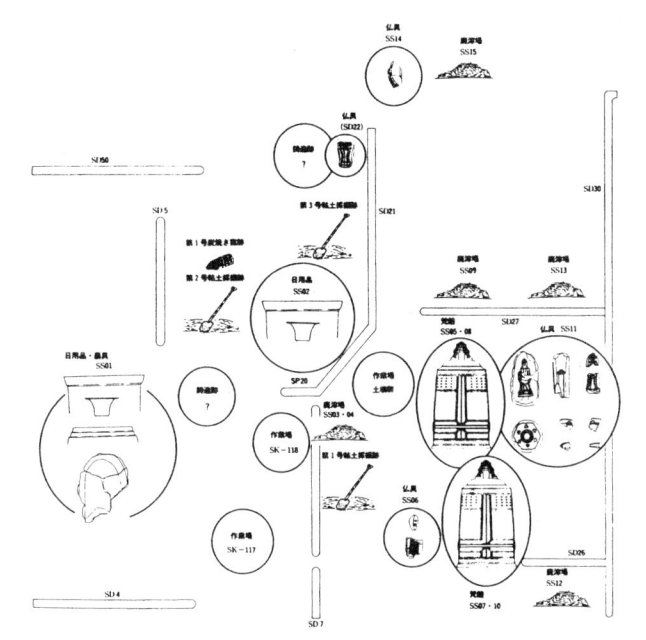

図Ⅱ-2-9　埼玉県金井遺跡B区鋳造遺構概念図

滓・木炭・鋳型などである．鋳型には日用品としての鍋・羽釜，農具としての犂先，仏具としての梵鐘・小仏像・磬・飾り金具・獣脚・火舎・水瓶・鏡などであり，多様である．ほかに鋳造関連の道具として，半球状土製品・鳥目・鉄製品・とりべ・砥石・三叉状土製品などがある．鋳造遺構群毎に生産規模や生産製品が異なり，第1・2鋳造遺構群周辺では日常用品・農具生産の場であり，第5〜13鋳造遺構群では仏具を生産し，特に第5・8鋳造遺構群では大型の梵鐘鋳造，第6鋳造遺構群では大きめの仏具用品，第11鋳造遺構群では小型の仏具を生産していた．鋳鉄鋳物を中心とした，かなり恒常的・専業的な鋳造工房の生産の実態が明らかになった．しかも，仏具のみならず，日用品・農具が作り分けられていることや，小型品のみならず梵鐘のような大型品も作られていることが注目される．調査者の赤熊浩一は「鎌倉に幕府が創設され物部・丹治・広階・大中臣と言った河内鋳物師が関東へ赴き鎌倉の大仏製作に尽力をされた．その後，鎌倉とその周辺地域の寺院整備にあたった．金井遺跡B区はこうした鋳造作業所の武蔵における本拠地の可能性」を指摘し，「物部氏の武蔵

における出職の鋳造所ともみられるが，その系譜は在地鋳物師金刺景弘に受け継がれた可能性さえ考えられる」〔赤熊1994〕[4]としている．

埼玉県嵐山町金平遺跡（図Ⅱ-2-1.13）では鎌倉時代の鋳造遺構群が調査されている．鋳造遺構群では溶解炉や鋳造土坑・粘土採掘坑などが検出され，陶磁器・羽口・鋳型・工具類（ミツマタ・ハタマワシ・タガ）・鉄塊・銅塊・鉄滓・銅滓・炉壁などが出土している．鋳型としては梵鐘・磬・鉢・容器・飾り金具などの仏具類が中心である．「□友　弘安二二」銘の湯釜（？）鋳型が出土し，注目されている．調査者の村上伸二は，仏具類は近接してある平沢寺僧坊群に供給されたとし，鋳型紀年銘が弘安4（1281）年であることから，元寇での「異敵調伏」の祈願との関連を指摘している〔嵐山町教育委員会1995〕[5]．青銅鋳物と鋳鉄鋳物の両者を生産し，梵鐘などの大型品と小型品の仏具を中心に，短期的・臨時的な工房跡である．それは，本来再利用される鋳込みの際の湯口が多数遺存していることからや，検出された掘立柱建物跡が少ないことからも窺われる．その意味では，出職の工房跡と見ることも可能である．

日本海側になるが，富山県大島町北高木遺跡D地区（図Ⅱ-2-1.14）では掘立柱建物跡・井戸跡・土坑・溝跡・鋳造関連遺構などが調査された．井戸・溝・土坑から焼土・炭に混じって鋳型が多く出土し，特に溝跡から出土したほぼ完形の鍋の外型の出土は注目されている．鋳型としては茶釜・鉄鍋などであり，14世紀中頃と推定されている〔安念1995〕[6]．周辺で日用品の鋳鉄鋳物を中心に生産している可能性があり，注目される．中世の掘立柱建物跡も少数検出されており，鋳造工人集落と評価することも可能である．

畿内・九州・東国・北陸における鋳物工人集落を見てきたが，鎌倉時代後期には河内鋳物師などの出職工房を母体に在地鋳物師も含めて，各地に生産拠点が形成されつつある可能性が指摘できる．その存在形態として，日置荘遺跡のタイプや金井遺跡のタイプがあるほか，金平遺跡のような臨時・出職的なタイプも存在することがわかる．また，継続的な工人集落では青銅鋳物と鋳鉄鋳物の両者が生産されているが，製品による作り分けは行われている．

(3) 丘陵部の鋳造遺跡

山間部に製錬遺跡と混在して発見される鋳造遺跡としては，石川県小松市林

遺跡（図Ⅱ-2-1.15）を挙げることができる．林遺跡では 11 世紀末から 12 世紀前半の半地下式竪型炉・作業場・送風関連施設・鋳型埋設土坑・鍛冶炉などが検出され，半地下式竪型炉は製錬・溶解炉と推定されている．出土遺物は鋳型・羽口・鉄塊・鉄滓・炉壁があり，鋳型としては鍋・羽釜・獣脚などであり〔久田 1993〕，仏具というよりは日用品としての色彩が強い．鋳鉄鋳物のみを生産した可能性が高い．林遺跡のある丘陵は南加賀古窯跡群と言われるような古代・中世の一大手工業生産地帯であり，製鉄遺跡も古代以来多く確認されている．こうした製錬遺跡に混在する鋳造遺跡は，古代的な存在形態〔五十川 1992 b〕であり，中世初期の存在形態の一類型と言えよう．

3　さまざまな工人・職人の姿

　中世前期都市では，「銅細工」が町屋に常住し，ほかの職人などと都市の周縁にまとまって居住し，銅精錬や小型の青銅鋳物を鋳造している．時には武家屋敷の庭に小屋掛けして，注文に応じて小型の青銅鋳物を鋳込むこともあったようだ．しかし，大型の青銅鋳物や大小の鋳鉄鋳物は出職や，流通品で賄われていたようである．恒常的な鋳造工人の集落は河内鋳物師「右方燈爐作手」とされる日置荘遺跡では，常住する屋敷地の一角で鍋・釜などの中形品を中心に鋳造する形態である．

　一方，「入西鋳物師」とされる金井遺跡では恒常的な，専業度の高い鋳物工房が集中的に営まれ，青銅鋳物・鋳鉄鋳物の両者を製作し，大型品や小型品，日用品と仏具などが作り分けられている．出職的な鋳物師と在来の鋳物師の複合的な存在形態を推定しても良かろう．約 498 kg の鉄・銅滓と，約 248 kg の鋳型の量は，生産量の多さを如実に物語っている．東国における専業度・集約度の高い鋳物工人の姿を窺うことができる．地域は異なるが，鉾ノ浦遺跡も同様の存在形態と評価して大過なかろう．それに対して金平遺跡は，青銅鋳物・鋳鉄鋳物の両者を生産するが，仏具のみの生産であり，臨時的・短期的であることから，出職工人の工房の典型と見ることができる．

　鎌倉時代中期以降になると，都市内には「銅細工」のみが確認でき，工人集落としては「日置荘」型，「金井」型の二つの存在形態が想定でき，さらに金

平遺跡のような「出職」的な臨時工房の存在も想定できる．また，中世のごく初期には林遺跡のような丘陵上に製錬と混在してある，古代的な存在形態も遺存している．主に中世前期を論じてきたが，中世後期について，不明な点が未だ多い．五十川の言うように都市の周縁に常住し，手工業生産として高度な専業体制で営まれるのか，今後の課題としたい．

まだまだ論じ残した点は多い．坪井良平や五十川を始めとした鋳造遺跡研究会で提示された技術論的な視点や，五十川が体系化された出土鋳造製品や伝世鋳造製品の評価の視点〔飯村 1994c・97b；鋤柄 1995a〕等々である．

おわりに

1995年晩秋に，岩手県平泉町白山社遺跡の梵鐘鋳造遺構を見せていただいた．北に観自在応院跡，南に伽羅之御所跡，西に白山社跡，東に柳之御所跡が位置し，まさに都市平泉のど真ん中である．調査者の八重樫忠郎は出土かわらけから12世紀後半とし，藤原秀衡の時代と考えていた．溶解炉こそ調査区外であったが，定盤や掛け木が見事に遺存した遺構の構造や，出土した撞座の鋳型を子細にみると，河内など先進地域の鋳物師の「出職」を想起させずにおかなかった．

こうした一つの鋳造遺構の調査は，次々に新たな課題を提起し，地域史・列島史を書き替える材料ともなる．今後の調査・研究の進展を期待したい．

1) 主な業績は以下の通りである．
    坪井良平 1939「慶長末年以前の梵鐘」『東京考古学会学報』第2冊，東京考古学会
    ―――― 1947『梵鐘と古文化』大八洲出版
    ―――― 1970『日本の梵鐘』角川書店
    ―――― 1972『日本古鐘銘集成』角川書店
    ―――― 1976『梵鐘』学生社
    ―――― 1977『失亡鐘銘図鑑』ビジネス教育出版社
    ―――― 1984『歴史考古学の研究』ビジネス教育出版社
    ―――― 1989『梵鐘と考古学』ビジネス教育出版社

————1991『梵鐘の研究』ビジネス教育出版社
2) 寺島文隆・芳賀英一のご教示．須賀川市五十堀田A遺跡など．
3) 百瀬正恒に調査をご案内いただき，懇切丁寧なご教示をいただいた．
4) 赤熊浩一に出土資料をお見せいただき，ご教示いただいた．
5) 調査担当者の村上伸二に現地をご案内いただき，ご教示いただいた．
6) 宮田進一のご高配により，安念幹倫に現地をご案内いただき，ご教示いただいた．

3 中世の鉄生産

はじめに

　筆者はかつて「中世の製鉄・鋳造」〔飯村 1997a, 以下「前稿」という〕という小文を起こし，それまでの研究状況を自分なりに概括したことがある．そこで中世の製鉄遺跡の研究史を整理し，中国地方では長方形箱形炉の系譜を引く「大矢型」「矢栗型」と呼ばれる形態から三段階を経て「近世たたら吹き製鉄」へと展開したとし，九州では「門田型」「西原型」から中世前期の熊本県狐谷遺跡に代表される踏みふいごが伴う半地下式竪型炉があるとした．北陸では新潟県北沢遺跡に代表される中世前期の方形の竪型炉，東北地方では福島県銭神G遺跡に代表される中世後期の隅丸方形の竪型炉がある．関東・東海地方は不明であるが，伊豆のみで確認され，「日詰型」から寺中遺跡に代表される中世前期の円形の自立炉があることが指摘されている．つまり，古代の製鉄炉から各地で独自の発展を遂げて，中世の製鉄炉が成立し，拠点的な生産地を形成したことを指摘した．

　また，筆者は中世的な生産を概括し，「古代以来の技術基盤の上に成立した集約的な生産と，都市を媒介とした広域的な流通を特徴とする」として，「集約型生産」と「都市型生産」に代表されると考えた．そして，特に中世の製錬遺跡については，律令国家がもたらした技術を前提に，水上交通や流通機構が整備され，計画的・効率的には山林資源の利用があり，手工業生産としての計画的な経営など，12世紀には集約的・分業的生産体制が確立しつつあると指摘した〔飯村 2001b〕．

　1990年代後半以降の中世の鉄生産に関する研究は，調査遺跡の増加とともに，多くの研究が積み重ねられ，各地で研究会が開催されるに至り，その研究は目覚ましく進展した．そこで，本節では，1990年代以降の研究成果を整理し，

東北地方に引き付けてやや詳しく調査・研究の現状を把握し，今後の課題を整理したい．

1　最近の研究——1990年代後半以降——

『季刊考古学　第57号　特集　いま，見えてきた中世の鉄』〔佐々木ほか1996〕で，佐々木らは半地下式竪型炉の性格や中国地方を中心とする長方形箱形炉の年代や炉体・操業の面から再検討し，課題を提起している．さらに，鋼生産か，銑鉄生産かも含めて，原料鉄の生産と流通の在り方も提起された．それは主に金属学・物理学的な立場からの問題提起であった．そして，津軽・出羽・北陸・伊豆などの古代末から中世の製鉄炉の調査事例が紹介された．同誌の中で，佐々木稔は浪岡城跡などで出土した棒状鉄製品は鉄鋌の一種と指摘しているが，これについては松井和幸の異論〔松井2001〕がある．

さらに同誌の中で，古瀬清秀は中国地方の近世たたら吹き製鉄への発展段階を示し，潮見浩・河瀬正利の見解を引き継ぐ形で，古墳時代からの炉床基礎構造からみた変遷を推定し，「『大蔵池南型』『今佐屋山Ⅱ区炉型』（仮定）→『石生天皇型』→『大矢型』→『矢栗1号炉型』→『石神型』→近世たたら吹き製鉄床釣り」としている．そして，「古墳時代以降，連綿と技術改良を模索し続けた，中国地方の長方形箱形炉の系譜が，古代末〜中世にかけての驚異的な生産力拡大を経て，唯一近世たたら吹き製鉄として完成する」〔古瀬1996〕と総括している．

1997年11月に広島市で行われた平成9年度たたら研究会大会で，「ミニ・シンポジウム　中世の製鉄」が行われた．河瀬正利は中国地方を中心とした西日本の製鉄遺跡とその研究史を概観して，「遺跡の立地」「作業面の造成」「製鉄炉の形と炉の地下構造」の3点から問題を整理した．①立地の観点からは集落により近接して製錬炉が築かれることを指摘し，製錬と鍛冶集団との協業・分離を指摘している．②古代末から中世には作業面での機能的な配置が画一化し，作業工程の確立を指摘している．③作業面を覆うだけの上屋が推定できることは，同じ場所で繰り返し同じ製鉄作業を行ったことを意味し，近世の高殿の前身とされている．また，考古遺物の出土がないことからは，日常的な生活

と製鉄の分離を意味し，専業製鉄集団の成立を指摘した．④製鉄炉の地下構造の型式学的研究から，本床状遺構のみ（A型），本床状遺構＋小舟状遺構（B型），播磨型（C型），島根南部の中国山地帯にある半地下式竪型炉（D型）の4類に大きく分類し，A型をさらに2類に，B型をさらに3類に細分している．⑤A型は古墳時代以来の構造で，中世後半には消滅していく．

B型と併存し，石見・出雲・安芸・備中国に分布する．⑥B型は潮見浩氏の指摘の通り，B1→B2→B3の発展段階を経て近世に繋がり，鉄の量産化を可能とした．そして，「中世末から近世初頭には地下構造の拡大化と画一化が図られ，近世たたら吹き製鉄の釣りに繋がる（中略），こうした画期をもたらした最も大きな要因としては鉄生産の技術進歩とそれに伴う製鉄専業の場と工人集団の成立があったからである．」と総括した〔河瀬1997〕．

同研究会で穴澤義功は東日本を中心に古代末から中世の鉄生産を，その分布と類型を概観し，A〜G群の分布とI型 f・g・x類，II型 a〜f 類の分類を明らかにした（図II-3-1）．II型 e 類（大館森山型）が東北地方北部に，II型 f 類（銭神G型）が東北地方南部に，II型 c 類（西浦北型）が関東地方に，II型 b 類（北沢型）が北陸地方に，I型 x 類（寺中型）が伊豆半島になどと，その分布と類型を整理している．さらに，その編年や系譜関係，あるいは分析成果をはじめとした諸要素の比較を試み，生産された鉄から原料や技術段階の差を反映していることを指摘している〔穴澤1997〕．

上拵武は中国地方の古代から近世の製鉄炉の地下構造から形態分類を行い，時間的・空間的位置付けを行ったが，ほぼ潮見や河瀬の見解を支持するものであり，古代末の画期を見出すとともに，各地域でのより詳細な研究の必要性を指摘している〔上拵2000〕．一方，河瀬正利は中世の製鉄用木炭窯を検討し，①斜面に直交，②構造的には地盤を割り抜いた地下式と半地下式があり，③全長3〜4mで前庭部・焚口部・炭化室・煙道で構成され，④平面形は広島県豊平町今吉田若林遺跡例（後掲図II-3-3）の羽子板形もしくは大矢遺跡例の長方形があり，⑤容量は長方形で約4㎡，羽子板形で3〜6㎡を量る特徴があるとし，形態・構造と年代の対比は検討課題としている．そして，「日本の中世以降の製鉄用木炭はやわらかい黒炭が使用され（中略）ガスの発生量が多く，揮発分が多い，製鉄に適した木炭が生産できた」とし，「1基の炭窯で焼く木炭

3 中世の鉄生産　151

A群：東北北部
　　　Ⅱ型e類（大館森山型）

B群：東北南部〜北　部
　　　⇒仮Ⅱ型f類（銭神G型）

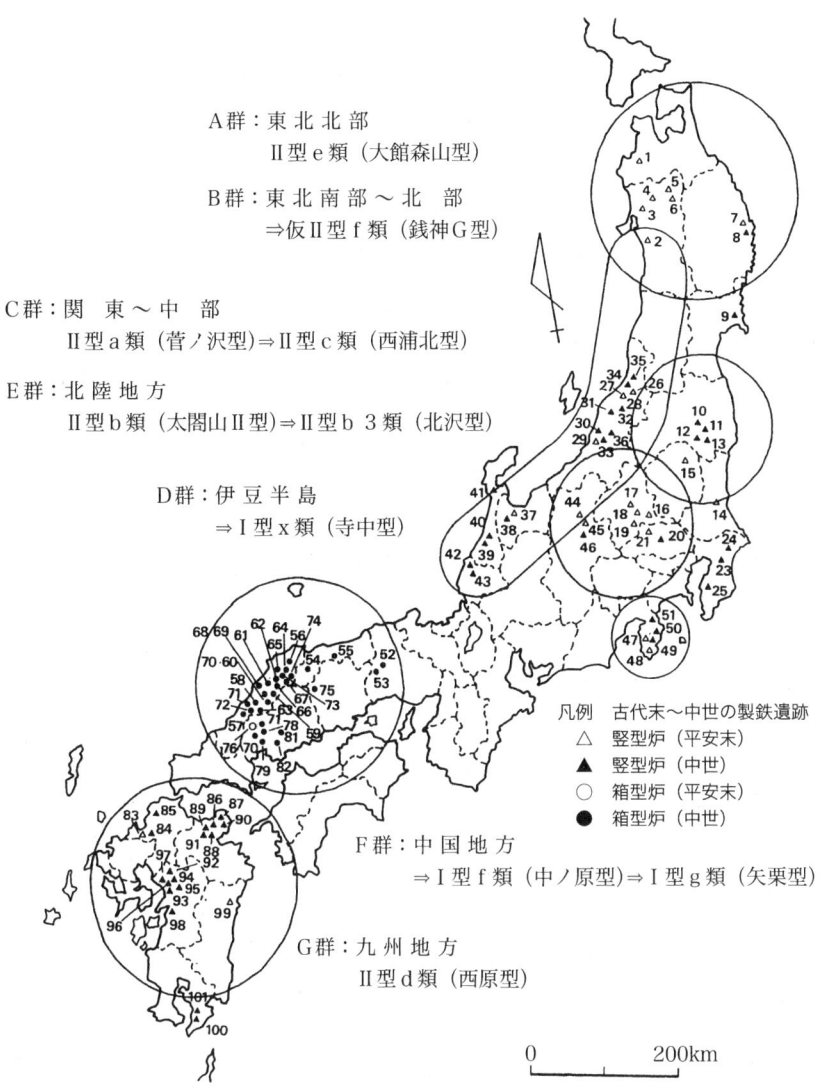

C群：関　東〜中　部
　　　Ⅱ型a類（菅ノ沢型）⇒Ⅱ型c類（西浦北型）

E群：北陸地方
　　　Ⅱ型b類（太閤山Ⅱ型）⇒Ⅱ型b3類（北沢型）

D群：伊豆半島
　　　⇒Ⅰ型x類（寺中型）

凡例　古代末〜中世の製鉄遺跡
　　△　竪型炉（平安末）
　　▲　竪型炉（中世）
　　○　箱型炉（平安末）
　　●　箱型炉（中世）

F群：中国地方
　　　⇒Ⅰ型f類（中ノ原型）⇒Ⅰ型g類（矢栗型）

G群：九州地方
　　　Ⅱ型d類（西原型）

0　　　200km

図Ⅱ-3-1　古代末〜中世の製鉄遺跡の類型〔穴澤 1997〕

の量が多」いことも要因とされた〔河瀬 2000〕．

　2004年8月には第32回山陰考古学研究集会で，「中国山地の中世製鉄遺跡」というテーマで行われ，山陰地方を中心とした中世製鉄遺跡の集成的な研究が

行われた．その中で角田徳幸は「中国山地における中世の鉄生産」という報告を行い，製鉄炉の変遷は河瀬らの見解を踏襲しつつ，平安時代後半以降の製鉄炉は地下構造が大形化・複雑化することや幅が狭くなり長さが長くなる一方，鞴から扇形に送風孔を配置するなどの特徴があり，防湿施設の強化，送風力の強化を指摘した．そして金属学的調査から，中世の製鉄炉が銑鉄生産の中心であったと指摘した．さらに中世には精錬鍛冶炉が分化し，大形羽口で背後から炉に送風する「板屋型精錬鍛冶炉」が 12 世紀後半～13 世紀前半に出現し，16 世紀後半頃まで確認できる．板屋型の系譜を引きながら羽口を使用せず，深い掘形に粘土を貼る地下構造をもつ「壇原型精錬鍛冶炉」が，14 世紀半ばから 16 世紀後半頃に確認できると指摘し，砂鉄を始発原料とした炭素量の高い鉄塊を除滓・脱炭したと推定している．そして中世の製鉄遺跡が古代の岡山県・広島県東部から島根県・広島県西部を中心とした地域に移るのは，鉄鉱石から砂鉄への原料の変化であり，それは近世高殿の分布と重複すると指摘し，「大形製鉄炉で銑鉄を含む各種の鉄を生産し，高炭素系の鍛冶素材を精錬鍛冶炉で除滓・脱炭するという鉄生産方法は（中略）近世の間接製鋼法的な生産に通じる（後略）」とし，近世的な生産の萌芽が窺えると指摘した〔角田 2004〕．

2004 年 11 月に行われた日本考古学協会 2004 年度広島大会が広島大学で開催され，「中世における生産・流通・消費——中国地方の考古学——」というテーマの研究発表の中で，松井和幸は「鉄と鉄器の生産と流通」という中世の製錬・鍛冶生産を報告した．製錬炉の発展過程はほぼ河瀬らの見解を踏襲し，鍛冶については角田の見解を受けて「板屋型精錬鍛冶炉」と「壇原型精錬鍛冶炉」が確認できると指摘した．そして，鉄素材の流通の在り方という課題も提起している〔松井 2004〕．

以上，1990 年代後半以降の研究状況を概観すると，中国山地における古代長方形箱形炉から中世本床・小舟状遺構の地下構造，さらには近世たたら吹き製鉄に至る発展過程については，ほぼ共通の認識になりつつあるといえる．また，鉄鉱石から砂鉄への原料の変化が生産拠点の変化をもたらし，新たに精錬鍛冶炉の導入が指摘された．そして，その生産体制は専業・分業的であるとされ，それもまた近世たたら吹き製鉄の萌芽とされている．

木炭燃料生産についても河瀬らにより一定の見通しが示されたことも，生産

体制を考える上で重要である．但し，生産された鉄とその流通形態については課題として残されている．筆者なりにやや気になる点を指摘するとすれば，中世を古代から近世への発展過程という評価が前提とされているという感は否めないことである．それを当然の研究視点とは言え，中世的な生産体制の独自性の解明という視点も必要であると考えている．

また，穴澤らが明らかにした，東北地方北部・南部，北陸地方，関東地方，伊豆半島，近畿・中国地方，九州地方という日本列島における 7 群の類型の分布は地域毎の生産拠点であり，その編年と系譜関係については穴澤らにより一定の見通しを示されてはいる．今後は各地における実証的な解明が必要であり，その系譜関係の検証や木炭燃料生産・製錬・精錬から鍛冶・鋳造に至る生産工程の体系的な解明が必要であり，それにより初めて生産体制が明らかにできると考えている．それと同時に，生産された鉄とその流通形態へのアプローチも不可欠である．さらに付言すれば，手工業生産全体としての技術系譜関係や生産体制の解明も視野に入れるべきと考えている．いずれにせよ 1990 年以降の研究は，それ以前に示された見通しがその後の調査・研究の進展により，より実証的に解明されつつある段階と言える．

2 陸奥南部の鉄生産

(1) 阿武隈高地南部の鉄生産

陸奥南部では穴澤が「B 群・仮 II 型 f 類」とした，福島県銭神 G 遺跡を標識とする製鉄炉が分布する．寺島文隆はいち早く阿武隈高地南部の分布調査〔寺島ほか 1981・82〕の成果から製鉄遺跡の実態を明らかにした．福島県郡山市・須賀川市・玉川村・平田村などで 55 遺跡以上の製鉄遺跡を確認し，現在もその数は増加している．その立地の特徴は南・東斜面の中段より上位にあり，谷頭に位置し，花崗岩の風化粘土・沢水・木炭燃料供給が意識されているとしている．炉は銭神 G 遺跡で径 60〜70cm の隅丸方形の筒形，青井沢遺跡で 1.6×1.05 m の楕円形が推定され，基礎構造は銭神 G で $3.8 \times 3.55 \times 1.7$ m の方形を呈し，青井沢で 2.6×3.5 m を測る．羽口は外径 11cm 前後，内径 2m 前後，長さ 6〜30cm を測り，6〜8 本を一組で使われた可能性が考えられている．遺

跡近くの砂鉄を原料とした製錬と推定され，木炭窯は発見されなかったが燃料は楢炭が主とされている．その年代は中世末から明治時代初期と推定している〔寺島1983〕．

その後，須賀川市下竹の内遺跡〔井1991〕（図Ⅱ-3-2）では3基の製鉄炉と廃滓場が調査された．1号製鉄炉は東向き斜面に立地し，炉体はなく，3.4×3×1.2mの隅丸方形の地下構造で，底面周囲と中央に溝が確認され，底面・周壁は酸化し，堆積土は木炭層である．その東側に廃滓場が東西約14m×南北約8mの範囲で検出され，約6.7tの鉄滓が出土した．羽口は31点と「洪武通寶」と煙管が各1点出土している．原料はチタンを多く含む砂鉄であり，燃料はクリ・コナラなどである．調査者の井憲治は中世〜近世頃の「野たたら」であり，方形自立炉で，2回以上の操業を推定している．さらに，羽口の形態や地下構造の類似性から，銭神G遺跡例との年代的な近似性を指摘している．

須賀川市五十堀田A遺跡〔芳賀1996〕では東向き斜面で，重複した2基の製鉄遺構と廃滓場，鍛冶遺構2基が調査された．1号製鉄炉は地下構造が約3.4×4.3×1.7mの方形を呈し，床面・壁面とも酸化し，北辺と西辺の壁際底面に一部溝が検出された．検出面では約2.6×1.3mの長楕円形の還元面を確認されている．地下構造堆積土には木炭と焼土を多く含む．西側には輔座の一部と考えられる黄白色粘土が検出された．東側に廃滓場が9m四方検出され，約14tの鉄滓が出土した．羽口は329点，「淳化元寶」「皇宋通寶」各1点，鉄製雛形「宝剣」1点，土製賽子1点が出土している．炉を中心に西側に輔座，東側に廃滓場，北・南側に鍛冶遺構が配され，一定の空間構成が看取される．調査者の芳賀英一は前述の阿武隈高地の製鉄炉との形態的な共通性が指摘し，既述の還元面の検出から自立竪形炉の設置を推定，さらに中世石川氏と鉄生産との関係を強く指摘している．そして銭貨・雛形・賽子などの出土遺物の検討から，生産遺跡における祭祀・儀礼など，信仰との関係を指摘している．

同じ須賀川市の関林H遺跡では東向き斜面に立地する2箇所の平場が調査された〔高橋ほか2000〕．1号平場は製鉄炉1基，鍛冶炉2基，炉1基，台状遺構・焼土・土坑・ピットなどが調査され，2号平場では製鉄炉1基，鍛冶炉4基，炉1基などが調査され，それぞれその東側に廃滓場が伴い，1号廃滓場が新しい．以下1号平場についてやや詳述する．1号製鉄炉は1号平場中央に位

3　中世の鉄生産　155

福島県関林遺跡1号製鉄炉〔高橋ほか2000〕

福島県下竹の内遺跡〔井1991〕

福島県五十堀田A遺跡出土銭貨・賽子・鉄製雛形〔芳賀1996〕

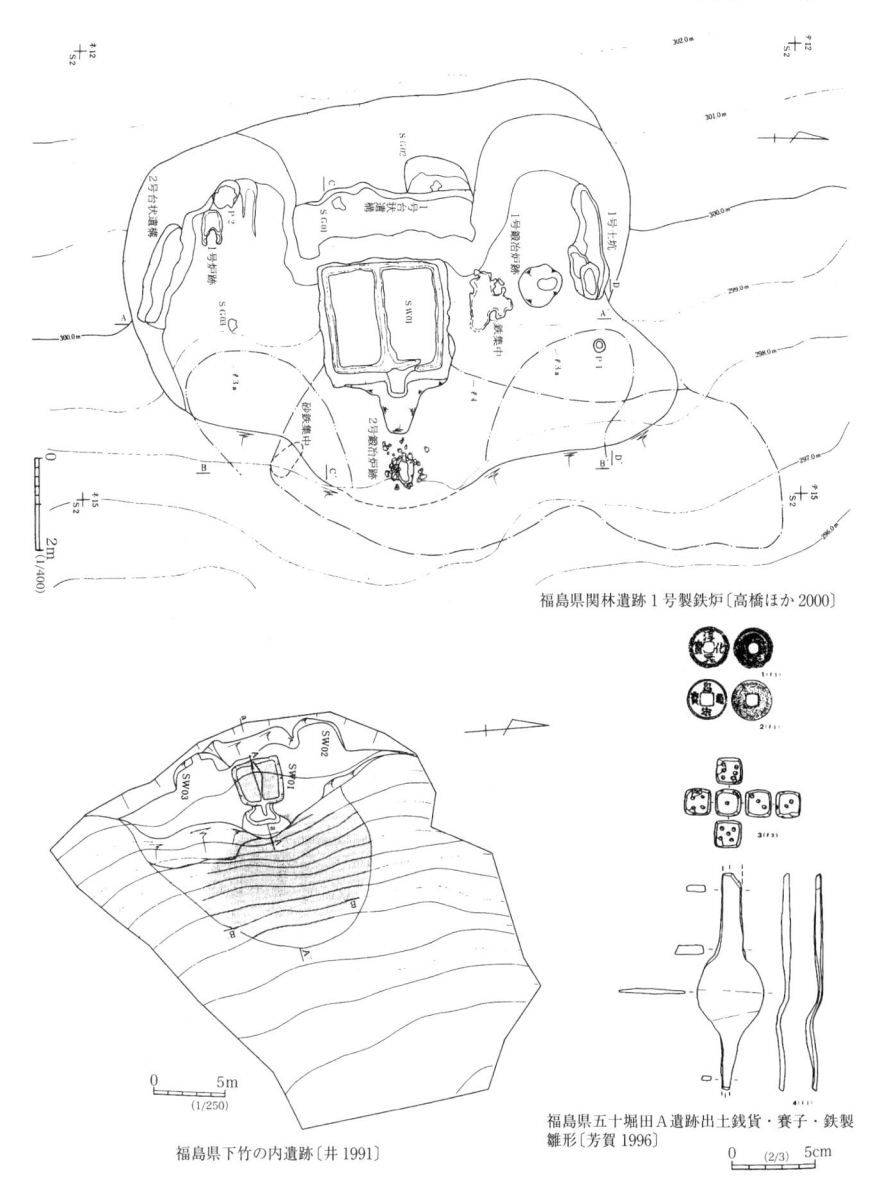

図Ⅱ-3-2　阿武隈高地南部の製鉄炉

置し，検出面での還元面の範囲から 1.8 × 1 m の楕円形の炉形が推測されている．地下構造は 3.5 × 3.2 × 1.3 m の方形を呈し，底面中央と周囲に溝が巡り，壁面と底面の一部が赤褐色に被熱している．東側に舌状の張り出しが伴う．地下構造の堆積土はシルト・焼土・炭化物層の互層である．地下構造から鉄滓・炉壁などが約 18kg，「元符通寶」「洪武通寶」，鉄塊が出土している．調査者の高橋満は出土遺物から中世に比定し，鉄塊・銭貨が儀礼に伴う埋納と指摘している．

2基の鍛冶炉は精錬鍛冶炉と鍛錬鍛冶炉と推定し，炉は土製品の焼成施設とされ，1号製鉄炉西側の台状遺構は鞴座と推定されている．遺構外からではあるが鉄製雛形「宝剣」，土製賽子などが出土し，前述の五十堀田A遺跡などと共通する遺物である．そして，同時期に製錬・精錬・鍛冶生産が行われたことが指摘されている．1号平場に伴うと推定される1号廃滓場では 40 × 70 m の範囲から約5t の鉄滓が出土したほか，土師質土器皿・「皇宋通寶」・「咸平元寶」・「宋通元寶」・「元祐通寶」・羽口などが出土した．羽口は五十堀田A遺跡に類似する．砂鉄を始発原料とする製錬・精錬であり，一部鍛錬鍛冶についてはリサイクルの可能性も指摘され，地下構造から出土した木炭はクリが主であり，従来の燃料材とは異なる．C_{14} 年代測定では16世紀後半から17世紀前半とされている．

以上，阿武隈高地南部地域における中世の鉄生産の実像が明らかになってきた．少なくとも中世後期の製鉄炉には，3〜4 m の方形で，深さ1mを越える地下構造があり，炉本体の構造は不明ながら，検出面での還元面の存在から1〜2 m の楕円形ないしは方形の自立炉が推定されている．地下構造の酸化状況や底面溝の形態は類似し，廃滓場側が舌状に張り出す．炉の斜面上部側には鞴座と考えられる台状遺構があり，斜面下側に廃滓場が広がる．製錬炉と同じ平坦面には両側には精錬・鍛錬鍛冶炉があり，共通の空間構成が推測される．

廃滓量は5〜14 t と古代に比して極端に多いという印象はない．羽口の形態や製作技法は共通性が高い．銭貨・鉄製雛形・賽子・土師質土器などが出土し，鉄生産に関わる共通した祭祀・儀礼が推定できる．遺跡の性格上，年代の特定できる遺物は少ないが，現段階では中世後半から近世初頭の生産形態と考えて大過ないであろう．砂鉄を原料とする生産であるが，木炭燃料生産窯について

は不明である.

中国山地で河瀬らが指摘したように，阿武隈高地南部でも画一的な空間構成・構造の製鉄炉の出現が予測され，その生産量や集中度あるいは，近世以降の鉄生産地との重複などから，専業的な鉄生産体制が十分推測される．製鉄炉の発展過程は異なり，その技術者集団は異なるが，生産体制の共通性は興味深い．

(2) 北上川下流域の鉄生産

前稿でも指摘したが宮城県石巻市水沼窯跡〔藤沼ほか1984；藤沼1992〕では，渥美系の陶器窯と重複して，12世紀の副室を伴う地下式窖窯が調査されている．また，宮城県河南町関の入遺跡で6基の木炭窯が調査され，うち4基は副室を伴う木炭窯である（図Ⅱ-3-3）．そのうち3基からは折損した板碑が出土し，焚口や煙道から強い火熱を受け赤変したり，タールが付着したものが大半を占めている．紀年名のわかるのは「嘉元三（1305）年」だけであり，製鉄用木炭窯であることが指摘されている．中野裕平は板碑が供養碑と見なされなくなり，単に石材と見なされた時期という観点から16世紀末から17世紀代を推定している〔中野2004〕．

しかし中野も自ら指摘しているように，年代観についての根拠は乏しく，筆者は水沼窯の事例もあり，板碑の紀年名から素直に，14世紀以降の中世の製鉄用木炭窯と現段階では理解したい．そして，前述の中国地方の中世の製鉄用木炭窯を検討した，前述の河瀬の研究にある今吉田若林遺跡との，平面的な近似性を指摘しておきたい．つまり副室を伴う地下式窖窯の形態は，中国地方の中世前期と推定される製鉄用木炭窯と，奥壁・煙道の構造で共通性が指摘できる．しかし，その直接的な技術系譜関係を単純に認めることはできないとも考えている．

中世製鉄炉の調査例はないが，古代以来の須恵器生産地帯であり，奥州藤原氏の御用窯とも称される12世紀前半の水沼窯の存在や北上川を媒介とした水運を想定しても，古代以来，12世紀以降の中世鉄生産地・手工業生産地として，今後の調査・研究の進展が注視される地域といえる．

158　Ⅱ　鉄と塩

宮城県関の入遺跡〔横山 2004〕

広島県今吉田若林遺跡〔河瀬 2000〕

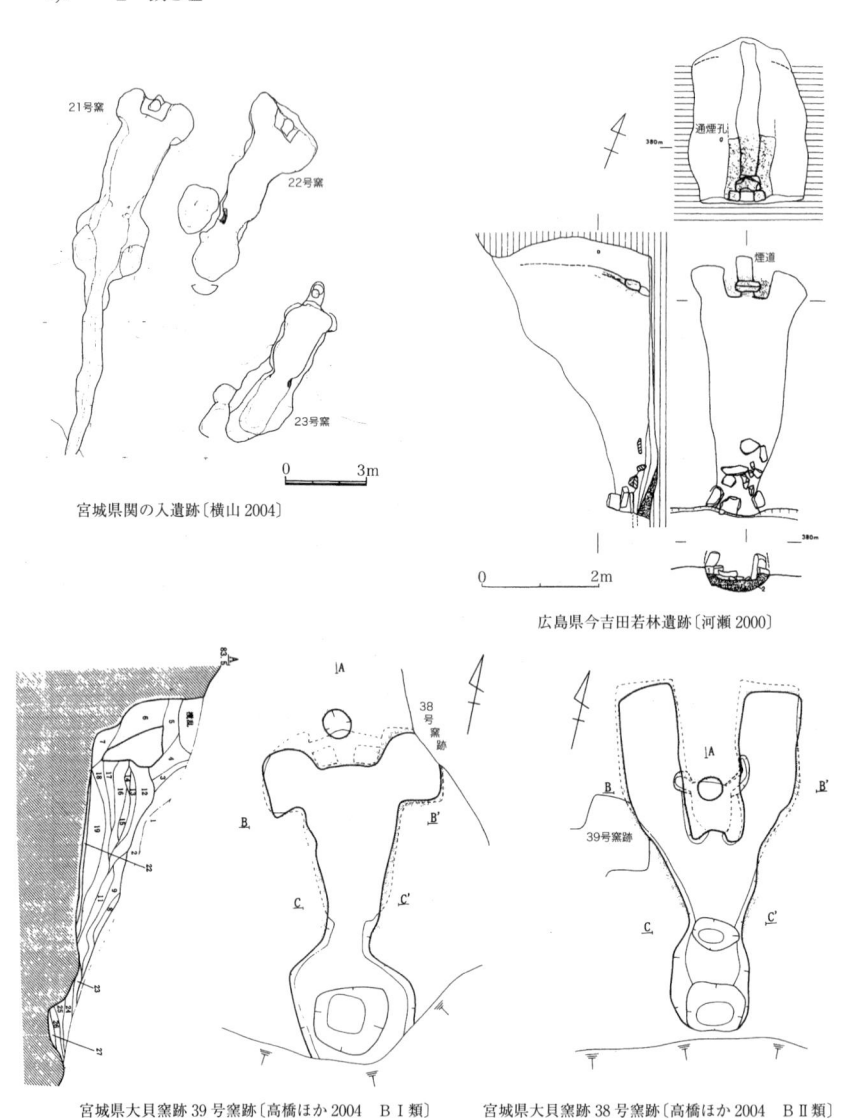

宮城県大貝窯跡 39 号窯跡〔高橋ほか 2004　BⅠ類〕　　宮城県大貝窯跡 38 号窯跡〔高橋ほか 2004　BⅡ類〕

図Ⅱ-3-3　陸奥南部の木炭窯

(3) 仙台平野北東部丘陵地の鉄生産

宮城県利府町大貝窯跡群〔高橋ほか2004〕では，近年注目すべき調査成果が得られた．遺跡は利府町赤沼にあり，周辺には多賀城跡Ⅱ～Ⅳ期の瓦・須恵器を焼いた，春日大沢窯跡群という大規模な古代窯跡群がある．遺跡の所在する赤沼は鎌倉時代後期から南北朝時代には相馬氏の支配下にあったとされている．調査では須恵器窯跡2基，瓦窯跡15基，炭窯跡22基，竪穴住居跡12軒，製鉄炉跡7基，鍛冶炉跡21基，土坑87基などであり，そのうち中世の遺構は製鉄炉跡7基，鍛冶炉跡21基，炭窯跡13基である．

製鉄炉は下部構造の形態・規模から4種類に分類され，2.22 × 1.99 × 0.67 mの隅丸方形，1.4～1.72 × 0.92～0.96 × 0.54～0.62 mの隅丸長方形，1.7～1.76 × 0.94～1.18 × 0.44～0.64 mの隅丸長方形，1.04 × 0.84 × 0.28 mの隅丸方形であり，砂鉄を始発原料とする製錬炉とされている．また，1号製鉄炉のみに踏みふいごが付設されている．1号製鉄炉（図Ⅱ-3-4）は西向き斜面を切り出した平場に立地し，踏みふいご・炉基礎構造・柱穴・鍛冶炉などで構成され，その下方に廃滓場が広がる．踏みふいごは3.48 × 1.3 mで，底面には粘土が貼られ，被熱赤変し，「至大通寶」1点が出土している．炉基礎構造は2.22 × 1.99 × 0.67 mの隅丸方形で，壁に空焚きの被熱痕跡がある．踏みふいご側壁は粘土で補強されている．堆積土は砂・炭化物・焼土・鉄滓が多量に混在する．斜面下側に溝が付設されている．炉上に1 × 2～3間の上屋がある．炉西側の斜面下方に廃滓場があり，13.5 × 15.9 × 3.6 mの規模で扇形に堆積する．出土遺物は鉄滓・羽口・炉壁・古銭・釘・鎹などであり，約40 tの鉄滓が出土した．踏みふいごから出土した古銭は「儀式的な」埋納とされ，14世紀以降の年代を推定している．羽口は15.8～21.4cmを測り，先端部内径平均4.9cm，吸気部平均6.2cm，外径13cmを測る．胎土には砂・スサを含み，外面にヨシズ痕・ケズリ・ハケメ調整が残る．

4～6号製鉄炉は南向き斜面を切り出して平場を形成し，3基重複して並立する．平場は3条の溝で区画され，炉基礎構造・上屋を構成する柱穴などが検出された．基礎構造は1.7～1.76 × 0.94～1.18 × 0.44～0.64 mの隅丸長方形で，堆積土は炭化物・焼土・鉄滓・羽口が多量に混在する．南側斜面に下方に廃滓場があり，8.8 × 8 × 3.6 mの扇形に堆積している．出土遺物は鉄滓・羽口・

160　Ⅱ　鉄と塩

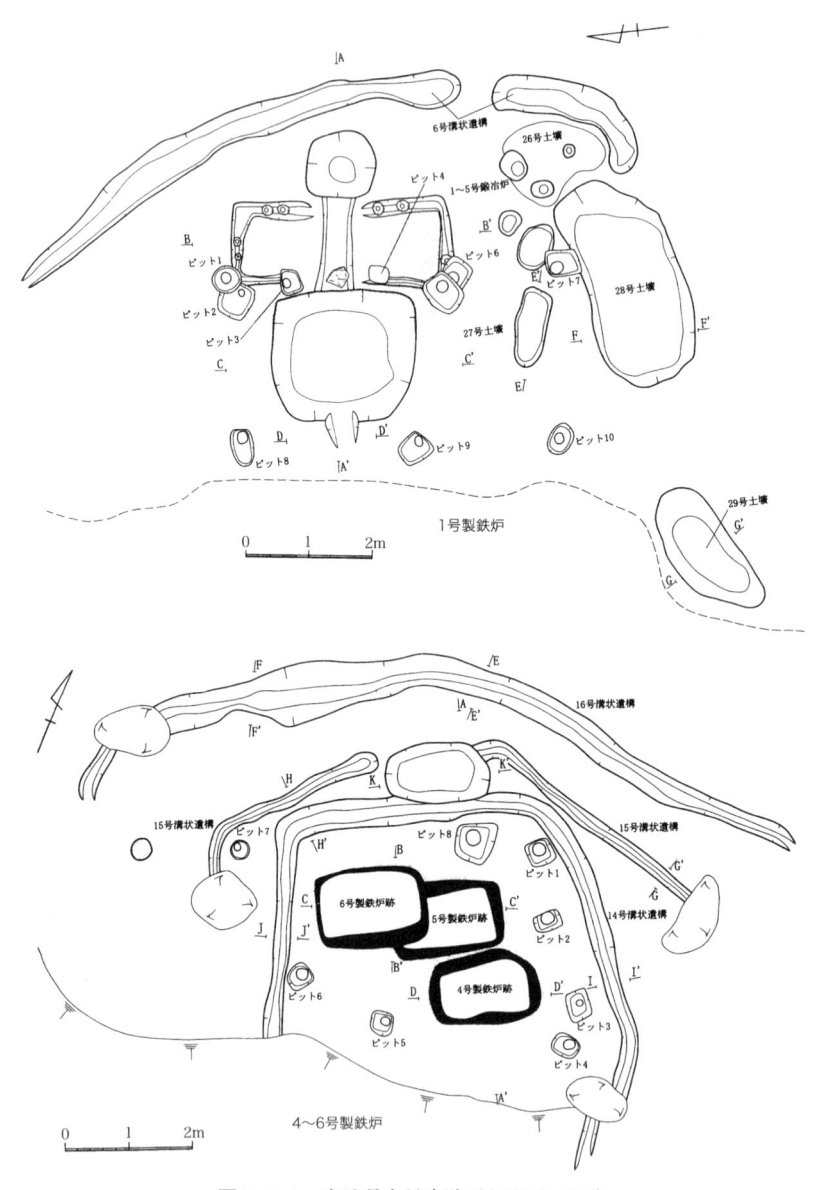

図Ⅱ-3-4　宮城県大貝窯跡〔高橋ほか 2004〕

炉壁などである．羽口は 19.3～38.5cm を測り，先端部内径平均 2.2cm，吸気部内径平均 3.5cm，吸気部外径平均 8.3cm を測る．胎土はスサが少量含まれ，外面にヨシズ痕などが残る．胎土や形態は 1 号製鉄炉と異なる．

鍛冶炉は形態と規模から 4 種類に分類され，①椀形鍛冶滓を含む小規模な鍛冶炉（6 基），②椀形鍛冶滓を含み，底面・壁とも強く被熱し，壁が焼土化した大規模な鍛冶炉（6 基），③椀形鍛冶滓を含み底面・壁に被熱があり掘形を備えた鍛冶炉（2 基），④円形の酸化した底面のみが遺存（7 基）であり，精錬鍛冶炉と鍛錬鍛冶炉が存在する．

中世の木炭窯は左右に副室を持つ形態（B 類）で，底面が概ね平坦である（前掲図Ⅱ-3-3）．Ⅱ類に分類され，BⅠ類は奥壁に近づくにつれて幅が広がる方形の焼成部に円形の副室が左右に伴い，焼成部全長 2.53～4.38 m，幅 2.14～3.54 m を測り，煙道部に板碑が転用されている．BⅡ類は副室が発達し，焼成部の中心となり，焼成部全長 3.12～3.9 m，幅 3.12～4.42 m を測り，重複関係からBⅠ→BⅡ類への変遷が明らかにされている．板碑の出土や水沼窯跡や関の入遺跡例との形態的な類似性から 13 世紀後葉以降とされている．

この製鉄遺構群の年代は出土遺物や形態，歴史的環境から 14 世紀以降の操業が推定され，遺跡が所在する「赤沼」が相馬氏領であったことから，相馬地域との技術関係も示唆されたが，製鉄炉の形態の類似性については否定的であった．しかし筆者は，1 号製鉄炉の「踏みふいご」という送風施設に着目して，その技術系譜関係を改めて指摘した〔飯村 2005a〕．さらに 4～6 号製鉄炉のような，溝で区画された形態や炉基礎構造の形態は，北東日本海域の中世前期の製鉄炉との関係も考えることができる〔飯村 2005b〕．

これまでの研究を踏まえて，陸奥南部における 3 つの鉄生産地の様相の一端を紹介し，いくつかの見通しを示した．調査・研究の進展はあるが，遺構年代の決定法はじめとして，遺構の構造や形態の理解や生産された鉄など多くの課題があり，今後に期せざるを得ないのが現状である．しかし，列島各地のこうした地道な研究の向こうに，列島の実像を具体的に描くことができると信じている．

4 製塩遺跡

はじめに

　福島県相馬市・新地町（旧新沼浦）で近世から近代の入浜式製塩遺跡の調査を行い，筆者も調査に関わる機会を得た．「入浜式製塩遺跡が埋蔵文化財として記録保存の対象となるのか？」という文化財行政としての問題から出発して，多くの調査上の困難を強いられた．それは「どういう遺構が出るのか？」「どうやって調査するのか？」といった不安や，調査費・調査面積・調査期間の制約であった．しかし，文献史学や民俗学の成果に学びつつ，一つ一つの遺構の機能を推定する作業を繰り返して，ようやく遺跡の全体像を把握し，不十分ながら一応の成果を報告することができた〔目黒ほか1990〕．

　本節では，中世の揚浜式製塩遺跡の調査成果を概観する．そして，旧新沼浦入浜式製塩遺跡群の調査成果を遺構・遺物の両面から紹介し，最後にその歴史的意義について簡単に触れてみたい．製塩遺跡の研究は，「地方」「生産」という視点から新たな「近世史像」を結ぼうとするとき，重要であると考える．

1　中世揚浜式製塩遺跡

　揚浜式製塩法は，石川県「能登滝・柴垣製塩遺跡群」の調査成果から，宇野隆夫・前川要は8世紀初めには成立したと評価した〔宇野ほか1991〕．これが国内最古の事例である．その後，面的な調査事例は少ないが，三重県松阪市西黒部町池ノ上遺跡・茨城県那珂湊市沢田遺跡が中世の揚浜式製塩遺跡として特筆される．

(1) 池ノ上遺跡

　三重県松阪市西黒部町に位置し，弘治2 (1556) 年の文書には塩業が行われていたことが確認できる．江戸時代に入り，和歌山藩が新田開発を行い，水田化した地域である．鹹水槽と考えられる，1辺1.5～3 mの隅丸方形の粘土を張った土坑16基，竈の可能性がある土坑3基などを調査している．機能時期は出土遺物から16世紀代と推定され，新田開発との関連から17世紀前半には廃止されたものと考えられている〔三重県文化財センター1992〕(図Ⅱ-4-1)．

　本遺跡は伊勢神宮黒部御厨に位置し，文献上も中世後期の製塩業が確認できる．遺跡自体は16世紀を中心に機能した揚浜式製塩の製塩場に関わる遺構群と考えられ，17世紀前半に新田開発が優先されたことは興味深い事実である．

(2) 沢田遺跡

　茨城県那珂湊市阿字ケ浦町青塚に所在し，「那珂湊」は海上交通の要衝として，古代・中世より著名である．那珂湊の地域は中世後期は江戸氏，近世は佐竹氏・水戸徳川氏の領地となっている．本遺跡では約114,000㎡の調査で，釜屋92ケ所・竈123基・鹹水槽1034基・土樋303条・炉跡45基などの製塩関連遺構のほかに，埋葬遺構なども発見されている (図Ⅱ-4-2)．釜屋は12×14 mの隅丸長方形を呈し，内部は竈と居出場と小型の鹹水槽で構成される (図Ⅱ-4-3)．竈は土釜 (貝釜) と推定され，釜の吊り金具も出土している．鹹水槽は砂浜に掘形を掘って，黒色土で基礎を作り，スサ入り粘土で張って作っている．規模は長さ5.5 m，深さ2.0 mのものが最大で，平面形は方形・長方形・楕円形など様々である．土樋は釜屋内の鹹水槽と外の鹹水槽を結ぶ溝で，スサ入りの粘土で作られている．幅15～30cm，深さ10cm前後である．炉は炊事のための囲炉裏で，黒色土を張って作られている．

　出土遺物は製塩関係の木製・金属製の道具を始めとして，土師質土器皿・内耳土器鍋・瀬戸製品などが出土し，14～15世紀に比定されている．木製品は担ぎ棒・濾過器・椀・柄振などであり，金属製品では鉄釜を吊るための吊鉄も出土している (図Ⅱ-4-4)．調査成果から図に示したように，揚浜式製塩法による製塩遺跡であることが明らかにされている．それは遺跡に西側の自然浜を利用して，人力で汲み上げた海水を何度も撒いて天日で乾燥させ，鹹水を作る．

164　II　鉄と塩

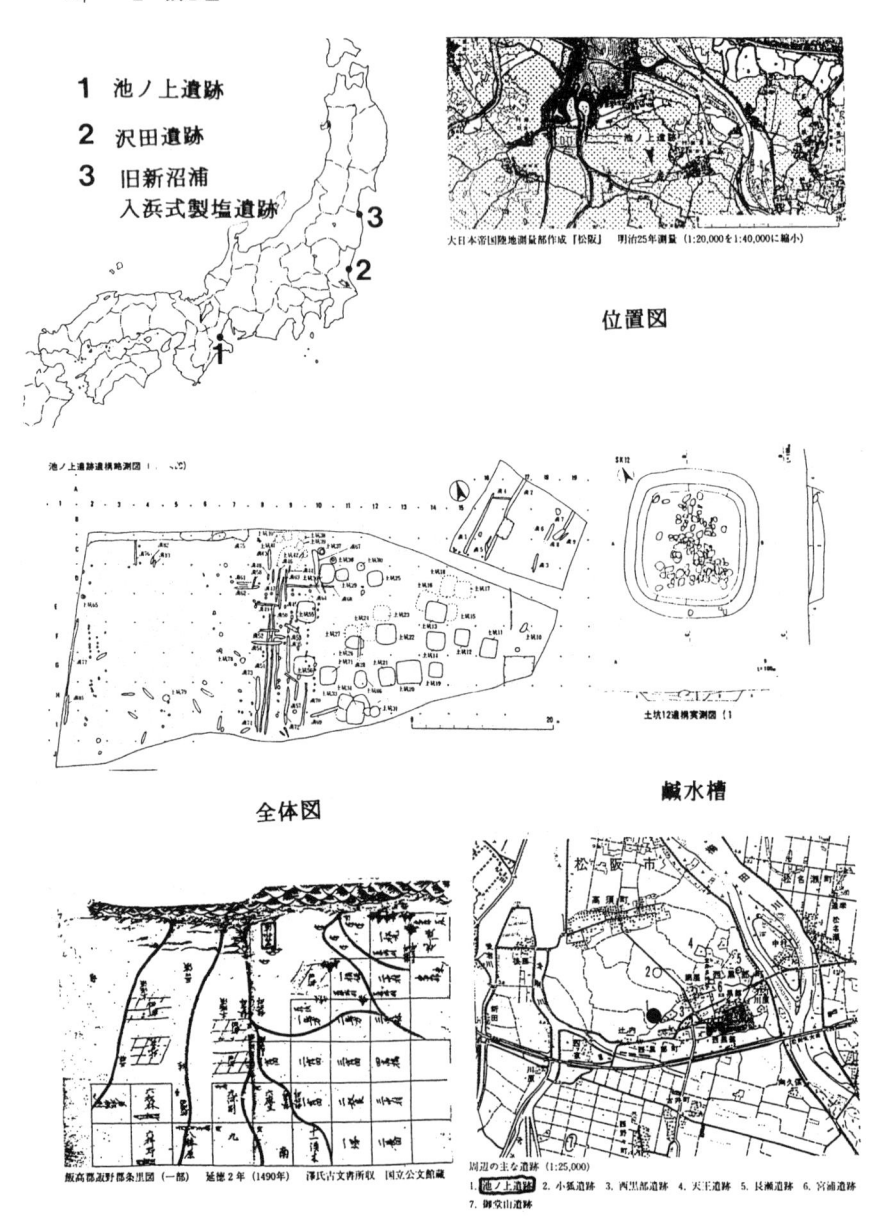

1　池ノ上遺跡
2　沢田遺跡
3　旧新沼浦入浜式製塩遺跡

位置図

全体図　　　　　　　鹹水槽

図II-4-1　池ノ上遺跡

4 製塩遺跡　165

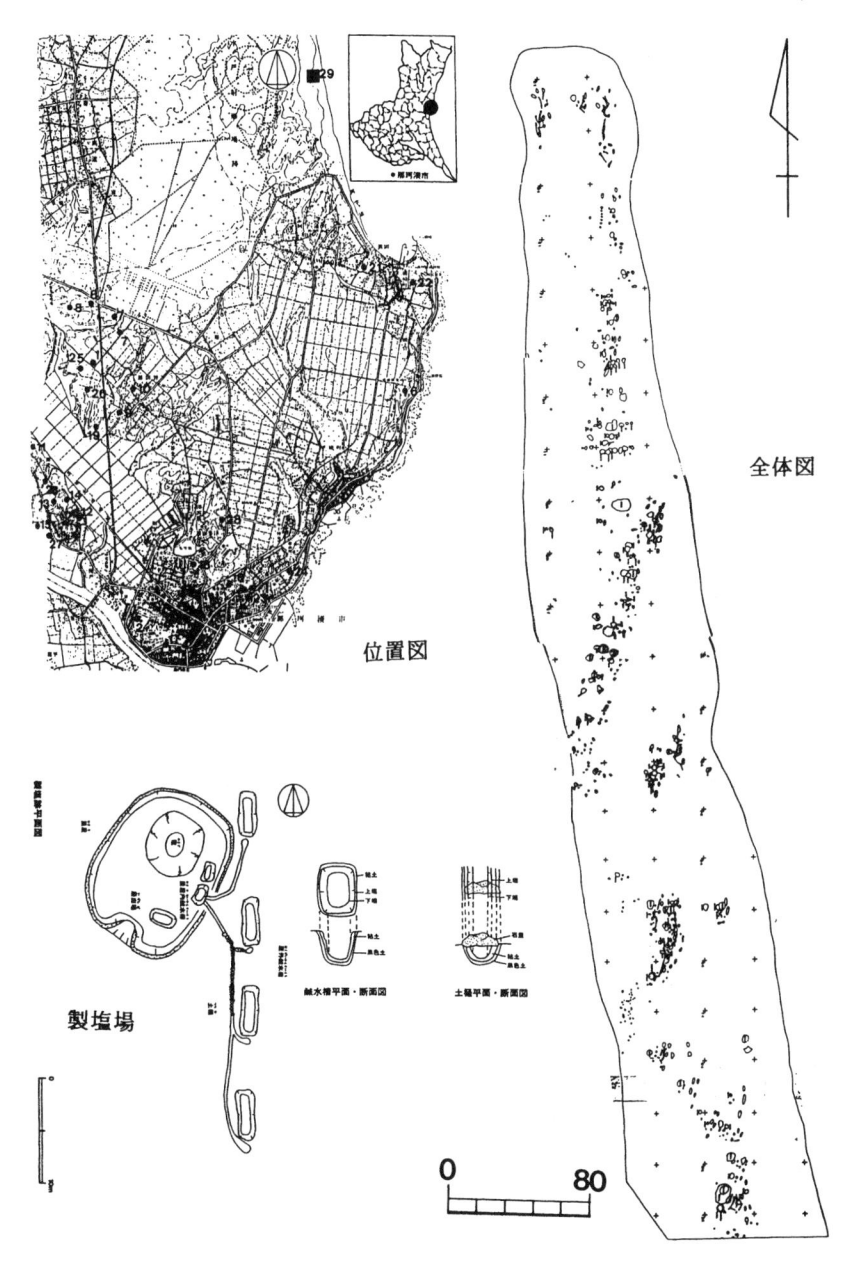

図Ⅱ-4-2　沢田遺跡 (1)

166　Ⅱ　鉄と塩

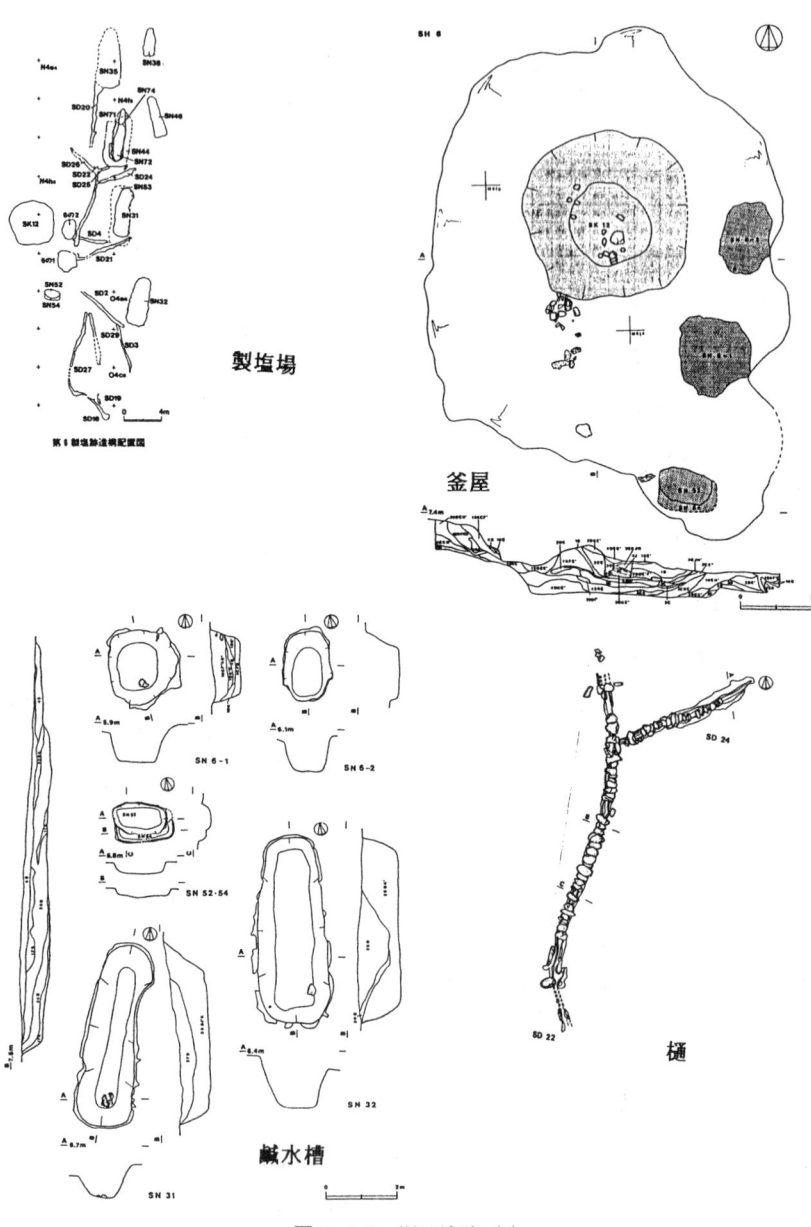

製塩場

釜屋

樋

鹹水槽

図Ⅱ-4-3　沢田遺跡 (2)

4 製塩遺跡　167

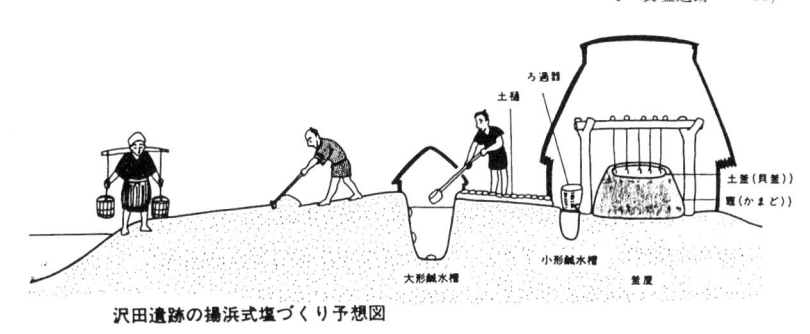

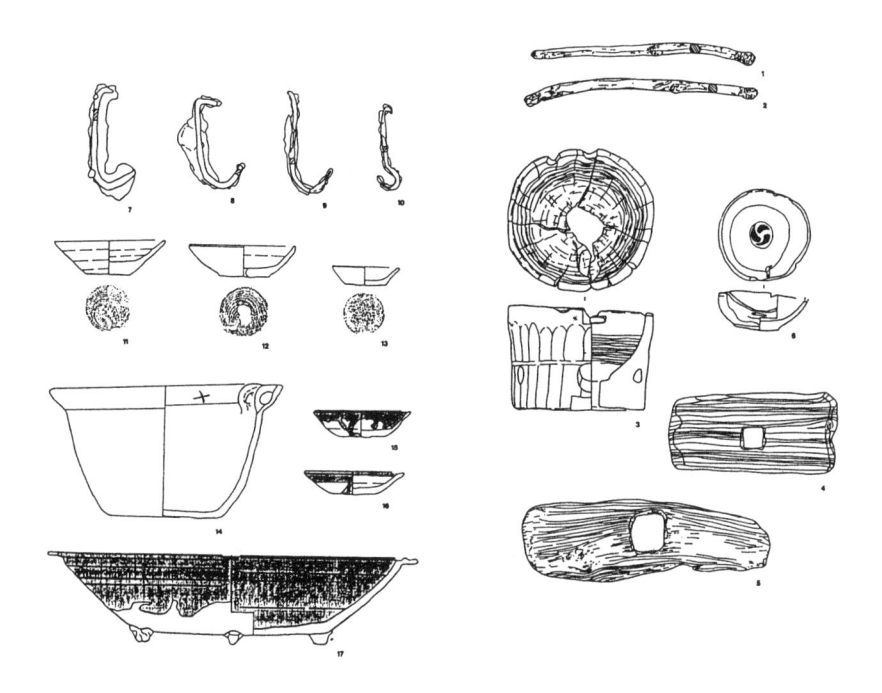

沢田遺跡の揚浜式塩づくり予想図

出土遺物

図Ⅱ-4-4　沢田遺跡（3）

この段階の濾過装置（沼井）について不明のようである．鹹水は一旦釜屋外の鹹水槽に溜められ，柄杓で汲み上げて土樋を通して釜屋内の鹹水槽に少しずつ流した．こうして釜屋内の鹹水槽に溜められた鹹水は濾過されて煎熬される．結晶した塩は，居出場で苦汁を取られて製品とされる．

　本遺跡は 15 世紀から元和年間までが製塩の最盛期とされており，その初源期は鎌倉時代後半であることが示唆された．そして 15〜16 世紀の大規模な揚浜式製塩遺跡として，完成度の高い技術で，専業度の高い形で生産されたことが理解できる．それは「那珂湊」「那珂川」と近接していることと無縁ではないと考えられ，その背景には戦国大名権力ばかりでなく，商業資本の介在も考慮する必要がある〔鯉渕和彦ほか 1992〕．

2　近世入浜式製塩遺跡——旧新沼浦製塩遺跡群——

　東北地方南部の太平洋側，福島県相馬市と新地町の境に位置する旧新沼浦は，大正年間に干拓されていたので，海水の浸食を受けずに，入浜式製塩遺跡が良好な状態で遺存していた．この旧新沼浦で江戸時代から明治時代に至る入浜式製塩遺跡 9 遺跡と，第二次世界大戦から戦後にかけて作られた流下式塩田の一部を調査した（図Ⅱ-4-5）．

　江戸時代には旧新沼浦は，相馬藩領と仙台藩領であった．しかし，ほぼ同じ技術で操業し，若干の経営規模の差はあるが，ほぼ同じ経営形態を取っていたことが判った．入浜式製塩遺跡は鹹水を採る塩田と，鹹水を貯蔵し，煎熬する製塩場で構成される．

(1) 塩　田

　塩田は客土がなく，自然浜をそのまま利用し塩田を構築している．図に示したように塩田は，海水を引き入れる幅 4 m，深さ 0.25 m の大溝（「潮廻し」）と，引き入れた海水を塩田に廻す幅 1.2 m，深さ 0.24 m の浜溝で区画されている．大溝は浦に向かって開放されている．取り入れ口はいずれも底面が，溝底面より高く，干潮時も海水を一定に保つ工夫がなされている．大溝の両側には，幅 3 m の堤塘が確認されている．

4 製塩遺跡　169

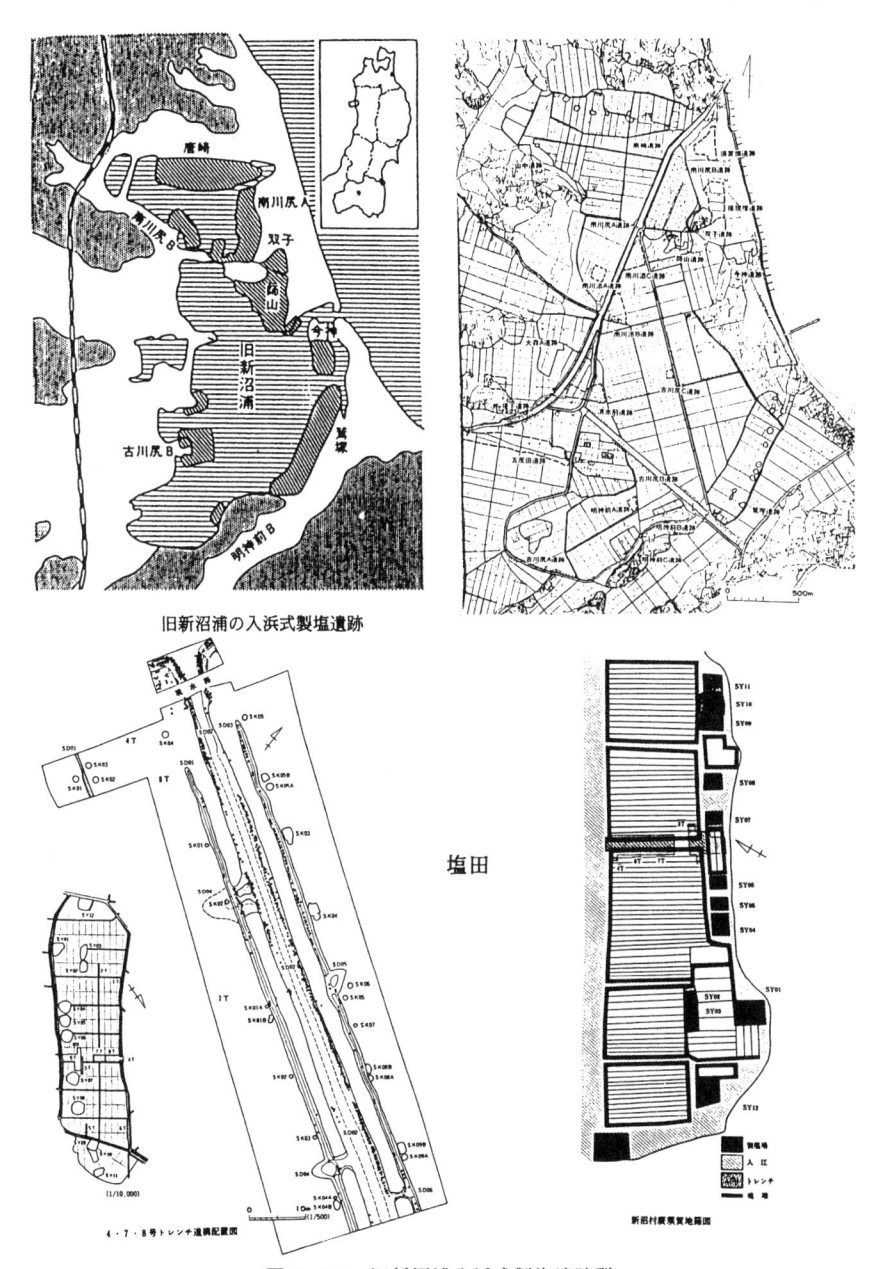

図Ⅱ-4-5　旧新沼浦入浜式製塩遺跡群

170　Ⅱ　鉄と塩

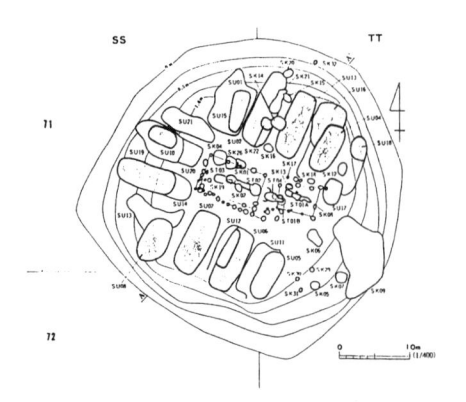

A型製塩場

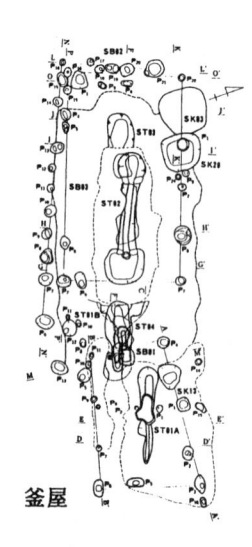

釜屋

土舟型鹹水槽図版凡例

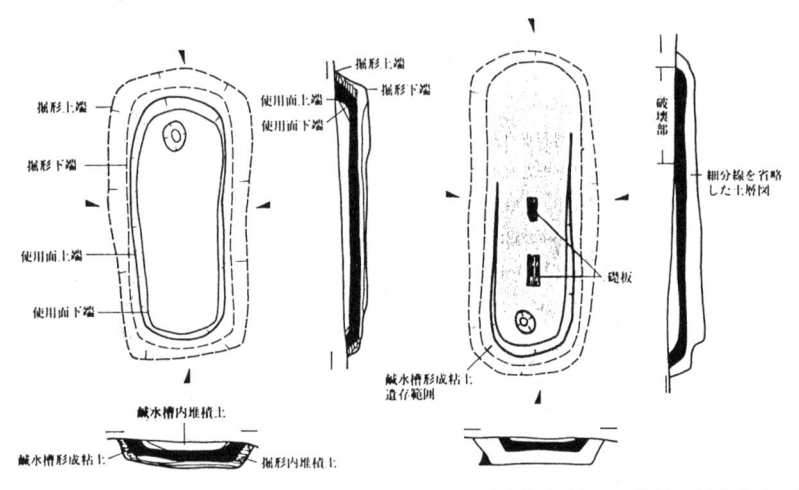

掘形上端
掘形下端
使用面上端
使用面下端
鹹水槽内堆積土
鹹水槽形成粘土
掘形内堆積土

掘形上端
掘形下端
使用面上端
使用面下端

破壊部
棚分線を省略した土層図

礎板
鹹水槽形成粘土遺存範囲

各鹹水槽の堆積状態はほとんど同様であることから、掲載土図版では棚分線を省略している。

鹹水槽が破壊されて、使用面が遺存していないものについてのみ、鹹水槽形成粘土の遺存範囲をスクリントーンで表わしている。

土舟型鹹水槽

0　　　　4m
(1/160)

図Ⅱ-4-6　鷲塚遺跡

塩田1枚の規模は最大で132×18mの短冊形を呈する．図に示したように鷲塚遺跡の塩田は明治22年の地籍図の「新沼村廣須賀」に対比でき，塩田1枚の面積は地籍帳の「2反5畝」の記載にほぼ合致する．鷲塚遺跡は調査時点で約120,000㎡を測り，地籍図では100枚の塩田に分かれている．図Ⅱ-4-5で分かるように塩田の浜溝に沿って鹹水を溶出する「沼井」が設置されており，図Ⅱ-4-7の構造になる．鹹水を溶出する部分の基礎は粘土張りと木組を確認し，鹹水を受ける下穴は桶か石鉢を据え，竹管で流している．こうして採れた鹹水は桶で担がれて製塩場の鹹水槽に貯えられる．

(2) 製塩場

鹹水槽は，大きく土舟型鹹水槽と地場舟型鹹水槽の2種類に分けられる．土舟型鹹水槽は2〜3×7〜9mほどの小判形に粘土を張って作った鹹水槽である（図Ⅱ-4-6）．地場舟型鹹水槽は凝灰岩の岩盤を「L」字形にくり抜いて作った鹹水槽で（図Ⅱ-4-8），赤穂地方には例がなく，容量が大きく耐久性の高い鹹水槽として，当地方で開発されたものと考えている．製塩場は立地と鹹水槽の形態から，2種類に分けられる．

A型：土舟型鹹水槽を主体として，塩田内に1辺40mほどのマウンドを人工的に造成して，製塩場としているもの（図Ⅱ-4-6）．

B型：地場舟型鹹水槽を主体として，丘陵縁辺の凝灰岩面に立地するもの（図Ⅱ-4-8）．

両者はほぼ並存して盛行するが，これに先行するものとして，「土舟型鹹水槽を主体として丘陵縁辺に立地する製塩場」の存在も推定され，双子遺跡Ⅰ区下面や南川尻A遺跡で確認している．A型製塩場の成立は，製塩技術の地方的な発展と評価でき，師山遺跡Ⅴ区55号鹹水槽壁面の紀年銘から，享保2(1717)年に達成されていたことは確実である（図Ⅱ-4-9）．

土舟型鹹水槽（図Ⅱ-4-6）は大きいもので4×8mの掘形があり，掘形を人為的に埋め戻して基礎とし，厚さ20〜50cmの黄色粘土を貼って，2.5×6mの小判形の鹹水槽が構築されている．検出面から掘形底面まで1mを超えるものもあり，使用面まで深さ0〜80cmを測る．掘形内堆積土は壁面にブロック状に黒色土を積み上げたりして，入念に構築されている．使用面底面には礎板

172　Ⅱ　鉄と塩

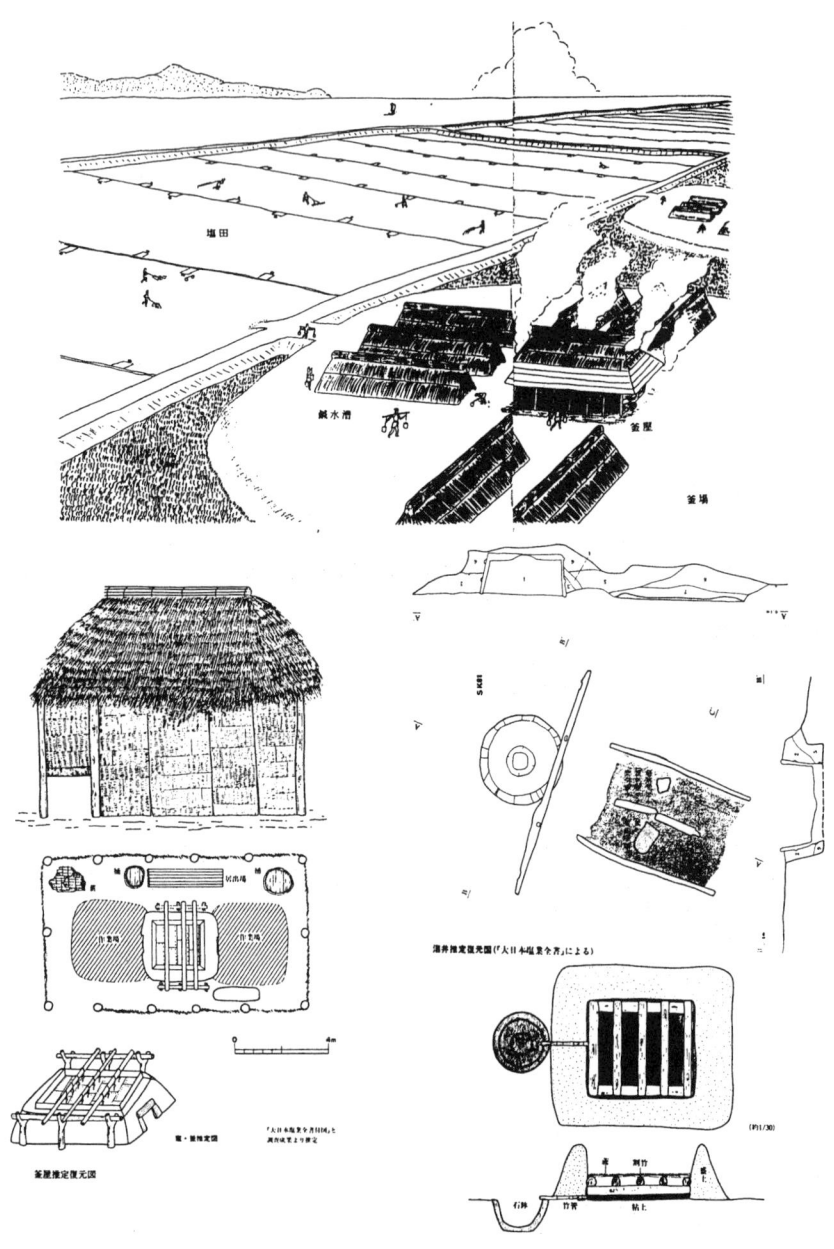

図Ⅱ-4-7　鷲塚遺跡推定復原図

4 製塩遺跡　173

A型製塩場

地場舟型鹹水槽図版凡例

師山遺跡V区製塩場変遷図

69号鹹水槽平面図（SU69）

鹹水槽断面図一部見通し

地場舟型鹹水槽

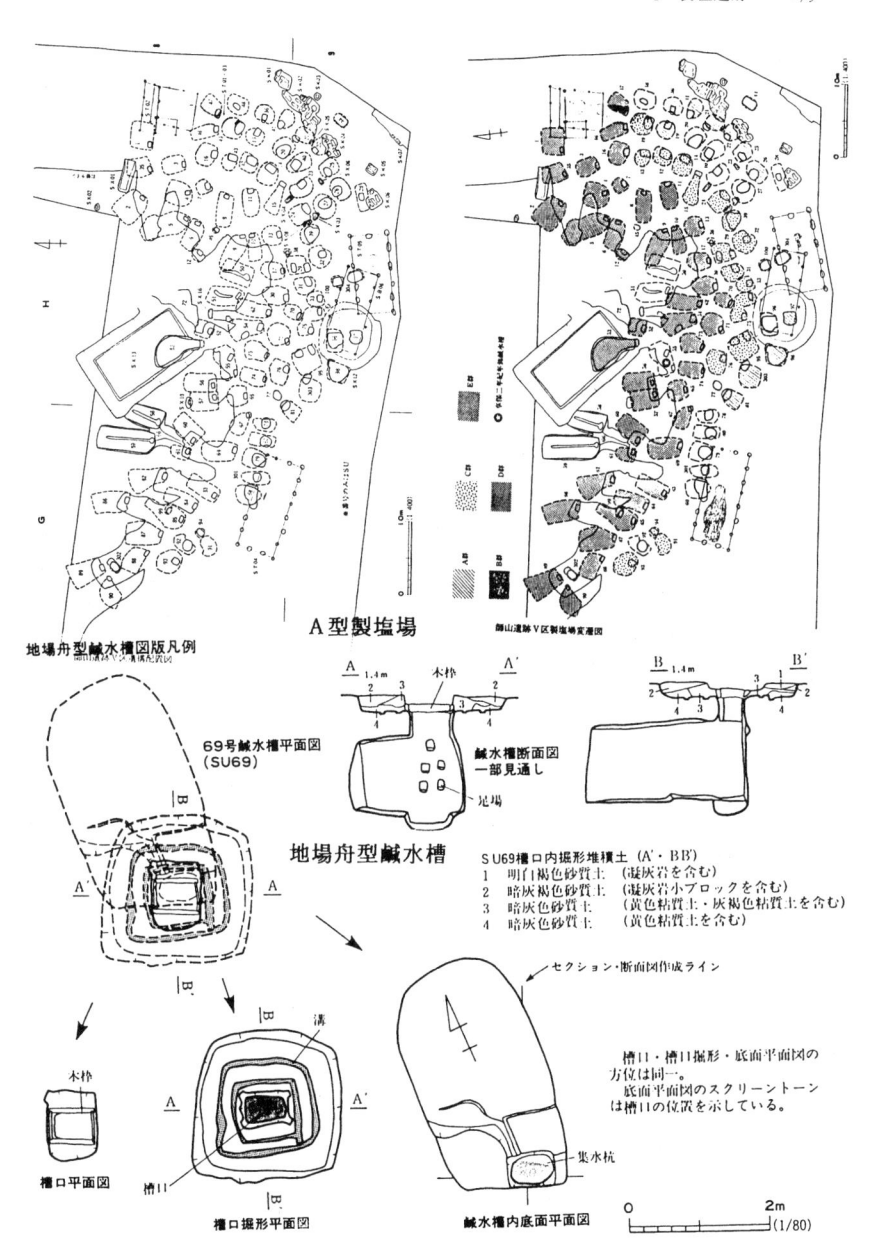

木枠
足場

SU69槽口内堆形堆積土（A'・BB'）
1　明白褐色砂質土（凝灰岩を含む）
2　暗灰褐色砂質土（凝灰岩小ブロックを含む）
3　暗灰色砂質土（黄色粘質土・灰褐色粘質土を含む）
4　暗灰色砂質土（黄色粘質土を含む）

木枠
槽口平面図

槽口掘形平面図

セクション・断面図作成ライン

集水坑

鹹水槽内底面平面図

槽口・槽口掘形・底面平面図の方位は同一。
底面平面図のスクリーントーンは槽口の位置を示している。

0　　　　2m
(1/80)

図Ⅱ-4-8　師山遺跡 (1)

174　Ⅱ　鉄と塩

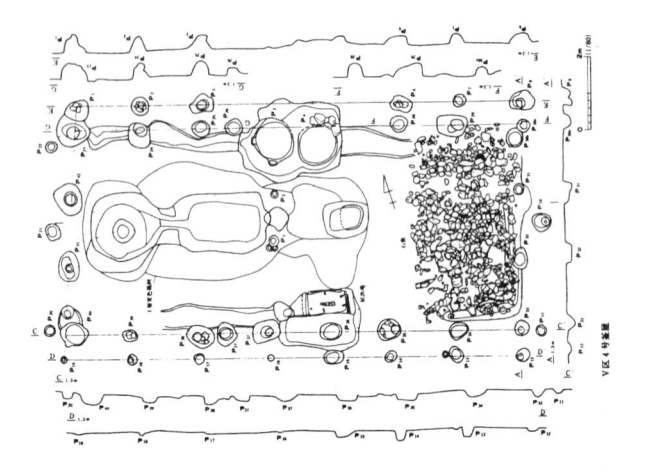

釜屋

V区55号鹹水槽槽内線刻文字　　『享保二年　正月吉日　泉ヤ十二』

図Ⅱ-4-9　師山遺跡（2）

やピットがあり，簡単な上屋が架かっていたと考えられる．規模や構造・構築状況を比較すると，相馬藩領である鷲塚遺跡より仙台藩領である唐崎遺跡の鹹水槽が規模が大きく，丁寧な作りであり，経営規模の差が反映しているものと考えられる．鹹水槽内の堆積土はすべて黄色粘土であることから，地上に40〜50cm立ち上がっていた粘土壁を人為的に壊して埋め込んだと推定され，明治43年の製塩地整理によって一斉に廃棄されたものと考えた．

　地場舟型鹹水槽（図Ⅱ-4-8）は凝灰岩の岩盤をL字形に掘り込んで，$6 \times 2 \times 1$ mの立方体の空間を構築し，槽口直下には集水坑と集水溝が作られ，槽口と集水坑の間の壁には足場が数段刻まれている．槽口は60×40cmの木枠で作られ，松や杉の板材が使われている．槽口の木枠の外側には2×2 mの掘形が伴い，掘形底面には溝が巡る．掘形内堆積土は人為的な埋め戻しである．上屋の有無は不明だが，簡単な板状の蓋でも間に合う槽口の規模である．槽内は埋没していないものが大半で，槽口を意図的に閉じられている例も少なくなく，これも製塩地整理に伴う廃棄行為と考えられる．

　鹹水槽で貯えられた鹹水は釜屋で煎熬される．釜屋はA型製塩場ではマウンドの中央に（図Ⅱ-4-6），B型製塩場では製塩場の塩田寄りに作られる（図Ⅱ-4-8・4-9）．釜屋は3×6，2×5間の規模で作られ，内部に竈・居出場・据え桶などの施設がある（図Ⅱ-4-8・4-9）．据え桶は径1 mの土坑として検出され，釜屋内で鹹水を一時貯水した施設である．

　竈（図Ⅱ-4-6〜4-9）は製塩場の形態にかかわらずほぼ共通し，片焚きと両焚きのものがあり，前者が先行しすぐに後者が主流になる．その推定復元図を図Ⅱ-4-7に示した．竈本体は2×2 mの方形を呈していたと推測され，漆喰状の白色粘土で構築され，両側が作業空間となる．この竈の脇には，1×2 mの木組みないしは粘土貼りの居出場の基礎が確認できる．居出場は苦汁を取るための施設であるが，具体的構造までは明らかにできなかった．これ以外にも釜屋内には粘土を貼った様々な形状の施設を検出したが，それぞれの機能を具体的にできなかった．しかし，煎熬に関わる施設であることは確実である．出土遺物（図Ⅱ-4-10）から竈には鋲留めの和鉄板継釜が使用されていることが分かり，図Ⅱ-4-7のように吊鉄で吊られていたことも分かった．この鉄釜の製作には高度技術水準の「塩釜専門鍛冶職人」の存在が，金属学的見地から指摘

176　Ⅱ　鉄と塩

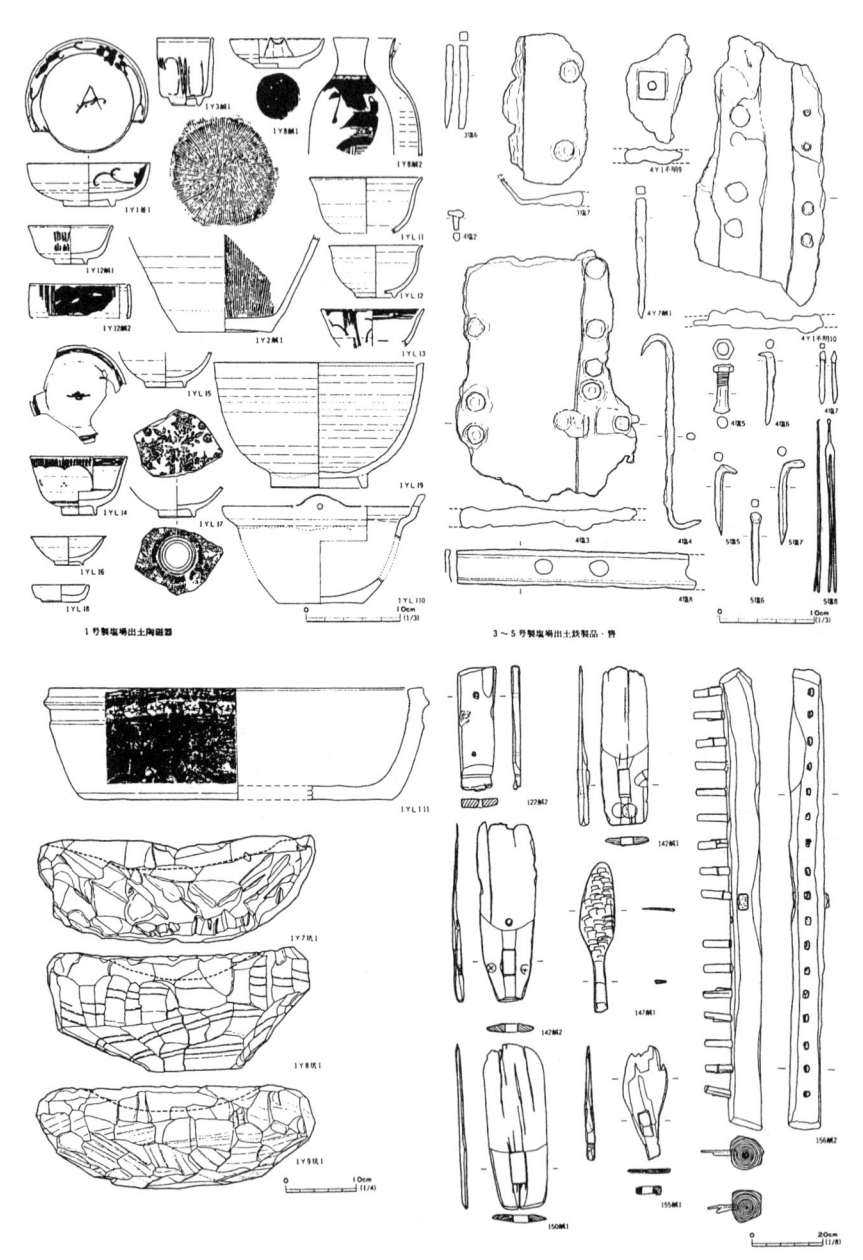

図Ⅱ-4-10　入浜式製塩遺跡群出土遺物

されている.

　釜屋は全体を一度掘り込んで基礎構造を構築し，竈に対する基礎構造を含めると，最低でも2～3面の基礎構造が確認できる．基礎構造には空焚き下面や凝灰岩の切り石をした面や，粘土を貼った面なども確認でき，深さ1mを超える場合もある．如何に湿気に気を遣い，燃焼効率をたかめる努力をしたかが窺われる．

　A型製塩場では1基の釜屋に対して10～16基の土舟型鹹水槽が対応し，B型製塩場では図Ⅱ-4-8の師山遺跡Ⅴ区の事例では釜屋1基に対して20基前後の地場舟型鹹水槽が対応する．

(3) 塩倉・塩神社・屋敷跡

　釜屋で煎熬された塩は，図Ⅱ-4-11で示した双子遺跡Ⅳ区で調査された，2×14間に及ぶ長大な塩蔵（「塩蔵屋敷」）に納められ，「塩の道」を運ばれたことが文献資料から知られる．また同じ双子遺跡では図に示すように「塩神社」（「塩竈神社」）や墓地も調査され，製塩場の近くに作られた信仰の場も分かった．さらに，今神遺跡では多量の陶磁器を出土した18～19世紀の屋敷地も調査し，製塩業を直接主導した知行武士級の屋敷地と推定した．

(4) 経営形態

　考古学的な調査成果と文献資料から経営形態を検討する．A型製塩場では1基の製塩場に10名前後の所有者があり，各人が1基の鹹水槽を所有し，一人当たり平均1反1畝の塩田を2枚所有する．全体として経営規模は1町から1町5反で，赤穂や行徳地方と結果的に同等の経営規模であるが，所有者が塩田や鹹水槽を分割所有し，竈を共有する「寄浜形式」の経営である．こうした経営形態は製塩業が当地方で盛んになる18世紀前半には成立し，明治時代まで存続したものと推定できる．その経営主体は相馬藩領では，数石取り程度の在村の在郷給人層である．それは同時期に盛んになる鉄・陶器生産と同様に，藩が主導した在郷給人の救済策であり，殖産興業政策の一貫と評価することも可能である．

178　Ⅱ　鉄と塩

塩倉・塩神社（双子遺跡）

流下式塩田

入浜式製塩遺跡の消長

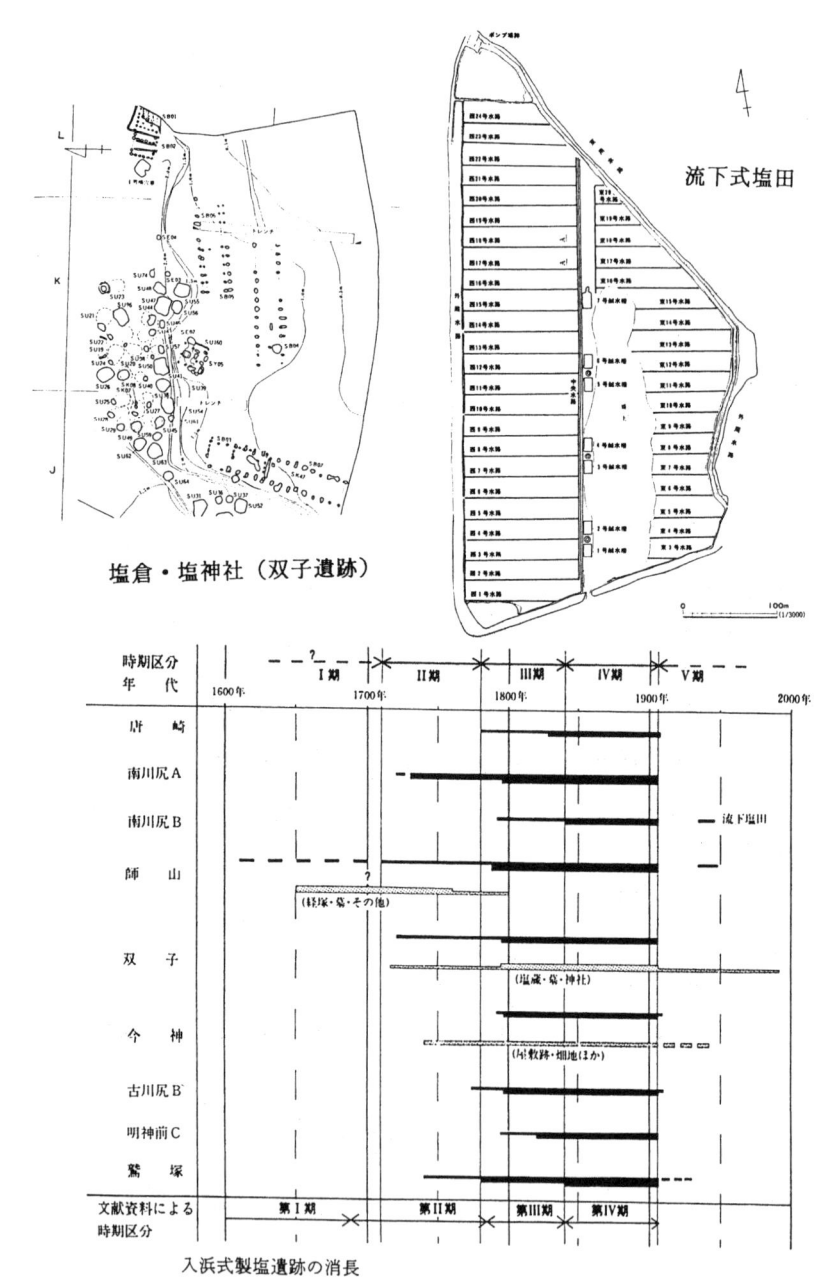

図Ⅱ-4-11　旧新沼浦入浜式製塩遺跡群の消長

(5) 旧新沼浦製塩遺跡群の消長と歴史的意義

　旧新沼浦の製塩は，師山遺跡Ⅳ区で検出した平安時代の土器製塩に始まる．この段階では滝・柴垣製塩遺跡群〔宇野ほか1991〕のような揚浜式製塩は想定できない．しかし，13～14世紀の遺構・遺物の確認された師山遺跡Ⅱ～Ⅳ区や南川尻A遺跡では，中世の揚浜式製塩が示唆されるが，近世の塩田と重複し断定できない．しかし，存在したとしても，沢田遺跡ほど大規模とは考え難い．

　近世入浜式製塩は，師山遺跡Ⅳ区55鹹水槽壁面に刻まれた『享保二年　正月吉日　泉ヤ十二』から，17世紀末から18世紀初頭には成立していたことが確実である．現段階でこれを積極的に遡らせ得る根拠はない．17世紀末に完成された技術で仙台藩領側から導入された製塩業は18世紀以降旧新沼浦全体で盛んとなり，幕藩体制が崩壊する19世紀中葉以降著しい製塩場・塩田の拡張が行われる．

　そして日露戦争の戦費調達と国内塩の競争力強化を目的とした明治38 (1905) 年の塩専売法と，それに伴う明治43 (1910) 年の製塩地整理法によって一斉に停止することとなる．その取締の厳しさは考古学的な成果からも十分に推測できる．こうして終焉を迎えた旧新沼浦の製塩業も，大正時代の干拓を経て再び，昭和19 (1944) 年に相馬塩業株式会社によって流下式製塩が行われ，昭和33 (1958) 年まで断続的に操業された．その塩田・鹹水槽についても測量・確認調査を行った（図Ⅱ-4-11）．

　この間の塩生産量の推移を見てみると，19世紀の資料しかないが，ほぼ米の生産量と同じ生産動向を示している．さらに板倉聖宣の研究によると，人口の推移も年貢収納量に対応することが推測できる〔板倉1993〕．こうした資料を参考に改めて旧新沼浦の製塩業の消長を見ると，江戸時代に入って相馬藩の米生産量が頂点になる1700年前後に製塩業が開始され，天明の飢饉から文政の飢饉まで低成長であったと推測される．しかし，幕末・明治維新の動乱に関係なく生産量を増加させたであろうことは，考古学的な成果からも十分に予測される．こうしておそらく製塩地整理まで増産を続けたものと推測される．旧新沼浦は歴史上ほとんど触れられない，名もない製塩地である．18世紀以降目立った技術革新もなく，20世紀の初頭まで継続された旧新沼浦の製塩業は，日本が近代国家になろうとする時期まで「近世的」であり，それは経営形態に

ついても同様である．このように一地方の製塩史を垣間見ると，20世紀の初頭まで「近世」であったと評価する必要を痛感する．

III　城と館

1 山城と聖地のスケッチ

はじめに

　筆者は仕事の関係で，福島県郡山市・田村郡でいくつかの山城跡の調査に関わった．山城跡の調査は，近年の学際的な城郭研究の飛躍的な進展から，調査方法・手順を含めて苦心した．さらに，現地に在ってその調査に従事すると，単に発掘調査した遺構・遺物を記録に止める以外に，考えさせられる点が少なくなかった．それは，「なぜここに山城を作ったのか？」という素朴な疑問であり，さらには「民衆から山城はどう見えたのか？──視覚的にも精神的にも──」という疑問である．それは，調査している山城から望む景観や，仰ぎ見る山城に際立った美しさを感じ，中世の風景を彷彿としたせいかも知れない．

　伊藤清郎は山形県山形市成沢城を検討し，「成沢城が築かれた館山は龍山信仰の登拝道の一つ成沢口に位置し，元来聖なる山であったと考えられる．築城の際，山上に鎮座していた八幡宮を現在地に下したといわれるように古くから八幡信仰が根強くあり，（中略）庶民信仰の霊場であったことがわかる．」〔伊藤1990〕としている．一方，山口博之は山形県村山地方の地域霊場を検討し，川島山について「宗教的要地などの特徴を持つ地域である場合，適地であると否とに関わらず，敢えて城塞化しないという意識が働いたと考えたい．」として，大和三山を同様な例として上げている〔山口1992〕．

　中澤克昭は文献史の立場から，中世前期の城郭のできる「空間」を考察し，城郭史の再検討を促す成果を上げている〔中澤1993a・b〕[1]．こうした研究を踏まえ本節では，福島県田村地方の山城跡の調査事例から，山城と聖地の関係を考えてみたい．

1 中世田村荘・小野保

　本節で取り上げる福島県郡山市・田村郡にわたる地域は，中世では田村荘・小野保にあたる地域である．田村荘〔小林ほか1982；遠藤1990；小林ほか1993〕は現在の郡山市田村町・中田町・西田町，田村郡三春町・船引町・常葉町と大越町・滝根町・小野町の一部である．田村荘は熊野新宮領として，平安時代末には立荘されたものと考えられている．鎌倉時代には藤原（田村）仲能の一族が，その支配権を相伝したものと考えられる．その末裔と考えられる荘司田村氏は，南北朝期には南朝の中核として登場する．南北朝合一が達成すると南朝は衰退し，荘司田村氏は小山若犬丸らと挙兵し，関東公方足利氏満に討たれ滅亡する．

　その後，平姓田村氏が台頭し，永正年間以降，三春城を本拠として，荘司職を基礎とした支配が展開される．戦国期には周囲の芦名・二階堂・石川・白川・岩城氏などと敵対し，相馬・伊達氏と姻戚関係を結んだ．田村氏の勢力を最大とする田村清顕が，天正14（1586）年に死去すると，田村家を巡る伊達と相馬の抗争が繰り広げられ，伊達政宗の属領となった．しかし，奥州仕置を経た天正19（1591）年に，会津蒲生領に編入される．丁度，この戦国期に，後述する郡山市木村館跡はあり，田村荘西側，伊氏領国の南西端に位置し，境目の城跡である．

　小野保〔田中ほか1988；小林ほか1982；遠藤1990〕は現在の田村郡小野町の大部分と，大越町・滝根町の一部である．小野保は12世紀前後には成立したと考えられ，建武2（1335）年に南朝の結城親朝が検断権を有し，応永4（1397）年には後述するように名主層が合戦に及んでいる．室町時代は白川結城氏と石川氏が争奪を行い，戦国時代は田村氏と岩城氏が争奪を繰り広げた地でもある．田村荘と同様に，天正19年には会津蒲生領となっている．後述する小野町猪久保城は，この小野保のほぼ中央に位置し，現在の小野町の市街地を一望できる位置にある．

2 小野町猪久保城跡

　猪久保城跡〔福島県教1993；佐久間1993；飯村1994f〕は田村郡小野町大字谷津作に位置し，福島県文化センターでは約24,000㎡の城域の約2/3を調査し，筆者も調査に参加した．調査では平場18箇所，掘立柱建物跡・柵跡・土坑・鍛冶炉・ピットなどの多数の遺構を検出した．存続時期は，出土遺物から14世紀後半から15世紀前半に比定され，1回の建て替えと，2時期の変遷が確認でき，火災に遭って廃絶したと考えられている．

　本山城跡は平場の造成や機能分担が明確で，中心建物の「主殿」の平場，収納のための「倉」の平場，見張りのための「物見」の平場，「出入り口」「通路」のための平場などに分かれている（図Ⅲ-1-1）．その意味では，居館型山城として完成した定形的な構造を持っている．土塁跡は全く作られず，小規模な掘り残し土塁跡があるのみで，堀跡は掘り切られず，通路としても利用されている．根小屋を伴わない居館型山城としては，現在，最も古く位置付けられる調査例である．

　遺跡の詳細について発掘調査報告書を待たなければならないが，千田嘉博作成の縄張り図[2]（図Ⅲ-1-2）などを参考に，調査に参加しての印象を述べてみたい．本城跡は東西に伸びる標高490～530mの尾根上に立地し，東西400m，南北100mの規模を有する．眺望は大変良く，中世小野保の大半を望むことができ，地域の信仰の対象となる矢大臣山・大滝根山・東堂山などの「聖なる山」や，現在の小野町市街地は一望できる．

　千田嘉博のご指導により，現況観察をする限りでは，最大規模の幅約10m，深さ最大約15mを測る堀切Aを境に，東と西で平場の造成や規模が明らかに異なる．発掘調査の行われた東側は相対的に平場の規模が大きく，造成も明確で，階段状に造成してある．それに対して西側は，尾根を中心に小規模な平場があり，城跡に伴う平場としては不鮮明で，造成が弱い．尾根の最頂部には「出羽神社」があり，その周辺にはごく小規模な平場があり，浅く不明確な堀切Cがある．尚，「出羽神社」のある平場は後世の削平を受けている．

　この現況観察によると，堀切Aを境として東と西で，城跡としての時期ない

1　山城と聖地のスケッチ　185

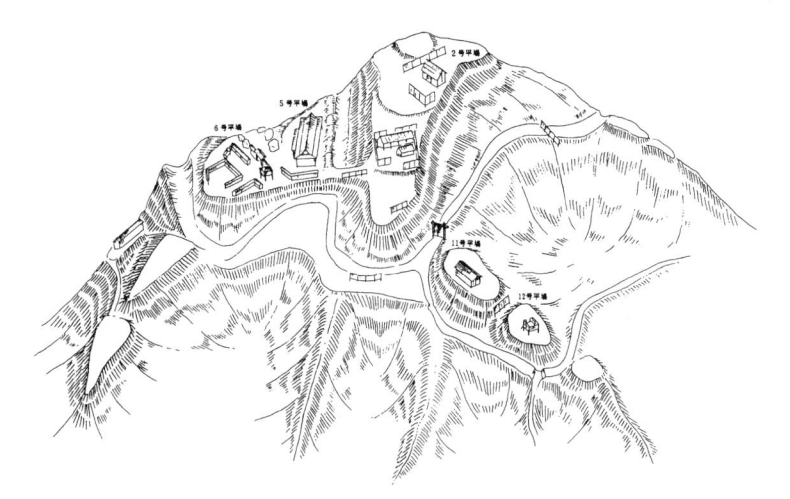

図Ⅲ-1-1　猪久保城跡発掘調査区推定復元図

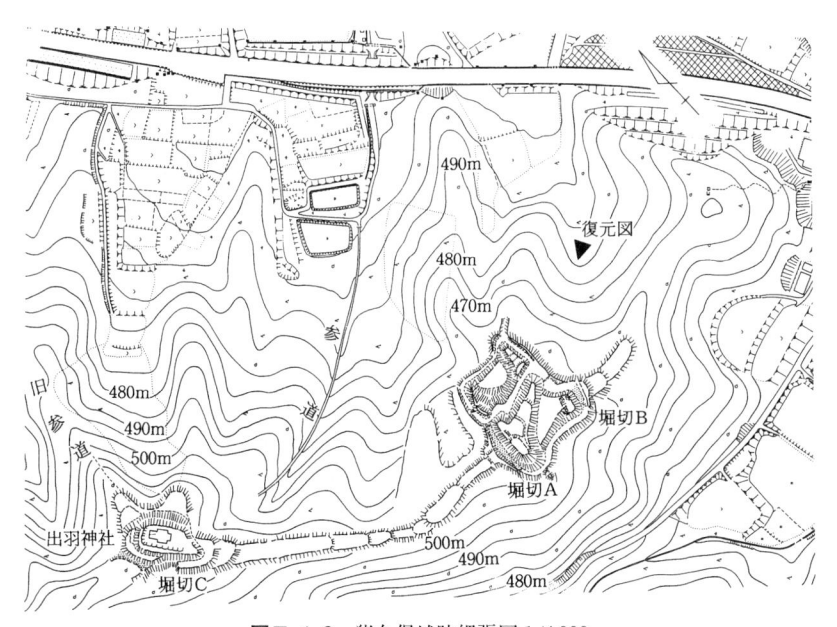

図Ⅲ-1-2　猪久保城跡縄張図 1/4,000

しは機能が異なることが指摘できる．それについては，以下の可能性が指摘できる．①西側の城跡が古い形態を示し，東側の城跡が重複して新しく築城された．発掘調査された東側の城跡の年代観から，西側の古い形態は，14世紀前半以前となる．②東側が「居館」的機能を果たし，西側は「詰の城」的機能を果たし，同時存在した．③東側が城跡として機能し，西側に「羽黒神社」が現存するように，宗教施設であった．

①の可能性は全否定できないが，現在の出羽神社が尾根の最頂部にあたることから，前代の山城跡を再利用するにしても，その最も低い部分に築城し，城跡の中でも異質なくらい大規模な堀切Aで区画している．無理をして築城した印象は拭えず，必然性に欠くと言える．②の可能性も否定はできないが，既述のように同時存在にしては，西側と東側の平場の造成の差異が著しい．また，堀切Aの規模が大きい点も，疑問として残る．そこで筆者は③の理解が合理性が高いと考えている．

それは堀切A西側に東側城跡に先行して宗教施設（「神社」）があったと仮定すると，尾根の低い部分に立地するという不合理も，宗教施設との関係で説明できる．異質なくらい大規模な堀切Aも単に軍事的施設というだけでなく，宗教的な意味の「結界」施設の意味も合わせ持つとすれば，合理的に理解できる．このように考えた．これのみでは推論の域を出ないが，さらに歴史的状況を踏まえるために，文献史料を検討してみたい．

まず猪久保城の築城主体については，城跡の規模や年代観から下記の文書との関連が指摘されている．

1〔相馬文書〕〔小林ほか1966〕
　一二九　足利氏満御教書案（史料1）
陸奥国小野保名主国井若狭守・田原谷弾正等事，恩領敵対之上，去年執立先代名字仁及合戦之由，所有其聞也，不日可被加退治之状如件
　　応永四年五月廿二日
　　　　　　　　　　氏満御判
　　　左京大夫殿

史料1は鎌倉公方足利氏満が，斯波（大崎）詮持に宛てた御教書である．鎌倉

1 山城と聖地のスケッチ

府に対抗して「合戦及」んだ小野保の「名主」連合勢力があったことが分かり，それが南北朝合一直後の応永4（1397）年である．史料1はまさに本城跡の存続時期に合致する．城跡の規模から推しても，その築城主体は小野保の中心勢力であることは疑いなく，史料1に現れる「名主」クラスの中心が築城主体と考えられている．尚，この場合の「名主」は，その姓名などを考慮すると数村（現在の数大字）規模の領主と推定される．さらに築城時期も，この史料1の時期を大きく遡らないと考えられる．

一方，宗教施設として現存する「羽黒神社」（「出羽神社」）について検討したい．本神社の縁起については下記の文書が上げられる．

　　五一九　〔正徳元年九月　赤沼村羽黒神社由緒〕（史料2）〔田中ほか1988〕
　　　　　　　　　　　覚
　　　　山城国神祇官吉田殿支配
　　一羽黒権現　　神主先崎伊勢守
（中略）
一羽黒権現之由緒出羽之守護小野正平公平治元　年当所江御越被遊谷津作村平館申処
　ニ新城御立被遊則出羽国羽黒権現ヲ勧請被成小野六郷之惣社と被相定（後略）
　　　　　　　　　　小野六郷之神役支配
　　　　　　　　　　　　田村郡小野赤沼村
　　　　　　　　　　　　　　　　先崎伊勢守
　　　正徳元年
　　　　　　卯九月廿六日
　　　　　　　　　寺社奉行所

正徳元（1711）年の後世の由緒書であり，信憑性の点で問題である．しかし，こうした伝承が近世まで伝えられていたことは確実である．したがって，小野保の「総社」的存在の「羽黒権現」が先行して存在し，その後に本城跡の堀切A東側が構築された可能性が指摘できる．

これを民衆の側から――視覚的・精神的に――見直してみる．城跡は現在の小野町の市街地を一望できると同時に，町のどこからでも「仰ぎ見る」ことができる．これは中世においても同様であったと考えられ，領民の信仰の対象である「羽黒権現」を「仰ぎ見る」と同時に，一段下った同一丘陵上に猪久保城

を「仰ぎ見る」こととなる．言い換えれば，領民の精神的象徴——聖なる支配権——である「羽黒権現」と，領民の現世支配の象徴——俗なる支配権——である「猪久保城」を同時に「仰ぎ見る」こととなる．

その中でも「聖なる支配権」の装置が，「俗なる支配権」の装置の上位にある形で，常に同時に領民に可視されるように設置されていることが，重要である．そこに，築城主体の支配の実像を見ることができる．それは「羽黒権現」と言う宗教勢力と共存する形でなければ，領民の支配や動員を実現できないばかりでなく，その宗教勢力を超えるものではなかったと評価できる．さらに言えば，支配領域の領民に常時「仰ぎ見られる」場に山城があることが，領域支配にとって——精神的な意味で——必要不可欠であると言える．

3　郡山市木村館跡

木村館跡〔松本ほか1992a・b〕は福島県郡山市西田町に所在し，中世田村荘の荘域に位置する．城跡は東西400m，南北500mの規模を有する大規模な山城である．福島県文化センターではそのうちの約1/10を調査した．調査では平場35箇所を始めとして，掘立柱建物跡・柵跡・土坑・井戸・溝跡・ピット群・土塁跡・堀跡・門跡・枡形虎口・石垣・石列・道跡などさまざまな遺構を検出している．比高差約80mの急峻な丘陵に，極めて小規模な数十㎡程度の平場を，階段状に細かくたくさん作る特徴がある．城跡としての機能時期は，16世紀中葉から末と考えられている（図Ⅲ-1-3・1-4）．

木村館跡は，発掘調査の結果，古期と新期の大きく2時期に分けられることが明らかになった．古期木村館跡は16世紀中葉から後半に比定される．古期木村館は城域Aにほぼ限定でき，「字子コヤ」付近までを根小屋集落とした城跡と推定された[3]（図Ⅲ-1-3）．この段階の城跡の規模・構造は，慶安2（1649）年成立の『田村領古城絵図』〔小林ほか1978〕で書き上げられている館跡の一つであり，全面発掘調査・保存された三春町西方館跡〔仲田1992〕（図Ⅲ-1-5）と酷似する．それは田村地方の村落領主の居館型山城の典型といえる．つまり，前期木村館は三春田村氏を上位権力とする，木村氏という村落領主（現在の大字単位程度の領主）の，居館型山城と考えられた（図Ⅲ-1-6）．

1 山城と聖地のスケッチ　189

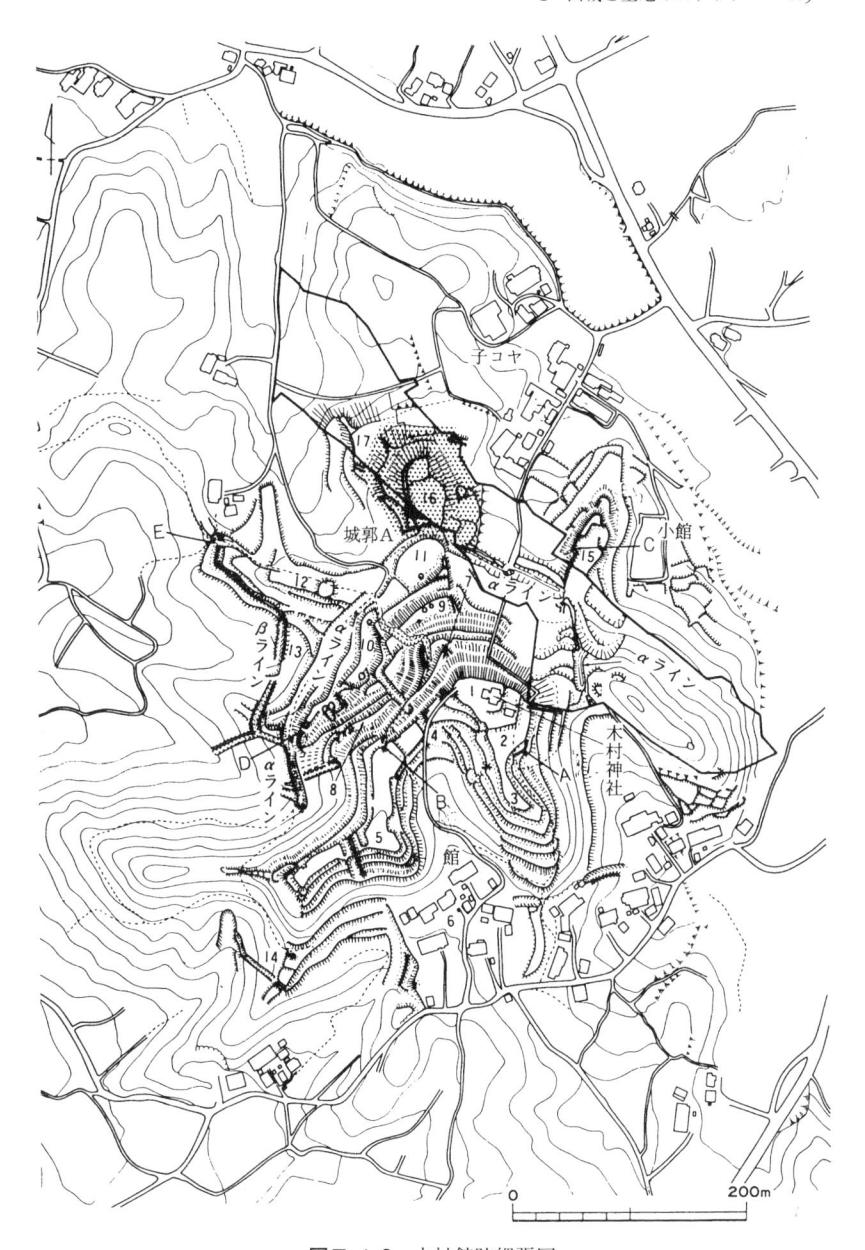

図Ⅲ-1-3　木村館跡縄張図

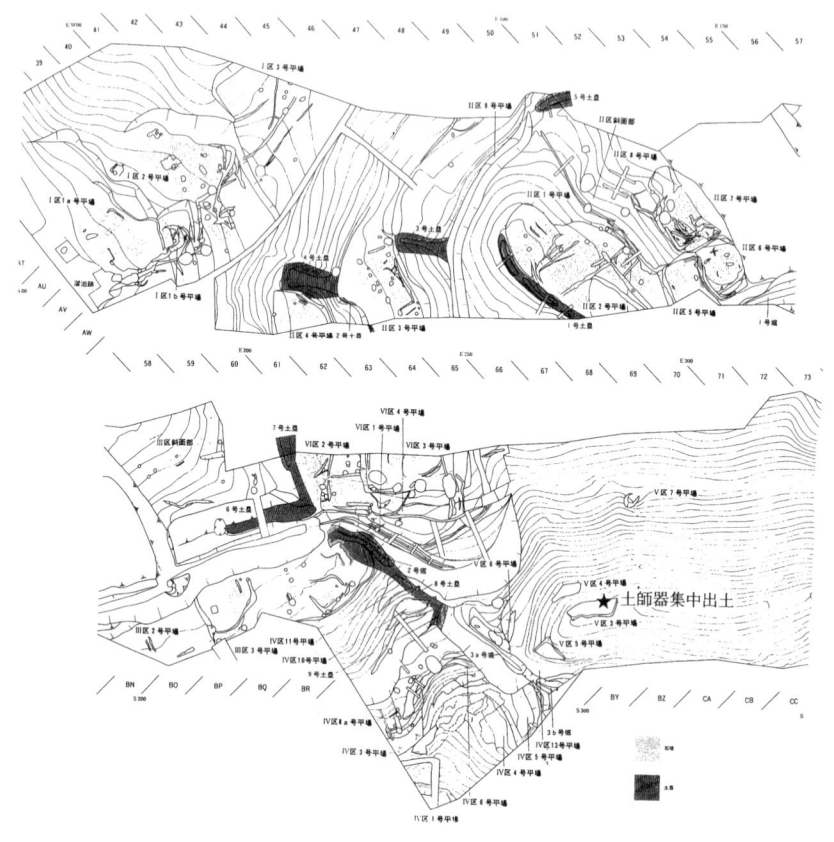

図Ⅲ-1-4　木村館跡発掘調査区平場配置図

　新期木村館は現在の木村神社を頂点として，城域を約20倍に拡大し，大量の平場を創出し，石垣・石列や横堀・竪土塁・枡形虎口などを多用した大規模山城となる（図Ⅲ-1-3・1-4・1-6）．この存続期間は短く，天正10年代と推定され，その下限は天正18年と推定されている．城跡として機能を停止する段階で，「破却」行為が行われたことが，調査で確認されている〔松本ほか1992a；伊藤1993〕．新期木村館跡は田村地方でも最大級であり，田村氏の居城三春城に匹敵する規模を有する．その上，織豊系の築城技術を在地化している形で，援用している．その調査所見と歴史的状況から，伊達氏を上位権力とした，田村家中の実質的第1人者である「橋本刑部」を築城主体に推定している．これ

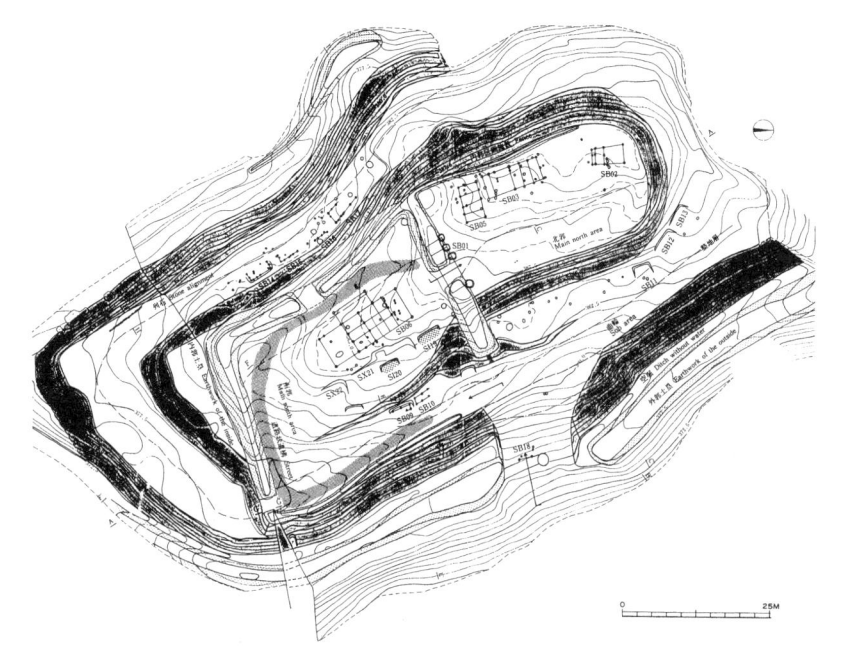

図Ⅲ-1-5　三春町西方館跡

は伊達氏と芦名氏の極度な軍事的緊張関係の中で生まれた，高度に戦略的な山城と評価されている．

　この木村館跡からは，古代と近世の遺構・遺物も確認されている．Ⅴ区3号平場から出土した9世紀に比定される土師器杯は，油煙が付着しており，灯明に使用されたことが明らかである．墨書のあるものや，底部が穿孔されたものもある．約11個体が自然地形に近い尾根部の平場からまとまって出土し，「祭祀的な性格が想定」されている（図Ⅲ-1-4）．これは，現在も村社である「木村神社」に連なる尾根であり，「木村神社」を頂点とした新期木村館跡が築かれた山陵全体が，平安時代以降，地域の信仰の場——聖地——であったことを示していると考えられる．それは頂部に近いⅣ区から出土した在地産中世陶器甕が，13～14世紀に比定されることから，鎌倉時代にも「信仰の場」とされていたことの，傍証となろう．

　こう仮定して，木村館を見直してみる．古期木村館は，在地支配の拠点とし

192　Ⅲ　城と館

山城と聖地のスケッチ（飯村）

古期木村館跡（16世紀中～後半）

▼

新期木村館跡（16世紀後半）

▼

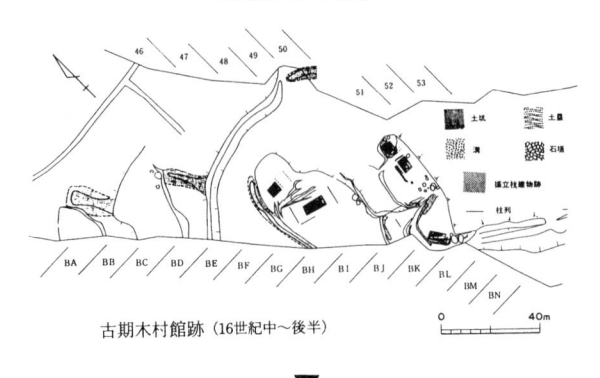

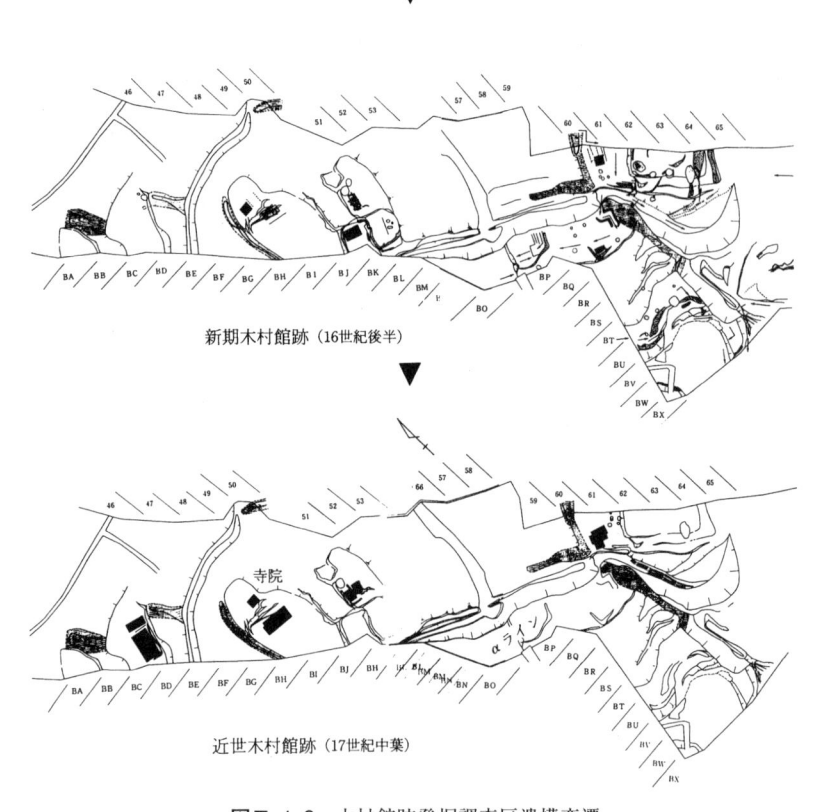

近世木村館跡（17世紀中葉）

図Ⅲ-1-6　木村館跡発掘調査区遺構変遷

ての村落領主の山城として,「聖なる山」に連なる丘陵端部に作られた.つまり,古くから地域信仰の対象となっていた「聖なる山」を背景として,地域支配の拠点を作ったと評価できる.言い換えれば,領民が常に精神的拠り所としていた丘陵と同じ丘陵に,地域支配の拠り所を作ることが,地域支配の達成のために不可欠であったといえる.その領主と領民の精神的紐帯の表徴である「聖なる山」は,戦国大名伊達政宗の登場と,芦名氏との軍事的緊張関係の高まりにより,取り込まれ,戦略的大規模山城に改変されることとなる.しかし,聖地を取り込むことが戦国大名によって一方的に行われ,民衆に何の補償もなされなかったのであろうか.その点については全く不明である.

その地域の民衆の精神的支柱は不変である.奥州仕置以降,近世になっては破却された枡形虎口と横堀ライン(αライン)の内側は「不入の地」として利用されていない.しかし,Ⅱ区1〜3平場は17世紀中葉から寺院などの宗教施設として再利用され始められたことが,調査で確認されている〔松本ほか1992a〕(図Ⅲ-1-6).また,丘陵頂部の平場を利用して近世になって作られた木村神社は,現在も木村地区の社として信仰を集めている.この事実もまた,本来,木村館跡が信仰対象の「聖なる山」であったことを,如実に物語っているともいえる.

また,古期木村館跡及び木村氏に関わる伝承・記録は少なからずあるが,大規模化された新期木村館跡に関わる伝承・記録はほとんどない.阿部俊夫は文書調査によって,元禄14(1701)年『木村石高調』,嘉永3(1850)年『木村明細帳上帳』の記述から,「村民が木村館をどのように語り継いできたのか」を明らかにした.木村氏が滅亡して約260年後の伝承であるが,木村氏が滅亡して以降も機能していた木村館が,木村氏が滅亡した時点で「廃館」と伝えられているのは,「村民が新たな領主よりは本来の館主である木村氏を強く意識していたからで」あるとしている〔松本ほか1992a〕.城としての存続期間の長短はあるものの,民衆と共存した地域支配のための山城と,民衆と遊離し,その信仰の対象さえも取り込んで,無謀なまでに大規模化した戦略的山城との違いを,そこに垣間見た気がしてならない.

4 山城と聖地

　戦国大名芦名氏が全盛期に築いた居城である福島県大沼郡会津本郷町向羽黒山城跡〔佐藤1981；角田1988；斎藤1987；長尾ほか1983；西ヶ谷1986〕は，南北700m，東西500mの大規模な山城である．『新編会津風土記』によると，頂上にあった「羽黒権現」の祠を移して，永禄4 (1561) 年に築城を開始したとされている．本来地域の信仰の対象であった聖地・聖山を，意図的に領域支配の拠点としたことが分かる．それは民衆の信仰を集める「聖なる権威」をも思うままにする，戦国大名芦名氏の「俗なる権威」を誇示するものである．具体的には，民衆は常にかつて信仰の対象として「仰ぎ見た」ように，城跡を「仰ぎ見」ざる得ない状況が強いられたのではないだろうか．

　室町前期の山城である猪久保城跡と，戦国期の山城である木村館跡・向羽黒山城跡の存在形態について，聖地と関係を中心に述べてきた．それは初期の居館型山城や，在地支配の拠点としての村落領主の居館型山城が，視覚的にも聖地を尊重し，同時に民衆が重ね合わせて目視できる「場」に，作られていることが分かる．それは民衆掌握の一つの拠り所としていたことを指摘した．それに対して，より広域的な上位権力である戦国大名が一度関わった山城は，聖地を取り込み，聖地を俗なる権力の象徴である山城に置き換えて，視覚的にも，精神的にもその権威を誇示した．それもまた大名権力の行使や権威の保持にとって，不可欠であったに違いないと考えた．

　初期の山城とされる福島県伊達郡霊山町霊山城は南北朝期の山城として著名である．平安時代以来の天台宗山岳仏教寺院を，建武4 (1337) 年北畠顕家が義良親王を奉じて陸奥国府とし，「楯籠」ったことで知られる山城である〔梅宮ほか1981a・b；菅野1988〕．陸奥国でも屈指の聖地を，陸奥国最高の政治的・軍事的拠点としたと評価できる．権力者が聖地を取り込むことは，民衆の精神世界を取り込むことであり，最高の権力は最高の聖地の保護・保有者であることが必要であったと言える．

　山城以前はどういう「場」で，山城としての機能を停止した後どういう「場」となったかを問い直すとき，初めて山城のできる「場」が鮮明となった．

そしてそこから，権力者がいかに聖地——民衆の精神世界——を取り込むことに腐心したかを，読み取ることができた．そう考えたとき，民衆の精神世界という「朧気なもの」を取り込もうとした「権力」自体に，脆弱な側面を感じずにはいられない．

1) 中澤も指摘しているが，下記の文献での網野善彦や石井進の提言は重要で，特に網野の次の発言は注目される．「(前略) 聖なる場所を城郭にすることで，始めて村人に対する支配が有効になり得る（中略）そのからくりをやはり解かなければならない．」
   網野善彦・石井進・福田豊彦 1990『沈黙の中世』平凡社
2) 千田嘉博作成の縄張図に，加筆した．
3) 「字小館」は，小字名から城域Aにさらに先行する「古館」の可能性があるが，調査では確定できなかった．

2　南北朝・室町前期の山城

はじめに

　1936年刊行された大類伸・鳥羽正雄著『日本城郭史』〔大類ほか1936〕は，戦前の城郭史研究の集大成である．それは1980年代以降模索されている，学術的な城郭研究の第1歩と位置付けられている〔千田1991〕．筆者もかつて，この大著で城郭史を学んだ一人である．近年，仕事の関係で大規模開発に伴う埋蔵文化財の調査で，福島県田村地方の中世の山城跡の調査に関わる機会がいくつかあった．そこで調査された山城は，かつて学んだイメージとはやや違うものであった〔飯村1994d；千田1994b〕．
　例えば，田村郡小野町に所在する猪久保城跡は，14世紀後半から15世紀前半に限定できる山城跡であることが明らかになった〔飯村ほか1994〕．その規模や形態，構造は，『日本城郭史』で「中世第二期」の陸奥の代表例として挙げられている，「霊山」や「宇津峰」といった天険の要害とは，ほど遠いものであった．
　そこで本節では，陸奥南部において考古学的に調査された山城跡の事例を検討して，南北朝・室町前期の山城跡のイメージを再構築してみたい．

1　猪久保城跡

　猪久保城跡は福島県田村郡小野町に所在し，1号堀跡東側の約25,000㎡の城域の約2/3の調査が行われ（図Ⅲ-2-1），ほぼ全容が明らかにされている．以下，報告書に拠って調査成果を概観する〔飯村ほか1994〕．検出された遺構は平場16箇所，堀跡6条，掘立柱建物跡8棟，柵跡37列，門跡3基，土橋1基，掘り残し土塁2基，焼土遺構4基，製鉄炉跡1基，道跡1条，土坑30基，溝跡

2 南北朝・室町前期の山城 197

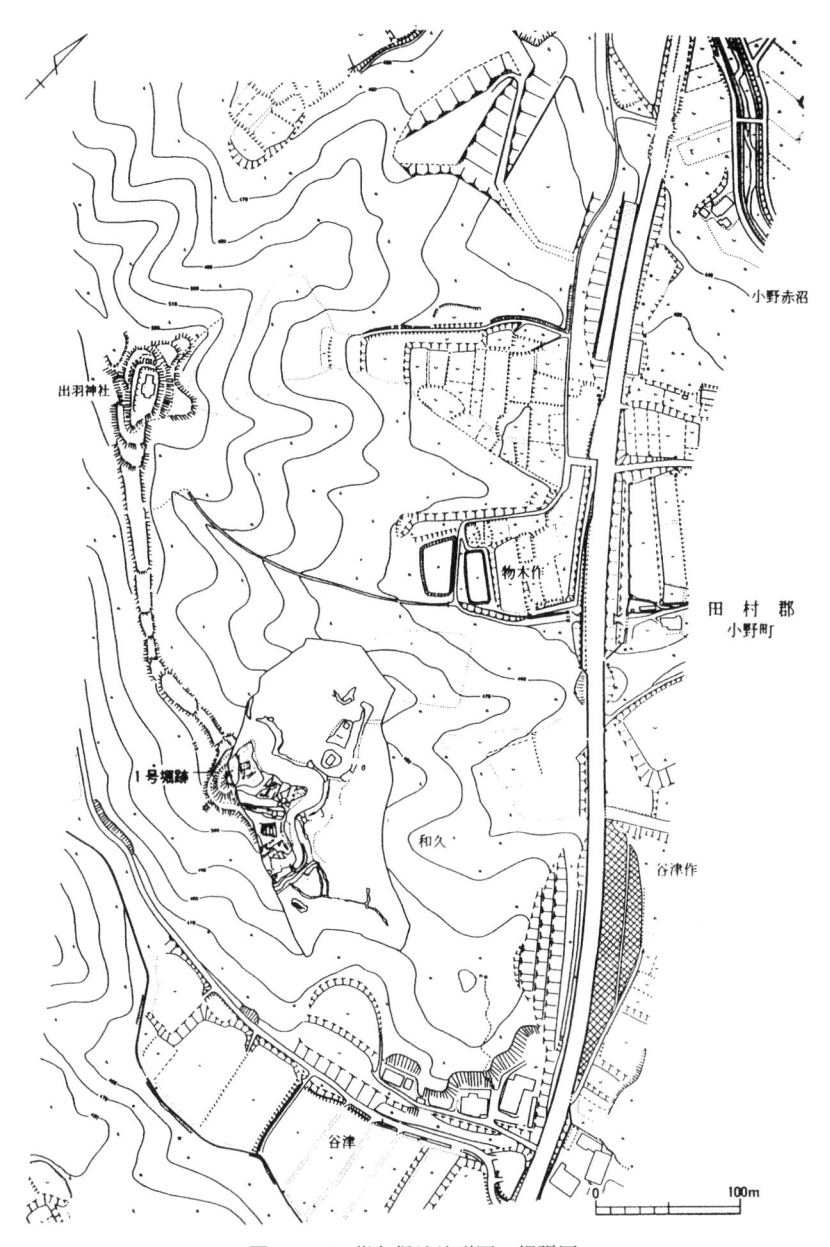

図Ⅲ-2-1 猪久保城地形図・縄張図

13条, ピット199基である.

柵跡には倉庫などの掘立柱建物跡を構成するものもあり, 焼土遺構は「囲炉裏」や「鍛冶炉」であり, 製鉄炉跡は「精錬鍛冶炉」である. 土坑には「半地下式倉庫」や「据え（曲物）桶」,「床下収納庫」,「火事場整理の廃棄土坑」などが含まれる. 溝跡は「通路」が大半である. 建物を構成しないピットは少なく, 建て替えの少なさ, 存続期間の短さが窺える.

出土遺物は瀬戸灰釉平碗・卸目付大皿, 在地産瓷器系陶器壺・鉢, 土師質土器皿, 鉄鍋などである. その年代観から猪久保城跡の存続年代は, 14世紀後葉から15世紀前半と推定されている. ほかに多数の炭化材や焼けた壁材が出土していることから, 土壁の建物の存在と火災に遭ったことが推定されている. さらに遺構の重複関係から, 2時期の変遷が推定され, 歴史的背景を踏まえて, Ⅰ期は1390年代, Ⅱ期は1400～1430年代と推定され, 存続期間は約50年間となる.

本城跡は平場の機能分担が明確で, 1・2号平場が「詰めの平場」, 3号平場が「収納の平場」, 5号平場が「主殿の平場」, 4・6号平場が「通路（広場）の平場」, 11・12・14B号平場が「物見の平場」となる（図Ⅲ-2-2）. ほかの平場・堀跡は「通路」としての機能が大きい. こうした機能はⅠ・Ⅱ期を通じて基本的に変化がなく, 建て替えや改修の結果, Ⅱ期のほうが軍事的・政治的機能が高められ, より「権威を誇示」する構造になっている.

調査成果から城跡として構造面の特質を挙げると, ①高く急峻な切岸で主たる防衛線を構成. ②切岸を造成した排土で沢部を埋めて切岸を作り出すが, 平場を作る意識はない. ③土塁は基本的に作られず, 低い「掘り残し土塁」のみが僅かにあるのみで, 軍事性に乏しい. ④平場の機能分担が明確で, 軍事的な機能のみならず, 政治的な機能も高く, 権威的である. ⑤立地している丘陵の比高差が30～50mと決して高くない. ⑥存続期間が短い. などとなる.

また, 本城跡の立地の意義については,「出羽神社（羽黒権現）」との関連で小林清治〔小林1994〕が,「聖地」との関連で筆者も論じている〔飯村1994d〕. さらに本城跡の廃絶については中世前期以来の作法にしたがって,「焼払」されて「破却」されたことが明らかにされている. その後, 再利用されることがなかったことは,「聖地性」や「不入」という「規範」が働いたと推測されて

2 南北朝・室町前期の山城　199

1平→1号平場の略

◀　通路

図Ⅲ-2-2　猪久保城東区全体図

いる．室町時代前期の山城跡の代表的な調査例である．

2　砂屋戸荒川館

　いわき市平上荒川に所在する山城で，約30,000㎡の城域のうち，主要な平場約10,000が調査された．地元では「天神山館」と呼んでいる．東西に長く伸びる標高約70mの丘陵上に立地し，周辺には「館下」「堀の内」などの地名が残る．報告書は未刊であるが，刊行されている調査概要〔吉田1986；吉田ほか1985〕と調査担当者である吉田生哉・中山雅弘の教示をもとに概観したい．

　検出された遺構は，曲輪・堀切・竪堀，柵跡や掘立柱建物跡である．曲輪は削平と土捨てによって作られ，堀切によって本城・北城・西城地区に分けられている．「矢倉跡」は本城地区北端・西端・東側などから検出され，「長屋・倉庫跡」は西城地区や本城地区南側で検出されている．「虎口」は南麓と推定されている．曲輪の多くを南側に，堀を北側に配し，北側の防衛線を意識している（図Ⅲ-2-3）．

　出土遺物は白磁・青磁・瀬戸・常滑・渥美・在地産瓷器系陶器・土師質土器・石製品・金属製品など1,400点を超える出土遺物があり，本城地区南側に出土遺物が集中する傾向がある．ほとんどの生活什器が揃い，生活感が高い．年代は概要報告では14世紀から15世紀とされており，南北朝・室町時代前期に比定されている．しかし，出土遺物の中には12世紀後半から13世紀に遡り得る中国陶磁器・常滑・渥美・在地産瓷器系陶器・土師質土器などがあり，その意味が課題となっている．また中国産染付磁器が1点しか出土していないことから，15世紀後葉には下らない可能性が高い．

　正式報告が未刊であるので不明な点が多いが，概要報告から読み取れる特質を挙げると，①切岸と堀切を主として防衛線を形成している．②曲輪は削平と捨て土によって作られている．③土塁がない．④出土遺物から本城地区の生活感が高い．⑤比高差が約50mで，決して高いとは言えない．⑥出土遺物のみから判断する限り，約100年の存続期間が推定される．などである．南北朝・室町前期の山城として，構造的に猪久保城との共通点が多い．

2 南北朝・室町前期の山城　201

図Ⅲ-2-3　砂屋戸荒川館跡

3　大鳥城跡

　福島市飯坂町字館ノ山に所在し，標高約230mの丘陵上に立地する．奥州藤原氏の一族である信夫荘司佐藤氏の居城とされている．現地を踏査して縄張図を作成した村田修三によると，図Ⅲ-2-4③は古い形態を残している可能性が指摘され，①について曲輪の可能性が指摘され，④について新しく作られた曲輪とされている〔村田1987〕．古いとされる③の曲輪の南東端が約100㎡調査されて，城跡の時期・性格を決定できる資料が得られた．

　現地説明会資料〔猪狩ほか1994〕と調査担当者の猪狩英究の教示により概観

202　Ⅲ　城と館

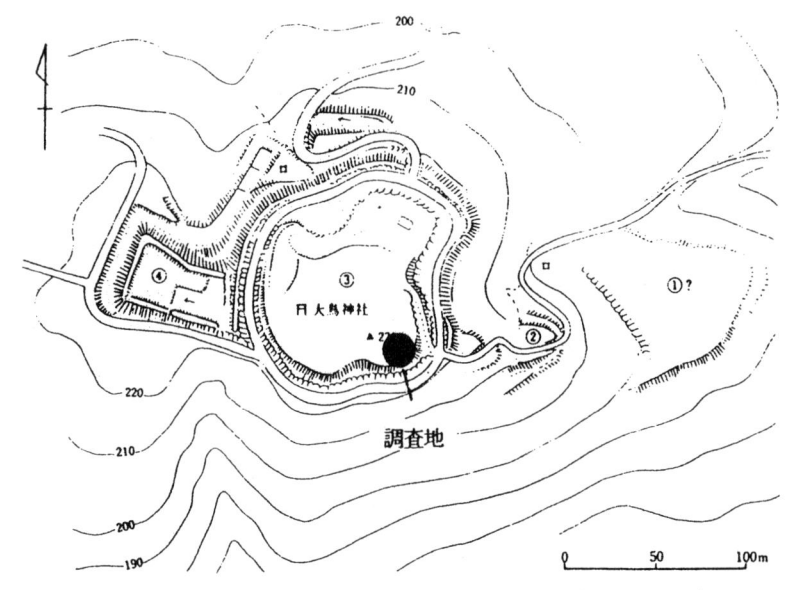

図Ⅲ-2-4　大鳥城跡縄張図（村田修三編「図説　中世城郭事典」より転載）

したい．調査面積は小さいが，整地層を挟んで2面の遺構面を検出した．出土遺物から上面は15世紀後半から16世紀中葉，下面は14世紀から15世紀前半である．下面の遺構は鍛冶炉・鋳造遺構・土坑・ピット・溝跡・焼土跡など，狭い調査面積にもかかわらず，多くの遺構を検出した．

　下面に伴う出土遺物は口禿げの白磁皿，青磁蓮弁文碗・盤，天目茶碗，褐釉壺，在地産瓷器系陶器など（図Ⅲ-2-4）で，優秀な陶磁器を含んでいる．ほかに硯などの石製品，炭化米，炭化材，焼台などで，生活感が強い．こうした遺構・遺物から，本城跡は14世紀には築城された山城であり，山上で生活し，鍛冶師や鋳物師，陶工などを抱えていたことが推定される．したがって，政治・生活の拠点としての性格を有する山城である．

　南北朝・室町時代前期の山城であることは確実であるが，調査面積が狭く，構造的な特質までは論及できない．しかし，図Ⅲ-2-4の村田氏の縄張図の所見と筆者の現況観察からすれば，図Ⅲ-2-4③の平場は切岸と堀切で防衛線を作り出し，土塁がなく，切岸の直下に帯状の平場が取り巻く点で，前述の猪久保城跡などと通有な構造と言える．

4 熊野堂大館

　宮城県名取市高館熊野堂に所在し，標高約200 mの丘陵上に立地する．北側を名取川が流れ，周囲には名取熊野三社，大門山板碑群や那智山経塚などがある．尾根上を中心に南北に長く，東西150 m，南北600 mの規模で，南郭・北郭・中郭の三郭から成り（図Ⅲ-2-5），全面発掘調査されている．調査報告書が未刊であるので，現地説明会資料〔恵美1992a・b・1993〕と調査担当者である恵美昌之及び田中則和のご教示をもとに概観したい．

　南郭（図Ⅲ-2-5）は本館跡の主郭で，西側は堀と土塁で画され，北東側の土橋が唯一の出入り口である．平場は不整形で，南から北へ四段で構成され，2段目に2×5間で四面庇の南北棟の中心建物がある．掘立柱建物跡は16棟検出され，いずれも単発で，整然としている．中郭は館跡西側からの通路に連なり，不定形な5段の平場に16棟の掘立柱建物跡が検出されている．また北側の谷合平場では水溜めや湧水施設が発見されている．

　北郭（図Ⅲ-2-6）は3つの平場と堀切・土塁などからなる．第1平場は総柱の大規模な掘立柱建物跡を中心に，長屋風建物や櫓風建物，櫓門風建物などが取り巻いて，24棟の掘立柱建物跡が検出されている．第2平場は第1平場と堀切で区画され，橋が架かる．中心に2×5間で南・北に庇の付く東西棟の掘立柱建物跡があり，2回建て替えられている．櫓風建物など10棟が検出されている．第3平場は北郭の北端で，コ字形に削平されて作り出されている．東西約20 m×南北約7 mの総柱の掘立柱建物跡の南に，東西約4 m×南北約6 mの掘立柱建物跡が取り付く，特異な構造の建物跡もある．9棟の掘立柱建物跡が検出されている．この第1～3号平場の周囲には小規模な平場があり，掘立柱建物跡や柵跡が配されている．ほかに水溜めや石群，焼土なども確認されている．

　出土遺物は中郭頂部の平場に集中し，古瀬戸・在地産瓷器系陶器・土師質土器・硯・鉄斧・手斧・漆器などであり，南郭では土師質土器皿が主である．北郭では整地層や崩壊土，石群の中から，磁器・古瀬戸・在地産瓷器系陶器・土師質土器・瓦質土器・石製品・鉄製品・銭貨などが出土し，高麗青磁の陶枕片

204　Ⅲ　城と館

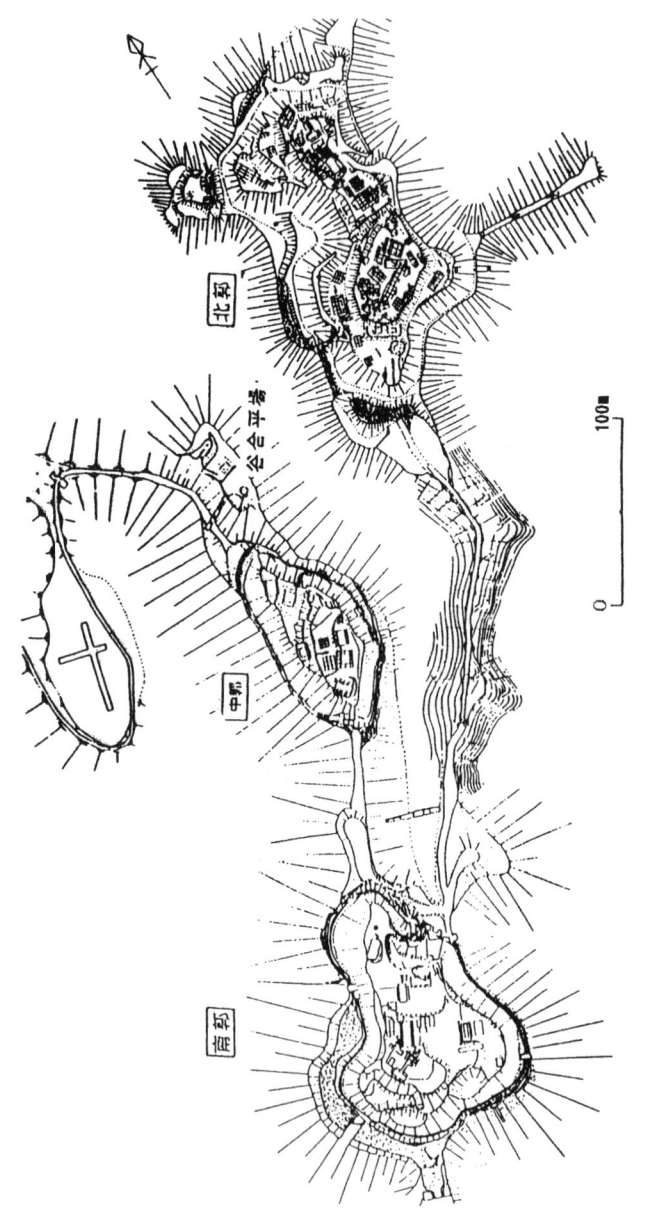

図Ⅲ-2-5　熊野堂大館跡

2 南北朝・室町前期の山城 205

図Ⅲ-2-6 熊野堂大館跡北郭

も含まれている（小野正敏の教示）．出土遺物の偏在性は，郭や平場の機能分担を如実に表現している．

　出土遺物の年代は14〜15世紀とされ，筆者の印象としては15世紀後半までは下らない可能性が高い．したがって，鎌倉時代末期から南北朝・室町時代前期の山城である．調査者は「…（前略）…名取熊野三社（本宮・新宮・那智）に囲まれた位置にあり，かつ熊野信仰の対象として仰ぎ見られた名取熊野三山（高館山・大門山・五反田山）にも取り囲まれている．こうしたことから大館跡は熊野信仰布教にかかわった修験集団の政治・軍事・宗教面での根拠地であったと考えられる．…（後略）…」〔恵美1993〕と意義付けている．

　以上概観してきたが，確認できる範囲で特色を列挙してみたい．①切岸と堀切を主たる防衛線としながらも，土塁も利用されている．②削平を主として平場を造成している．③平場毎の機能分担が認められる．④軍事的な側面ばかりでなく，政治的・宗教的な側面が強く感じられる．⑤建て替えは最大でも3回で，長期間の存続は推定できない．⑥比高差はあまりなく，天険の要害とまでは言えない．⑦宗教勢力の築いた山城である．

5　南北朝・室町前期山城の実像

　陸奥南部の14〜15世紀前半の4つの山城跡の調査例を概観し，いくつかの共通点が指摘できる．①切岸と堀切を主たる防衛線とし，切土は沢部に排出する．②切岸直下に帯状の平場が作られる．③土塁はほとんど利用しない．④平場の機能分担が認められる．⑤比較的低い丘陵に立地し，天険の要害とは言えない．⑥軍事的側面ばかりでなく，生活感や政治的な側面の比重が高い．⑦城跡としての存続期間が短いものが多い．⑧戦国期に再利用されない場合がある．などである．⑦・⑧についてまだ今後の検討の余地は大きいが，①〜⑥は南北朝・室町前期の山城の要件となりうるであろう．

　切岸を主として築かれた館は，樹木の中に切岸で切られた山肌を露に，一段と際立ってその偉容を誇示したことであろう．それはすでに指摘したように〔飯村1994d〕，当時の在地支配や民衆の動員のために不可欠な要素となりつつあった．鎌倉時代末期から南北朝・室町時代前期の動乱を背景として，こうし

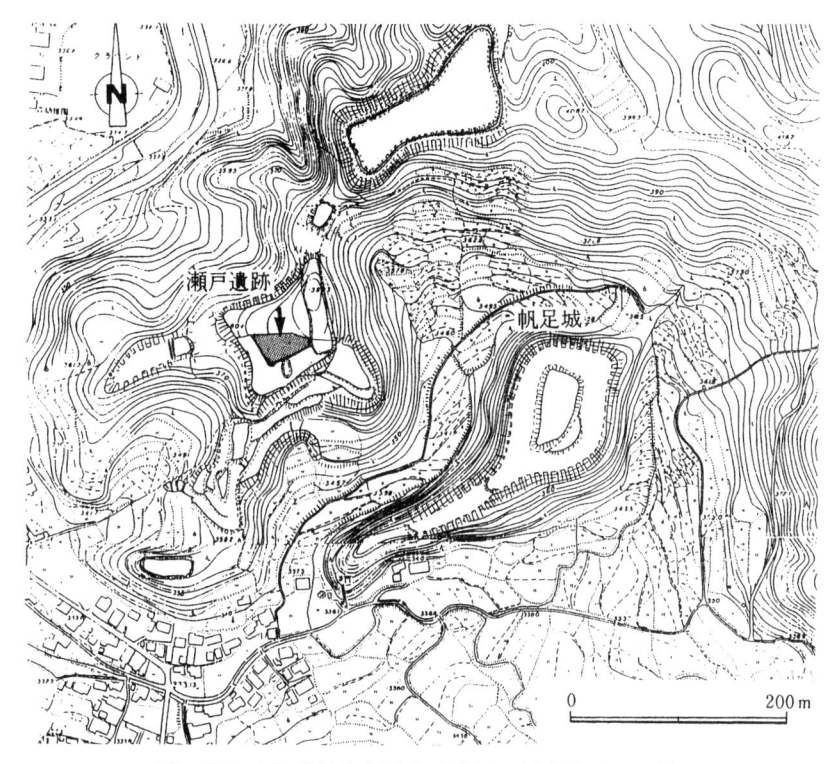

図Ⅲ-2-7 瀬戸遺跡概念図（原図作成＝玉永光洋・江田　豊）

た山城が形成された．そして，少なくとも福島県田村地方では，戦国時代までの在地領主の居館型山城の形態をも規定している〔飯村1994d；千田1994b〕．

千田嘉博はすでに，同様の指摘を全国的な視野から行っている．そしてより明快に，「鎌倉・南北朝期の山城＝切岸の壁」，「室町期山城の成立＝切岸と堀切」と論じている〔千田1994a〕．前者の事例として挙げられている大分県玖珠郡玖珠町瀬戸遺跡（図Ⅲ-2-7）は，比高差約40mの丘陵先端に立地し，方半町近い区画を溝と柵列で形成し，やや平坦面を帯状に残して，堀切や切岸で防衛線を作っている．鎌倉時代から南北朝期の山城である〔小柳1994〕．比較的低い丘陵に方形居館を乗せた印象であり，在地支配に比重を置き始めた陸奥南部の山城と比較しても，その性格に共通点が看取される．

齋藤慎一は「十五世紀中頃より，領主は自己の要害を恒常的に維持する必要

性を認識し，本拠に『要害』を取り立てる．その多くは前時代まで使用したことのある城郭の「再興」と称するものであった．」とし，「十五世紀中頃という時期に大きな画期」があるという卓見を示している〔齋藤1991〕．筆者も基本的にはこの見解に賛同するものであるが，先入観にとらわれず，地域毎に調査事例をもとに分析・検討した上で，城館の発展過程を再考することが必要な時期にきている．それこそが，日本城郭史の正当な評価につながるものと考える．

　近年，中世城館の発生に関して，北東北地方との関わりがつとに指摘されている〔八木1989；大平1994；千田1994a；本堂1994；室野1995〕．まさに平安時代から鎌倉時代前期の城館の実態を明らかにし，その発生・発展過程を明らかにすることが，次に課せられた課題と考えている．

3 「館跡」「城跡」という遺跡

はじめに

「城跡・館跡て一体何だろう？」と私は最近, 自問する. 十年前であったらそんな疑問を差し挟む余地はなく,「土塁や堀跡で囲まれた空間」を取り敢えず「城跡」「館跡」と呼んでおけば, 埋蔵文化財としての取り扱い上も何の問題も生じなかった. しかし, 最近の急激な埋蔵文化財調査の進展は, あらゆる地形・立地の遺跡を掘り尽くし, 従来の城跡・館跡の概念では捉え難い遺跡の実態が明らかになりつつある.

その多くの調査事例を目の当たりにする度に,「『城跡』『館跡』という先入観が, 遺跡の評価を歪めてはいないだろうか.」あるいは,「土塁や堀跡に囲まれた空間（遺跡）だけを『城跡』『館跡』と呼んで良いのであろうか.」「『城跡』『館跡』である前に,『遺跡』として評価するべきではないのだろうか.」多くの蓄積された調査事例も下に, 先入観を交えず, 冷静に, 客観的に再検討・再評価すべき時期ではないだろうか.

この視点でいち早く問題提起したのは工藤清泰である. 工藤は青森県浪岡城跡の調査を通して, いくつかの重要な指摘をしている. 工藤氏は「KURUWA」論で,「曲輪」という概念自身を否定している〔工藤 1989；柴田 1992〕. また, 浪岡城跡が「城下町」を包摂した「都市」であると指摘し〔工藤 1990〕,「城跡」は「村落が都市に発展する一階梯の構築物」と定義付けている〔工藤 1991〕.

従来の概念にとらわれず, 地域に在って調査成果を素直に解釈した結果であろう. その評価については当然異論もあろう. しかし, 私はこの提言は, 真摯に受けとめるべきと考えている. つまり,「城跡」という名称に付き纏う先入観や固定概念を排除し,「遺跡」として素直に評価した結果だからである.

本節では工藤らの問題提起を継承しつつ，陸奥南部における最近の調査事例から，遺跡としての「城跡」「館跡」について考えてみたい．

1　福島県川俣町河股城跡——谷に展開する遺構群——

河股城跡〔高橋ほか1993・1994〕（図Ⅲ-3-1・3-2）は福島県の中通り地方北部，福島市の北西部の山間地，川俣町の南西部に位置する．標高332m，比高差130mで，東西約1.3km，南北約1.2kmの大規模な山城である．縄張図は高橋圭次によって提示されている．文献史料では南北朝期にさかのぼるものもあるが，概ね天正年間の記録がわずかに確認できるのみである．

城域の約1.6%が調査され，鎌倉時代の遺構群を始めとして，城跡が15世紀後半から16世紀後半まで機能したことが明らかになった．調査成果の詳細は本報告の刊行を待たねばならないが，ここではⅡa区の調査成果に注目したい．Ⅱa区は河股城跡の最高峰の曲輪の北方150mに位置し，北に張り出すやせ尾根と，北東に開く沢である．縄張調査では，尾根部に狭い帯状の曲輪が確認されたのみであった．

筆者はこの調査成果を拝見して，驚嘆した〔飯村1994e〕．尾根部の狭い曲輪に展開する建物群は勿論であるが，谷の中に溝跡で区画された屋敷群の存在に驚いた．現在では水が常時湧くような谷に，溝跡で1辺20m前後の方形に区画し，区画内は囲炉裏を伴う建物や付属の建物，井戸跡などで構成される．時期は15世紀後葉〜16世紀後半に比定され，李朝粉青沙器なども出土している．出土遺物を見ると，漆器や木製食器やその未製品，木製品が多数出土し，鹿角や牛角，漆砥石なども出土している．この事実から，漆職人や角・骨の加工職人などが，谷の整然と区画された屋敷地に居住したことが明らかとなった．

調査地の現況からは想像もできない調査成果であり，従来の発掘調査では調査対象になり得なかった立地であったからである．山城の丘陵部だけの調査や，現況で曲輪としての平場が確認できないほど埋没した谷を積極的に調査することは，従来の概念を越える事であったと言わざるを得ない．しかも，この谷は，水が湧き，日当たりはそれほど良くない，北東に開く谷であったのである．こうした劣悪な環境での職人の屋敷地群の存在は，城跡全体の中でその意義を考

3 「館跡」「城跡」という遺跡

図Ⅲ-3-1 河股城跡縄張図

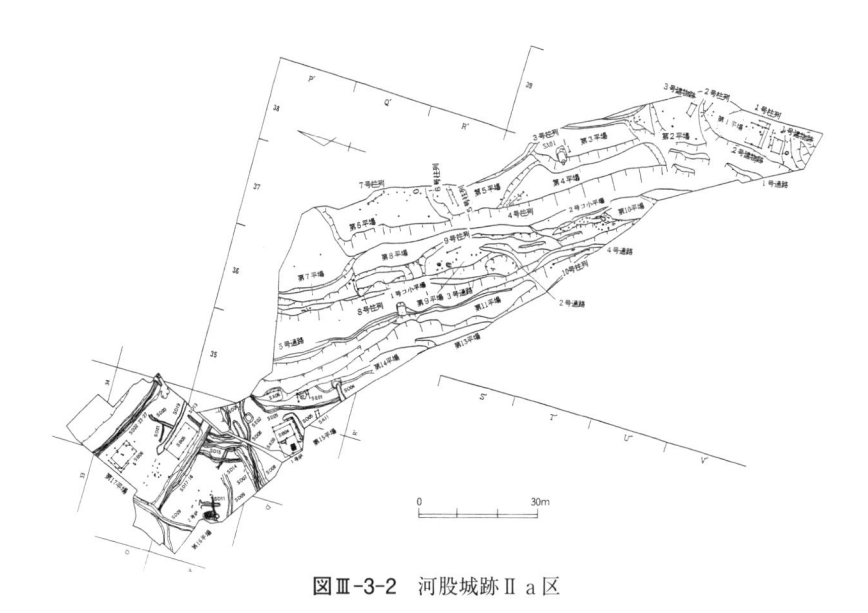

図Ⅲ-3-2 河股城跡Ⅱa区

えざるを得ない.

　つまり河股城跡では，現況で確認できる丘陵部の曲輪＝城跡は「氷山の一角」であり，沢・急斜面部を含めて，町屋・屋敷を含めた遺跡全体が「山城」なのである．これは従来の山城の概念を越えた「山城」＝遺跡と理解せざるを得ないし，山城＋根小屋＋集落（城下町）といった図式ではなく，「山城」と呼ばれる空間に包摂される屋敷・町屋（集落）と理解せざるを得ない．

　歴史上ほとんど知られることのない山城も，こうした町屋・屋敷を含めた「城跡」＝遺跡と評価する必要性が指摘された．もし従来のように，軍事的な側面だけから，あるいは縄張調査だけから予断を持って限定して遺跡を評価した時に，発掘調査のメスが入らずに，遺跡の空間的な広がりを理解できず，「城跡」＝遺跡の歴史的評価を誤ったことであろう．

　同様の事例は，福島県いわき市久世原館跡〔高島ほか 1993〕の谷の遺構群の評価についても指摘でき，軍事的な意味のみでない地形的・空間的な広がりを含めて，「城跡」＝遺跡と評価する必要性が迫られている．また，同じ川俣町の梅窪遺跡〔高橋ほか 1996；川俣町教委 1995〕[1]では，丘陵斜面を段切した平場に，15世紀から17世紀の「在家」が調査され，現況の調査では城跡とも考えられた遺跡が「在家」と評価されたことは，やはり地域における城跡研究に一石を投ずることとなった．城跡という一定の予断を持って遺跡を調査すると，その歴史的な評価を誤る可能性がある好例であろう．

2　福島県いわき市匠番柵館跡・殿田館跡——山間部の極小の山城——

　匠番柵館跡・殿田館跡〔鈴木ほか 1995〕は福島県いわき市の北西部，三和町差塩に位置し，標高 500 m 前後の阿武隈高地南端の山間に位置するが，隣接する小野町——中通り——方面への交通の要衝でもある．差塩＝「さいそ」という地名が，近世の「塩の道」と関わる地名であるからも，交通の要地であることがわかる．両館跡は現在のその道を臨むように，道を挟んで東西に立地し，さらに道を挟んで北には屹館跡が存在する．この差塩地区は既述のように交通の結節点ではあるが，阿武隈高地の閉ざされた小空間とも考えることができる．

　東に立地する匠番柵館跡（図Ⅲ-3-3・3-4）は，標高 514 m，比高差 30 m を

3 「館跡」「城跡」という遺跡　213

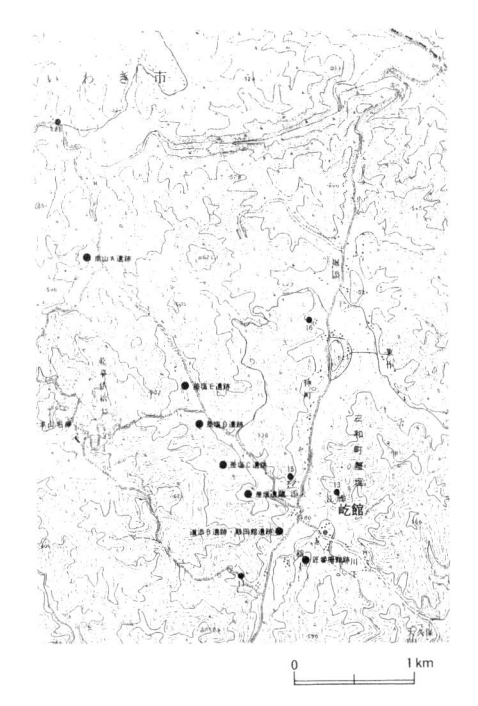

図Ⅲ-3-3　匠番柵館跡・殿田館跡・屹館跡位置図

測る丘陵上に立地する．基本的には，60 × 30～50 mの矩形を呈する頂部の平場1とその周囲の土塁，さらにその周囲を取り巻く「腰郭」と称される細長い平場2で構成される．この周囲の斜面や谷にも大小の4箇所平場が散在するが，直接的な関連性は疑問視されている．平場1は削平が甘く，北側でやや高くなり，縄文時代と考えられる竪穴住居跡2軒が遺存していたほどである．

　平場1の周囲を巡る土塁は，基底幅1.2～1.5 m，高さ0.2～0.5 mを測り，旧表土に直接黒褐色土を盛土することによって構築し，版築はなされていない．平場2は土塁構築に伴い，旧表土を削り取ることによって造成された．平場1の約1/3ほどしか調査されていないが，土塁・平場以外に縄文時代の遺構しか検出されていない．

　調査区外ではあるが，出入り口を推定するとすれば，旧道などの推定から，調査区外の南側であろう．中世の遺物は，東側谷部平場から出土した瓷器系陶

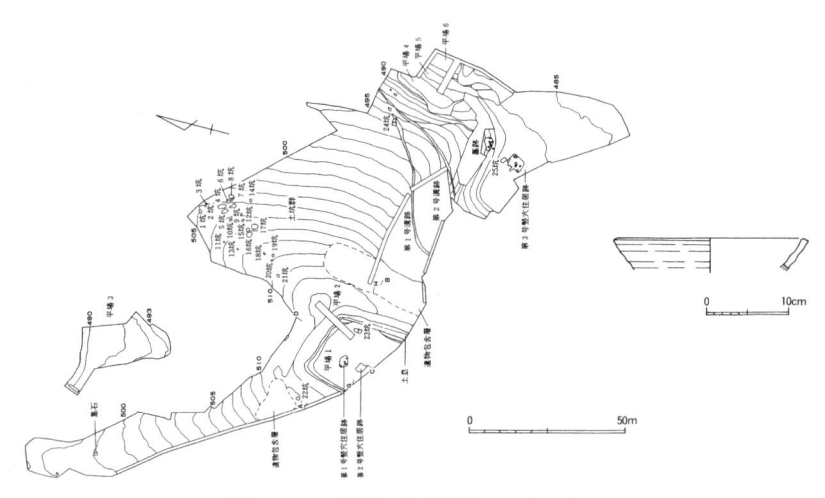

図Ⅲ-3-4　匠番柵館跡全体図，出土陶器

器甕の体部片2片，鉢の口縁部片1片であり，鉢は在地産で13〜14世紀と推定されている．

　西側に立地する殿田館跡〔江川1995〕(Ⅵ区，図Ⅲ-3-5)は，標高516 m，比高差34 mを測る丘陵上に立地する．西側を堀切と土塁で，北・南側を土塁で，東側を切岸で区画された，27〜7×23 mを測る台形の平場と，その東にある細長い帯状の平場2箇所で構成される．台形の平場はほぼ平坦であるが，北西側の1号掘立柱建物跡付近が一段高くなる．

　土塁は平場北・西・南に巡るが，基底幅6.6 m，最大比高差3 mを測る．西側が高く，東側が次第に低くなる構造で，約10〜20cmの厚さで版築して構築され，約45°の勾配となる．堀切は上端幅8 m，底幅2 m，比高差3.5 mを測り，断面形は逆台形を呈する．約1/3ほどしか，埋没していないが，自然堆積を呈する．

　台形の平場では掘立柱建物跡1棟，ピット，土坑1基，帯状の平場では掘立柱建物跡1棟を検出した．出入り口は断定できないが，周辺の現況観察から南東隅の可能性が高い．建物跡の形態から推定できることは少ないが，平場北西隅に位置し，一段高く，東西棟の建物1棟が最大2時期程度しか，想定できない．また，「恒久的な建物」でない可能性も否定はできない．帯状の平場の建

3 「館跡」「城跡」という遺跡 215

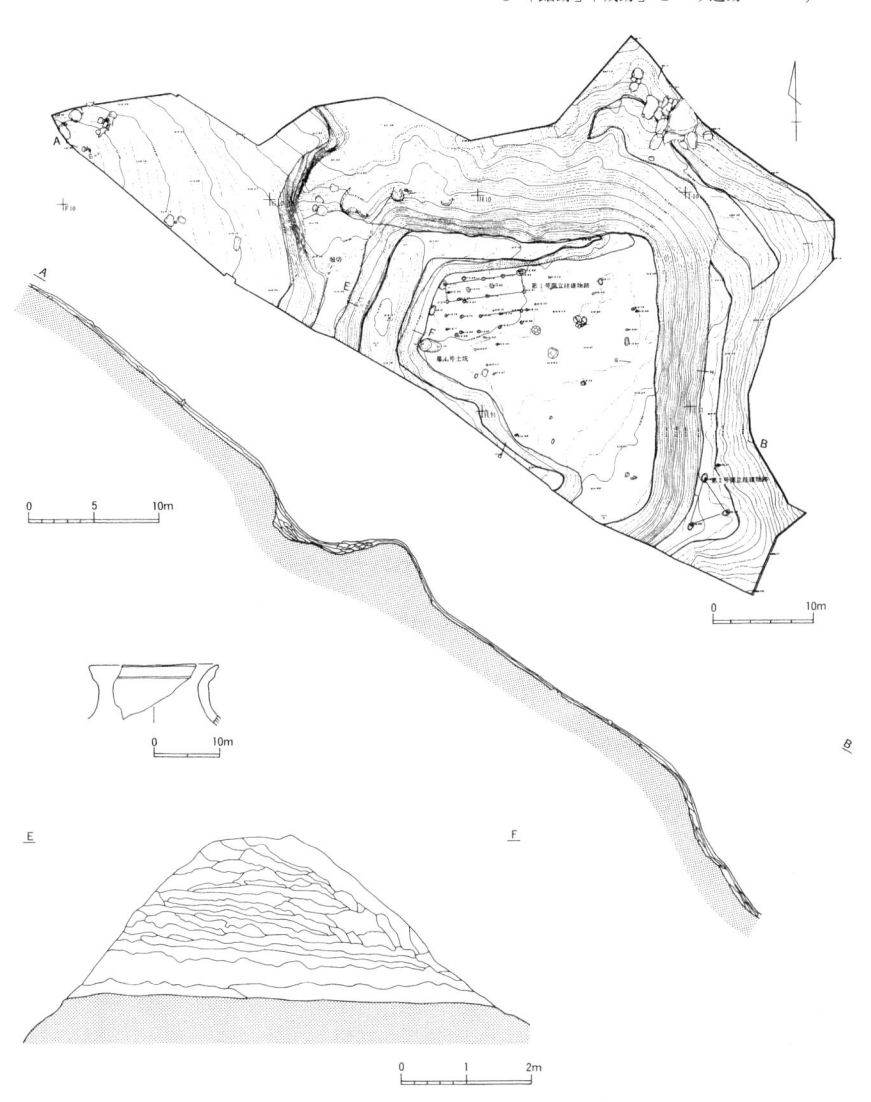

図Ⅲ-3-5 殿田館跡全体図,北東谷(Ⅰ区)出土陶器

物は,特異な建物——櫓台あるいは掛け作りなど——が推定できる.遺跡内での中世の出土遺物は,殿田館跡北東側(Ⅰ区)の谷から墨書のあるかわらけ1点と,瓷器系陶器壺2点が出土し,14世紀に比定される〔飯村 1995d〕.

調査者は「差塩地区は，田村郡に通じる中世岩城領域の北西端ということもあり，前線基地として差塩八館などの伝承が残る地域」〔鈴木ほか1995〕であり，「調査を実施した二つの館跡…（中略）…時期差と普請状況の差異など，該期の城館跡の変遷を追うことができる」〔鈴木ほか1995〕としている．また，「殿田館が集落から見通せる丘陵上の先端部に構築されていること，比較的狭い平場空間を有し，防禦施設として堀切と土塁をもつことから，概ね，岩城氏が国人領主から戦国大名化する15世紀後半から16世紀前半に機能していたと推測される．」〔江川ほか1995〕

前述の北側に所在する屹館の縄張りを中山雅弘提供の概念図（図Ⅲ-3-6）を下に検討する．隅丸方形の単郭で，二重に堀と低い土塁が巡る構造で，出入り口に折れが伴う．平場は1辺約50mの規模である．縄張りの形態的な変遷を単純に見れば，中山のご教示通り，古いほうから匠番柵館跡→殿田館跡→屹館跡の変遷が推定できる[2]．

両館跡とも小規模で，不整形な単一の平場で主に構成され，土塁等で区画されるが，平場内の遺構は稀薄であり，時期を比定できるような出土遺物も皆無であるという共通点がある．一方，匠番柵館跡は①平場の削平が甘い．②土塁は盛り土のみである．③遺構・遺物はない．という特徴がある．殿田館跡は①館全体の規模に比すると大きな，堀切と土塁で区画される．②東側に土塁等の遮蔽施設がない．③中心的な建物は一段高い位置に，東西棟で1棟のみである．④出土遺物はない．などの特徴がある．

匠番柵館跡の土塁は貧弱で跨げる程度であり，平場の削平も甘く，遺構・遺物が稀薄であることは，果たして恒常的な軍事施設と評価して良いのだろうか？　また，殿田館跡は道やムラから見える東側を開放し，平場内の遺構は貧弱で，遺物は皆無である．これもやはり恒常的な軍事施設と評価できない．もちろん，西側の土塁・堀切を見れば防御性は一概に否定はできない．

筆者は両館とも恒常性・軍事性については疑問を持っているし，例えば殿田館跡については，社殿のような宗教施設の可能性さえ考えている．つまり，本当に「館跡」という遺跡なのかということさえ，疑問視しているのである．「『館跡』という必要十分条件はいったい何だろうか．」

また，岩城氏領域前線という評価や交通の要地にあるという評価から，恒常

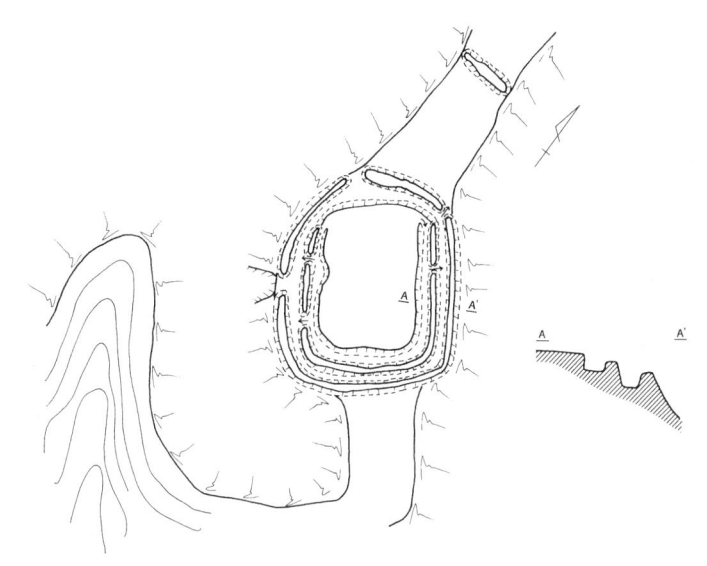

図Ⅲ-3-6　屹館跡概念図（中山雅弘氏提供）

的でない軍事的な「砦」のイメージも否定はできない．近世の岩城街道は小野町小野新町〜いわき市三和町上三坂の経路が推定されている〔小林ほか1985〕．さらに，「永禄六年北国下り遣足帳」では「(前略) 六月十二日岩城ヨリ田村へ越ス (中略) 四十五文　ミサコヨリ小野マテノ駄賃」〔山本・小島1992〕とあり，ミサコ (三坂) から小野を目指したことがわかり，1563年には既に近世岩城街道が主たる経路であったことが推定できる．

したがって，同時代資料ではないが，いわき地方と田村地方を繋ぐ主たる経路が差塩であったとは言えない．「塩の道」ではあるものの，副次的な経路としか考えられないのである．前述の臨時的な「砦」という評価については，「館」「館下」とうい小字名や「殿田」といった通称地名が残っている事実からすると，地域の象徴として永く伝えられた遺跡と評価することが可能であることから，地域に根差した遺跡と考えるほうが妥当であり，臨時的な施設は考え難い．

こうした山間部の極小規模な山城については，横山勝栄らの一連の研究〔井上1988；横山1989・91・95・96；藤木1995〕により，非軍事性・在地性が強調さ

れ,「村の城」と呼ばれたりする.この「村の城」の定義も未だに曖昧で,研究者それぞれのイメージが一人歩きしているだけのような気がする〔城郭談話会ほか1992；中世城郭研究会ほか1995〕.本調査例は,住んでいない山城である非日常性と,地域のどこからでも見えるような場に作られている象徴性を持って,「村の城」であると,言い切ることはできないことは十分承知している[3].

　しかし,本例は区画施設を持つという意味では,従来の考え方で,一応「館跡」ではあるが,前述のように評価は多様である.屹館を含めて近接する3つの館跡が,在地の中で発展を遂げていることは,調査者や中山氏も指摘するところではある.改めて年代観も含めて,「村の城」あるいは,「城跡」「館跡」という遺跡が,何かを考えさせてくれる事例とは言える.

3　遺跡としての「城跡」「館跡」

　1994年に,調査担当者の道澤明に案内頂き,千葉県光町篠本城跡〔道澤ほか1995；道澤1998〕[4]という山城の全面調査を拝見させていただいた（図Ⅲ-3-7）.求心性のない均質な平場,機能分担の感じられない平場・堀跡,堀跡に区画された台地の外側にも展開する平場に驚嘆した.14〜15世紀の大規模な山城であり,日常性や均質性,増殖性を考慮すると,「本当に城と呼んでよいのだろうか？」と素朴に思った.

　本報告も刊行されていない中で,地域の歴史的な状況がわからない筆者が論ずる立場にはないが,「一揆の城」あるいは「集村化した村」とでも呼びたくなる状況であり,「村と城をどう区別したら良いのだろうか？」と考えさせられた.それと同時に,冒頭で述べた工藤清泰の指摘が想起された.

　前述の極小規模な山城は,非軍事性・非日常性・在地性・象徴性から,いわゆる「村の城」と呼ばれることもある.造営主体などの問題はあるが,「館跡」を含めた村の象徴的な構築物の可能性が指摘できる.さらに,河股城跡の事例は,軍事的な側面だけでは捉え切れない,「城跡」という遺跡の空間的な広がりを指摘できた.

　堀・土塁といった区画施設が軍事施設として一概に捉えることができない現状[5]では,この区画施設に区画される空間を,「城跡」「館跡」と定義するこ

3 「館跡」「城跡」という遺跡　219

図Ⅲ-3-7　千葉県篠本城跡全体図

とは，結果的に先入観を付与して，遺跡の歴史的な評価を歪める事にはならないだろうか．

おわりに

私は以前にも論じたことはあるが〔飯村 1994d；飯村 1997e〕，先入観を持たず，「城跡」「館跡」である前に遺跡として評価すべきと考えている．遺跡という歴史的な空間＝「場」として評価しなければ，「城跡」「館跡」が，あるいは「ムラ」が何かも見えてこない気がする．

既に多くの研究者が折に触れて指摘していることで，改めて論ずるまでもない，当然のことかも知れない．しかし，近年の遺跡の調査を拝見させていただいた中での素朴な疑問であり，感想である．自戒と反省の念を込めて，敢えて論じさせていただいた．

1) 高橋圭次は下記の文献で，丘陵地である川俣町での「館跡」「屋敷跡」を，現況観察と文献史料を分析し，分類と年代推定，歴史的意義を論じている．高橋圭次

1997「伊達郡川俣町の旧大綱木村の館跡と屋敷跡」『福島考古』第38号，福島県考古学会
2) 中山雅弘の所見を詳細に教示いただいた．明記して，感謝したい．
3) 下記の文献は，宝徳3 (1451) 年岩城清隆が小峯氏に宛てた書状であり，「さいしょ」が現在の「差塩」であれば，国人領主同志に支配関係の変更に伴う，在地側の抵抗を示しており，前述の館跡の意義を考える上で，興味深い．なお，文献史料等については中山雅弘にご教示いただいた．

「78〔有造館本　結城古文書写〕国立国会図書館蔵
　一　岩城清隆書状
　　態令上候，抑蒲田之御陣，悉被成御利運候，御大慶無是非候，以参上，御吉事可申上之処ニ，此方之事，日夜無由断候之間，心存不参候事，背本意候，
　　一従田村，御警固預候，併以御意如此之間，御芳志之至，千万々畏入候，
　　一先日進之候，御領之内ニ，長井さいしょの事ハ，いまも百姓等在所ニい申候所ニ候ヘハ，近々ニ被成御代官，御領之様をも見せられ候ハん事，目出度存候，委細之旨，良慶申含候，定可被申上候，恐々謹言，
　　　三月廿三日　前周防守清隆（花押）
　　　謹上　小峯殿
　　　　　人々御中
　　（異筆）
　　　『右状ノ上包ニ
　　　　　宝徳三　三廿六　　　岩城ト有』」
　　いわき市 1976『いわき市史　第八巻　原始・古代・中世』
　上記の文献について，伊藤喜良は「百姓がまだ居住していますなどと，わざわざ申し送っているのは，在地の百姓の逃亡・逃散が日常茶飯事であったことを暗示しており，各領主が百姓の土地緊縛にきわめて神経質になっていたことなどを知ることができ，岩城氏と小峯氏との間における百姓支配に関する相互援助，協力の実態を浮彫りにしている．」と論じている．
　　伊藤喜良 1978「国人領主と角逐の時代」『中世奥羽の世界』東京大学出版会
4) 同じ千葉県の木更津市笹子城跡も大規模な山城であり，その評価が注目される．
　　柴田龍司 1993「笹子城跡の概要」『研究連絡誌』第37号，財団法人千葉県文化財センター
5) 古代東北地方北部の「防御性集落」「囲郭集落」などの評価や，中世でも土塁や堀跡に区画された寺院跡の調査例もあり，定義を困難にしている．
　　中世城郭研究会ほか 1997『第14回全国城郭研究者セミナー　シンポジウム「中

世城館の成立について——古代末期の東北地方を中心として——」』

 福島県梁川町輪王寺跡は調査の結果，約300 m四方の長方形に，築地と堀で区画された寺院跡であることが明らかとなった．しかし，現況観察だけでは一見，土塁と堀で区画された館跡とも推定された．

 寺島文隆ほか1991『茶臼山西遺跡・輪王寺跡』梁川町教育委員会

 鈴木啓ほか1996『輪王寺跡Ⅱ』梁川町教育委員会

IV　ムラとマチ

1 中世奥州のムラ

はじめに

「ムラ」とは,何だろうか? 文献史学や歴史地理学などでは,「村落共同体」のことであり,社会的に,あるいは地縁的に有機的な関係のある共同体である〔宮滝1995〕.また,耕地などの経済基盤を含めて「ムラ」と呼ぶ場合もある.考古学で言う「ムラ」は,集落遺跡であり,特に中世考古学で言う「ムラ」は溝などで区画された屋敷地の複合体であり,その屋敷地の中は,建物や井戸,土坑,柱穴などで構成される.しかし,集落遺跡であっても,「ムラ」と評価される場合だけでなく,「町」「市」「津」「泊」「館」「寺院」などと評価される場合もある.考古学で言う「村」は現状では極めて曖昧と言わざるを得ない.しかし,同時に考古学では,概念規定できるほどの研究の蓄積もない現状である.したがって,本節で言う「ムラ」とは,「村落共同体」を構成する基本的な単位の可能性のある屋敷地あるいはその集合体と理解して大過ないであろう集落遺跡であるという程度に理解せざるを得ない.

筆者はかつて,陸奥南部の中世村落の様相をまとめたことがある〔飯村1989〕.この時点で筆者は,畿内での研究を主に参照し,それを援用する形で集落遺跡の評価を試みた.この評価はすべて誤りとは言えないが,中世集落遺跡の実像を反映しているとは言い難いと,現在では考えている.その後筆者は,一つの地域——福島県田村地域——を事例として,集落遺跡の屋敷地の変遷を,東北地方北部における高橋與右衛門の研究〔高橋1989〕に拠りつつ,建物遺構と立地の視点から主にとらえることを試み,画期を検討したことがある〔飯村1996b〕.一方,山中雄志は中世前期の館を中心とした村落景観を,歴史地理学的な視点から分析し,復元を試みている〔山中1996〕.また,田中則和らは仙台平野の中世集落の様相について触れている〔田中ほか1995;田中2000〕.

筆者は集落遺跡において主に構成する建物遺構の存在形態により，東国の集落を「掘立柱建物跡を主体とする集落」「竪穴建物跡を主体とする集落」「壁支建物跡を主体とする集落」の三類型に分ける試案を提示している〔飯村ほか2001〕．このうち「竪穴建物跡を主体とする集落」については，「市」「津」などの可能性を提唱している〔飯村1994b・99a・b〕．また，「壁支建物跡を主体とする集落」については，陸奥地域では明確な調査例がない．したがって本章では，「掘立柱建物跡を主体とする集落」のみを取り上げることとなる．

 陸奥の中世前期――特に鎌倉時代――の集落遺跡を概観すると，陸奥南部――宮城県・福島県域――の事例しかなく，陸奥北部の事例は皆無と言って良い．遺跡の調査事例でも，奥州藤原氏時代――12世紀――の遺跡は多い〔日本考古学協会2001〕が，鎌倉時代の確実な遺跡は，青森県藤崎町大光寺新城遺跡〔渡部ほか1997〕，岩手県二戸市諏訪前遺跡〔二戸市教育委員会2001〕など数例である．逆に，陸奥南部では12世紀の遺跡は少ない．これは，政権の変化――奥州藤原政権から鎌倉政権へ――を反映した現象であり，当然と言えば当然ということもできるが，これほど少ない陸奥北部の現状はにわかには理解し難い．古代末から中世へと，遺跡が減少することは，筆者も良く指摘していることではあるが，集落遺跡の少なさは異常とも言える現象である．

 これについて筆者はかねて，食器様式と居住形態の変化の結果と考えてきた．つまり，木器・漆器を主たる生活用具とし，壁支建物などの遺構としては発見され難い建物を主たる生活の場と仮定したときに，かなり意識を持って発掘調査したとしても，考古学的に発見できる可能性は極めて低い．もし仮に，これが事実であり，こうした発見できない集落遺跡が多数とすれば，現在，私達が集落遺跡として評価している遺跡は，「氷山の一角」でしかないのであり，集落研究自身の意味が問われかねない．しかし，現状では，諦めず集落遺跡研究の方法を模索しながら，地域において実証的な調査事例を積み重ねる努力を継続していかざるを得ない．その向こうに必ず，集落研究の新地平は見えてくると考えている〔飯村ほか2001〕．

 以上のような困難な研究の現状を踏まえて，本節では，鎌倉時代の「掘立柱建物跡を主体とする集落」の陸奥南部の様相を概観することとしたい．その際に分析の視点として，南関東の中世遺跡の立地から段丘斜面部・谷部を「中世

的な空間」とした坂本彰の指摘〔坂本1988〕や，立地条件を視野に入れた関東地方の集落類型を提唱した原田信男〔原田1999〕らの指摘を参考に，特に集落遺跡の立地に注目しながら，概観したい．また，集落遺跡の存続期間についても，移動・集村化の視点からも考えてみたい．

1 ムラの様相

陸奥南部の鎌倉時代の集落遺跡の様相を，立地の視点から分類して，概観したい．

(1) 低丘陵上に立地するムラ

福島県郡山市 勝利ヶ岡遺跡〔芳賀ほか1996〕(図Ⅳ-1-1・1-2)は平安時代から鎌倉時代の集落遺跡で，中世安積郡に位置し，郡山盆地南部の笹川台地上に立地する．調査Ⅰ区では，二間四間あるいは二間五間以上で柱間寸法が七〜八尺の掘立柱建物跡を核として，三時期以上の屋敷地が展開する．屋敷地の区画はなく，付属する建物跡の復元も不明な点は多く，屋敷地全体の規模は不明であるが，13世紀を主体とする屋敷地である．主屋の規模は約50〜90㎡を測り，比較的規模が大きい．井戸も11基確認されている．出土遺物はかわらけが多く，ほかに中国産青磁鎬蓮弁文碗，青磁盤・緑釉陶器盤，常滑甕・片口鉢などがある．

Ⅰ区南側に位置する調査Ⅱ区では，二間三間四面で柱間が七尺代の東西棟の掘立柱建物跡と，二間三間で柱間七尺代で約40㎡の掘立柱建物跡が中心建物となり，少なくとも二時期の屋敷地が存在する．前者の建物跡は形態から「御堂」などの宗教的な建物の可能性が高い．付属する建物や井戸跡，区画施設などについては不明な点が多く，屋敷地の規模は推定できない．出土遺物は青磁鎬蓮弁文碗，常滑壺・甕があり，Ⅰ区に比してかわらけが少ない．

本遺跡の北側に隣接する白旗遺跡では溝で区画された鎌倉時代の屋敷跡が検出され，かわらけも出土している〔郡山市教育委員会2001〕．本遺跡を単に独立した屋敷地と捉えれば，主屋の規模や出土遺物から独立自営的な比較的上層民と見ることもできる．しかし，笹原川南岸に展開する勝利ヶ岡・白旗遺跡を一

1　中世奥州のムラ　227

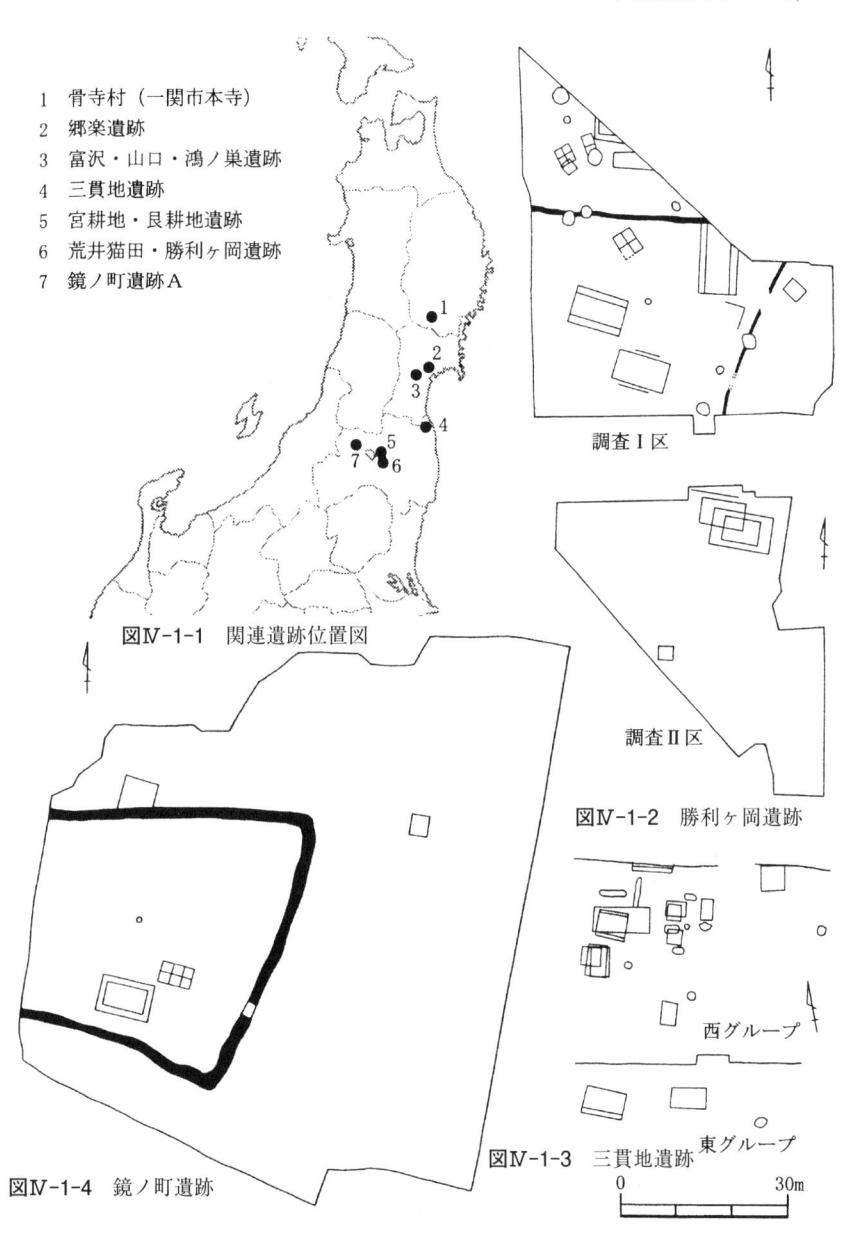

1　骨寺村（一関市本寺）
2　郷楽遺跡
3　富沢・山口・鴻ノ巣遺跡
4　三貫地遺跡
5　宮耕地・艮耕地遺跡
6　荒井猫田・勝利ヶ岡遺跡
7　鏡ノ町遺跡A

図Ⅳ-1-1　関連遺跡位置図

調査Ⅰ区

調査Ⅱ区

図Ⅳ-1-2　勝利ヶ岡遺跡

西グループ

東グループ

図Ⅳ-1-3　三貫地遺跡

0　　　　30m

図Ⅳ-1-4　鏡ノ町遺跡

体と見れば，鎌倉時代の溝に囲まれた方形の館跡（白旗遺跡）を核として，周辺に展開した屋敷群（Ⅰ区）及び宗教施設（Ⅱ区）と推定することができる．

その存続年代は13世紀中葉〜13世紀後半と推定され，鎌倉時代に成立し，消滅していることが特徴となる．出土遺物の組み合わせやかわらけの形態も都市・鎌倉に類似し，鎌倉政権に近い——例えば安積伊東氏のような——鎌倉御家人の一族などによる開発の拠点であった可能性が推測される．

福島県新地町三貫地遺跡〔鈴木ほか1987〕（図Ⅳ-1-3）は，相馬丘陵東端の台地上に立地し，7世紀後半から13世紀の集落遺跡である．中世宇多荘（郡）に位置し，鎌倉時代の屋敷地群と推定されている．屋敷地は調査区の西と東に2グループあり，三時期に区分され，基本的に主屋＋付属屋＋倉庫＋井戸という構成で変遷し，西グループは50㎡弱の主屋に20㎡前後の付属屋・倉庫が伴い，段階的な屋敷地の拡大が指摘されている．一方，東グループは20〜30㎡前後の主屋に井戸が伴うのみで，西グループに比して建物跡や屋敷地の規模がやや小さい．出土遺物は在地産の瓷器系中世陶器甕と常滑の片口鉢のみで，少ない．

建物跡の規模や屋敷地の建物構成をみると，独立自営的な上層民と推測され，強いて言えば東グループに比して西グループが上層であると考えられる．建物跡の重複が少なく，遺物も時期幅が少ないことから，13世紀を中心とする屋敷地群で，鎌倉時代のうちに成立し，廃絶した可能性が高い．なお，この遺跡について，筆者は前稿〔飯村1989〕で「古代から中世前期まで継続する村落」の事例としたが，坂井秀弥らの御指摘もあり，その後検討したところ，12世紀の確実な出土遺物や遺構がないことから，継続性については否定的とならざるを得ない．ここに訂正しておきたい．

(2) 河岸段丘面に立地するムラ

福島県塩川町鏡ノ町遺跡A〔和田ほか1997〕（図Ⅳ-1-4）は会津盆地の北側，阿賀川の支流田付川の河岸段丘上に立地し，中世には新宮荘に位置していたと推測される．遺跡は奈良・平安時代から鎌倉時代に至る集落跡で，古代は地方官衙の出先機関ないしは官人の邸宅とされている．中世は12世紀後半から13世紀前半の開発領主級の屋敷とされ，12世紀後半には段丘崖と溝跡により一辺40〜50mの方形の区画内に，二間三間四面の約64㎡の東西棟の大型掘立柱

建物跡を核に，付属する掘立柱建物跡・土坑が伴う．柱間は七尺，八尺，十尺代が併用されている．

13世紀前半になると，区画施設は不明であり，二間三間四面で東側に庇の付く，約74㎡を測ると東西棟の大型掘立柱建物跡を中心に，周囲に小型の掘立柱建物跡が7棟散在する．柱間は七・八尺代を基本としている．出土遺物は割花文青磁碗のみである．区画施設はないが，建物跡の分布範囲が屋敷地の規模と仮定すると，12世紀後半の屋敷地より13世紀前半の屋敷地の規模が拡大し，方一町程度になったと考えることもできる．出土遺物が少なく，建物跡の重複もほとんど見られないことから，屋敷地の存続期間は短く，12世紀後葉〜13世紀前葉と考えて大過ないであろう．鎌倉時代初期には廃絶した屋敷地と考えることができる．

(3) 丘陵・段丘斜面に立地するムラ

宮城県利府町郷楽遺跡〔菊池ほか1990〕(図Ⅳ-1-5) は，松島丘陵から樹枝状に分岐した北に伸びる標高50〜70mの起伏のある小丘陵の西・南斜面に立地している．中世には高用名・八幡荘付近に属していた可能性があるが，判然としない．遺跡は縄文時代から鎌倉時代の集落跡である．鎌倉時代と推定される建物跡は8棟で，区画施設はないが30m四方の狭い範囲に建物跡が分布することから，1つの屋敷地を形成していたものと推定され，一時期が2〜3棟で二時期程度の変遷が推定されている．

二間四間の側柱の東西棟の掘立柱建物跡を主屋とし，柱間は八尺代を基調としている．付属屋あるいは倉庫と考えられる掘立柱建物跡は，東西棟あるいは南北棟の二間三間あるいは三間三間で，柱間もばらつきが著しく，平面形もやや歪む．宮城県白石市東北窯〔藤沼1977b〕の製品と推定される瓷器系中世陶器甕が出土し，13世紀に比定されている．30〜40㎡代の規模を有する主屋を中心に，区画施設はないが，付属屋・倉庫も伴うことや30㎡以上の屋敷地規模が推定されることから，独立自営的な上層民の屋敷跡と考えて大過ないであろう．鎌倉時代に成立し，廃絶している．

福島県郡山市宮耕地・艮耕地A遺跡〔鈴木ほか1985〕は，丘陵地から沖積地に向かう変換点の丘陵斜面部及び谷部斜面に立地する．中世には田村荘に位置

230　Ⅳ　ムラとマチ

図Ⅳ-1-5　郷楽遺跡

図Ⅳ-1-7　艮耕地遺跡

図Ⅳ-1-6　宮耕地遺跡

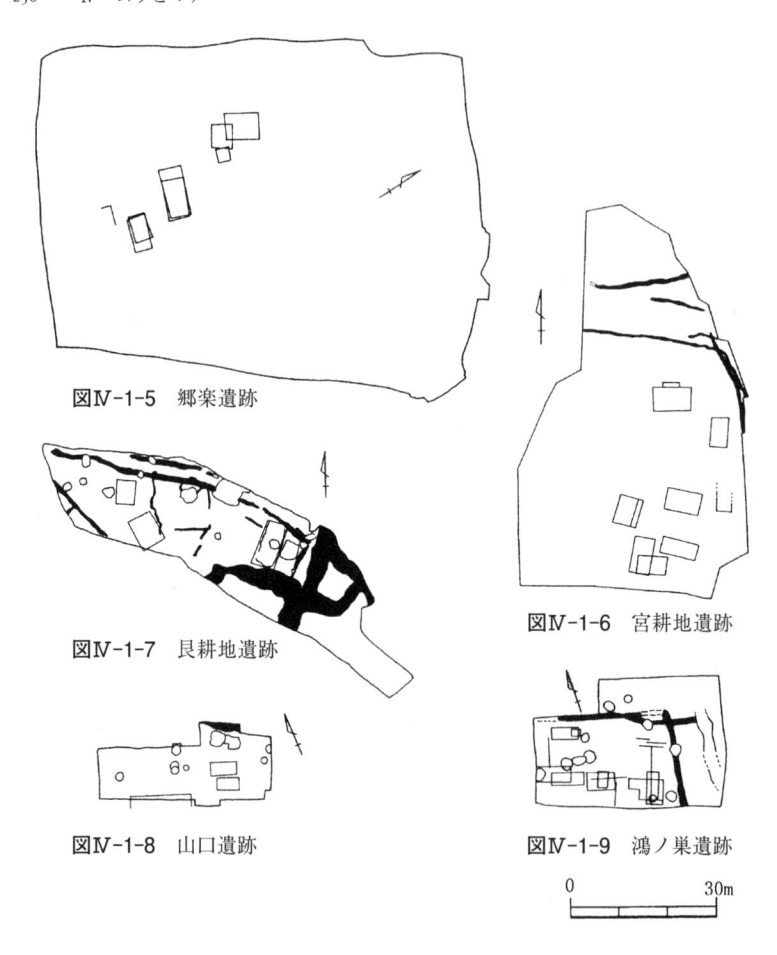

図Ⅳ-1-8　山口遺跡

図Ⅳ-1-9　鴻ノ巣遺跡

0　　　　30m

していたと推定される．宮耕地遺跡（図Ⅳ-1-6）は13世紀に8棟の掘立柱建物跡が二～三時期に変遷し，規模が20～30㎡で，二間三間の側柱の掘立柱建物跡を基本とする．掘立柱建物跡の平面形は不整形で，柱間もばらつきが大きいが，一応七尺代～八尺を基準としていたようである．庇の有無はあるが，ほぼ同規模の掘立柱建物跡が2棟1組で機能したようであるが，その機能分担については明言できない．境界標識として溝跡があり，屋敷地の規模は20m以上と推測される．出土遺物は手づくねかわらけのみである．

　鎌倉時代の独立自営的な階層と考えられるが，建物跡や屋敷地の規模が小さ

いのに比して，かわらけの出土状況は注目され，「立柱・上棟も呪儀」〔水野 1983〕が行われた可能性があり，上層民の可能性も視野に入れる必要がある．また，ほぼ同規模の建物跡が同時期に併存することは，同族的，血縁的な複数の単位集団（家族）の可能性も想定する必要がある．

　艮耕地A遺跡（図Ⅳ-1-7）は西に開口する谷部の北斜面に立地し，段切された面に整地層を挟んで大きく二時期の変遷が確認されている．整地層下層の地山面では竪穴建物跡，井戸跡，溝跡，柱穴群などで検出され，整地層上面では掘立柱建物跡，井戸跡，土坑，柱穴群などが検出された．前者は約30㎡の竪穴建物跡を中心に，素掘りの井戸や溝跡から20m四方以上の屋敷地が想定される．後者は一間二間あるいは二間三間の20〜30㎡の掘立柱建物跡を中心に方形横桟組井戸や土坑等の遺構が展開し，約30〜50m四方の規模を有する屋敷地となる．付属的な建物は推定できないが，竪穴建物や集中する柱穴群などから，存在した可能性は高い．出土遺物は手づくね・ロクロかわらけ，常滑系片口鉢，漆器，木製品，銭貨などで，13世紀に比定される．

　本屋敷地は13世紀に成立し，竪穴建物跡から掘立柱建物跡へ主な居住形態を変えながら，屋敷地規模を拡大している変遷が読み取れる．建物跡の規模や形態を考えると，上層民とは考え難いが，出土遺物や遺構を検討すると，下層民とも断じ難い．本遺跡の周辺に広がる可耕地の開発を目指した，独立自営的な階層で，徐々にその階層性を高めていった様子が変遷から窺える．

　宮耕地・艮耕地A遺跡はほぼ同時期で，同じ形態の独特の手づくねかわらけを出土する．また，地理的にも近接した位置にはあるが，その屋敷地の変遷過程や，遺構の構成要素が異なる．同じ地域にあって，同じ屋敷地（＝村）の構造とならないことに，多種多様な中世の村の様子を知ることができる．なお，両遺跡とも13世紀に成立し，13世紀のうちに廃絶（＝移動）していることが注目される．

(4) 沖積地，自然堤防上に立地するムラ

　宮城県仙台市山口遺跡〔佐藤1995〕（図Ⅳ-1-8）は，仙台平野南部の笊川の自然堤防に立地し，後述する富沢遺跡に隣接する．ともに宮城郡に位置していたと推定される．中世の水田跡と屋敷地が検出された．屋敷地は掘立柱建物跡，

井戸，竪穴建物跡，溝跡などで構成され，12世紀後半から13世紀前半に比定されている．桁行五間以上になる東西棟の大型掘立柱建物跡を主屋に，一間二間あるいは二間三間の20㎡以下の付属屋を二棟伴う．出土遺物はロクロかわらけ，常滑甕，渥美壺，中国龍泉窯系劃花文青磁碗，木製品（箸・ヘラ）などである．屋敷地の全体像は不明であるが，一辺30m以上の屋敷地が推定できる．周囲の後背湿地には広大な可耕地が広がり，12世紀後半に開発を前提に成立した屋敷地であり，独立自営的な上層民あるいは領主的な存在である可能性も否定できない．鎌倉時代初期に成立し，廃絶（＝移動）している点が注目される．

宮城県仙台市鴻ノ巣遺跡〔田中1992a・95〕（図Ⅳ-1-9）は，仙台平野東部の七北田川の自然堤防上に立地し，宮城郡に位置したと推定される．12世紀後半から14世紀の大小の屋敷群，居館が密集して存在している．その意味では，「都市的」とも言える空間である．この二次調査区では一辺20m以上の溝跡で区画された屋敷地が検出され，その内部は掘立柱建物跡7棟，井戸跡7基，塀跡，土坑などで構成されている．掘立柱建物跡は一間三間，二間四間程度で，4〜18㎡と小規模である．いずれも付属的な建物と考えられ，主屋は調査区外と推定される．出土遺物は中国龍泉窯系青磁碗，常滑甕・片口鉢などで，13世紀代と推定されている．独立自営的な上層民の屋敷地と推定されるが，塀や溝などの明確な区画施設を持ち，都市的な空間の一角であるので，やや特殊な存在と考えざるを得ない．鎌倉時代に成立し，廃絶（＝移動）している点は，これまでの村の変遷と同様である．

宮城県仙台市富沢遺跡（図Ⅳ-1-10）は仙台平野の南部の沖積低地に立地し，鎌倉時代の溝跡で区画された屋敷地と水田跡が検出されている．30次調査地点〔小川1995；田中1992a・b〕での鎌倉時代の水田跡は，標高約10mの緩傾斜地に立地し，東流する幅約3mの基幹水路を中心に分布し，長方形を基調とし面積約200㎡前後である．下層の平安時代の条里型水田に比して規模がやや大きく，主軸方向もやや異なるという特徴がある．一方，この基幹水路は江戸時代の村境の堀まで，継承されている．

15次調査地点〔仙台市教委1991；小川1995；田中1992b〕では低い自然堤防上の微高地に屋敷地が検出され，西側の低い自然堤防の縁辺や後背湿地に水田跡

1　中世奥州のムラ　　233

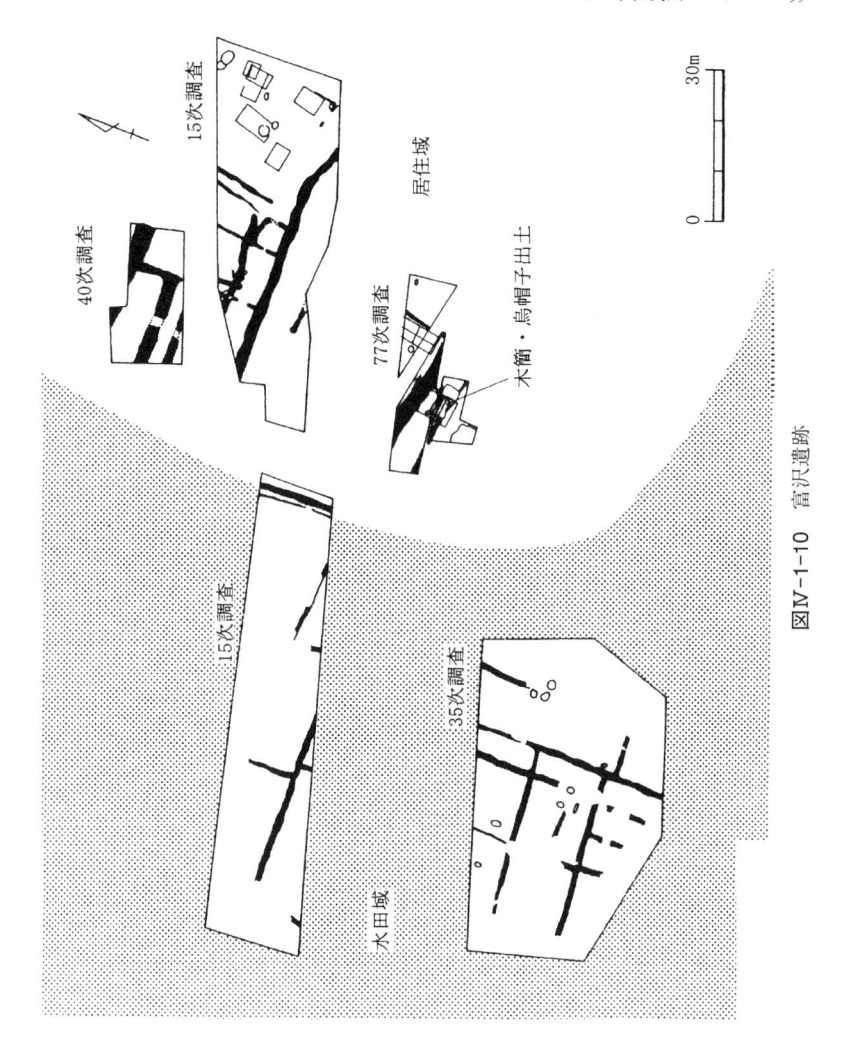

図Ⅳ-1-10　富沢遺跡

が検出された．鎌倉時代の水田跡は，標高約10mで真北を基準とし，約5m×約14m以上の長方形を基調とする．水田跡の東端にほぼ真北に走る最大幅1.4mの溝跡があり，その西側に並行して塀を構成する柱穴列がある．

　東側の鎌倉時代の屋敷跡は，水田面と数10cmの比高差で立地し，掘立柱建物跡6棟，井戸跡2基，溝跡18条で構成され，3時期の変遷が推定されている．溝跡のうち並行する二条は道路側溝と考えられ，路面幅2mの道路が自然堤防

上を南北に伸び，それに並行する「屋敷地群＝村」が想定されている．掘立柱建物跡は二間三間，一間二間，一間一間程度で，いずれも20㎡以下と小規模で，屋敷地の全体像は不明なものの，規模は一辺30m前後と推定される．出土遺物は陶磁器の細片のみである．独立自営的な上層民の屋敷地と推定され，水田経営を始めとする農業生産に強く依拠していることは明らかであろう．鎌倉時代の屋敷地の上層には，15世紀以降17世紀初頭の館跡（？）も検出されている．14・15世紀に断絶のある可能性は否定できないが，鎌倉時代から江戸時代初頭まで継続性のある村である可能性がある．

さらに，15次調査区南側に隣接した77次調査区〔仙台市教委1991；太田ほか1992；小川1995；田中1992b〕の12〜13世紀とされる六層上面から，掘立柱建物跡2棟，竪穴遺構（以下，本節では「竪穴建物跡」という）3基が検出された．このうち，竪穴建物跡は（半）地下式の貯蔵施設とされた．特に1号竪穴建物跡は，3.7×2.7mの深さ約0.9mの隅丸長方形を呈し，下層は自然堆積であるが，中・上層は人為的に埋め戻されている．主に下層から，硯，常滑片，木簡4点，曲物，箸，烏帽子2点，米，種子，縄などが出土し，木簡のうち1点には「三斗三升」と判読できる墨書があり，付札と考えられている．以上のように，屋敷地群の一角に半地下式の貯蔵施設が集中する区画があり，米などの穀物類が貯蔵され，管理されていたことが明らかになっている．村における多様な階層・機能の屋敷地群の展開が想定できる事例である．

(5) ムラの変遷と特色

陸奥における鎌倉時代の村の様相を，立地という視点から分類しつつ，概観してきた．その内容を整理してみると，以下のようになる．

本節で取り上げた鎌倉時代を主とする「掘立柱建物跡を主体とする集落（屋敷地）」は，いずれも屋敷地規模が400㎡を超え，主屋の規模も20㎡を超えることがわかり，複数の掘立柱建物跡で構成されている．生業は特定できないが，少なくとも「独立自営的な階層」「上層民」などと考えても良い屋敷地であり，いくつかは領主級とも評価し得ることは，既述のとおりである．つまり，「掘立柱建物跡を主体とする集落（屋敷地）」自身が既に，一定の階層以上の屋敷地を表現している可能性があると言える．

表Ⅳ-1-1　鎌倉時代の村の様相

立　地	遺跡名	屋敷規模(㎡)	主屋規模(㎡)	存続期間	継続性	出土遺物等
低丘陵上	勝利ヶ岡Ⅰ区	400以上	50〜90	13世紀	無	かわらけ・青磁 緑釉陶器・常滑
	三貫地	400以上	約50	13世紀	無	常滑
河岸段丘上	鏡ノ町A	約1,600	約64	12世紀後葉〜 13世紀後葉	無	青磁
斜　面	郷　楽	900	30〜40	13世紀	無	瓷器系陶器
	宮耕地	400以上	20〜30	13世紀	無	手づくねかわらけ
	艮耕地	400〜1,200	20〜30	13世紀	無	かわらけ・常滑
沖積地 自然堤防上	山　口	900以上	40以上	12世紀後半〜 13世紀前半	無	青磁・渥美・常滑
	鴻ノ巣	400以上	(18)	12世紀後半〜 14世紀	無	青磁・常滑
	富沢15次	900以上	(20)	13世紀後半〜	(有)	細片のみ

　また，村の立地とその継続性の視点から見ると，鎌倉時代に成立した村（屋敷地）は，鎌倉時代のうちに廃絶し，移動していることが確認できる．しかし，低丘陵上，河岸段丘上，斜面に立地する集落は，沖積地，自然堤防上に立地する集落に比しても，継続性が低く，短期間で廃絶する例もある．一方，沖積地・自然堤防上に立地する集落は，単純に同じ調査区内で継続するとは断言できないが，周辺の調査状況を勘案すると，江戸時代初頭まで継続する可能性も否定できない．

　以上のように，丘陵地より斜面，斜面より沖積地により継続性のある村が存在することが指摘でき，沖積地の村は近世初頭まで継続する可能性が指摘できた．しかし，これは「陸奥南部の鎌倉時代を中心とした掘立柱建物跡を主体とする村」に限った検討であり，既にお気付きのように，「奥山」の事例も「海浜」の事例もないのである．冒頭にも述べたように，まさに「氷山の一角」であり，到底，中世の村の実像に迫り得ていないことは明らかであり，考古学における村研究の現状の一端を示したに過ぎない．

2 ムラのくらしぶり

　これまでの遺跡の検討を受けて，出土遺物から，陸奥南部における鎌倉時代のムラのくらしぶりを論ずべきところではあるが，出土遺物があまりにも少なく生活の実像には，到底迫り得ない．そこで，鎌倉時代の「奥大道」に面した町とされている福島県郡山市荒井猫田遺跡の出土遺物を参考にしながら，村のくらしぶりを考えることとした．

　郡山市内の中世遺跡を検討した押山雄三は，村とされる艮耕地A遺跡と町とされる荒井猫田遺跡で，1㎡当たりの出土遺物の破片点数に大差ないことを指摘し，荒井猫田遺跡を「都市的な場」あるいは町と評価することに疑義を提示している〔押山1999〕．こうした，村（屋敷地）の集合体として町が成立している可能性が考えられること〔飯村2001d〕からも，それは一面的には首肯できる．

　本節で取り上げた村の出土遺物を整理すると，食膳具はロクロ・手づけねかわらけ，青磁碗，漆器，箸，曲物等であり，貯蔵具は常滑，東北地方産瓷器系・須恵器系陶器，渥美，曲物等である．調理具は常滑，東北地方瓷器系・須恵器系の片口鉢であり，煮炊具はない．特殊品として，緑釉陶器盤等がある．組み合わせとしては欠落する器種が多く，絶対量としても著しく少ない．

　一方，荒井猫田遺跡Ⅲ区〔高橋ほか1998〕の組成を見ると，食膳具は青磁，白磁，ロクロ・手づくねかわらけ，古瀬戸，漆器，箸，曲物等であり，貯蔵具は常滑，東北地方瓷器系・須恵器系陶器，古瀬戸，中国褐釉製品，曲物等であり，調理具は常滑，渥美，東北地方瓷器系・須恵系陶器，古瀬戸卸皿等であり，煮炊具はない．特殊品として，青白磁梅瓶・水注，渥美刻画文壺，常滑三筋壺，山茶碗，瓦質羽釜（ミニチュア）等がある．基本的な組み合わせは同じであるが，村では古瀬戸や特殊品はほとんど見られない点や，器種構成の多様性という点で異なる．

　共通点として，陶磁器だけでは生活できず，漆器や曲物等の通常の状態では残り難い木製品の多用を推定する必要があるほか，調理具は古瀬戸卸皿に使用痕がほとんど認められないことから，陶器製の片口鉢しかなく，その調理方法を考える必要がある．また，古代末の調理具について，水口由紀子が指摘した

〔水口 1989〕ように，石皿等も視野に入れる必要があろう．また，煮炊具については未発見であり，リサイクルされて残り難い内耳鉄鍋等の鋳鉄鋳物製品を想定している〔飯村 1994c・1997b〕．

以上のように，村のくらしぶりも町を媒介とした流通品を使用している以上，基本的に流通品については大差ないと考えた．しかし，主体的には漆器や曲物等の木製食器・容器を日常的に使用し，陶磁器については客体的と考えざる得ないことや，調理具としての陶器製「捏鉢」の用途や中世前期——石臼出現以前——における「粉食」の在り方も課題であり，さらには，調理具としての鉄鍋の普及度なども問題となる．

「くらしぶり」として，「食（器）」のみを論じたが，「衣」に関連して，既述のように富沢遺跡77次調査区竪穴建物跡から，烏帽子が二点出土していることを特に指摘しておきたい．村と断言できないものの，村のくらしぶりの一端を示している可能性がある．

おわりに

陸奥北部の鎌倉時代の村については，調査事例がなく，触れることはできなかったが，参考に『陸奥国骨寺村絵図』〔東京大学史料編纂所 1995〕を見てみたい．ご存じのとおり，本絵図は陸奥国では唯一の中世の村絵図であり，鎌倉時代後期の成立とされている．その絵図の成立や性格については大石直正や吉田敏弘，黒田日出男ら多くの研究〔大石 1984・90；吉田 1987；黒田 2000 など〕があるのでそちらを参照願いたいが，羽柴直人の指摘〔羽柴 2000〕のように鎌倉時代後半の在家の事例として見直してみたい．散在的な水田に付随する比較的大きく描かれている建物に，「網代壁」「草葺き」らしい建物が描かれ，他の建物と描き分けられていることである．「格上の建物」として，「網代壁」「草葺き」建物が描かれている印象が強く，「板壁」らしい建物や社などとは明白に描き分けられ，本絵図で最も大きく描かれている（図IV-1-11）．

絵巻物に描かれた町家の壁に注目した黒田日出男は，「絵巻に描かれた都市ないし都市的な場の町屋の壁は，庶民の家々の時代的変遷・変貌を端的に表現している．平安末期の町家の壁は主として網代壁であり，板壁は羽振りのよい

図Ⅳ-1-11 「陸奥国骨寺村絵図」に見る建物

ないしは富裕な家に限られていた．鎌倉時代になると町家の壁は板壁が主体となり，網代壁は少数派となった．」と指摘する一方，「中世の絵巻や荘園絵図に描かれた農山漁村の家々というのは，板葺屋根や板壁もある程度はあるとはいえ，草葺屋根に土壁の家というのが典型的なイメージであったと言い得る」〔黒田 1996〕としている．黒田も指摘しているが，本絵図は「草葺網代壁」の建物が描かれている．

黒田の見解に従えば例外的と言うことになるが，確かに「草葺網代壁」建物は，11棟中3棟で少なく，ほかに「板葺網代壁」建物が1棟ある．いずれも水田区画が複数付随して描かれ，ほかの建物より比較的大きく描かれていることから，本絵図の中では「格上の建物」と認識できる．さらに黒田の見解を尊重すれば，村の中で「格上の建物」はより古い様式の建築を踏襲していると評価することもできる．しかし，新潟県白根市馬場屋敷下層〔川上ほか 1983〕では筆者が「壁支建物」と評価するような葦床の建物が確認されていることなどを積極的に評価すると，東日本の中世前期村落の特色と評価したい．「骨寺荘園跡」の発掘調査により，陸奥北部の村落の実像が解明されることを期待したい〔工藤 2001〕．

まさに「ないものねだりの考古学」〔小野 1995b〕ではあり，中世村落の実像には迫り得なかったが，現状の一端を御理解いただければ幸いである．

2 ムラの「中世」,ムラの「近世」

はじめに

　古代後期から中近世にかけての遺跡を調査すると,ピット・土坑・溝などしか検出されない.そうしたピットをつないで建物を建てたとしても,出土遺物がないため,年代決定も,居住階層も推定できないか,あるいは非常に難しいことが通例である.したがって,中近世の村落遺跡と考えられる事例があっても,それを村落研究や歴史研究まで高めて歴史叙述することが難しいことになる.それは,私達がピットや柱穴を積極的に評価してこなかった結果であると考えている.
　そこで本節では,「ピットを過大なくらい積極的に評価したらどういう歴史像が結べるか」という自分なりの試みである.私は,福島県の阿武隈高地の山間部に位置する福島県田村地方で,中近世の遺跡の調査に関わる機会があり,この地方のムラの遺跡を中心に,遺跡の規模あるいは立地,建物規模の変化という遺構の面から,中世から近世に何が変わったか,あるいは変わらなかったかということを検討してみたい.
　既述の通り,いずれの遺跡も遺構や建物跡の年代や機能を推定することが難しく,出土遺物の極端に少ない──3,000 ㎡の調査で出土遺物5～6点──事例で,その意味では机上の空論かも知れないが,それを前提としつつ,建物の形態・規模・構造や,屋敷地の規模・構成などから,福島県田村地方という一地域の中世から近世のムラの様相を明らかにしたい.
　標題は「ムラ」とした.「村」とすると,文献史やそのほかの分野から概念規定の議論があることが予測されるので,カタカナ書きのムラとした.ムラとは強いて規定すれば「空間」,家や屋敷地,寺院や墓地,田畑などの生産地や,道や川といったムラを構成する要素,考古学的に確認できる要素を包括するも

のと取りあえず考えておきたい．

1　福島県田村地方

　福島県田村地方とは，現在の福島県郡山市の一部と福島県田村郡に位置し，福島県中通り地方を貫流する阿武隈川東側の地域で，内陸部の中通り地方・郡山と，沿岸部の浜通り地方・いわきを結ぶ「近世岩城街道」が通る地域で，阿武隈高地と呼ばれる山間部に位置している．標高が高く，会津地方より寒い地域で，昨年の「天明」以来の大凶作でも，被害の甚大な地域である．

　中世は田村荘・小野保と呼ばれた地域で，田村荘は熊野新宮領として平安時代末に立荘され，藤原仲能の末裔とされる荘司田村氏が支配していた〔遠藤1990〕．南北朝期に南朝方であった荘司田村氏は応永3 (1396) 年「田村荘司の乱」以降衰退し，平姓田村氏が台頭し，勢力を伸ばす．その全盛期の田村清顕の死後，天正14 (1586) 年に伊達政宗の属領になる．天正19 (1591) 年以降，会津蒲生・上杉・加藤領となり，その後，秋田三春藩領となり，幕末に至る．ほかに幕府領・松平守山藩領や，越後高田や常陸笠間・磐城平藩などの分領も存在していた〔三春町 1978b・c・82・84〕．

2　家・屋敷地の展開

　表Ⅳ-2-1のように調査遺跡はほとんどが高速道路関連の調査で，この地方に東西にトレンチを入れる形で調査している．

(1) 村領主の家・屋地

　図Ⅳ-2-1は中世前期の村落規模の領主・開発領主の屋敷地である――以下，遺跡全体図は1/1000，建物跡の図面は1/100の縮尺にほぼ統一――．仲作田遺跡〔山岸ほか1992〕は，北東に開く谷の南東向き丘陵裾部を段切りして屋地とし，建物3の約80 ㎡の2×6間の西縁の建物を中心に，1・2軒の附属屋が伴う．遺構の分布から屋地の面積は約1,800 ㎡と推測され，13世紀後半～14世紀で2時期に分かれる．遺跡南側は開発された谷戸田であったと推測される．

2 ムラの「中世」, ムラの「近世」

表IV-2-1 福島県田村地方の「ムラ」の調査

番号	遺跡名	所在地	立地	時期	性格
1	穴沢地区	郡山市西田町三町目	段丘面	13～15世紀	町?
2	木村館跡	郡山市西田町古館下	丘陵尾根部	17世紀	寺
3	宮田館跡	郡山市西田町宮田	丘陵斜面	17世紀	村
4	宮ノ下B	田村郡三春町貝山	丘陵斜面	江戸時代?	村
5	堀ノ内	田村郡三春町貝山	丘陵斜面	14～15世紀	葬地・堂
6	西方館跡	田村郡三春町西方	丘陵	16世紀	村領主
7	蛇石前	田村郡三春町蛇石	丘陵	16～20世紀	村・寺
8	光谷	田村郡三春町根本	丘陵斜面	14～15世紀	村領主
9	四合内B	田村郡三春町根本	丘陵斜面	13～14世紀	葬地・堂
10	台ノ前B	田村郡船引町堀越	段丘面	18世紀	堂
11	仲作田	田村郡船引町門沢	丘陵斜面	13～14世紀	村領主
12	馬場平B	田村郡大越町栗出	丘陵斜面	16～17世紀	村
13	鍛冶久保	田村郡小野町南田原井	丘陵斜面	17～19世紀	村
14	宮田A・B	郡山市田村町上行合	段丘面	13～14世紀	村
15	宮耕地	郡山市田村町上行合	段丘面	13～14世紀	村
	艮耕地A	郡山市田村町上行合	段丘面	13～14世紀	村
16	荒小路	郡山市田村町	段丘面	13世紀	村
17	追手門前B	田村郡三春町南町	氾濫原	17～19世紀	城下町

建物は7.6～8尺を一間としている.

　光谷遺跡(こうや)(図IV-2-2)〔香川ほか1993〕で, 東向きの段丘面を段切りして屋地を形成し, 建物15の約50㎡の2×7間の側柱建物を中心に附属屋・堂・竪穴建物が伴う. バラツキは多いが, 7.3尺前後を一間としている. 南側の溝で区画された道までが, 屋地と仮定すると, 屋地の面積は約3,000㎡となる. 14～15世紀の村領主クラスの屋地と考えられる.

　図IV-2-3は通称『田村四十八館』の一つに数えられる西方館跡(にしかただて)〔仲田1992〕の全面発掘の状況である. 幸いにもこの遺跡は保存された. 16世紀中頃の田村地方の村落領主の典型的な居館型山城と言える. 単一時期なので建物の数は少ないが, 建物6が最大で, 不定形だが約45㎡の規模の建物である. 屋地面積は, 中心の大きな二つの曲輪で, 約2,000㎡を測り, 城跡全体で約9,000㎡程度である.

　馬場平B遺跡(図IV-2-4)〔本間ほか1993a〕は16世紀末から17世紀前葉の遺跡です. 建物1が4×6間で西・南に縁の付く建物で, 約140㎡と大きい. 建物1はこれまでの建物に比して, 梁が広い特徴があり, 内部の構造——部屋

242　Ⅳ　ムラとマチ

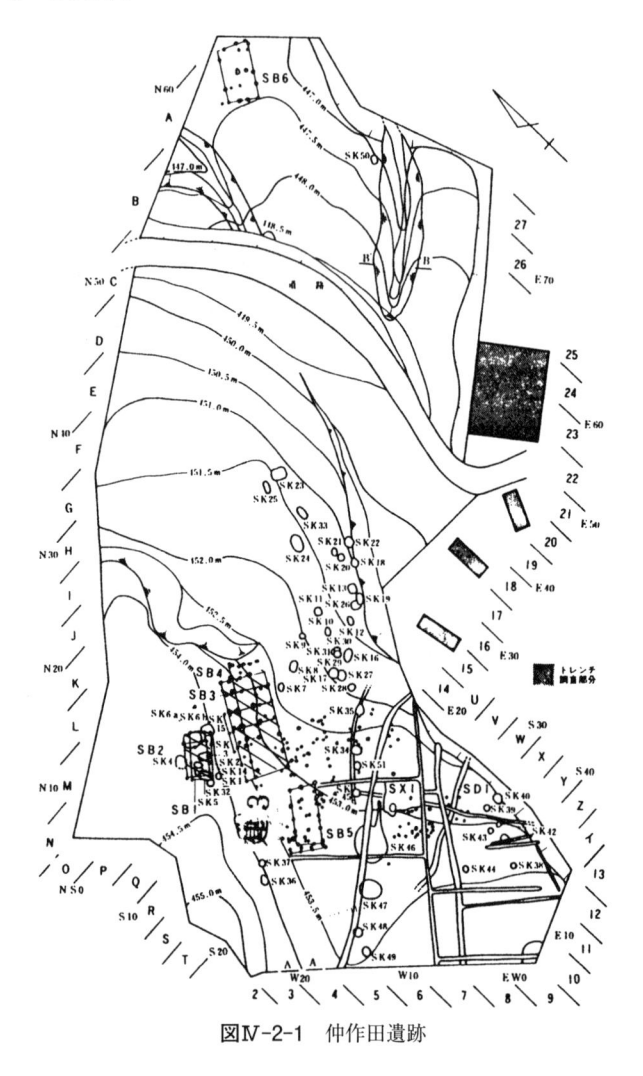

図Ⅳ-2-1　仲作田遺跡

――も複雑となっていると言う特徴がある．また，出土遺物から一部土壁で，茅葺きの建物であることがわかっている．バラツキは大きいが，一間は7尺前後で，周辺に付属屋はなく井戸（井1）と土坑群で構成され，建物規模・構造から考えて建物内に附属屋の機能が包括されていると推定される．建物1以外にも多数のピットがあることや出土遺物から，16世紀末には屋地として成立

2 ムラの「中世」，ムラの「近世」 243

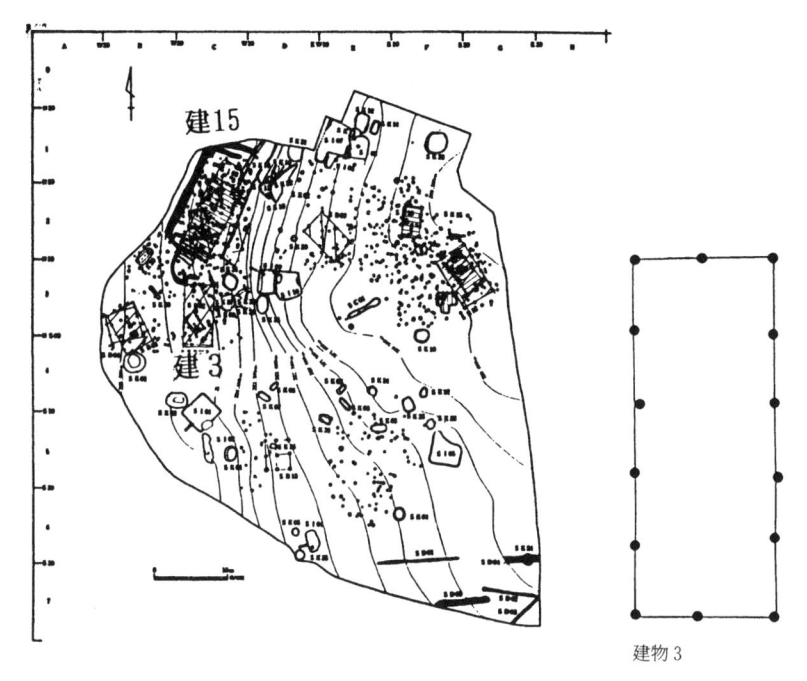

図Ⅳ-2-2 光谷遺跡

していると考えている．屋地は遺構の分布や地形を考慮すると，1,500 ㎡前後
と推定され，江戸時代に入るので，村の名主クラスの屋地と考えられる．馬場
平B遺跡のすぐ西側に栗出館跡があり，これも西方館跡とほぼ同じ規模・形態
の居館型山城で，村領主のものである．そう仮定すると，16世紀末頃に栗出
館跡の城主が馬場平B遺跡に，山を下りて移転したと考えられる．

　こうした居館型山城は田村地方では，16世紀後葉には館主が変化，あるい
は廃絶していることが分かっている．16世紀末に成立する馬場平B遺跡の間
に年代的には矛盾なく，屋地の規模は栗出館跡の頂上部の曲輪の規模が現状で
約2,500 ㎡であり，規模は若干縮小している．しかし，建物の規模は西方館跡
の中心建物の約3倍となっている．16世紀の村の領主が16世紀末には馬場平
B遺跡のように丘陵斜面を段切りして，あまり規模の変わらない屋地を営んで
いることが指摘できる．しかも，かつて地域支配を目指した山城を降りて，そ
の周辺に移転していることは興味深い．

244 Ⅳ ムラとマチ

図Ⅳ-2-3 西方館跡

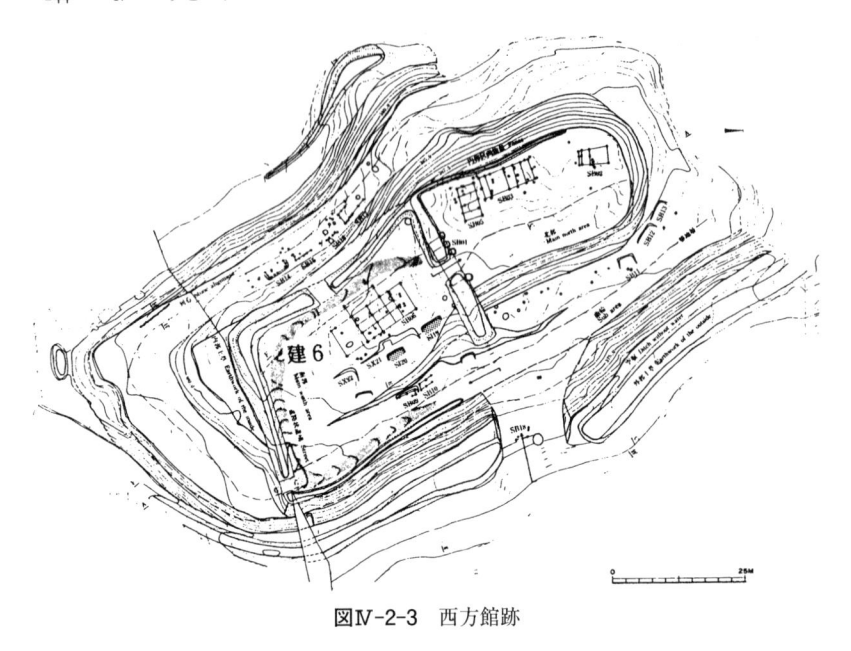

　それでは以上の各遺跡の中心の建物を比較すると，図Ⅳ-2-5のようになる．平面形でみると，13～16世紀代は梁間2間を基調とした長方形の建物が多く，建物規模を大きくするときは桁行を伸ばす傾向がある．普通は側柱建物が多いが，各遺跡の中心の建物は間仕切り・床束を示すような柱穴もあり，やや内部構造がわかりそうな建物もある．17世紀になると梁間の長い建物が出現し，梁間四間となり，平面形も正方形に近付いていく．内部の部屋割りを示す柱穴も明確で，内部構造が複雑化している．

　13～16世紀の建物規模は40～80㎡ほどだが，17世紀には140㎡と飛躍的に大規模化している．もちろん前代に持っていた付属屋を伴わないことから，そうした機能も包括しているからとも評価できるが，そうした大規模な建物構造が建築可能になった結果とも評価できる．

　一間の長さを見ると，13～14世紀代はバラツキが大きく7尺代の後半から8尺，15～16世紀は7尺代前半，17世紀初は7尺前後となっている．明確に一線は引けないが，一間の長さは時代を経るごとに狭くはなっている．

　各遺跡の立地を見ると，13～15世紀には丘陵の低い斜面を段切りして屋地

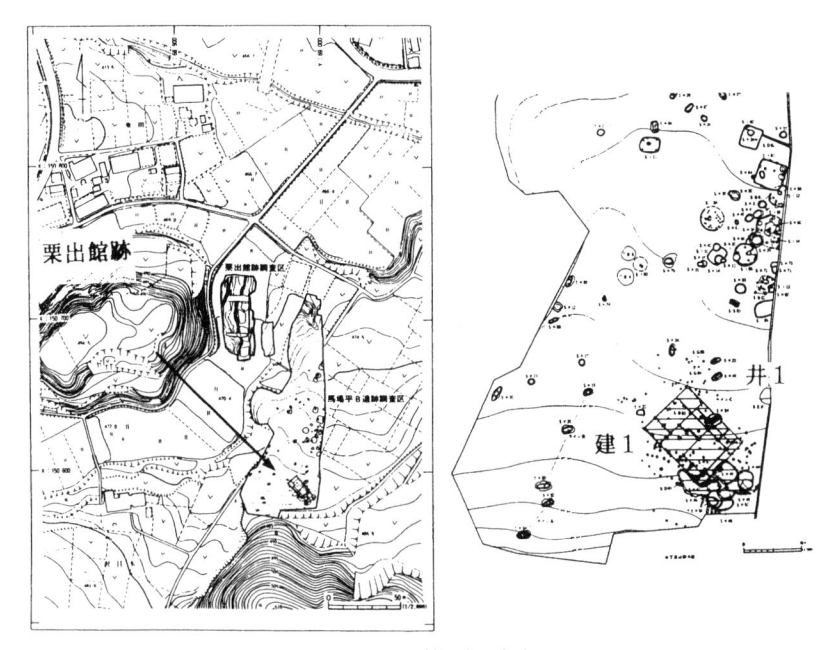

図Ⅳ-2-4 馬場平B遺跡

としているが，15〜16世紀には突然「山城」＝丘陵頂部を中心に屋地を形成し，17世紀には再び，丘陵の低い斜面を段切して屋地を形成している．

阿武隈高地の山間地なので，谷底平野や谷戸などの沖積地は氾濫源や可耕地であり，必然的にこうした立地になったものと考えられる．また屋地の面積も，1,500〜3,000㎡と時代的な変化は極端ではない．

以上，村領主クラスの家は平面形・規模・構造の面からは17世紀初めの変化が大きい．しかし，基本的には掘立柱建物である点は変わらない．一方屋地として立地を見ると15世紀後半か16世紀の山城段階の変化が大きく，16世紀末から17世紀にはまた，13〜14世紀の立地に戻る．

(2) ムラ人の家・屋地

ムラ人――独立自営的な階層と考えているが――の家・屋地を見てみたい．荒小路遺跡（図Ⅳ-2-6）〔大越ほか1985〕は段丘面に立地し，建物1に付属屋が1棟のみ伴う．13世紀前半の遺跡と考えている．建物1が約60㎡弱を測り，屋

仲作田遺跡　建物3　(13〜14世紀)

西方館跡　建物6　(16世紀)

馬場平B遺跡　建物1　(17世紀初)

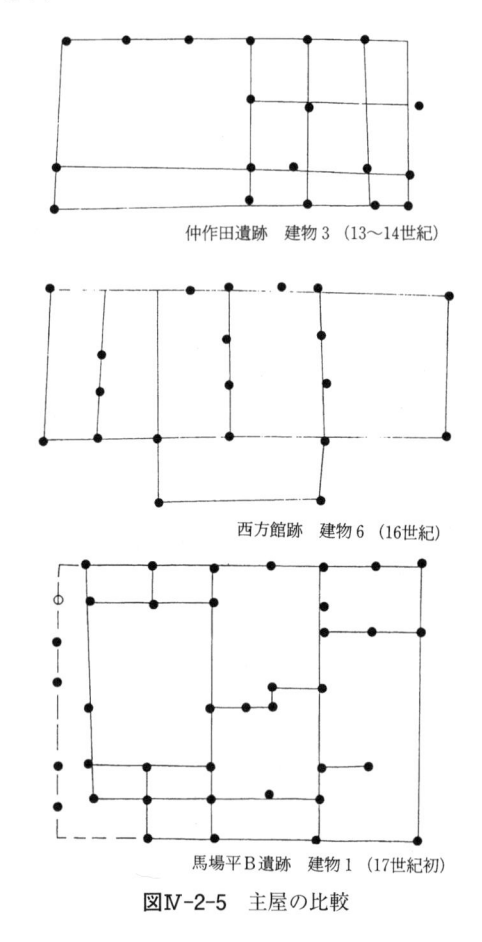

図Ⅳ-2-5　主屋の比較

地面積も300㎡弱であり，宮耕地遺跡（図Ⅳ-2-7）〔高松ほか1985〕は段丘面に立地する13〜14世紀の遺跡で，3〜4時期あるが，建物3・4・6・7を中心に付属屋が伴う．主屋はいずれも30〜40㎡程度の建物跡で，屋地面積も1,500㎡程度と考えている．

宮田B遺跡（図Ⅳ-2-8）〔高松ほか1985〕も段丘面に立地する，13〜14世紀の遺跡で，単独の建物で付属屋はないが，主屋は20㎡以下のようである．屋地は400㎡前後と考えられる．宮田A遺跡（図Ⅳ-2-9）は段丘面に立地する13〜14世紀の遺跡で，3時期の変遷が考えられる．建物4は30㎡強の建物で，屋

2 ムラの「中世」、ムラの「近世」　247

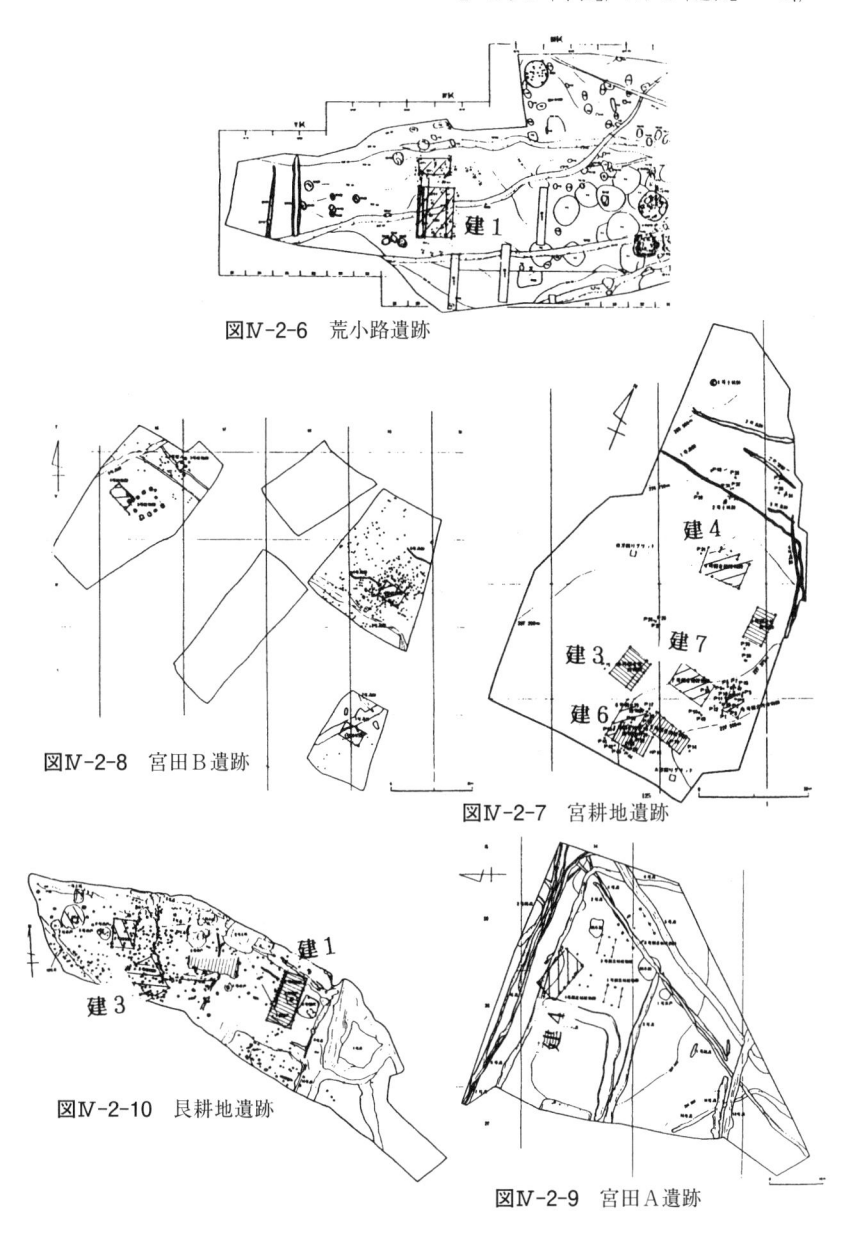

図Ⅳ-2-6　荒小路遺跡

図Ⅳ-2-8　宮田B遺跡

図Ⅳ-2-7　宮耕地遺跡

図Ⅳ-2-10　艮耕地遺跡

図Ⅳ-2-9　宮田A遺跡

248　Ⅳ　ムラとマチ

図Ⅳ-2-11　宮田館跡

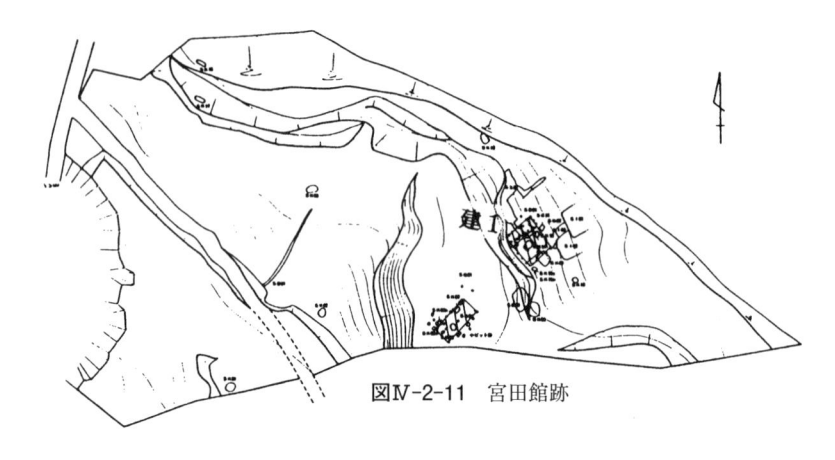

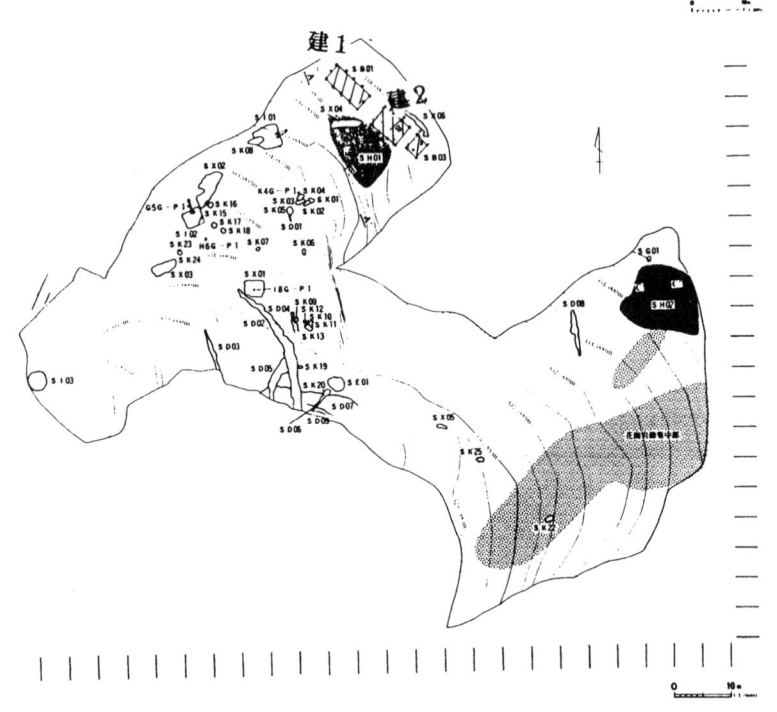

図Ⅳ-2-12　宮ノ下B遺跡

2 ムラの「中世」, ムラの「近世」　249

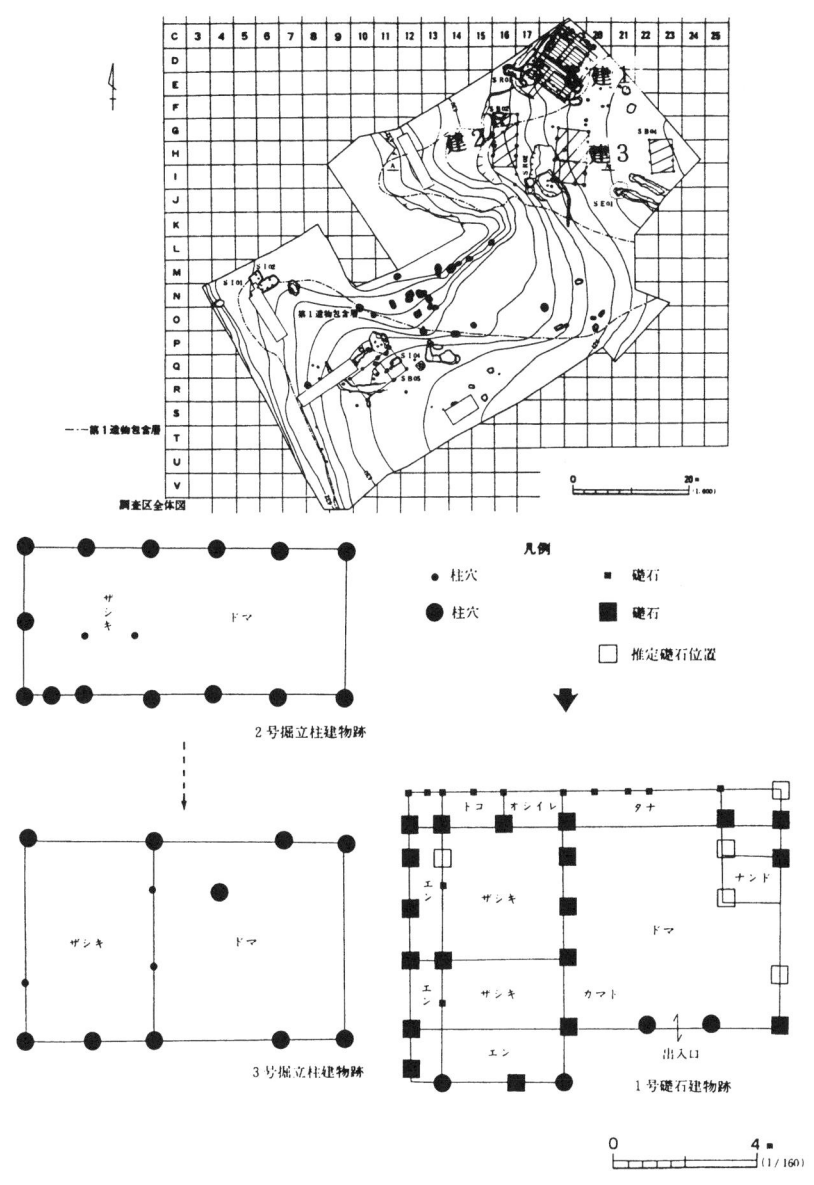

図Ⅳ-2-13　鍛冶久保遺跡（17〜18世紀）

地面積は 500 ㎡前後と考えられる.

良耕地 A 遺跡（図Ⅳ-2-10）〔高松ほか 1985〕は段丘面に立地する，13～14 世紀の遺跡で，3 時期に分けられる．建物 1・3 が中心の建物で，建物 1 は半地下式の方形竪穴遺構が伴う．30～40 ㎡程度の建物で，屋地面積は 1,200 ㎡である．13～14 世紀の建物は柱間のバラツキが大きいのが特徴であるが，7～8 尺代のものが多い．

15～16 世紀の事例がないので，一足飛びに 17 世紀となるが，宮田館跡（図Ⅳ-2-11）は城跡ではなく，近世の屋敷地である．丘陵斜面を段切りして屋敷地を形成している．建物 1 を中心に 17 世紀の屋敷地を形成し，建物 1 は囲炉裏を伴う建物で，35 ㎡程度の規模で，柱間はバラツキが大きい．屋地面積は 800 ㎡程度と考えている．宮ノ下 B 遺跡（図Ⅳ-2-12）〔菅井ほか 1992〕は丘陵斜面を段切りして屋地とし，17～18 世紀と考えているが，建物 1 の時期と，建物 2 の時期に分けられる．建物規模は 20 ㎡前後で，柱間は 6 尺前後である．屋地は段切面で 300 ㎡と考えている．

鍛冶久保遺跡（図Ⅳ-2-13）〔飯村ほか 1993b〕は丘陵斜面を段切して，17～18 世紀の屋地としている．図上段の全体図の中央の点々は，屋地に伴う屋敷墓である．同じ屋地で，建物 2 が一番古く次が，建物 3，次が建物 1 である．建物 1 は礎石建物で，18 世紀中頃から後半と考えている．建物 2・3 は 17 世紀代である．おそらく，天明から天保の飢饉の時期に没落し，退転した屋敷地と考えている．その変遷を図下で見ると，建物 2 の 2×5 間で 36 ㎡の側柱の掘立柱建物から建物 3 の 1×4 間で約 50 ㎡弱のやや梁間の広い掘立柱建物に変化し，さらに 7×5 間で約 70 ㎡の礎石建物跡となる．柱間は建物 2 が 6 尺代，建物 3 が 6～5.8 尺，建物 1 が 5.2 尺となり，屋地面積は 1,200 ㎡前後と考えている．

以上，ムラ人の屋地の中心建物を図Ⅳ-2-14 で検討すると，13～14 世紀は基本的に梁間 2 間の長方形を基調とする側柱の掘立柱建物で，規模は 30～40 ㎡で，柱間のバラツキが大きいが，7～8 尺代を意識して建てている印象である．15～16 世紀の建物は確認できないが，17 世紀になると，宮田館跡のように不整形で，柱間のバラツキが大きいながら，方形に近い平面形の掘立柱建物も出現する．しかし一方では，鍛冶久保遺跡や宮ノ下 B 遺跡のように梁間二間を基本とした側柱の掘立柱建物跡も継続している．柱間は 6 尺代と狭くはなってい

2 ムラの「中世」, ムラの「近世」　251

荒小路遺跡　建物1　(13世紀)

艮耕地A遺跡　建物3　(13～14世紀)

宮耕地遺跡　建物6　(13～14世紀)

建物7

宮ノ下B遺跡　建物1　(18～19世紀)

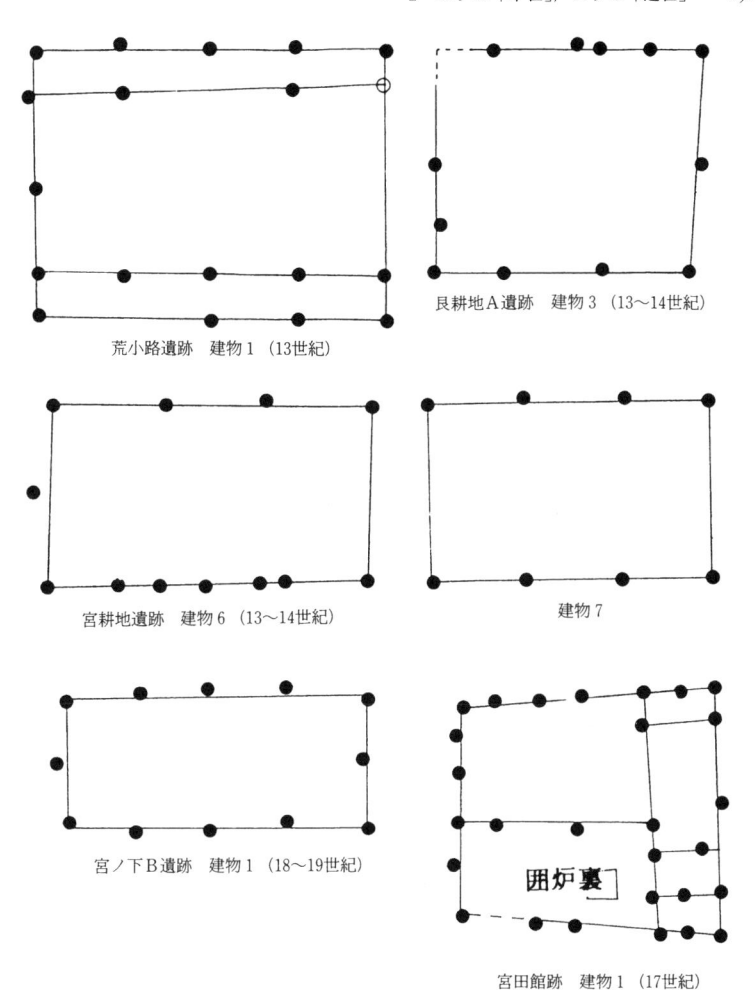

囲炉裏

宮田館跡　建物1　(17世紀)

図Ⅳ-2-14　主屋の比較

る.
　鍛冶久保遺跡で確認した変遷過程(前掲図Ⅳ-2-13)を見る限りでは, 17世紀代には柱間はバラツキがあるが, 桁行きばかりでなく梁間を伸ばして建物規模を大きくしている. そして, 18世紀中頃に梁間の比較的長い方形に近い平面形の礎石建物に変化し, 内部の間仕切りも明確となり, 内部構造が複雑化して

いる．柱間も5尺2寸にほぼ均一化している．屋敷地面積も明確にできない面もありますが，1,000 ㎡前後が一つの標準となっている．

　礎石建物の出現については，三春藩で元禄11 (1698) 年に出された領内禁制で，「百姓家作石据えの普請無用のこと」〔三春町1978b・81〕とされ，禁制の年代と礎石建物の出現の時期とが近接することから，関連性が考えられる．

　以上建物の変遷過程を見ると，17世紀前半にも変化があるが，18世紀中葉の変化が大きい．つまり側柱を基調とした掘立柱建物から内部構造の複雑化した礎石建物への変化である．それは柱間が急に短くなり，バラツキがなくなり，一定になることとも対応している．

　もちろん遺跡の確認できない15～16世紀の時期も変換点として見過ごすことはできないし，屋地の面積や立地は各時代を通してあまり変化がないことも重要である．

(3) まとめ

　以上ムラの家・屋敷地について簡単に見てきたが，建物規模・構造からすると，15世紀・17世紀初・18世紀中葉の変換点を見出すことができる．山城跡しか分からない15～16世紀にも変化が起きている気がするが，現段階では良くわからない．

　17世紀初に馬場平B遺跡のようにムラの最上層で見え始めた変化が，鍛冶久保遺跡のように18世紀中葉になってようやく独立自営的な階層にも波及したと考えられる．それは生活空間として家・屋敷地にも反映していると評価できます．また，山本武夫によると，「天明から天保の小氷期」であったということで，凶作・飢饉が相次ぐが，それ以前の「豊かな時代」であったことも背景の一つであった〔山本1976〕．

　しかしその一方で，段切して屋敷地を形成する点や，梁間2間を基調とした側柱の掘立柱建物が存続している点も事実であり，景観としては13～14世紀と17～18世紀の村落景観は大差ないと評価できる．景観から言えば，15～16世紀の「山城以外わからない時代」の方がより変化に富んでいたと言わざるを得ない．したがって，18世紀中葉の画期とともに15世紀の画期も景観的な変化として評価したいと考えている．そして，16世紀末か17世紀初には13～14

世紀の景観にもどることは明らかで，一応これも変換点である．

　19世紀以降の遺跡がほとんど見付からないことから，現在の集落に重なっていると考えたほうが良さそうである．先ほど鍛冶久保遺跡の廃絶に関連して述べたが，凶作が続いた19世紀前半を通じてムラは景観を変え，現在の村落景観に近付いたことが推測される．そこでムラの遺跡が見えなくなる19世紀のどこかにも変換点が想定できるが，実証はできない．参考に19世紀中葉の農家の火災の記録を見ると[1]，単純に比較できないが，前代と同じ梁間2間の建物が，「本家」「隠宅」「厩」などと称する建物としてあることが分かる．

　こうした史料を見ると不思議なのであるが，私たちが掘っている遺構と，建物の規模や建物数が対応する遺跡がなかなかないと言うことも，調査する際の課題となる．

3　都市・宗教的な場

　次にムラのほかの構成要素あるいは都市的な場などについても，ムラの家や屋敷地の変化とどう対応するか，検討してみたい．

(1) 都市的な場——『マチ』？——

　図Ⅳ-2-15〜2-17，図Ⅳ-5-10（後掲図）は阿武隈川の段丘面に立地する14〜15世紀の遺跡〔吉田ほか1983〕で，図Ⅳ-2-15を見ると穴沢館を中心に集村的な景観が営まれ，「館集落」「都市的な場」あるいは「マチ」と評価することもできる．図Ⅳ-2-15は穴沢館北側の地区で，溝で区画されて大型建物を中心にいくつかの屋敷地が想定できる．図Ⅳ-2-16は穴沢館南側の地区であるが，建物7の隣の四角いのが礫石経塚で，建物7は宗教的な建物のようである．溝で区画されてかなり建物があることが予測される．

　図Ⅳ-2-17に主な建物を掲げたが，黒田建物6はやや特異な建物であるが，ほかは梁間2間を基調とする側柱の掘立柱建物が主流で，柱間はバラツキがあるが，7尺代の後半が多いようである．ムラの家・屋地で知ることができなかった，15世紀の家の構造も13〜14世紀と大差ないことが分かり，15世紀にこうした都市的な遺跡があることは，15世紀のムラが見えないことと関連して

254　Ⅳ　ムラとマチ

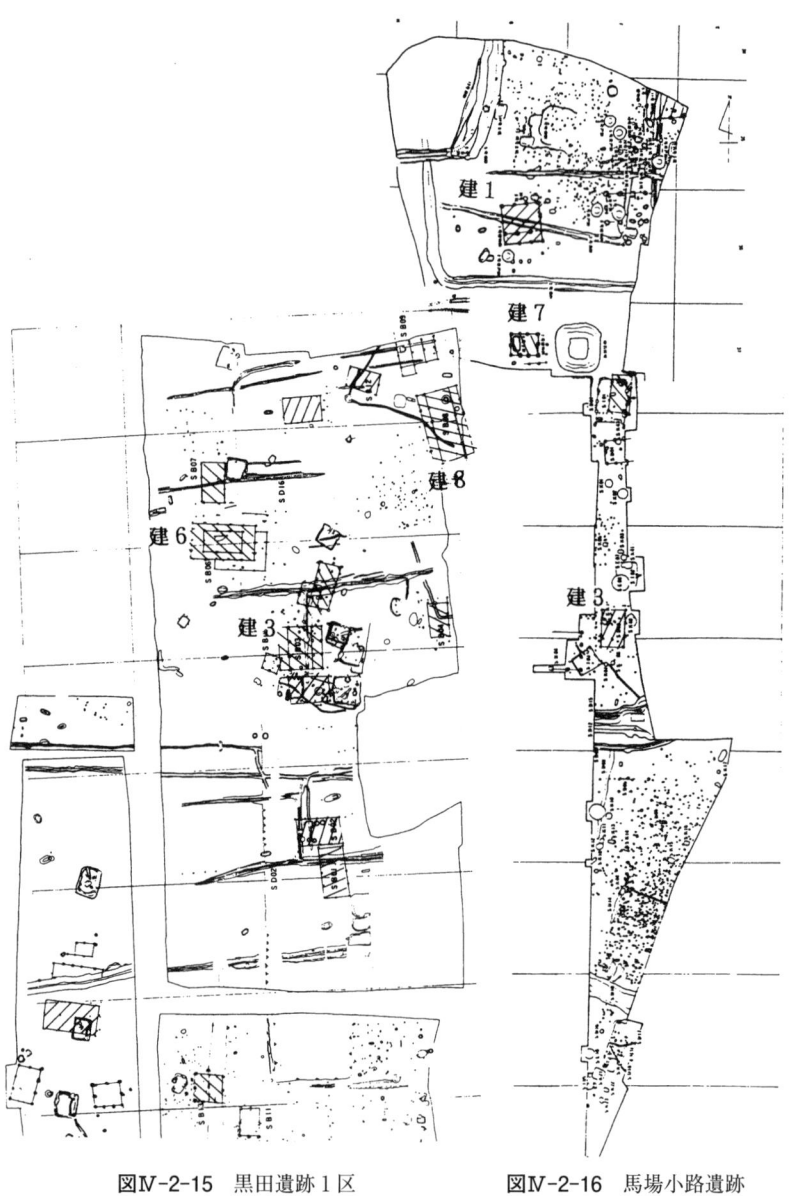

図Ⅳ-2-15　黒田遺跡1区　　　図Ⅳ-2-16　馬場小路遺跡

2 ムラの「中世」, ムラの「近世」　255

馬場小路建物7（15世紀）　馬場小路建物3（14世紀）

黒田建物6（14世紀）

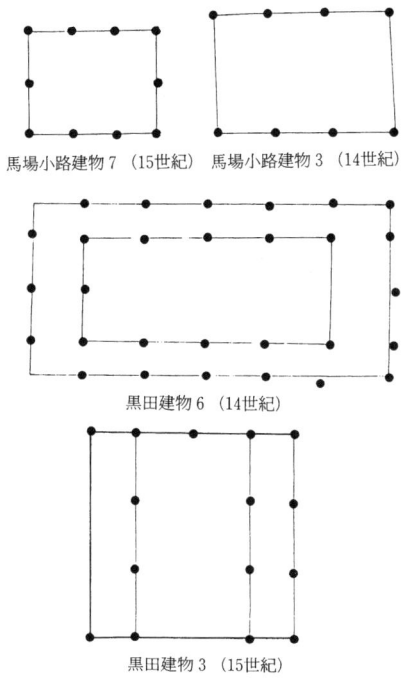

黒田建物3（15世紀）

図Ⅳ-2-17　穴沢地区遺跡主な建物の比較

いる可能性がある．

　図Ⅳ-2-18は三春城下町の遺跡〔三春町教委1993〕で，中央が三春城で，その左側――南側に――に城下町が展開している．現在でも良く町並みが残っている．道路に面して間口の狭い，溝と塀で区画された短冊型地割りが検出され，左側のような側柱の掘立柱建物があり，囲炉裏が伴う構成となる．17世紀初頭には会津に入部した蒲生氏が三春に城代を置き，氾濫源を埋め立てて，城下町が作られ，現在でもその景観を止めている．こうした城下町でも町屋が17世紀初頭でも掘立柱建物であることは注目される．尚この遺跡の上面で確認された幕末の家老屋敷は，建物を検出はできなかったので，おそらく礎石建物と推測されている．いずれにしても，田村地方では17世紀初頭には城下町成立の画期を見いだせる．

建物1（17世紀初）

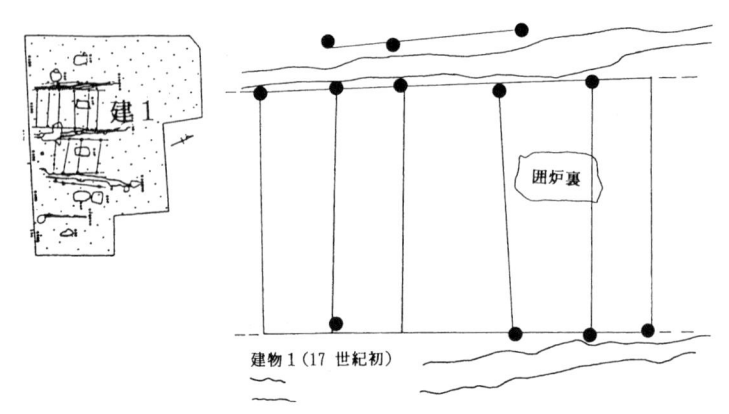

図Ⅳ-2-18　近世追手門前通遺跡群B地点

(2) 宗教的な遺跡

次は宗教的な場であり，丘陵斜面を段切してある遺跡で，墓坑や火葬遺構が検出され，持仏堂・墳墓堂風の建物が伴う．堀ノ内遺跡〔高橋ほか1992〕は14～15世紀の葬送の地で，火葬遺構や墓坑も多数見られる．四合内B遺跡〔福島ほか1993〕は13～14世紀の葬送の地で，墓坑がある．この遺跡では鎌倉後期の金銅仏も出土している．

図Ⅳ-2-19に主な建物を示した．今まで見てきたムラの家と異なり，梁間2間を基調として桁行が短く方形に近い平面形を取るものが多い．また，墓坑は建物と軸線を揃え，建物内に取り込まれるものがあるので，墳墓堂ないし持仏堂と推定した．ムラの中にはこうした葬送・供養の場が，13～15世紀にあったことが分かる．木村館〔松本ほか1992a〕は戦国時代の山城の曲輪を利用して建てられた17世紀前半のお寺で，3号平場建物1が本堂と考えている．かつて支配の拠点であったお城が，信仰の拠り所であるお寺にされていることは，興味深い．台ノ前B遺跡〔飯村ほか1992〕は南側の近世岩城街道に面して建てられた掘立柱建物が，18世紀後半の「お堂」と考えている．

また，台ノ前B遺跡建物1は内陣と外陣，須弥壇が推定できるお堂の構造で，平均間尺は5.2尺である．木村館の3平建物1は不整形ですが，本堂の可能性を考えている．建物規模は90㎡あり，柱間は均一ではないが，7尺前後を基準としている．1平建物1は「鐘突堂」と推定されている．

2 ムラの「中世」, ムラの「近世」　257

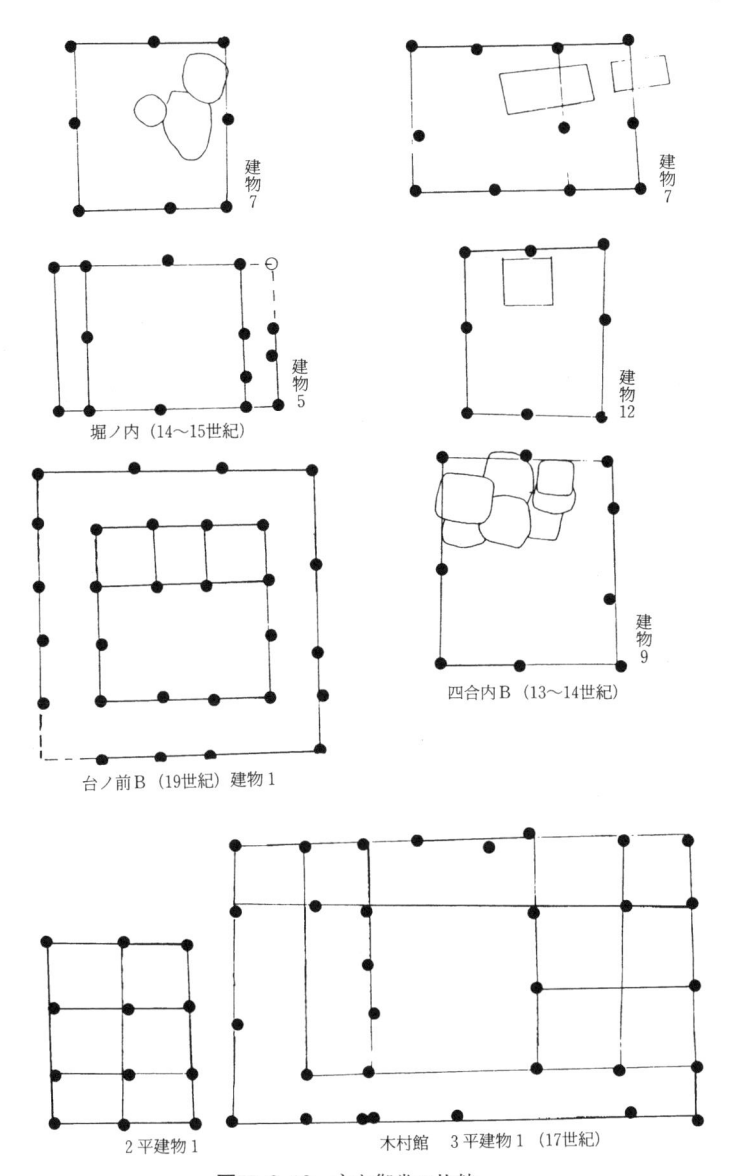

建物7

建物7

建物5
堀ノ内（14〜15世紀）

建物12

建物9
四合内B（13〜14世紀）

台ノ前B（19世紀）建物1

2 平建物1　　木村館　3 平建物1（17世紀）

図Ⅳ-2-19　主な御堂の比較

蛇石前遺跡（図Ⅳ-2-20）〔福島ほか1992〕は丘陵上にあるお寺であるが，ピットが集中している部分がお寺で変遷図によると，第1期は室町時代から17世紀前半の民家とされ，第3期は18世紀で寺院が整備された時期である．第5期は19世紀前半から中頃の拡充期で，第6期は19世紀後半の火災後の仮堂の時期であり，史料から20世紀初頭に廃止・売却されたことが知られている．

以上のような宗教施設の変遷を見ると，蛇石前遺跡の18世紀の伽藍の整備，台ノ前B遺跡のような街道に面したお堂の成立の時期に変化を見ることができる．また，それまでの支配の拠点を宗教施設とした17世紀前半の木村館跡にも変換点を見ることができる．さらにそれまでのムラの中核であった寺院を廃止・売却した蛇石前遺跡の20世紀初頭もまた，一つの変換点を見ることができる．

4 「ムラ」の中世，「ムラ」の近世

以上，福島県田村地方を事例として，ムラの構成要素の変化を遺跡と遺構から断片的ながら概観した．その画期を見直すと，全国どこでもそうであるが，11世紀中頃から12世紀に極端に遺跡が少なくなって以降，再び遺跡が増加してくる13世紀以降20世紀までの遺跡の変換点は，1450・1600・1750・1900年前後にあると考えている．

その中でも「ムラ」の建物や屋敷地，遺跡の変化や盛衰を見ると，1750年前後の変化を高く評価したいと考えている．もちろんその端緒は17世紀前半の「ムラ」の上部階層・寺院に見られることは既に述べた通りであり，城下町の成立もその時期であることは，やはり既に述べた通りである．しかし「ムラ」の独立自営的な一定の階層まで同じ現象が波及してくるのは，18世紀中葉であることから，強いて言えばこれからを「ムラの近世」としておきたい．

しかし，中世以来変わらないムラ景観が存続していることは既に述べた通りで，中世以来の「段切」に屋地を営んでいる．また梁間二間の側柱の掘立柱建物が変わらず存在していることが挙げられる．そうした変わらない側面があることは忘れてはならない．つまり，強いて画期を求めるならばということであり，極端に言えば「ムラはあまり変わらなかった」と評価することも可能であ

2 ムラの「中世」、ムラの「近世」 259

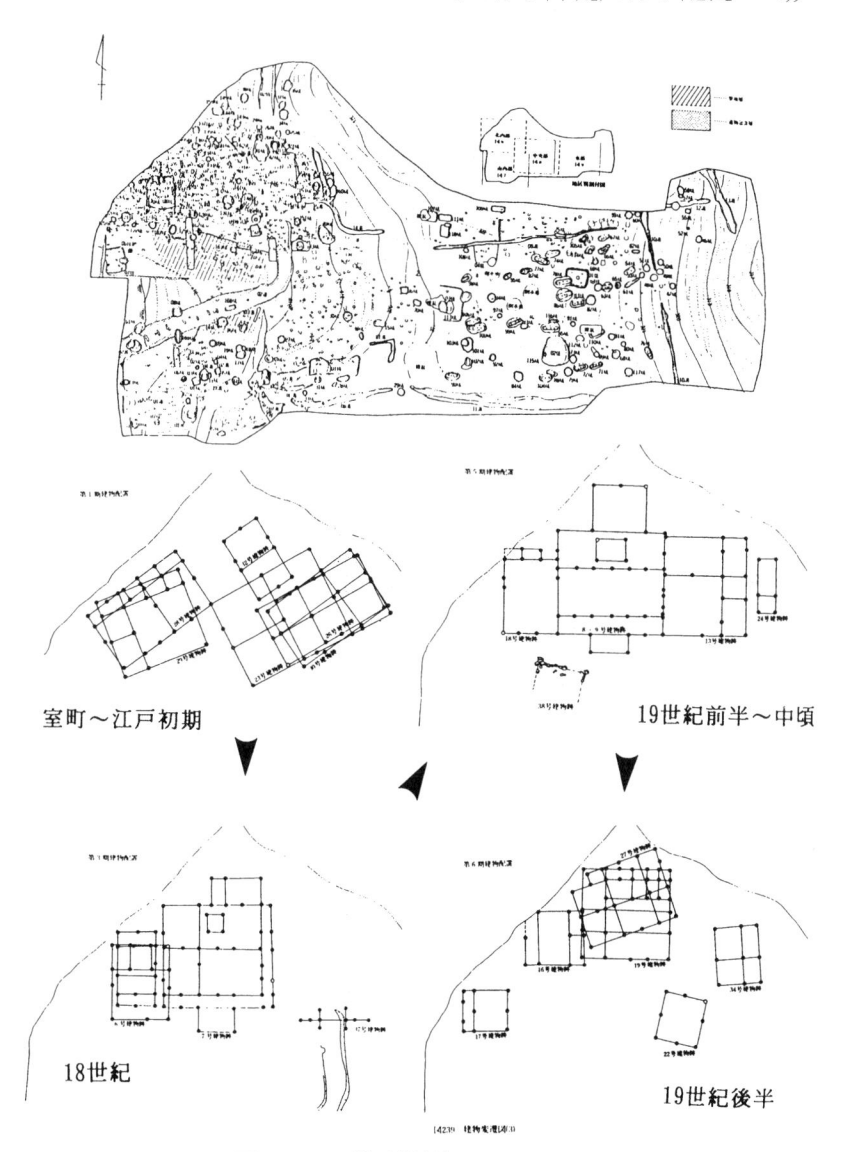

室町～江戸初期

19世紀前半～中頃

18世紀

19世紀後半

図Ⅳ-2-20 蛇石前遺跡（16～20世紀初）

る．本節でも少し触れたように，20世紀初頭の画期を高く評価する必要を考えている．その意味では，そこから「ムラの近代」を評価してはと考えている〔飯村1994a〕．しかし，未だに確証はない．

1) 「十七〔嘉永二年四月焼失家財書上＃駆付人足〕」三春藩『万御用役目帳』『三春町史　近世資料2　9　資料編3』1981 三春町　650頁
　「十二〔万延元年九月火災・農家の農具類〕」湯長谷藩『諸願書手控帳』『福島県史　第八巻　資料編三近世資料一』1965 福島県　365頁

3 中世東国のムラ

はじめに

「ムラ・村・村落・集落・・・」は，現在の中世考古学では概念規定していない．また，中世考古学では「ムラ」研究があまり進展していない．その原因は，遺構が検出し難い，遺構の時期を認定し難い，あるいは遺物がほとんど出土しないなどがある．それと同時に，1980年代以降注目された中世都市研究の進展があり，1986年越前一乗谷朝倉氏遺跡の「一乗谷と中世都市」〔福井県朝倉氏資料館1986〕をはじめとして，考古学では前川要〔前川1991a〕などが都市研究を進め，1990年代以降は都市研究が飛躍的に進展した時期である．

その都市研究の進展の中で，文献史・社会史・都市史の網野善彦などが提唱した「都市的な場」という概念が使われるようになり，ムラと都市ないしは「都市的な場」の境界が分からなくなっている．また，城郭研究でも，例えば青森県浪岡城跡は都市なのか町なのかという議論があった〔飯村1999c〕ように，城郭とムラの境，あるいは城郭と都市の境目が不鮮明になってきた．その意味では，都市研究が優勢であった1990年代はムラが見えなくなってきた研究時期と言える．

また，東日本で古代から中世の遺跡を概観すると，古代から中世に向かって遺構・遺物が相対的にどんどん減少している．「大開発の時代」と言われる平安時代後期から「荘園公領体制」との時代に向かって，考古資料はどんどん少なくなっている．例えば，11世紀には東北地方北部と平安京，博多にしか人が住んでない——言い過ぎであるが——．12世紀では平泉と京都・博多くらいしか人が住んでいないとしか，言いようのない状況である．それは考古学の手法の限界であり，考古学的な見えないものを乗り越えていく努力が必要であると考えている．

今までの研究ではムラ研究が立ち遅れ，その上，中世考古学研究が後発なので，東日本のムラが見えない状況を生んでいると言える．そこで，本節ではこれまでの研究史を踏まえて，各地のムラの調査状況を検討し，ムラ研究の可能性を探ってみたい．

1 これまでのムラ研究

(1) 研究史

東日本におけるムラ研究は1980年代以降であり，1980年代は鋤柄俊夫「長野県の中世集落遺跡について」〔鋤柄1986〕や，拙稿「陸奥南部における中世村落の様相」〔飯村1989〕などが挙げられる程度であるが，1990年代には盛んとなり，千葉県の笹生衛の研究〔笹生ほか1998；笹生99〕，群馬県の大塚昌彦の研究〔大塚1994〕，栃木県の斉藤弘らの研究〔斉藤・進藤1995〕，埼玉県の浅野晴樹の研究〔浅野1998〕，越後・佐渡の坂井秀弥の研究〔坂井1999〕などがある．これは都市研究が先行したことへの反省であり，揺り戻しなのかも知れない．筆者も1995年に「ムラの『中世』，ムラの『近世』」という報告を行った〔飯村1996b〕．

1989年の段階で福島県内を中心に中世のムラらしい遺跡は，東日本の先行研究は前述の鋤柄の研究しかなく，西日本の原口正三の研究〔原口1977〕，橋本久和の研究〔橋本1974〕，広瀬和雄の研究〔広瀬1986・88〕あるいは北東日本海域における吉岡康暢の研究〔吉岡1994a〕などの先行研究があり，それを参照しながら，建物規模による階層性，立地環境による位置付け，あるいは時代的な継続性による位置付けを行った．しかし，現在見直すと曖昧な形でやられてきたと考えている．

この段階で示した平面図は偶然に発掘されたムラの構成要素の一部であり，全容を知ることは到底できず，遺跡の紹介に留まっている．出土遺物も極端に少なく，遺跡・遺構の評価や年代決定の手法に基本的な問題がある．また，柱穴ですべて建物として評価できないという根本的な問題がある．さらに，遺跡の立地・環境によって歴史的変遷過程も全く違い，その評価の手法も課題となる．以上の観点に立つと，前稿〔飯村1989〕は稚拙な資料紹介でしかなかった

3 中世東国のムラ　263

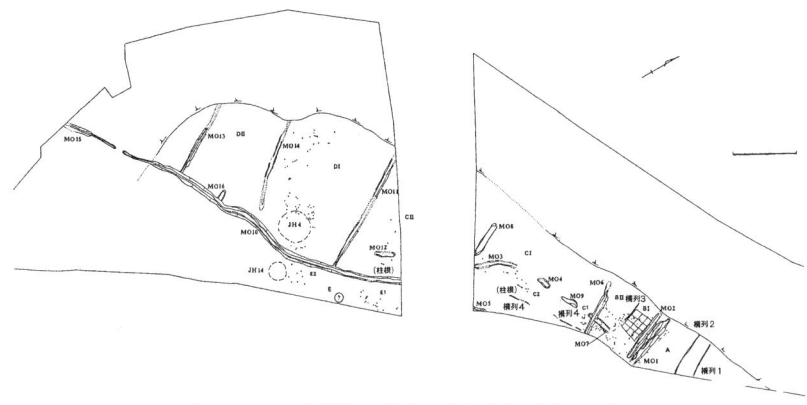

図Ⅳ-3-1　北海道の和人の「ムラ」〔吉岡 1995〕

図Ⅳ-3-2　出羽の「ムラ」〔山形県埋文 1993〕

と考えている．その反省に立って本節では新たな手法を探ってみたいと考えている．

　ムラを構成する要素としての遺構には，掘立柱建物と竪穴建物——カマドを持つ竪穴建物ではなく「方形竪穴建築址」という遺構——のほかに，斎木秀雄の提唱する「板壁掘立柱建物」〔斎木 1991〕のいう建物遺構——ムラの構成要素——があると個人的には考えている〔飯村 1999a〕．それ以外には井戸・土坑などの構成要素もある．

264　Ⅳ　ムラとマチ

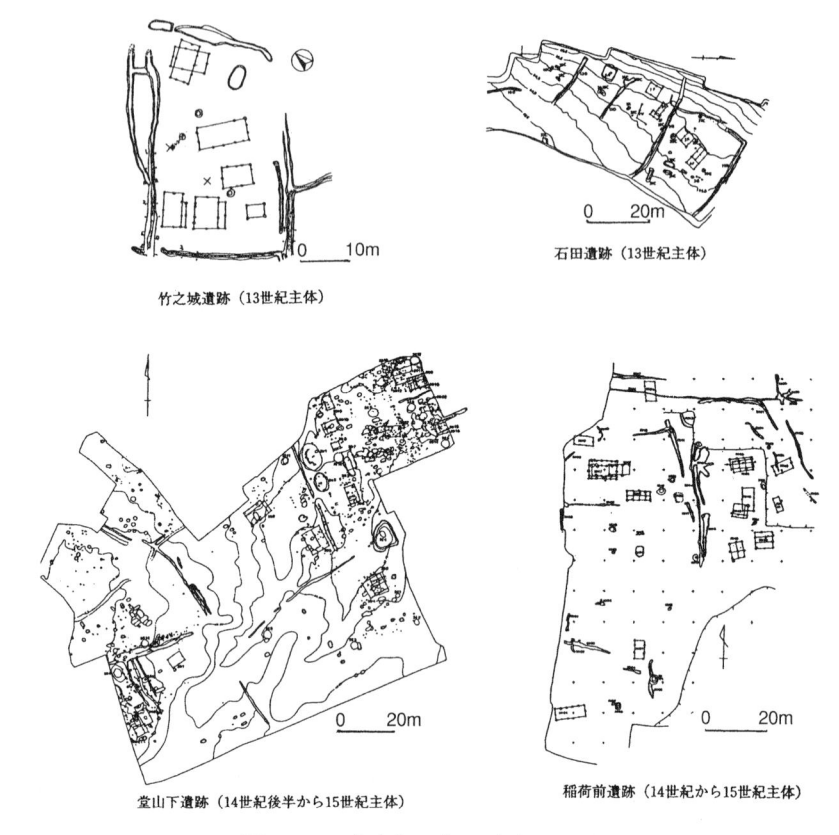

竹之城遺跡（13世紀主体）

石田遺跡（13世紀主体）

堂山下遺跡（14世紀後半から15世紀主体）

稲荷前遺跡（14世紀から15世紀主体）

図Ⅳ-3-3　北武蔵の「ムラ」〔浅野 1998〕

(2) 各地の様々なムラ

　北海道余市町大川(おおかわ)遺跡（図Ⅳ-3-1）〔吉岡 1995〕は，この遺跡は倭人の交易の場としての倭人の集落とされている遺跡で，余市川の河口に位置し，日本海交易の終着点という位置付けがなされている．遺構から見ると，明らかに区画溝らしい溝があり，屋敷地が隣り合って屋敷群を形成している．しかし屋敷地の中に建物がほとんどなく，屋敷地ではないという評価もできるが，1ヶ所に歪んだ平面形の総柱建物がある．建物が無ければ空白地なのか，あるいはムラではなく「都市的な場」ではないかという問題がある．

　山形県　升川(しょうがわ)遺跡（図Ⅳ-3-2）〔財団法人山形県埋文 1993〕は12～13世紀の遺物

3 中世東国のムラ 265

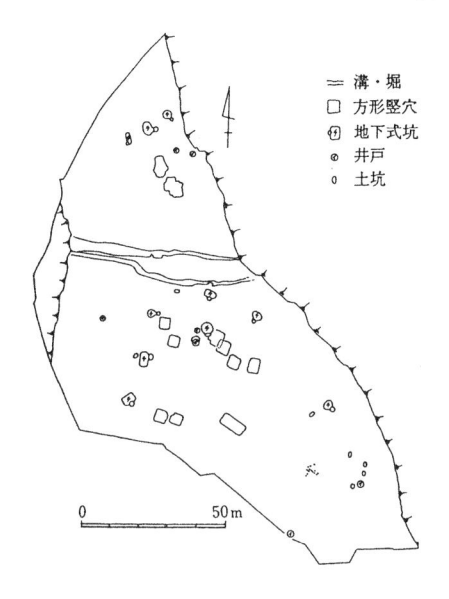

凡例:
- 溝・堀
- 方形竪穴
- 地下式坑
- 井戸
- 土坑

中村遺跡全体図

図Ⅳ-3-4　上野の「ムラ」(1)〔大塚1994〕

を出土している集落で，図Ⅳ-3-2を見ると無数の柱穴があり，建っている建物が非常に少ない．建物形式も総柱建物で棟の近接した，民家建築で言えば分棟型に近いような構造で，山形県の庄内地方から北陸地方に良く見られる形式である．この形式の建物の評価も課題となる．

北武蔵の中世遺跡〔浅野1998〕(図Ⅳ-3-3)では，いわゆるムラの可能性のある遺跡で，溝で区画された一定の屋敷地があり，規模の大小はあり，時期幅もあるが，1棟ないし数棟の建物で構成されている．これは基本的には総柱建物ではなく，側柱建物であり，北関東では一般的な状況である．但し，群馬県中村遺跡〔大塚1994〕(図Ⅳ-3-4)は掘立柱建物ではなく，竪穴建物の集落である．上野・上総・常陸・陸奥などでは方形竪穴建物を中心とした遺跡があり，筆者は宿や市の可能性があると考えている〔飯村2000〕．

同じ上野の東田遺跡(図Ⅳ-3-5)〔須田1987〕は，上層農民の屋敷とされ，半町以下の規模で方形に区画された中に建物が配置されている．これは総柱建物と側柱建物で構成されている屋敷で，屋敷の中の空間構成は時期的な変遷をみ

266 Ⅳ ムラとマチ

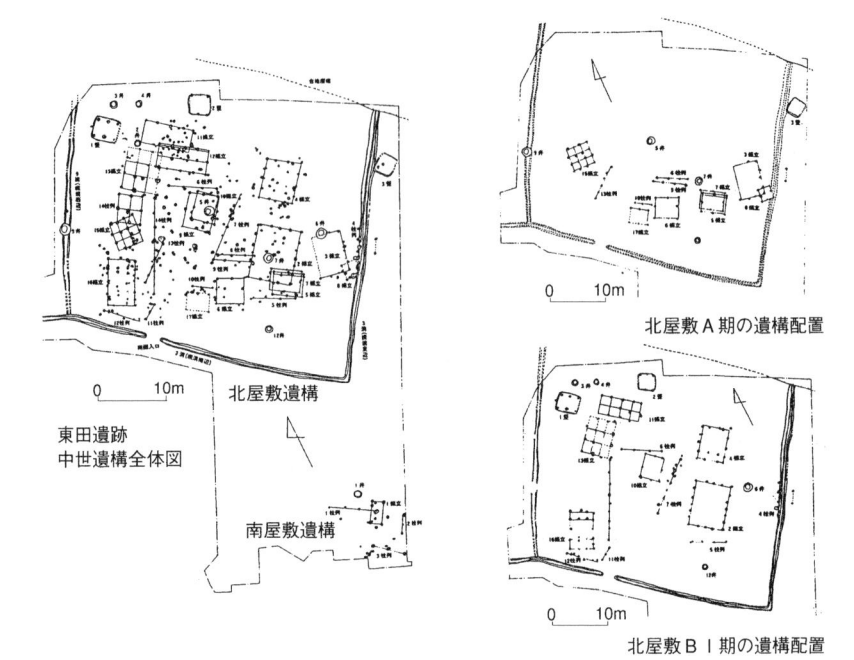

図Ⅳ-3-5 上野の「ムラ」(2)〔須田 1987〕

てもあまり画一性がない.図の北側の北屋敷遺構では溝で区画され,南側の南屋敷遺構では溝で区画されない屋敷地がある.

千葉県光町篠本城跡(図Ⅳ-3-6)〔道澤ほか 2000〕は,中央の平行四辺形の台地が全面発掘調査され,その周辺の台地上に同時期の中世遺構が広がっている.こういう遺跡を城跡とするのか,ムラとするのか,都市とするのか,町とするのかという問題である〔飯村 1999b〕.堀に囲まれた空間を城跡と呼んできたが,堀に囲まれていない空間でも城跡でないものが当然ある.巨視的に見れば,台地上あるいは斜面を段切りして中世の遺構,屋敷地を営む形で展開している.これを集落として考えるか,あるいは屋敷群として城・城郭というものになるのか,課題となる.

愛知県ウスガイト遺跡(図Ⅳ-3-7)〔奥川ほか 1998〕は,19・20という屋敷地以外ほとんど柱穴群や土坑・井戸がないという調査状況で,この遺跡が知多半島に所在することもあり,山茶碗が窯出ししたまま捨てられているので,おそ

3 中世東国のムラ 267

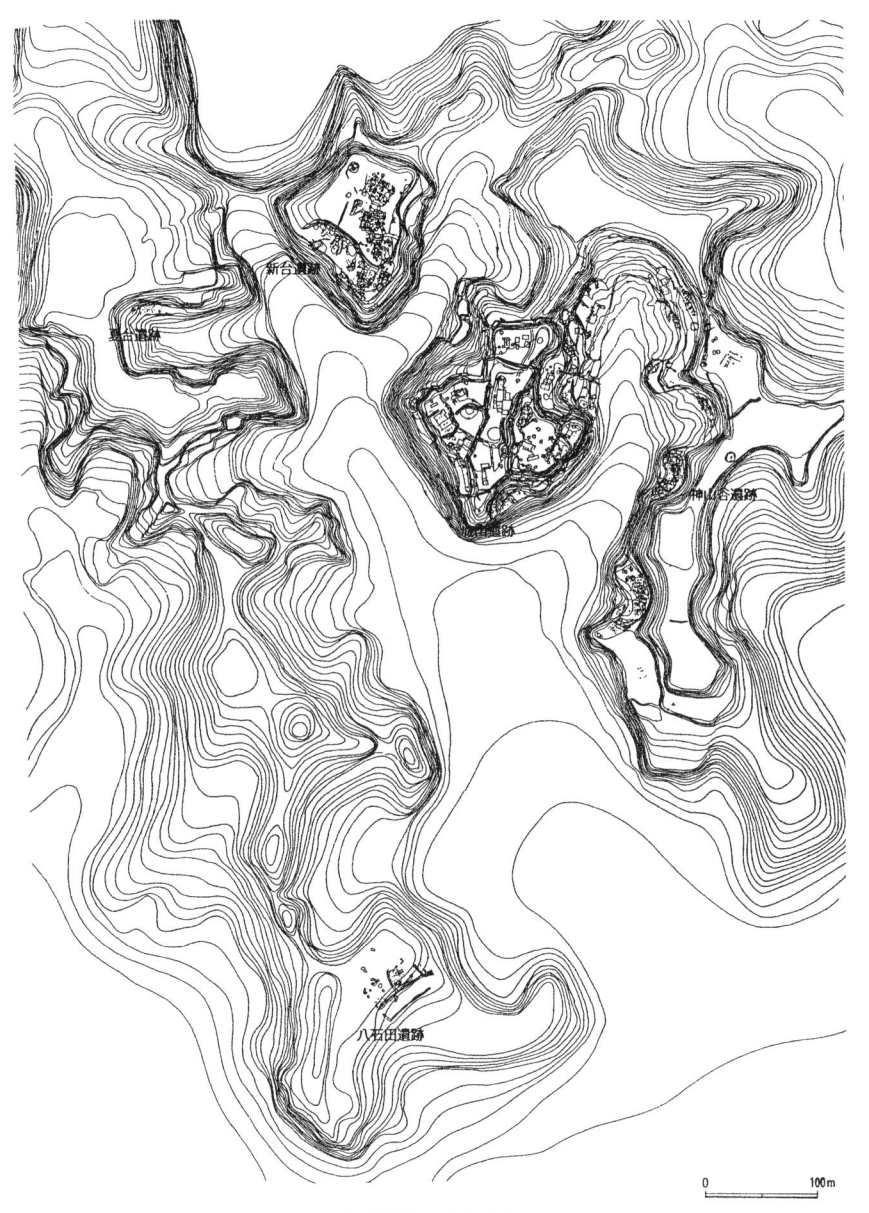

図Ⅳ-3-6 千葉県篠本城跡〔道澤ほか 2000〕

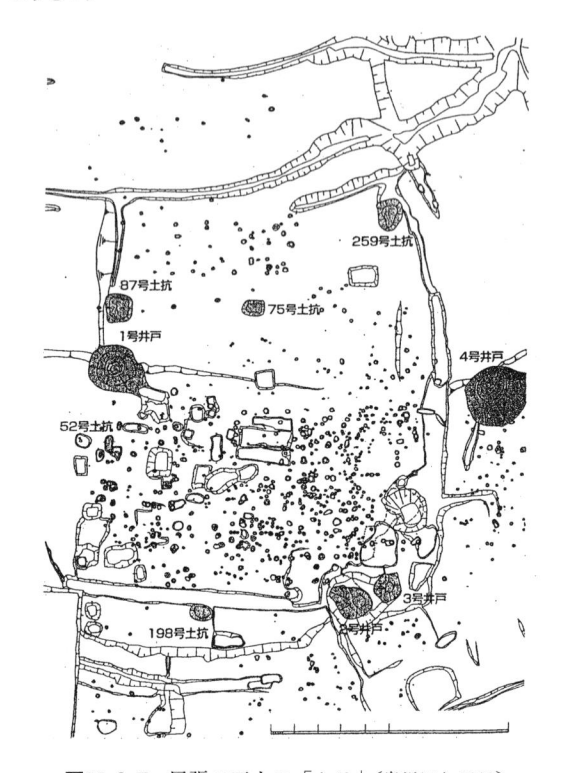

図Ⅳ-3-7 尾張の工人の「ムラ」〔奥川ほか1998〕

らく窯業に関わる手工業集団の集落と言われている．一見集村化したムラに見えるが，区画はあるが遺構がないという不思議な状況である．

一方，新潟県樋田（とよだ）遺跡（図Ⅳ-3-8）〔水澤1997〕は越後の事例だが，溝で一定に区画された屋敷地内に，濃淡はあるが建物が存在する．富山県南中田D遺跡（図Ⅳ-3-9）〔河西1997〕は越中の事例だが，やはり溝で区画された中に総柱建物が存在する北陸的な形式である．

以上，問題点の指摘のみをしたが，各地のムラの遺跡を見ると，理解し難いことが少なくない．例えば，城かムラかという問題や，屋敷地らしい区画があるが，建物が出てこない．そして，遺物が圧倒的に少ない．「これではないない尽くしで，評価しようがない」というのが研究の現状と言える．

3 中世東国のムラ　269

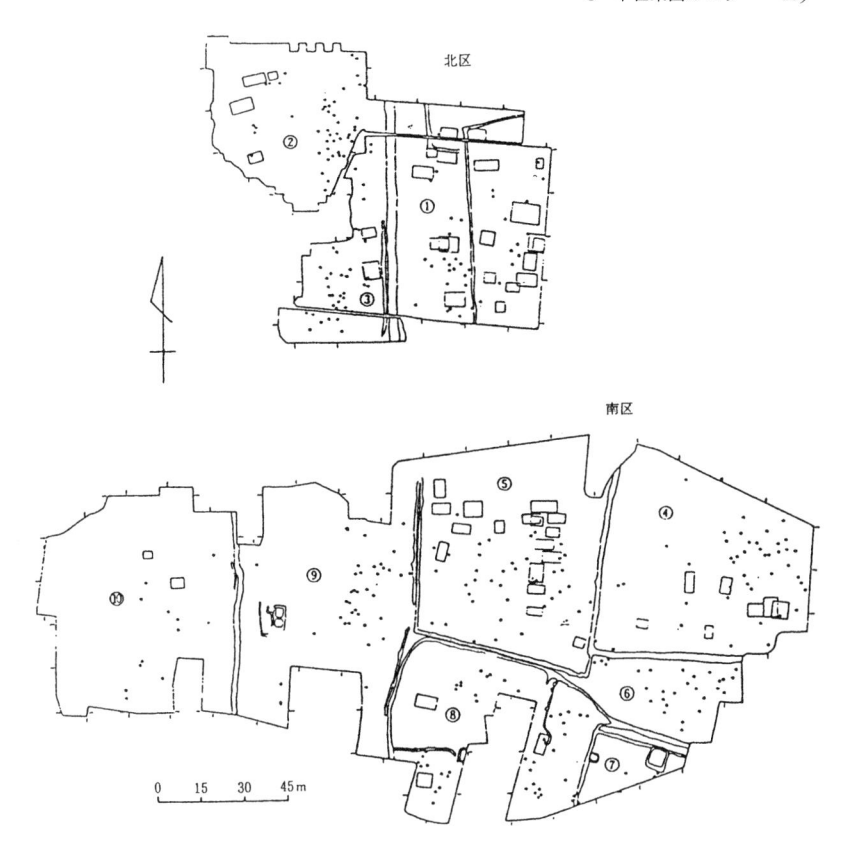

樋田遺跡遺構概念図

図Ⅳ-3-8　越後の「ムラ」〔水澤 1997〕

2　ないものねだりの「ムラ」研究

(1) ミクロの視点

　研究の現状は絶望的であるが，新潟県白根市馬場屋敷遺跡（図Ⅳ-3-10）〔川上ほか 1983〕は，信濃川の自然堤防上に立地する遺跡で，上層と下層があり，上層遺構からは 16 世紀の遺物がまとまって出土し，下層遺構からは 13 世紀前半の遺物が出土し，多分洪水で一気に埋まっている．ここからは 1289～1310 年

270 Ⅳ ムラとマチ

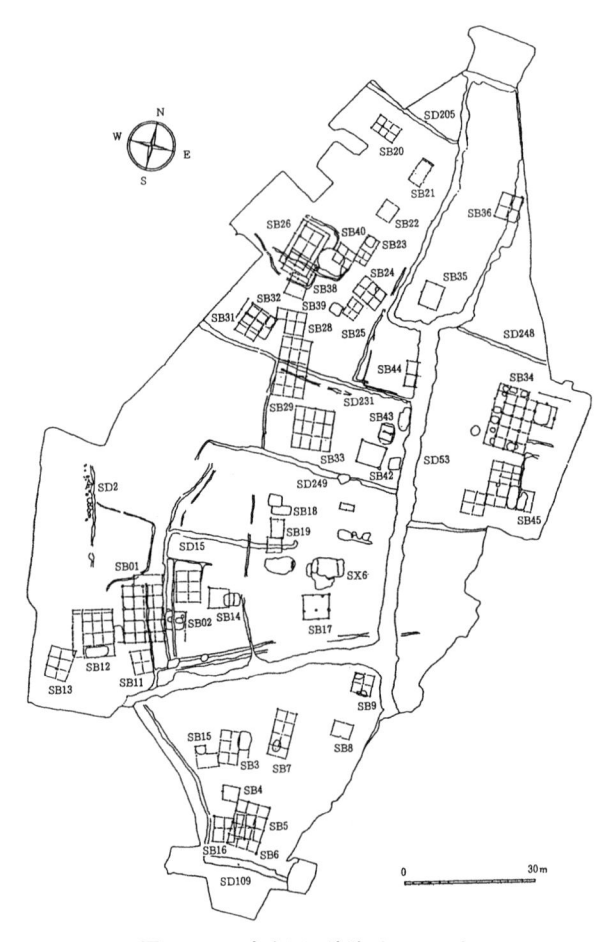

図Ⅳ-3-9 南中田D遺跡〔河西 1997〕

の紀年銘のある木簡が出土し，遺物と木簡の年代が良く合う遺跡である．13世紀前半にあり，中頃に廃絶した遺跡である．

　図Ⅳ-3-10 の大きな区画溝と建物を区画する溝の内側に建物らしい遺構があります．これは葦を敷き詰めて床と壁を立ち上げた遺構で，柱材は 10～15cm くらいで打ち込みらしく，壁建ちの建物ということになる．断面図A―A′を見ると，壁が地中から立ち上がっていることが確認できる．おそらく一度竪穴状に掘り窪めて，そこから壁を立ち上げ，中を埋めて敲き締めた構造だったと

3 中世東国のムラ 271

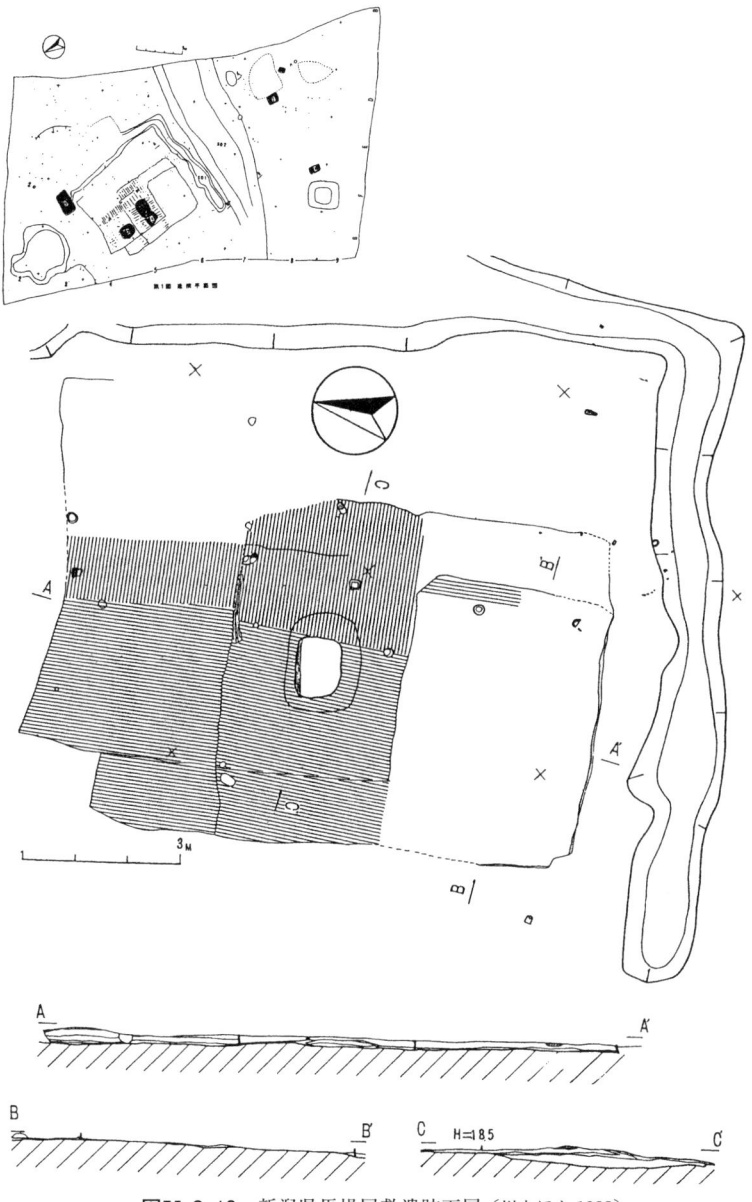

図Ⅳ-3-10 新潟県馬場屋敷遺跡下層〔川上ほか 1983〕

推定できる．真ん中に葦の敷いたところに切れた部分があるが，これが囲炉裏となる．そして葦の方向が東西・南北逆になっている部分は部屋割りで，部屋割りを敷き方の違いで空間を分ける意識があったと考えている．ほかに遺跡内では，網代塀も見つかっている．

この一例だけでは信じ難いが，これと非常に良く似た事例が，鎌倉の佐助ヶ谷遺跡（図Ⅳ-3-11）〔斎木ほか1993〕にある．14世紀前半の遺構で，寺院の工務所と考えられている．図の建物8は，板壁を地中から立ち上げる建物で齋木秀雄が「板壁掘立柱建物」と呼んでいる遺構である．適切な名称かどうかは議論があるが，板壁や葦壁で立ち上げる建物であり，イメージ的にはバラック的な印象が強い建物である．馬場屋敷遺跡は都市ではないと断定はできないが，ムラや都市あるいは地域を超えてこの類型の建物が存在した可能性が考えられる．

図Ⅳ-3-12に示した佐助ヶ谷遺跡から出土した板に指図が描かれており，寺院ないし寺院の境内地の工務所の建物の間取りを示しており〔河野1994〕，これは板壁建物の指図の可能性もある．また，馬場屋敷遺跡下層からは下駄の未製品や下駄用鋸も出土しており，佐助ヶ谷遺跡と同様に職人の関わる可能性がある遺跡である．さらに馬場屋敷遺跡下層からは「古川のうらのゝかやかるへし」「古川□のかやのふた（＝札）」という木簡が出土し，「萱を刈ってもよい」という鑑札札のようなものである．以上のような出土遺物を考慮すると，単純にこの遺跡をムラの代表例と断言はできないが，一つの建物類型として想定する必要がある．

もう1点指摘すれば，福島県郡山市馬場中路遺跡がある．この5号家屋（図Ⅳ-3-13）〔吉田ほか1983〕では，土器が個体数で50〜60点出土しているが，遺構を見ると，火災で倒壊した家屋と考えられる．柱痕跡が全く確認できず，建物構造について言及できないが，明らかに多くの土器が伴っており，11世紀前半から中頃の建物と考えられる．土器が出土する面，あるいは火災で倒壊した炭化材が出土する面では，柱穴が全く確認できない．これでは建物構造が想定できない．

山梨県大師東丹保遺跡（図Ⅳ-3-14）〔小林ほか1997〕は，洪水で埋没した遺構である．図の総柱建物は断面図を見てもわかるように，柱痕があるところに柱穴があり，柱穴がないところに柱痕がない状態である．これは洪水で一気に

図Ⅳ-3-11　鎌倉市佐助ヶ谷遺跡（1）〔斎木ほか1993〕

流された事例であるので，特異な事例ではあるが，こうした事例も考慮する必要がある．ムラ研究では，考古学でわかる建物・遺構以外に，絵巻物や文献史料等から可能性のある建物——葦や萱などで構成される建物，板壁掘立柱建物，

274　Ⅳ　ムラとマチ

建物14
（北）

建物7（西）

建物15
室3（北）

建物15
室2（南）

建物2

建物13（南）

溝17
（建物8）

図Ⅳ-3-12　鎌倉市佐助ヶ谷遺跡（2）〔斎木ほか1993〕

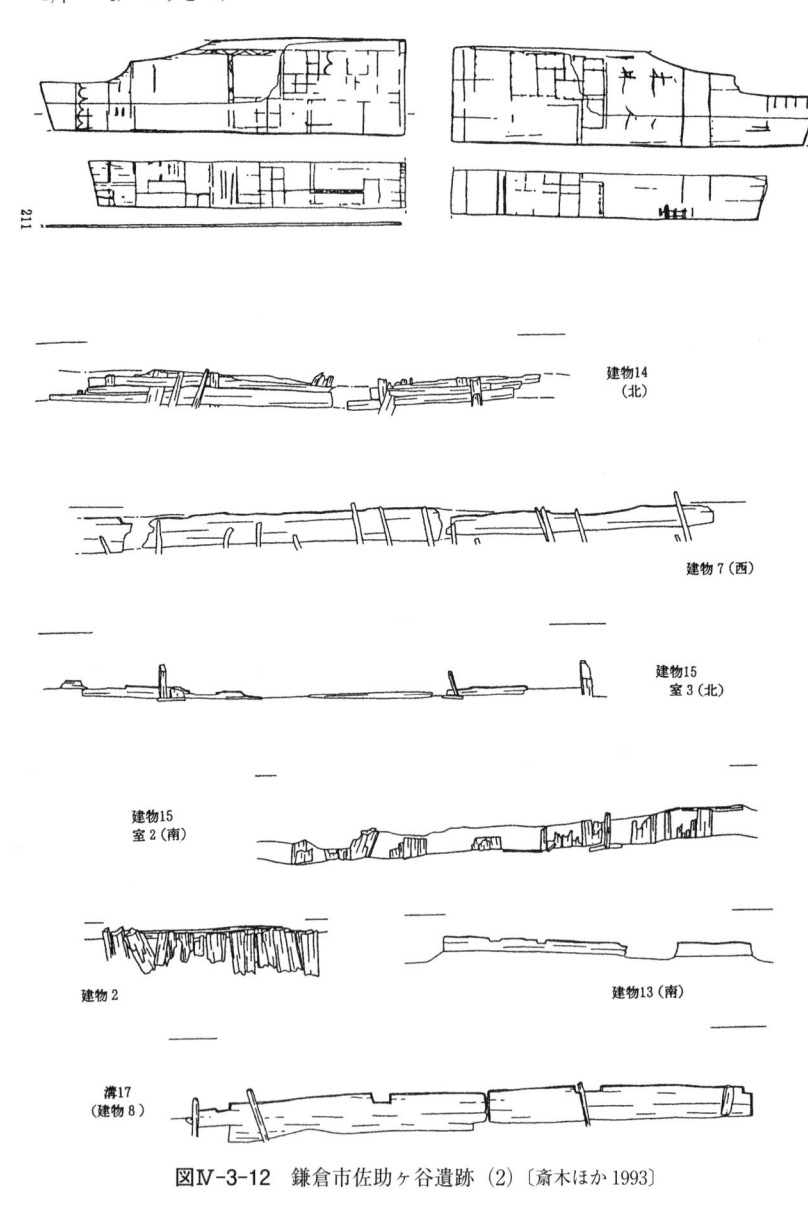

3 中世東国のムラ 275

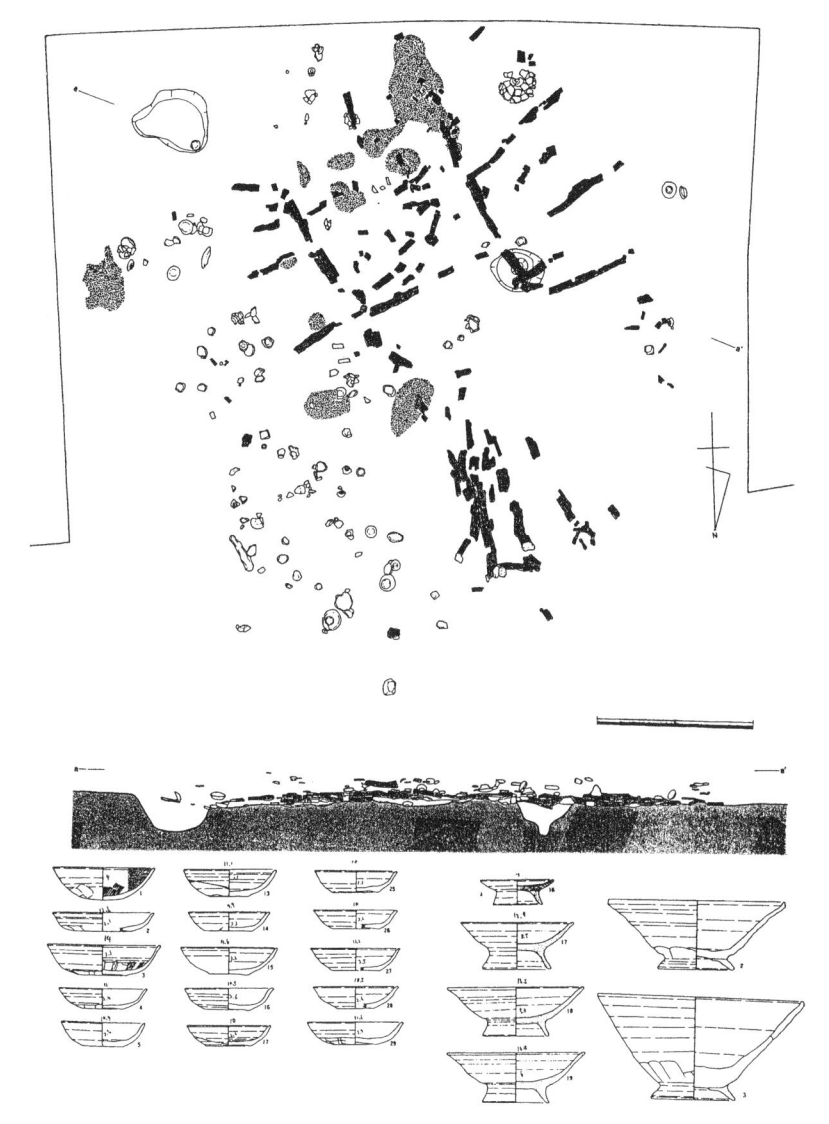

図Ⅳ-3-13 福島県馬場中路遺跡〔吉田ほか 1983〕

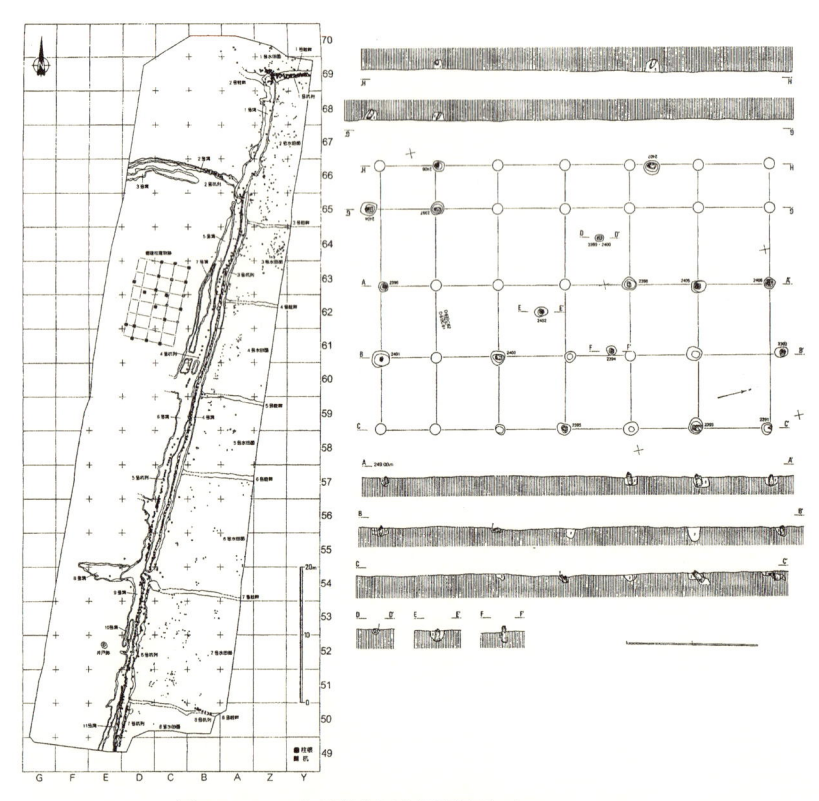

図Ⅳ-3-14　山梨県大師東丹保遺跡〔小林ほか1997〕

あるいは網代壁・網代塀等〔畑1997〕――も想定しなくてはならないと考えている．

(2) マクロの視点

　1990年代になってから，従来の研究を踏まえて，様々な視点から研究が進められている．マクロな視点からの問題提起としては，東京都落川遺跡〔渋江ほか1998〕や福島県土井ノ内遺跡〔山中1996〕が挙げられ，いずれも拠点的な館・屋敷地を中心とした一定の水系や地割，あるいは水田・畑作などを考古学的あるいは地質的に証明しながら，全体の空間としての景観をとらえようとした試みである．

3 中世東国のムラ 277

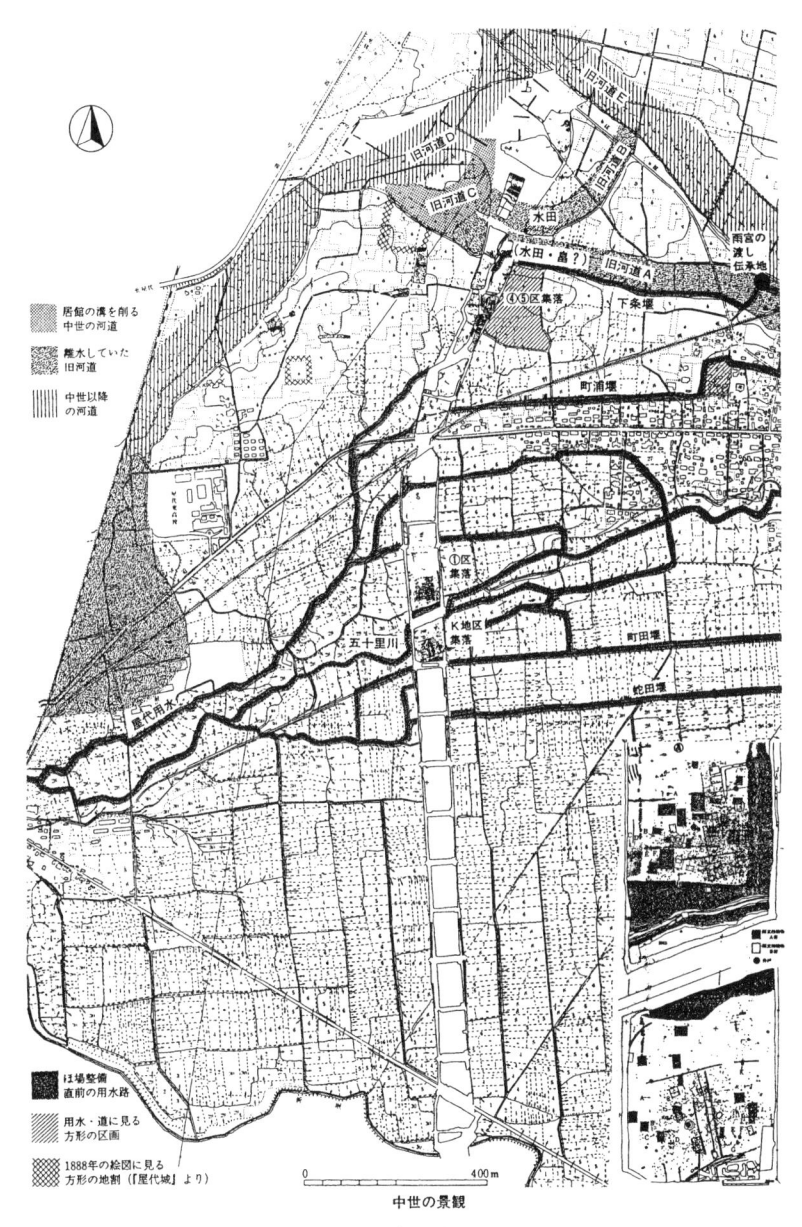

図Ⅳ-3-15 長野県更埴条里遺跡〔宮島ほか2000〕

278　Ⅳ　ムラとマチ

図Ⅳ-3-16　東京都宇津木台遺跡〔渋江 1992〕

　また，長野県更埴条里遺跡（図Ⅳ-3-15）〔宮島ほか 2000〕では，K 地区集落・①区集落及び④⑤区集落に中世の建物が集中し，全体の水系や周辺の遺跡，それから河川・河道の変化などを視野に入れ，中世の景観の復元を試みている．

宇津木台地区の区画溝の例（図Ⅳ-3-16）〔渋江 1992；原田・渋江 1994〕は，遺跡の調査区だけに止まらず，一定の領域——ムラ？——を区画する溝が中世に存在することを明らかにし，それが景観や地域を構成する重要な要素であることを渋江芳浩が指摘した．

さらに山梨県の新津健の研究〔新津 1997〕や坂本彰の研究など様々な視点からの研究が始められている．坂本は武蔵・相模を事例として「a 台地上を古代的な空間，b 谷戸の傾斜地を中世的な空間」，それから「c 沖積地を近世的な空間」〔坂本 1988〕と呼び，マクロな視点で集落研究を進めようという動きが出始めている．

おわりに

福島県考古学会では「東北地方南部における中近世集落の諸問題」〔福島考古 2000〕と題して，掘立柱建物跡の評価について検討した．その中で，1つ1つの柱穴，建物から屋敷の空間構成などを踏まえて遺跡を復元していくような作業，そういうミクロな日常的な作業と同時に，やはり景観，風景など地域を視野に入れた歴史，立地環境の中で遺跡の評価をしなければならないことを痛感した．それを各地域毎に，車の両輪のように進めていかなければならないと考えている．

4 陸奥南部における中世前期の方形竪穴建物

はじめに

　筆者はかつて，陸奥南部における中世村落について概観したことがあり，その中で東北地方南部にも，畿内と大差ない村落景観が普遍的に成立していたことを指摘した．つまり，掘立柱建物跡を主体として屋敷地を形成し，散村的景観を営む点である．これと同時に「方形竪穴建物跡を主体とする街道に隣接した集村的景観の遺跡の存在も指摘し，この東国特有の遺跡を『市』や『宿』といった存在の可能性」を提起した〔飯村1989〕．

　この「方形竪穴建物跡を主体とした遺跡」については，この時点で事例も少なく，筆者の不勉強もあり，問題提起に止まっている．そこで，その後の調査で蓄積された事例と旧稿で紹介した事例を含めて検討し，遺跡の性格に迫れればと考えている．なお本節では，中世前期の事例に注目すべき遺跡が多いことと，都市「鎌倉」も視野に入れて考えていく視点から，12～14世紀を主体とする遺跡を対象とする．また，「方形竪穴建物跡」の概念規定については，積極的に立ち入らないこととする．

1　これまでの研究──北東北地方の方形竪穴建物跡──

　これまで東北地方における中世の方形竪穴建物跡に関する研究は，北東北地方──青森県・岩手・秋田県──が中心であった．1958年秋田県七館遺跡の調査成果により，桜井清彦氏らは「竪穴住居が東北地方北部では室町・桃山時代頃まで行われていた確証が得られた」〔江上ほか1958〕として，初めて考古学的に中世の方形竪穴建物跡の存在を証明した．これが研究の嚆矢となる．その後，1980年代にはいると研究が盛んとなり，本澤慎輔は岩手県における12世

紀以降の約 80 例の中世方形竪穴建物跡を集成した〔本澤 1981〕．大橋康二は青森県尻八館で検出された「竪穴状遺構」について，絵巻物や古代埋没家屋，現代の「室」の事例を引きつつ，「住居もしくは作業場」とその機能を推定している〔大橋ほか 1981〕．また大橋は竪穴状遺構について「東北中世の城郭からの発見例が多い」ことと，「東北地方の例は中世後半」であることを指摘した．

　工藤清泰は「竪穴遺構」を「縄文時代から平安時代まで連綿と営まれてきた竪穴住居跡の系譜に続く中世の竪穴形態の構造物であることを明確にすべき」として，概念規定した．そして，青森県浪岡城跡北館検出の 128 基を抽出し，柱穴の配置からⅧ類に分類している〔工藤ほか 1985〕．高橋與右衛門は青森・岩手・秋田県の事例を集成し，「竪穴建物跡」は「平安時代の竪穴住居跡にルーツが求められ」，11～17 世紀まで受け継がれる建築様式とした．しかし，「十二から十四世紀に属する竪穴建物跡の例が極端に少ない」としている．さらに機能については「人が住む『家』」，「倉庫的な『小屋』」，「工房」の「いずれにも使用した」としている〔高橋 1992〕．

　佐々木浩一らは，青森県根城跡本丸の「竪穴建物跡」を平面形や規模から分類した．規模の大きいⅠ類を出土遺物などから「工房」とし，規模の小さいⅡ類を「非日常的な施設」（日常使わない施設といった意味か）とした．また歴史的性格については，「竪穴建物跡と古代の竪穴住居との関係（系譜）も同様に，なぜ竪穴式にするかそれを実証することは，現在のところ困難」，「竪穴の性格や規模は，地域や遺跡あるいは曲輪の違いなどで多様化」しているとし，「同時期に存在する竪穴でも一様に扱えない」としている〔佐々木ほか 1993〕．

　以上これまでの東北地方における方形竪穴建物跡に関する研究を概観してみると，以下の 5 点の論点に整理できる．①古代竪穴住居跡の系譜を引くか？②11 世紀に始まり 17 世紀まで存続する．③ 12～14 世紀の事例が少なく，15・16 世紀の城館跡に伴う事例が多い．④機能については住居・倉庫・工房など様々で，確定できる事例が極端に少ない．⑤方形竪穴建物跡だけで構成される遺跡も少ない．これはすべて北東北地方の事例であり，これが現段階における「方形竪穴建物跡」に対する共通理解とすることができる．南東北地方では本格的な研究はほとんどなく，いくつかの発掘調査報告書で触れられている程度である．それについては，以下，紹介していく調査事例の中で触れていきたい．

2 調査事例

　ここでは12～14世紀を中心とする方形竪穴建物跡を主体とする遺跡について検討し，地域は陸奥南部——宮城県・福島県——を対象とする．方形竪穴建物跡については名称がさまざまであるが，ここでは報告書に拠ることとし，年代観も基本的には報告書に拠った．なお，陸奥南部では遅くとも11世紀には古代の竪穴住居跡が消滅しているので，中世の方形竪穴建物との連続性はない．また，方形竪穴建物は北東北地方ほど多くはないが，中世遺跡を一定程度以上の面積を調査すれば，普遍的に少数は検出されるものである．

(1) 台ノ前A遺跡〔芳賀ほか1992〕福島県田村郡船引町

　本遺跡は熊野新宮領の田村荘域（図Ⅳ-4-1）に所在し〔遠藤1990〕，近世の岩城街道が近くを通っている．中世においてもいわき地方と中通り地方を結ぶ街道が，本遺跡に隣接してあった可能性が高い（図Ⅳ-4-2）．遺跡は阿武隈高地の山間部にあり，丘陵の東向き斜面に立地する．調査は芳賀英一が担当し，筆者も参加した．図Ⅳ-4-3のように中世竪穴住居は3棟で，掘立柱建物跡と土坑群の大半が中世に比定される．特に48号土坑からは青白磁梅瓶の破片が出土し，破片副葬の墓壙〔狭川1993〕の可能性が推定された．

　中世竪穴住居跡は1辺3～5mを測る方形・長方形を呈する．重複関係から壁際に柱穴を持つ「囲炉裏」を有する5号竪穴住居跡から，無柱穴の6号竪穴住居跡への変遷が明らかになっている．5号竪穴住居跡は底面に踏み締まりがなく，囲炉裏も焼け面がないことから，床張りの建物であったと推定した．4号竪穴住居跡は床面に踏み締まりがあり，焼け面に有する囲炉裏であったことから，床面に敷物を敷いた程度の建物跡を推定した．中世竪穴住居跡はすべて人為的に埋め戻されていた．5号竪穴住居跡の最上層からは，13世紀に比定される手づくね整形とロクロ整形の土師質土器皿が出土し，埋め戻した際に祭祀行為が行われた可能性が否定できない．

　重複関係から掘立柱建物跡・土坑群を含めて2～3時期の変遷が推定される．出土した中国磁器・土師質土器・瀬戸・常滑の年代観から12世紀後半から14

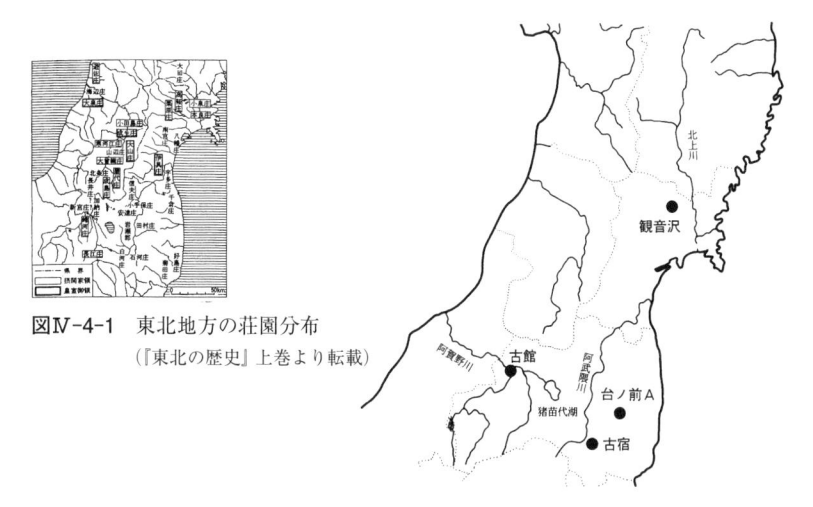

4　陸奥南部における中世前期の方形竪穴建物　283

図Ⅳ-4-1　東北地方の荘園分布
（『東北の歴史』上巻より転載）

図Ⅳ-4-2　関連遺跡位置図

台ノ前A遺跡全体図

5号竪穴住居跡
と出土遺物

6号竪穴住居跡

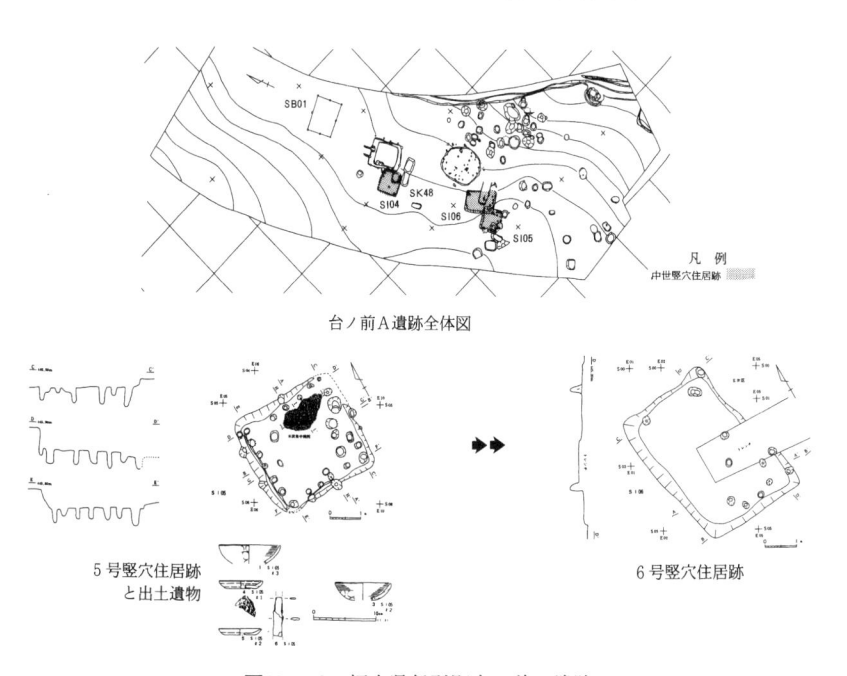

図Ⅳ-4-3　福島県船引町台ノ前A遺跡

世紀前半に比定される．本遺跡は街道に隣接してあり，竪穴住居跡を主体とした中世前期の遺跡である．出土遺物は少ないながら質が高いことから，山間地の街道に隣接した流通に関わる遺跡と推察される．そして，墓壙の存在や祭祀儀礼の存在は，本遺跡を評価する際に重要である．

(2) 古館遺跡〔古川ほか1991・92〕福島県河沼郡会津坂下町

本遺跡は摂関（近衛）家領蜷川荘の荘域に占地する．建長5（1253）年，蜷川荘を請所とした地頭の北条氏とされている〔遠藤1990〕．阿賀（野）川が本遺跡北側を東から西へ流れ，本遺跡はこの阿賀川に向かって舌状に張り出した河岸段丘上に立地（図Ⅳ-4-4）する．堤防ができる以前は氾濫の常襲地帯であった．

本遺跡では溝で区画された一定の空間に掘立柱建物跡から方形竪穴状遺構に，切り替わっている．掘立柱建物跡は，溝跡・柵跡を含めて「館」風の規則的な配置であり，出土遺物を考慮すると12世紀後半から13世紀前半に比定される．中世の方形竪穴状遺構は30基あり，調査者の和田聡は柱穴の配置と平面形，出入り口施設で分類を行い，その大まかな分類を図に示した．

さらに和田は重複関係から竪穴状遺構の変遷を明らかにし，底面中央に2本柱穴をもつⅠ群からそれを持たないⅡ・Ⅲ群に変遷することが明らかとなった．堆積土はすべて人為的堆積で，一時期に埋め戻されている．火処は30基中19基で確認されて，普遍性が高いとしているが，「長期に渡って使用されたものではない」としている．規模は一辺3～4m前後と規格性が高い．出土遺物は皆無で，第6号方形竪穴状遺構から，会津若松市大戸古窯跡群産〔石田1992〕の13世紀に比定される瓷器系陶器が出土しているのみである．

方形竪穴状遺構で3時期の変遷が認められ，先行する掘立柱建物跡も2～3時期の変遷が推定され，さらに後出する溝による区画がある．したがって，12世紀後半から14世紀前半まで5～7時期の変遷が推定される．方形竪穴状遺構は13世紀中頃から14世紀初頭まで存続した可能性が高いと，筆者は考えている．調査者である古川利意は，方形竪穴状遺構の性格について「極く臨時的な，或いは季節的な建物」とし「13世紀以降の年代」を与えている．そして「この古館遺跡付近の環境と結び付いて考えるならば…（中略）…館の機能のほかに『津』の機能も果たしていた」としている．

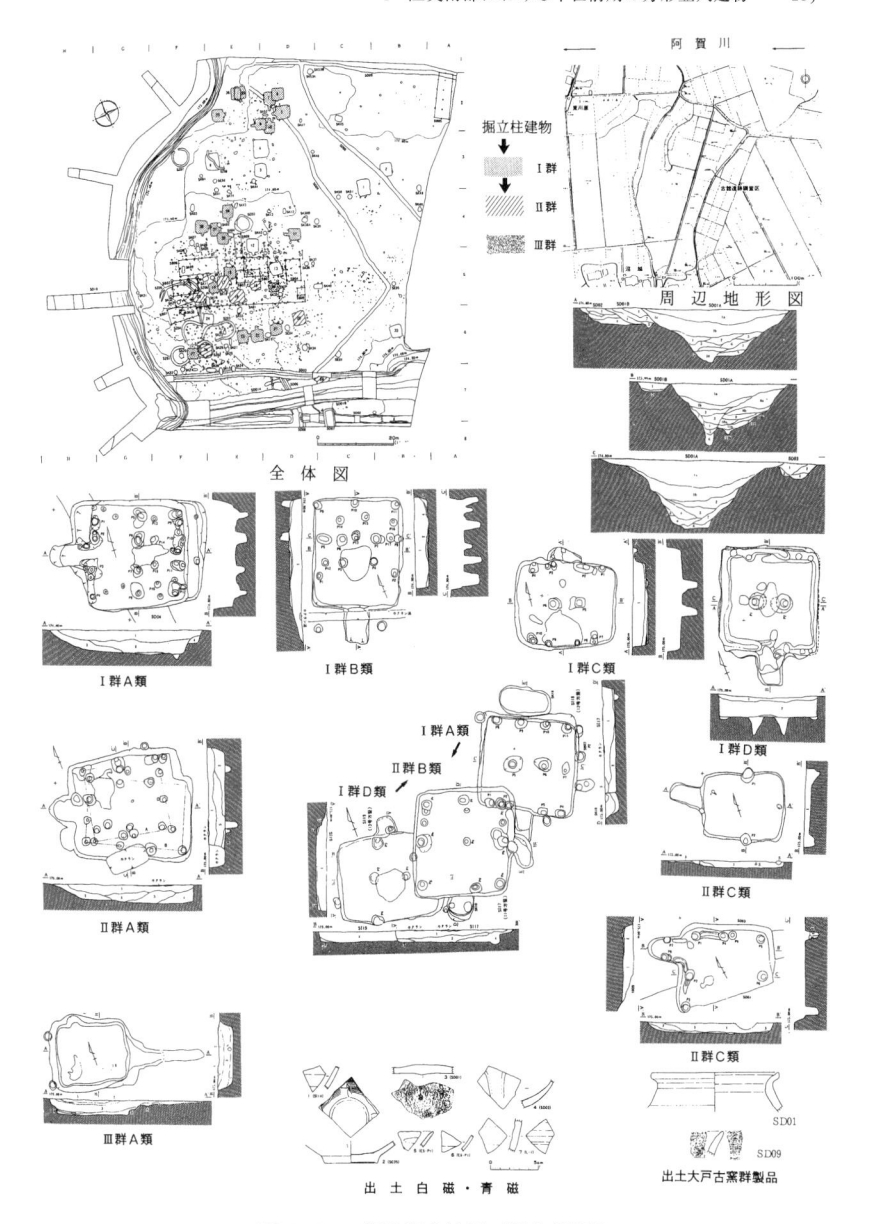

4 陸奥南部における中世前期の方形竪穴建物　285

図Ⅳ-4-4　福島県会津坂下町古館遺跡

286　Ⅳ　ムラとマチ

言い換えれば，本遺跡は基本的に阿賀川の「津」（＝川湊）である可能性が高く，当初は掘立柱建物跡を主体として機能し，館ないしは宗教施設の可能性が推定される．13世紀後半にはそれが否定されて一斉に竪穴状遺構に切り替わる．これは，「津」としての機能を維持していたと仮定すれば，社会的・経済的変動の結果と評価することができる．また遺跡西側に分布する周溝状遺構は宗教施設の可能性があり，土坑の中には土壙墓の存在する可能性もある．遺跡の性格を考える上で重要である．

(3) 観音沢遺跡（かんのんざわ）〔加藤ほか1980〕宮城県栗原郡高清水町

本遺跡は摂関（近衛）家領栗原荘の荘域に占地する．大石直正は栗原荘に関連して，「太平洋岸からすると日本国の荘園分布の北限をなすもの」で，「南北の人と物の流れが衝突するところ，そこにほかの地域に先駆けて摂関家領が生まれた」と評価している〔大石1990〕．栗原荘は3領域に分けて地頭が設定され，二階堂・狩野・北条氏といった伊豆・相模の御家人が地頭となっている〔遠藤1990〕．

近世の奥州街道が遺跡西側を隣接して通り，遺跡はこの街道を望む南向き緩斜面に立地している．周辺には「極楽寺」印を出土した折木山（おりきやま）遺跡を始めとして，松島円福（瑞巌）（えんぷく・ずいがん）寺の覚満禅師が創建したと伝えられる覚満寺など，古代・中世以来の寺院も存在する．中世の遺構は掘立柱建物跡7棟，竪穴遺構37基，井戸跡9基，円形周溝1基，土坑110基などである．掘立柱建物跡のうち5×4間の総柱の建物跡は規模・構造を見て，3面に縁の付く「堂」跡と考えられる（図Ⅳ-4-5）．

竪穴遺構は，平面形と出入り口施設の有無から大きく3タイプに分類されている．その機能については方形を基調としたⅠタイプは「土倉跡」とし，円形（Ⅱタイプ）・不整形（Ⅲタイプ）を基調としたものは不明としている．規模は3〜4m前後のものが多く，柱穴はほとんどない．出土遺物から13世紀から14世紀前半に存続した遺跡であると推定され，一部12世紀後半に遡る遺物がある．出土遺物では都市鎌倉で良く見られるスタンプ文漆器や温石，渥美産の連弁文壺や板碑などの宗教的な遺物が注目される．調査者は「街道筋の集落の一部」とし，周辺に覚満寺跡を始めとして多数の中世遺跡があることから，「街

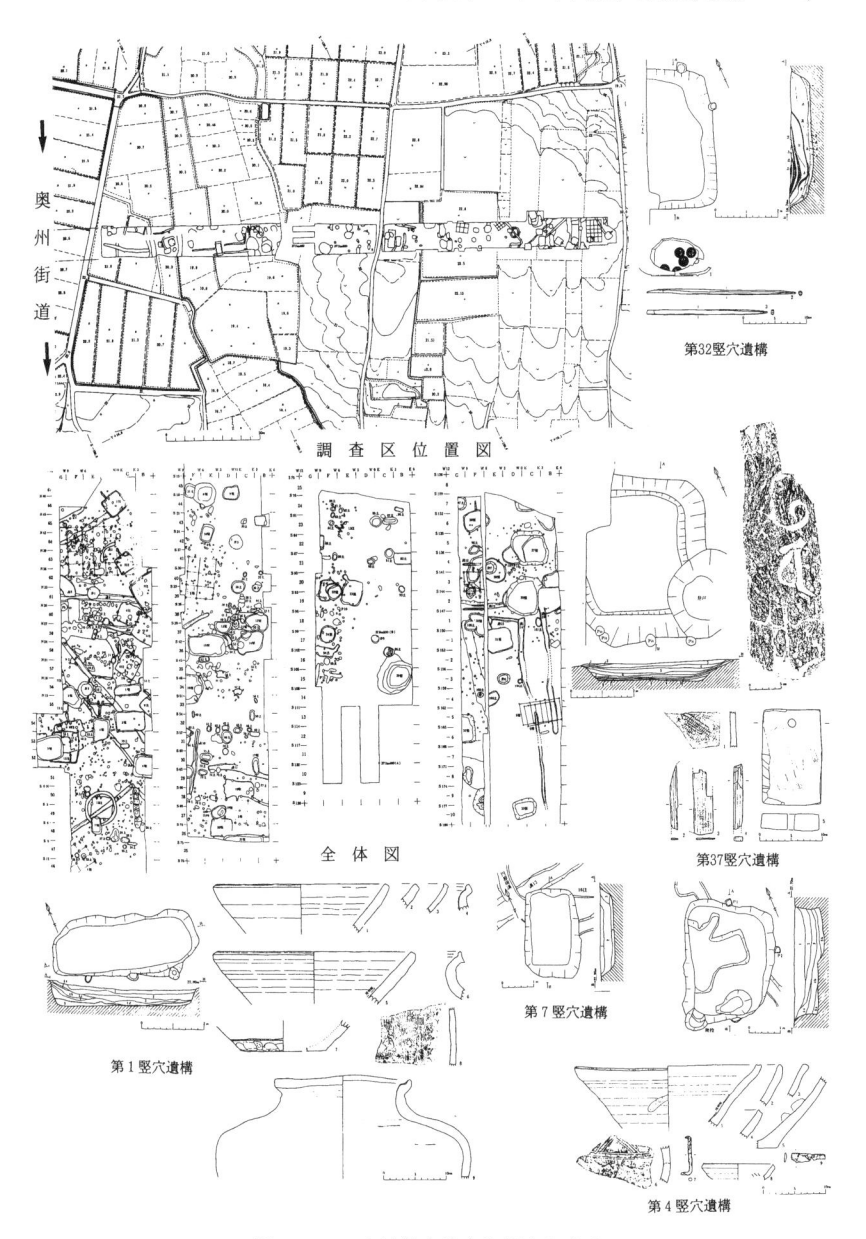

4 陸奥南部における中世前期の方形竪穴建物　287

図Ⅳ-4-5　宮城県高清水町観音沢遺跡

道沿いに大きな集落が構成されていた」としている．周辺の遺跡や出土遺物，あるいは堂舎や円形周溝の存在など，そうした宗教的な雰囲気の中に本遺跡があることは重要である．

(4) 古宿遺跡〔阿部ほか1988；高橋ほか1989〕福島県石川郡石川町

　本遺跡は村上源氏（中院流）が領家である石河荘の荘域に所在し，石河荘は鎌倉時代中期以降，北条氏が総地頭職となっている〔遠藤1990〕．阿武隈川の段丘面に立地し，隣接して馬舟沢B遺跡や一夜館跡，達中久保遺跡などの中世遺跡が密集し，約200,000㎡に及ぶ同一の大規模な遺跡とも考えられる．本遺跡の周辺に街道を具体的に確認できない．しかし，石河氏の本拠である石川と白川結城氏の本拠である白川を結ぶ交通路に，本遺跡があったことは確実である．本遺跡は幅3～6m，深さ1～1.5mの溝跡で，東西約95m，南北約155mの規模で囲繞され，内部はやはり溝跡で区画されている．外周の溝跡には土塁跡が伴った時期もあると考えられている（図Ⅳ-4-6）．

　トレンチによる極く部分的な調査で，この溝跡による区画の内外から土坑205基，井戸跡5基，ピット群を検出した．土坑の中には「方形竪穴建物跡」と判断できるものも多数含まれている．これらは1辺2～3mで方形を基調とし，機能については不明とされている．しかし，断片的であるが，「土坑」の壁溝は根太跡の可能性が指摘でき，「土坑」内の焼土や炭化物・灰を伴うものは「囲炉裏」と推定される．さらに椀形滓・羽口の出土するものは鍛冶工房と考えられている．したがって，建物跡を推定される要素も少なくない．

　出土遺物は少ないが，その年代観から14世紀後半から15世紀に比定される．出土遺物のうち，大溝の区画の外側の「方形竪穴建物跡」から出土した和鏡や板碑は古相を示す．また溝跡などから五輪塔や温石も出土していることから，隣接して墓域や堂舎などの宗教的施設の存在も考えられる．それは，隣接してある達中久保遺跡の地名の由来を「塔頭」に求める意見もあり，注目される．本遺跡の全体図と明治20（1887）年成立の地籍図を対比してみると，溝跡がほぼ短冊形地割りを取り囲むように全周していることが確認でき，西側の溝跡は字界に一致する．しかし，内部の短冊形地割りと遺構の対応については，調査面積が狭く不明である．

4 陸奥南部における中世前期の方形竪穴建物　289

周辺の遺跡　　　全体図　　　地籍図

土塁と溝跡

Ⅱ区　　Ⅱ・Ⅲ区

方形竪穴建物跡と出土遺物

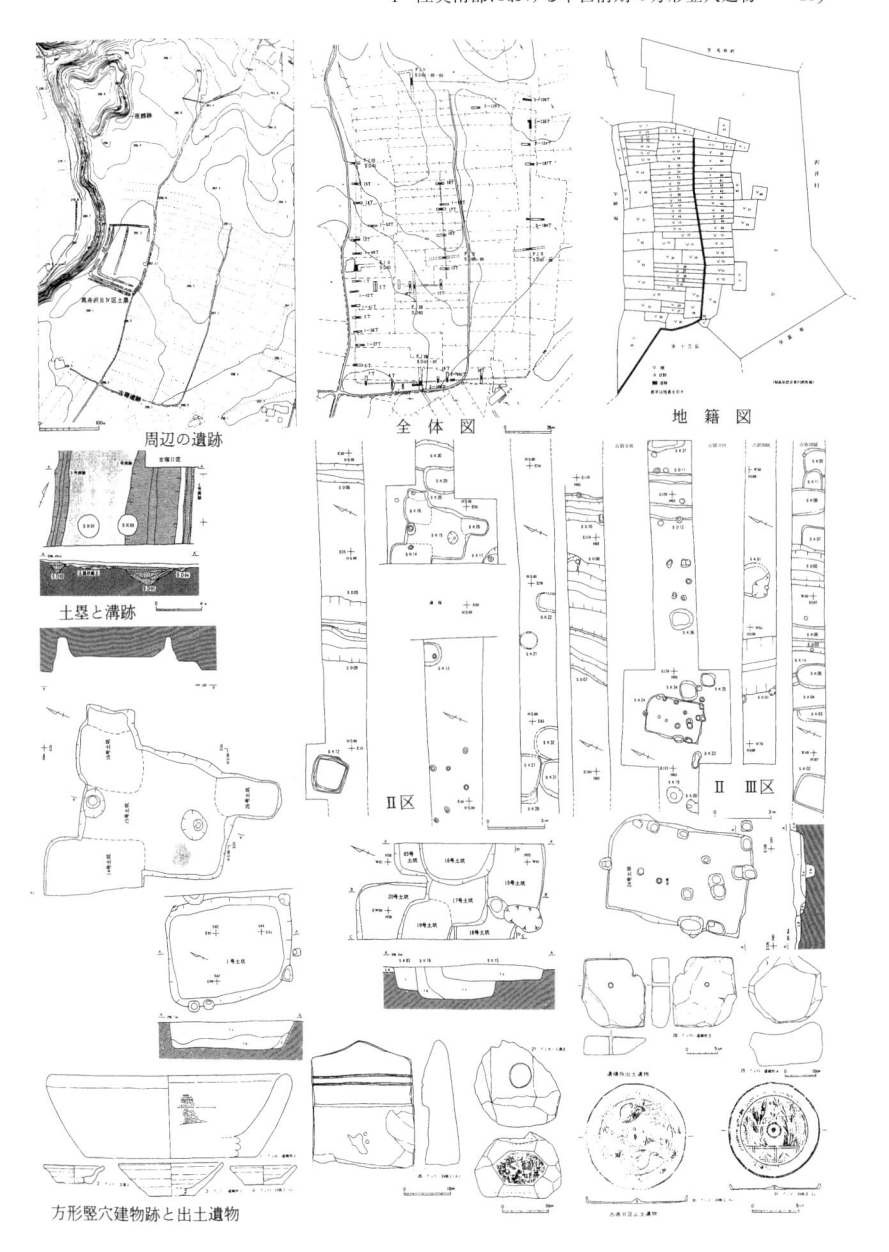

図Ⅳ-4-6　福島県石川町古宿遺跡

調査者の阿部俊夫は「本遺跡南西1.2kmには『新宿』という集落が所在」し，「古宿」という地名とともに，近世には使われていたと考え，「本遺跡は，中世に，この地域で流通の拠点，あるいは『宿』としての性格を有し，それ故，後世になって『古宿』と称されるようになった」と，本遺跡を意義付けている．この調査成果から，短冊形地割りの成立が14世紀後半まで遡るかは別として，溝跡で囲繞された区画内に「方形竪穴建物跡」を主体とした遺跡が成立したと理解して良いであろう．その背景には流通ルートの存在や宗教施設の存在を，無視できない．

古宿遺跡について調査者である高橋信一が再論〔高橋1989〕し，筆者も旧稿で触れ，第27回埋蔵文化財研究集会で討論の中で取り上げられ〔埋蔵文化財研究会1990〕ている．さらに前川要はその所論の中で触れ，「14世紀代には…（中略）…栃木県下古館遺跡や福島県石川町古宿遺跡は，流通の拠点あるいは宿としての性格を持っていたものであるが，東国においては，こうした集落が出現してくる」と指摘している〔前川1991b〕．

3 陸奥南部における方形竪穴建物跡を主体とする遺跡

以上，少ないながら提示した調査事例から，いくつかの特色を見いだすことができる．まず，方形竪穴建物跡の変遷についてである．古館遺跡の分類を基準にすると，古館遺跡の調査成果からⅠ群→Ⅱ群への変遷が明らかになり，台ノ前A遺跡の調査成果からⅡ群→Ⅲ群への変遷が分かる．これは13世紀中頃を上限とし，14世紀前半を下限とする．さらに14世紀後半には古館遺跡で見られる無柱穴で，入り口施設のない形態となる．つまり，出入り口施設を有し中央に2本中穴を持ち，壁際に柱穴を持つタイプから，壁際のみに柱穴を持つものへ，さらに無柱穴のものへ変化する．そして，次第に出入り口施設も消失して，14世紀後半以降，見かけ上単なる「方形土坑」へと変化していく．

筆者は中世後期の城館跡で良く検出される「方形土坑」は，「方形竪穴建物跡」の系譜を引くものもあると考えている．大まかな変遷と考えられるが，観音沢遺跡でも分かるように，地域による差異も考慮する必要があることを，付記しておきたい．囲炉裏を持つものは，Ⅰ・Ⅱ群の段階は比較的普遍的である

が，その後減少して，囲炉裏を持つものが客体的となる．以上の変遷観からすると，方形竪穴建物跡を主体とする遺跡の形態としては，中世前期の「古館型」から中世後期の「古宿型」という遺跡形態上の変遷があり，14世紀後半には溝跡（土塁跡？）で囲繞された遺跡が出現することとなる．

ここで，「どこまでが方形竪穴建物跡と呼ぶのか？」という定義の問題となるが，前述の事例から導き出される具体的な方形竪穴建物跡の特色のみを列記しておきたい．①1辺2〜4mの方形を基調とする．②堆積土は人為的埋め戻しである．③共伴遺物はない．④床面の踏み締まっているものが少ない．⑤長期の使用が認められない．などである．厳密な定義論は困難であるので，この程度の理解としておきたい．また，機能については「住居」，「土倉」，「工房跡」などで提示されている．前述の形態変化からすれば，13世紀後半段階では居住に比重があったものが，14世紀には「倉」としての機能に比重が高まってくるものと推察される．「工房」としての機能は各時代を通じて普遍的ではあるが，主流ではなかったと考えられる．いずれにせよ，「一過性」の強い建物跡であることに変わりはない．

出土遺物の特色としては，絶対量が少ないことや，広域流通品が含まれること，そして宗教的な遺物が必ず出土することが上げられる．この宗教的な要素は，遺跡内における堂跡・墓壙・円形周溝遺構の検出や，周辺での中世寺院の存在とも関連して，こうした遺跡の存立の不可欠な要素となっている．また，繰り返し述べているようにいずれの遺跡も街道や河川に隣接していたことが分かり，こうした流通ルートに近接していることが，遺跡存立の重要な基盤である．

したがって，13世紀中頃に成立してくる「方形竪穴建物跡を主体とする遺跡」は，街道や河川といった流通拠点に初めて成立し得るという「特性（くせ）」があると評価できる．その遺跡は，一過性の居住・貯蔵を担う方形竪穴建物跡がその主体となり，宗教遺跡の存在も不可欠な要素である．その「特性」を以ってして，こうした遺跡を『宿』や『市』や『津』（＝川湊）などとすぐに評価して良いのかは，あまりにも直接的な証拠が少なく躊躇せざるを得ない．しかし，有力な「候補」の一つであることは明記しておきたい．

4 都市「鎌倉」との関連から

　以上述べてきた「陸奥南部の方形竪穴建物跡を主体とする遺跡」について，以下都市「鎌倉」の事例と関連して，いくつかの問題を提起したい．陸奥南部に見られる方形竪穴建物跡の形態は鎌倉では少なく，宮田真の教示によると今小路西遺跡〔河野1990；宮田ほか1993a〕などで数例見られる．今小路西遺跡の武家屋敷前面の庶民居住区〔河野ほか1989〕である南外周第4面検出の20区方形竪穴建築址2は，「古館遺跡Ⅰ群」に類似し，東外周部1面18区方形竪穴建築址1は「古館遺跡Ⅱ群」に類似する（図Ⅳ-4-7）．今小路西遺跡の事例は13世紀末から14世紀前葉に比定されており，古館遺跡の事例より年代的に遅れる．鎌倉では客体的な事例ながら今小路西遺跡の周辺に偏りがあることは興味深い．また，その系譜関係の検討によっては，「地方から都市鎌倉へ」という現象と見ることも可能かもしれない．

　やや視点は異なるが，古館遺跡で述べたように，掘立柱建物跡から方形竪穴建物跡に切り替わる現象を指摘した．最近の都市「鎌倉」の調査では，若宮大路周辺遺跡群の調査〔宮田1993b；佐藤1993〕や由比ヶ浜の調査〔斎木1993〕で掘立柱建物跡が方形竪穴建築址に一斉に切り替わる現象が確認されており，年代的にも13世紀中頃と同じである．こうした都市域の現象と地方の現象は，偶然の一致とは考え難い．画期的な時期と評価することができる．それは既述の遺跡が所在する荘園が，13世紀中頃以降，北条氏を始めとする伊豆・相模の御家人が地頭職となっており，こうした遺跡の成立との関連が示唆される．都市鎌倉での動向と軌を一にするのであれば，興味深い．

　さらに馬淵和雄の論考〔馬淵1991〕に関説して言えば，馬淵は都市「鎌倉」の境界・周縁に方形竪穴建築址が存在することを指摘し，そこに網野善彦が言う「無縁」「無主」の地〔網野1987〕に形成されたと考えた．その意味では前述の各遺跡は，道や川などに隣接するばかりでなく，宗教施設に近接しており，まさに「無縁」「無主」の地に「方形竪穴建物跡を主体とする遺跡」が成立すると評価することも可能である．こうした「場」の論理が広く列島の中で確認できるか．考古学的にも考えていく必要はあろう．

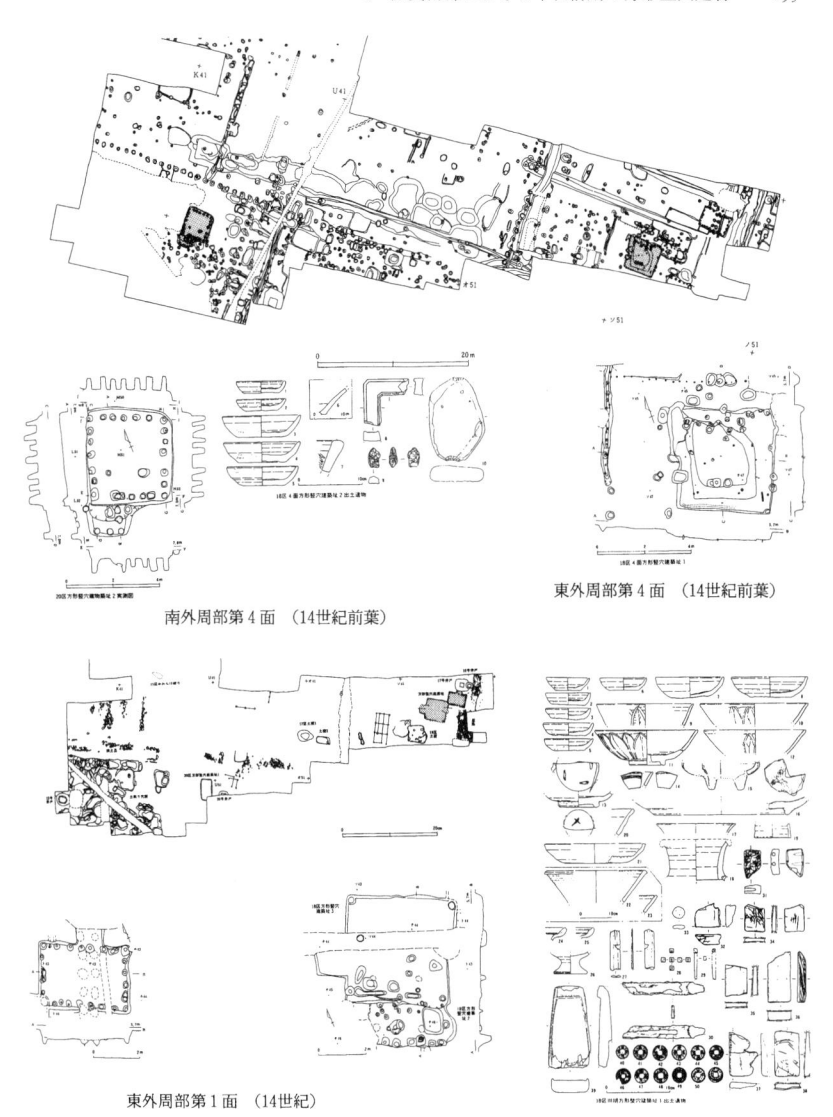

4　陸奥南部における中世前期の方形竪穴建物　293

南外周部第4面　（14世紀前葉）

東外周部第4面　（14世紀前葉）

東外周部第1面　（14世紀）

図Ⅳ-4-7　鎌倉市今小路西遺跡〔河野1990〕

5 今後の展望

　陸奥南部に方形竪穴建物跡を主体とする遺跡が内陸部の河川や街道に沿って，13世紀中頃には成立し，それが形を変えながら，14世紀後半には堀で囲い込まれ，15世紀くらいまで存続することを指摘した．そして，こうした遺跡を「宿」「市」「津」（＝川湊）の『候補』として提示した．さらに，その遺跡の成立に関しては，北条氏を中心とする伊豆・相模の御家人の地頭職補任が，何らかの契機となっていることを指摘した．やや大胆に言えば，「得宗家による流通機構の掌握・再編」と評価することも可能である．

　陸奥南部では9・10世紀から掘立柱建物跡が次第に居住形態の主体となり，11世紀に古代の竪穴住居跡が消滅する．13世紀になって再び方形竪穴建物跡が出現し，中世前期にはそれを主体とする遺跡が存続する．こうした状況は既述の北東北地方の方形竪穴建物跡が現在知られている中では最も古い．これは列島の中でその起源を考えるとき重要である．例えば，高橋與右衛門は11世紀の事例として岩手県岩崎台地遺跡群の事例を上げておられる〔高橋1992〕．筆者は高橋の案内で遺跡を見学させていただいたが，詳述はしないが中世の方形竪穴建物跡の事例とはかなり異なった印象で，そうした遺跡の評価が課題となろう．

　都市「鎌倉」との関連については既に述べたところであるが，「中央から地方へ」という一元的な評価ばかりでなく，物資の流入〔河野1992b〕する「地方から中央へ」という視点も不可欠である．その意味で，再三述べている「方形竪穴建物跡を主体とする遺跡」がどこで発生し，どう波及し，どう発展したかを考えるとき，都市「鎌倉」を含めて東国全体で考える必要がある．例えば，『都市「鎌倉」の「場」の論理が波及したのだ』――こういう理論先行型の結論は簡潔でいいのだが――と「一刀両断」にして良いのか，もう一度広い視野に立って見直す必要があると考えている．

　関東地方でも栃木県下古館遺跡〔田代ほか1983～90〕を始めとして，方形竪穴建物跡を主体とする遺跡の調査例が増えつつある．上総でも，千葉県袖ヶ浦市荒久遺跡では中世の鎌倉街道に隣接して，掘立柱建物跡と方形竪穴建物跡

群・地下式坑群が溝で区画されて検出されている．この遺跡は14世紀中頃から15世紀末まで存続した遺跡であり，「延命寺」の門前にもあたることから，「門前の宿」と推定される〔笹生ほか1993；笹生・柴田1993〕．鎌倉時代に遡る事例はまだ少ないが，今後の調査の進展によって，明らかになるものと考えている．長野県では，中世集落遺跡をまとめた鋤柄俊夫により「13～14世紀…（中略）…一般的な住居の構造は竪穴を主体としている」〔鋤柄1986〕と指摘されており，当該地域の研究の進展が期待される．

　以上のように，東国の中世前期に普遍的に存在するであろう「方形竪穴建物跡を主体とする遺跡」が，東国社会の特質を解明する手がかりになることを期待し，その糸口になれば幸いである．

296　Ⅳ　ムラとマチ

5　東国の宿・市・津

1　これまでの研究

　遺跡の発掘調査の成果から,「宿・市・津」の存在を最初に積極的に主張したのが,宮瀧交二である.宮瀧は埼玉県毛呂山町堂山下(どうやました)遺跡の調査成果から,鎌倉街道の「苦林宿」と推定した〔宮瀧ほか1991；宮瀧1994〕(図Ⅳ-5-1・Ⅳ-5-2).鎌倉街道に面して軒を揃えて並ぶ建物跡の在り方は「町屋」を想像させるものであり,「けがき針」の出土は「銅細工」等の職人の存在を示すものである.15世紀から16世紀初の「宿」とされている.飯村は陸奥南部の中世前期の方形竪穴建物跡を主体とする,河川や街道に隣接した遺跡を,「宿・市・津」の有力な候補とした〔飯村1994b・96c〕.こうした遺跡は13世紀中頃に街道や河川といった流通拠点に初めて成立し得る特性があり,方形竪穴建物跡を「一時的な居住や貯蔵を担う」施設と推定し,その「遺跡に隣接して墓域や宗教施設が存在」したことを指摘した.

　柴田龍司は「字鎌倉街道」を含む袖ヶ浦市山谷(さんや)遺跡の調査成果から,中世の道路に面した「宿」「市」と評価した〔柴田1994・95〕(図Ⅳ-5-3).「山谷遺跡でイメージされる『市』の具体像をみると,道路に接するように仮設店舗が並び,店舗の間から奥に向かって小道が延び,奥は常に広場が確保されていた.また「市」の東側の一段低い場所には墓地が設けられていた.」〔柴田1994〕.また,遺跡の中央を通る道跡は,鎌倉──富津・木更津湊──上総守護所を結ぶ「鎌倉道」とされている.14世紀から15世紀の「宿」「市」と「鎌倉道」としている.『中世みちの研究会第一回研究集会　発掘された中世古道Part1』〔中世みちの研究会1998〕では,「道跡」の発掘調査成果に着目し,あわせて「道跡」の両側に展開する遺跡の景観にも注目が集まった.研究集会では,都市平泉・鎌倉・武蔵府中,北武蔵・上総・出羽・陸奥などの調査事例から,中世の道は

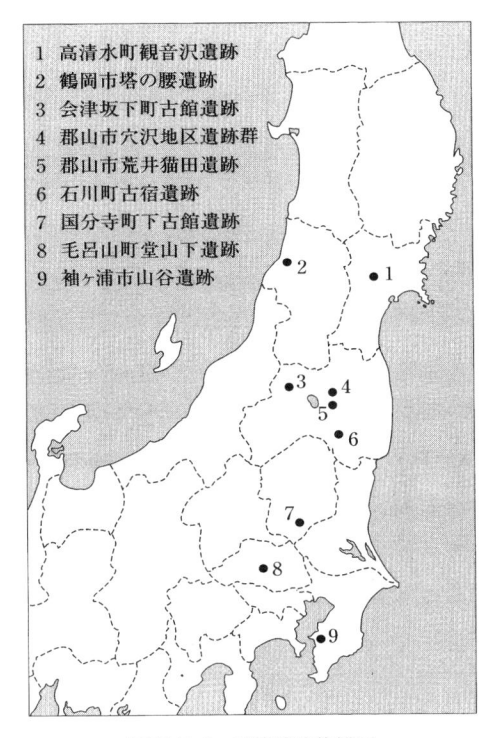

図IV-5-1　関連遺跡位置図

1 高清水町観音沢遺跡
2 鶴岡市塔の腰遺跡
3 会津坂下町古館遺跡
4 郡山市穴沢地区遺跡群
5 郡山市荒井猫田遺跡
6 石川町古宿遺跡
7 国分寺町下古館遺跡
8 毛呂山町堂山下遺跡
9 袖ヶ浦市山谷遺跡

1. 両側・片側側道で幅3〜4m. 2. 轍幅1.2m前後. 3. 波板状凹凸の検出例は少ない. 4. 古代と中世前期, 中世前期と後期, 中世後期と近世の道跡は連続しない. 5. 道はメンテナンスされている. 6.「鎌倉道」の「上道・中道・下道」の例のように,「奥大道」等の「大道」は複線である. などの共通点があることが確認された.

　伊藤正義は「中世遺跡の発掘調査成果から中世の市庭の空間構成を復元」を試み, その東国の市庭遺跡の特性を「生活感が乏しい, 耕作の不適地」「宗教性・宗教施設の存在」「中世の交通の要衝」「大規模な区画・結界施設としての大溝」「方形竪穴（建物）遺構」としている〔伊藤1998〕. そして, 後述する栃木県下古館遺跡〔田代ほか1983〜90；㈶栃木県文化振興事業団1987〕（図IV-5-4）と「連釈之大事『修験山伏の市立図』」との類似性を指摘している.

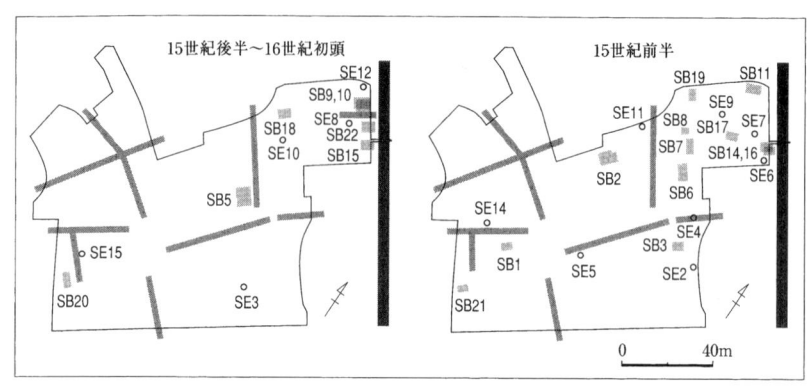

図Ⅳ-5-2 堂山下遺跡

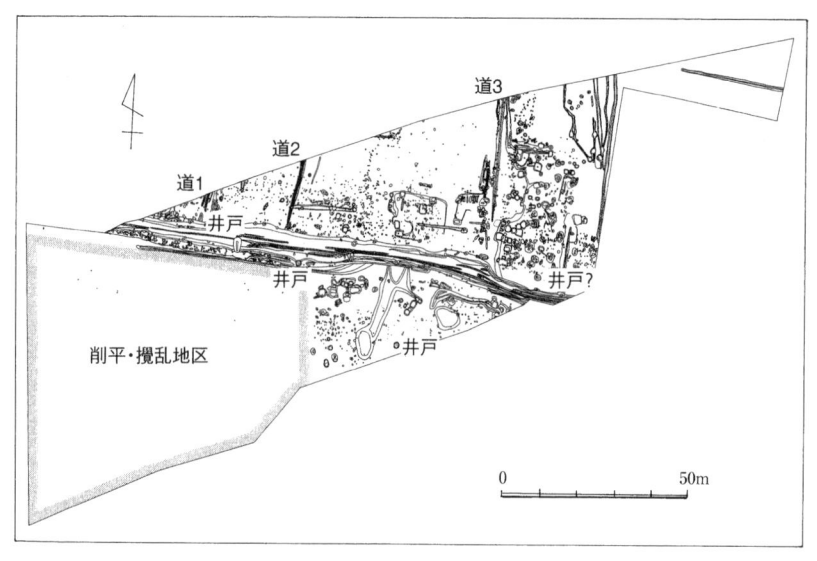

図Ⅳ-5-3 山谷遺跡

「宿・市・津」に関する考古学的研究は，概念規定されないまま研究が進んでいる現状では，それぞれの研究者のイメージの中の「宿・市・津」と言わざる得ない状況である．しかしそのイメージも，同じ像を結びつつある気がする．道や川など交通路に面した，通常の村落遺跡とは異なる要素（遺構・遺物・立地等）を有する遺跡が，「宿・市・津」と評価される場合が多い．考古学では帰

図Ⅳ-5-4　古館遺跡

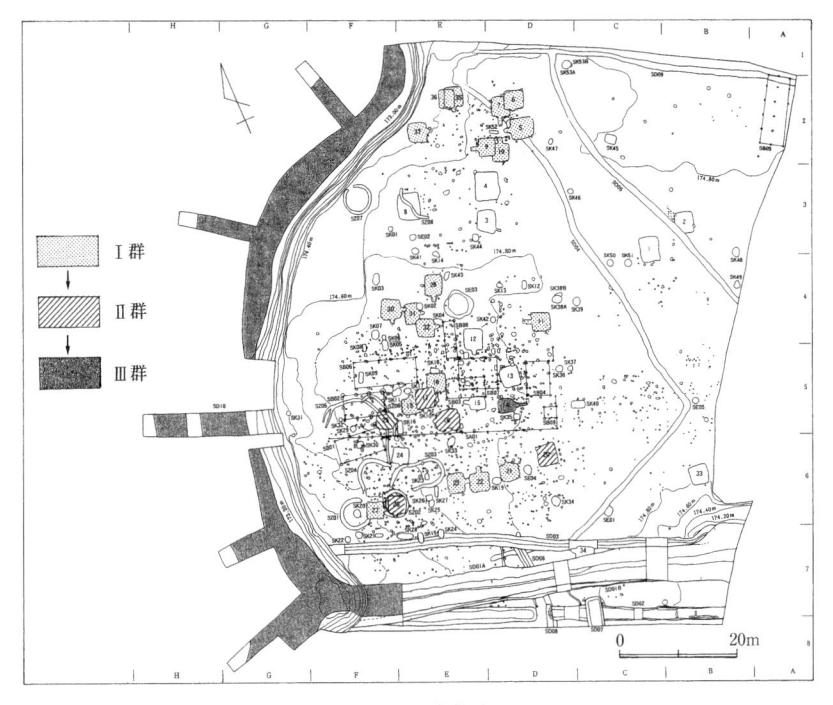

納法的に概念規定するほうが望ましいと筆者は考えているので，今後多くの調査事例の分析から，概念規定されることが課題と考えている．その際に，時間的な推移や歴史的・地域的な背景を考慮すべきなのは，言うまでもない．また，「村」「都市」や「宿」「市」「津」という概念だけでは一概に規定し得ない，多様な中世遺跡の実像があることも忘れてはならないと考えている．

2　「下古館型」と「荒井猫田型」の提唱

飯村は中世都市研究会第六回研究集会「都市研究の方法」で，「遺跡のかたち　都市のかたち──中世前期の東国」〔飯村 1998b〕という報告を行い，これまでの東国の村落・都市研究を概観して，道や川に面する多様な遺跡から，大きく「下古館型」と「荒井猫田型」の二つの遺跡類型を提案し，前者を「市」，

後者を「宿」の遺跡である可能性を提唱した．本節では，やや詳しく，その内容を紹介したい．

(1)「下古館」型

この標式遺跡である栃木県国分寺町下古館遺跡〔田代ほか1983〜90；㈶栃木県文化振興事業団1987〕（図Ⅳ-5-5）は，古代東山道に並行して南北に延びる「うしみち」と通称される道跡を中心に，南北約480 m，東西約160 mに及ぶ範囲が薬研堀で囲繞され，北入口が土橋で途切れる以外は全周するが，明確な土塁は存在しない．堀内の遺構群は道跡の両側に東西に延びる溝跡で区画され，遺構群は方形竪穴建物跡（遺構）・井戸跡・土坑・ピット群で構成される．出土遺物は極めて少ないが，その種類は豊富で，都市・鎌倉の組成に類似する．出土遺物は概ね13〜15世紀とされている．道跡西側に存在する1124号遺構は，約20×20 mの範囲で堀で囲んだ一段高い区画があり，堀跡内の遺構群の核とされている．

区画内には「宗教的な建築物」〔田代ほか1988〕と考えられている小規模な建物が建つ．この1124号遺構の北側には，塚も存在する．極めて「宗教的な場」〔田代ほか1988〕と考えられている．道跡を中心に宗教施設を核として，「方形竪穴建物跡＋井戸跡＋土坑＋ピット群」で構成される遺構群が，溝に区画されて展開することが明らかにされている．その年代は出土遺物から，13〜15世紀に収まるものと考えられている．遺跡の特色をまとめると，1.道跡を中心に地割りが成立．2.宗教的な施設を核にして，塚や墓坑も存在．3.堀で区画された中だけに遺構が展開．4.方形竪穴建物跡＋井戸跡＋土坑＋ピット群で構成され，掘立柱建物跡が少ない．5.出土遺物が少なく生活感に乏しいが，種類は豊富．6.中世前期を存続時期の中心とする．などが挙げられる．

筆者は特に，方形竪穴建物跡の顕著な存在に注目して，「方形竪穴建物跡＝一過性の建物，倉」〔飯村1994b；中世都市研究同人会1993〕との視点を重視し，「下古館型＝市」を提唱した．報告書が未刊である現在，遺跡の時期的な変遷や遺構・遺物の性格も提示されない中で，遺跡の性格を規定するのは本意ではないが，刊行された概報等から得られた現時点での所見としておきたい．

「下古館型」に類型できる東国の遺跡としては，宮城県高清水町観音沢遺跡，

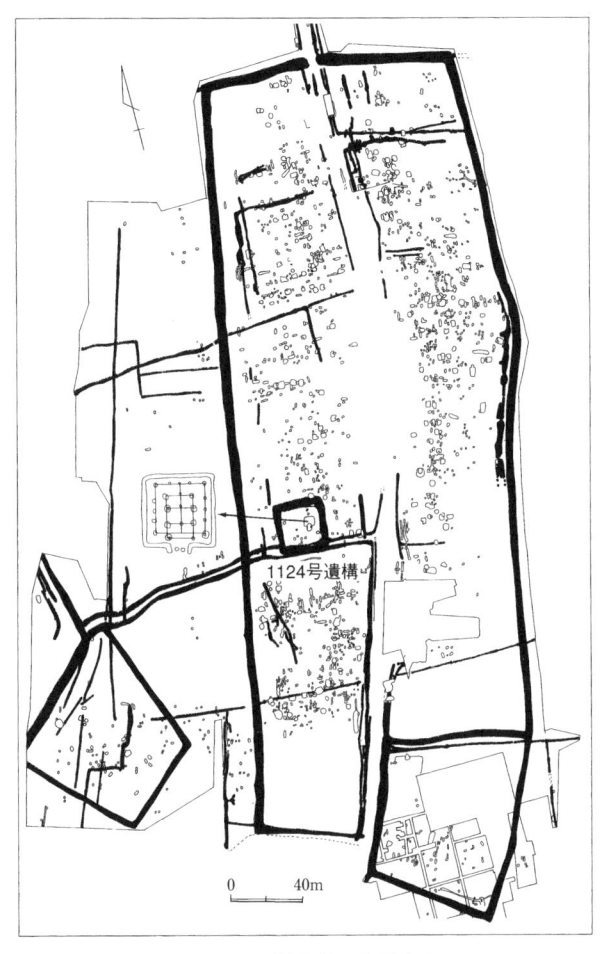

図Ⅳ-5-5　栃木県下古館遺跡

福島県会津坂下町古館遺跡，福島県石川町古宿遺跡などが挙げられる．観音沢遺跡〔加藤ほか1980〕（図Ⅳ-5-6）は奥大道に隣接してあり，掘立柱建物跡・竪穴建物跡・井戸跡・土坑・ピット群で構成される．13～14世紀の遺跡で，出土遺物は多くはないが多様である．板碑などの宗教的な遺物もあり，宗教施設と考えられる「御堂」や円形周溝跡の検出も注目されるが，堀跡などの区画施設は不明である．古館遺跡〔和田ほか1991・92〕（前掲図Ⅳ-5-4）は会津盆地から

302　Ⅳ　ムラとマチ

図Ⅳ-5-6　観音沢遺跡

図Ⅳ-5-7　古宿遺跡

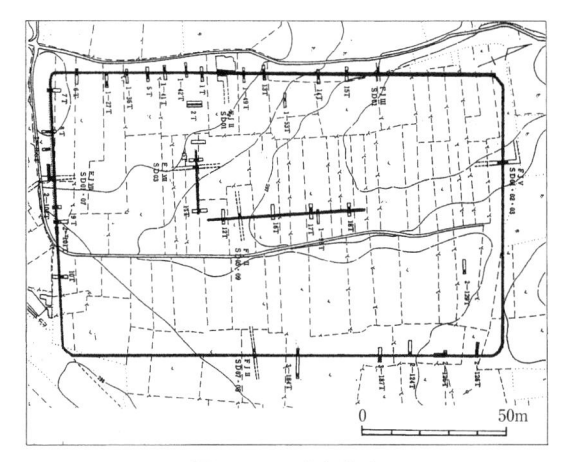

新潟平野に流れる阿賀川の南岸に立地し，東側に隣接して会津から越後に向かう会津街道も想定されている．古館遺跡は堀跡と段丘崖で区画され，掘立柱建物跡・方形竪穴建物跡・柵跡・井戸跡・土坑・ピット群などで構成され，存続期間は13世紀から14世紀とされている．周溝状遺構や墓坑と考えられる土坑など，宗教的な遺構も存在し，出土遺物はごくわずかで，生活感に極めて乏しい．

古宿遺跡〔阿部ほか1988；高橋1989〕（図Ⅳ-5-7）は，阿武隈川の段丘面に立地し，白川地方と石川地方を結ぶ道が，隣接して存在することが想定されている．遺跡はトレンチによる部分的な調査であり，地籍図を参考に復元的に検討する．東西約95m，南北約155mの区画が大溝で囲繞され，内部はさらに溝で区画され，大溝には土塁が伴った時期もある．区画の内外から土坑・井戸跡・ピット群で構成され，土坑には方形竪穴建物跡と考えられるものが含まれる．五輪塔・板碑や温石・和鏡などの出土から，宗教的な施設や墓域の存在も推定される．また，椀形滓や羽口の出土から，「鍛冶師」の存在も考えられる．出土遺物は少なく，生活感に乏しいが，存続期間は14世紀後半〜15世紀とされている．

下古館遺跡と共通の特色を有する遺跡は既述の通りではあるが，全く同一というわけではないことは明らかである．例えば，観音沢遺跡は出土遺物が決して多いとは言えないが，使用痕の顕著な擂鉢の出土が目立つ傾向は，生活感を示すのかも知れない．また，古館遺跡は立地からすると「川津」の可能性も考

えられ，古宿遺跡は遺構の分布や時期的な変遷が異なる可能性は否定できない．一方，ここでは下野と陸奥の事例のみを挙げたが，鋤柄俊夫が明らかにした信濃の中世村落の形態〔鋤柄1986〕や，茨城県つくば市柴崎遺跡〔茨城県教育財団1989・90・92；中・近世研究班1992〕，大塚昌彦が明らかにした上野の中世集落の形態〔大塚1994〕は，いずれも方形竪穴建物跡を主体とする遺跡である．東国各地の中世村落の実態が不明な現在，こうした遺跡に対して「方形竪穴建物跡＝市」といった視点からのみ，短絡的な評価することは，厳に慎むべきと考えている．地域の歴史的な背景や遺跡の立地・環境を含めた多くの調査成果から，評価するべきであろう．

(2)「荒井猫田」型

荒井猫田遺跡Ⅲ・Ⅳ区については，簡潔に遺跡の特色のみを列記する〔高橋1998；高橋ほか1998；押山ほか1999〕（図Ⅳ-5-8）．1. 阿武隈川・笹原川等の大河川に近接した段丘面に立地．2. 両側側溝の南北道路を中心に遺跡が形成．3. 南北道路の南と北に木戸跡があり，その間は約120〜130 mである．4. 南側木戸（一時期）北側で西に向かう東西道路，北側木戸（3時期）北側にも東西道路がある．5. 道の両側に溝で区画された柱穴群が密集して展開し，道から20〜25 m両奥側に井戸跡が分布する．町屋と考えられている．「鍛冶師」等の職人も存在．6. 北側木戸の北側は溝跡による複数の区画があり，遺構が次第に稀薄となり，墓域等が存在するなど，遺構の分布傾向も異なる．7. 南側木戸の南側や町屋の外側は，遺構の密度が極端に低くなる．8. 南北道路東側の町の南端にある「館跡」[1]は当初単郭であるが，新たに西側の町屋を壊して進入道路と郭を設けている．9. 出土遺物は多くはないが多種多様で，かわらけは極端に少ない．10. 存続時期は12世紀後葉〜15世紀前葉で，3時期の変遷が推定され，13〜14世紀が盛期である．

本遺跡はⅢ区の一部保存が決定し，残りの部分の調査も未了であるので，現在（平成11年5月）公表されている調査成果からの評価であることを断りおきたい．しかし，南北道路が成立して，町が成立したことは確実であり，「館跡」と呼ばれる堀跡で区画された空間も，密接な関連がある．「館跡」と呼ばれる空間の評価にもよるが，道の成立が「町」成立の契機になったことは確実

5 東国の宿・市・津 305

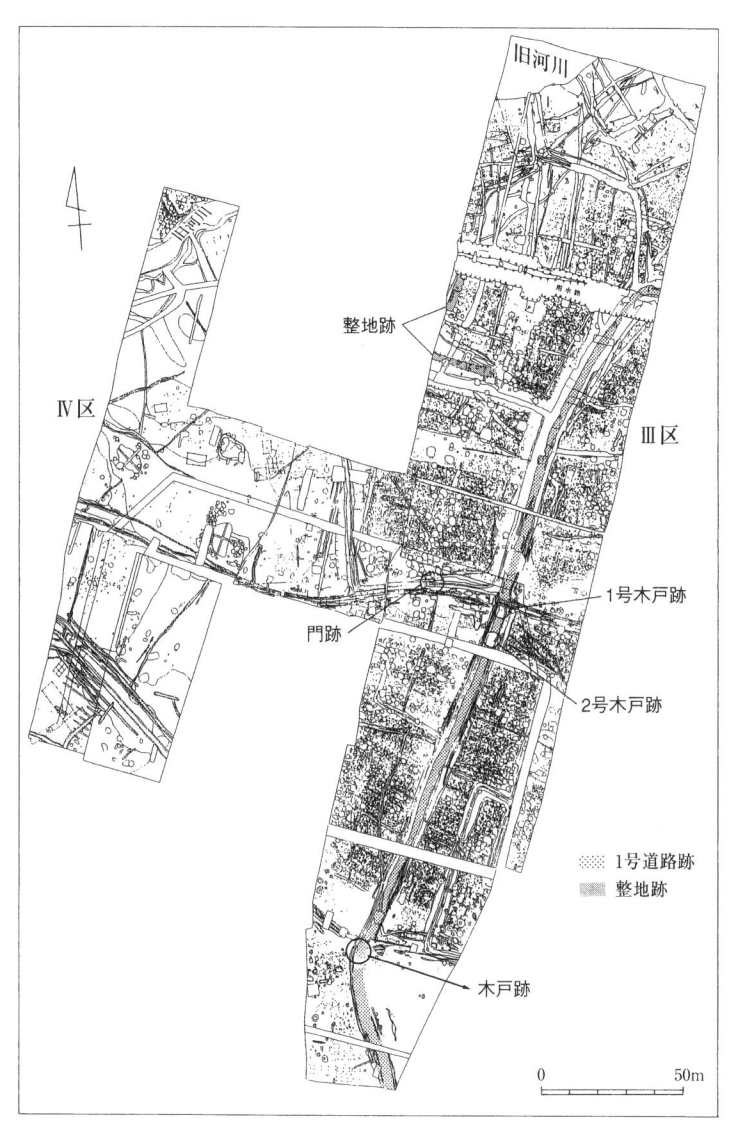

図Ⅳ-5-8 荒井猫田遺跡

であり，流通・交通に関わる「町」であることは確かであろう．明確に建物を構成しない柱穴群（掘立柱建物跡）[2]で主に構成される遺跡であり，前述の下古館遺跡とは構成要素が明らかに異なる．この点を重視して，筆者は「市」とは異なる交通に関わる町として，「宿」の可能性を提示した．

東国で「荒井猫田型」と考えられる遺跡としては，前述の堂山下遺跡，山谷遺跡のほか，山形県鶴岡市塔の腰遺跡等が挙げられる．塔の腰遺跡〔水戸1997〕（図Ⅳ-5-9）は日本海側，中世大泉荘に位置し，近隣には鎌倉祈祷寺である井岡寺や延喜式内社の遠賀神社，庄内地方から越後に至る街道がある．遺跡は両側側溝の道の両側に，間口20m前後の溝で区画された屋敷地が展開し，ピット群・土坑・井戸跡で構成される．出土遺物は少なく，存続年代は13世紀後半から14世紀とされている．未調査部分も多く荒井猫田遺跡と全く同じとは即断できないが，「鎌倉時代は屋敷が並ぶ街道」〔水戸1997〕であったことは確実であろう．

堂山下遺跡（前掲図Ⅳ-5-2）は掘立柱建物跡・井戸跡・溝跡・土坑等で構成され，14世紀後半から15世紀に3時期の変遷が推定されている．14世紀後半は在家が散在する景観が基本であり，15世紀には大きく景観を変えて遺構数が増加し，鎌倉街道沿いの屋敷地に二間三間の小建物が多数建てられ，奥には大型の建物がある在家が存続する．全体像が不明ではあるが，宮瀧交二は道に隣接した「在家」から「宿」への発展を想定し，15世紀には「宿」として確立したと評価している〔宮瀧1991・94〕．

山谷遺跡（前掲図Ⅳ-5-3）は切通しの堀底道を中心に，それと直交する溝（道）や整形区画で画され，ピット群や井戸跡・竪穴状遺構・地下式坑・火葬墓で構成される．建物の復元が極めて困難であることから，仮設の建物が想定されている．道路面には轍があり，幅約1.1mを測る．出土遺物は14～15世紀が中心で，出土量は少なくないが，かわらけが少ない点が注目される．柴田龍司は農業集落とは考え難い状況や，仮設建物や広場の存在から，あるいは鎌倉道と遺跡の盛衰が軌を一にしている点などから，非日常的な生活空間である「市」の可能性を強調している〔柴田1994・95〕．柴田の描くイメージは肯首できるが，基本的な構成要素は荒井猫田遺跡に類似することから，ここでは一応「荒井猫田」型に分類した．

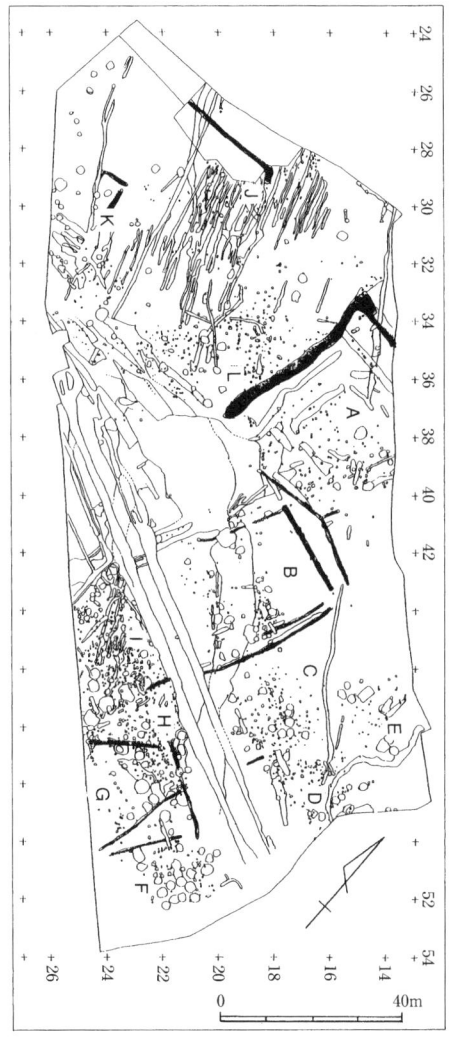

図Ⅳ-5-9　塔の腰遺跡

　こうした，東国の道に面した多様な遺跡の在り方を，遺跡の構成要素を重視して「下古館型」と「荒井猫田型」という分類を行い，前者を「市」，後者を「宿」の可能性を提案した．もちろん，「市」や「宿」といった存在が，明快に分けられた存在なのかは，当然議論する余地があるが，筆者は現在，定見を持

ち合わせていない.

3 まとめにかえて

　福島県郡山市穴沢地区遺跡群〔吉田ほか1983〕(図Ⅳ-5-10) は, 阿武隈川の東岸の段丘面に立地し, 中世田村荘に位置している. 穴沢地区遺跡は複数の遺跡で構成され, 堀で区画された複郭の穴沢館跡, 黒田遺跡は溝で区画された屋敷割りがわかり, 掘立柱建物跡・土坑・井戸跡・ピット群で構成される. また, 馬場小路遺跡では溝で区画された掘立柱建物跡・土坑・井戸跡・ピット群のほか, 礫石経塚や御堂などもある. 馬場中路遺跡では手づくねかわらけの煙管型窯跡が調査されている. 10・11世紀には集落の形成が始まり, 13世紀には馬場小路・馬場中路遺跡で窯跡や宗教施設が成立し, 14・15世紀には都市的な雰囲気となる. 未調査の部分が多く即断できないが, 阿武隈川の渡河点でもあり, 陸上の道と川の舟運との結節点であることから, こうした都市的な遺跡が成立した可能性が高い.

　道や川に面した遺跡を検討してきたが, この時間的な変遷を整理すると,

　　12世紀後葉に成立　　荒井猫田遺跡
　　13世紀に成立　　　　下古館・観音沢・古館・塔の腰遺跡
　　14世紀に成立　　　　古宿・山谷・堂山下・穴沢地区遺跡

奥大道に面した荒井猫田遺跡の成立が最も早く, 鎌倉時代初期である. 13世紀に成立する遺跡と14世紀に成立する遺跡では, 遺跡の構成要素, 特に遺構の形態等に質的・量的な変化が感じられる〔飯村1994b〕. いずれの遺跡も遺構の密度が増加するのは13世紀以降であり, 14世紀以降に成立とされる遺跡でも, 12・3世紀の遺構・遺物が少数確認されている.

　つまり, 道跡もそうではあるが, 13世紀にこうした流通に関わる遺跡が整備・充実することは確実であろう〔飯村1994b〕. それは, 荒井猫田遺跡の北約七キロの阿武隈川西岸には, 荒井猫田遺跡と類似した構造・年代観を有する古戸遺跡が試掘調査で確認されている〔押山ほか1999〕事実を考慮すると, その交通体系の充実ぶりは驚嘆に値する. また, こうした道や川に面する遺跡の下限を考えると, いずれも15世紀の中におくことができる. 15世紀の中に, 流

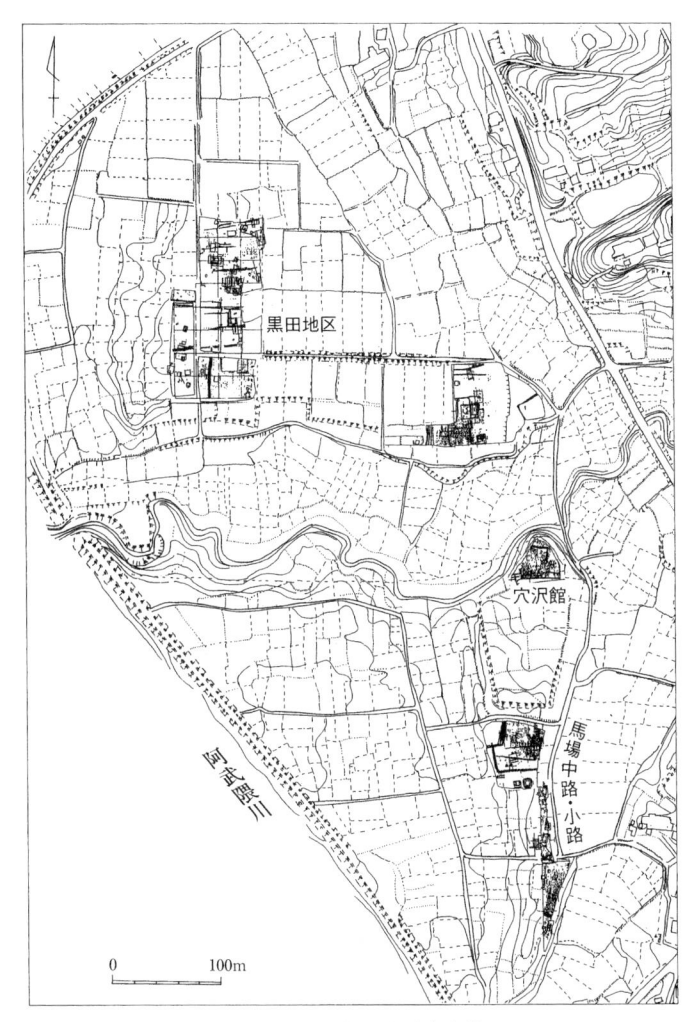

図Ⅳ-5-10　穴沢地区遺跡群

通体系の大きな変革を想定する必要がある．つまり，東国における13世紀と15世紀の流通・交通体系の画期は確認しておきたい．この背景にある道の造営・経営主体や，市や宿とされる遺跡の造営・管理主体が，今後の課題となろう．しかし，この東国規模で変化する流通・交通体系の背景には，より広域な権力[3]の存在は否定できないであろう．

本節では，遺構論を中心に道に面する遺跡を検討し，類型化したが，多様な遺跡の実像には到底迫り得ていない．今後は遺物論も踏まえて，より詳細な検討に努め，時期変遷を推定し，さらに村落遺跡との比較検討も踏まえて，考察を深めていきたい．

1) 「館跡」は中心部が未調査であり，堀で区画されることのみで，地域支配あるいは政治的な公権力の中核としての「館跡」と断定して良いかは疑問である．伊藤正義の口頭での指摘によれば，「宗教的な場」という見解もある．
2) 掘立柱建物跡を構成する柱穴を明確にできないことは，「同じ規模の柱穴が多過ぎて抽出が困難」なのか，あるいは「仮設の簡易な建物なので抽出が困難」なのか，評価が分かれるところである．前者であれば，都市鎌倉のイメージに近く，後者であれば，山谷遺跡や下古館遺跡等のイメージと共通する．
3) 政治的な公権力としても，関与の仕方が課題であろう．また，宗教的な権力（勢力）との関係も考慮すべきであろう．

6 道と「宿」

はじめに

　中世の道や宿の研究が考古学的にも着目されはじめたのは，1980年代後半であろう．まず，栃木県下古館遺跡〔田代ほか1995〕の調査を通して，その遺跡の性格について多くの議論が展開され〔石井ほか1987；田代1989；伊藤1998；石井2002〕，宮瀧交二は埼玉県堂山下遺跡の調査成果などから，同遺跡が「鎌倉街道」に面した「苦林宿」であることを明らかにした〔宮瀧1991・94〕．また，飯村は陸奥南部の中世前期の竪穴建物跡を主体とする遺跡が，周辺の中世前期の集落と異なる景観を有し，いずれも川や道に面してあることから，「宿・市・津」の有力な候補であるとした〔飯村1994b・96c〕．柴田龍司は千葉県山谷遺跡の調査成果から，集落域・墓域・道路の構成から「市」であると提起した〔柴田1994〕．

　こうした道に面した遺跡が注目されるとともに，1996年以降「奥大道」と目される道の両側に展開する町をほぼ全面調査した福島県荒井猫田遺跡〔高橋ほか1998など〕の調査，保存運動〔荒井猫田遺跡を考える会1994〕などが契機となって，1998年に「中世みちの研究会」が発足し，毎年定期的に研究集会が開催され「宿」や「市」ばかりでなく，「道」自体の調査・研究も深められ，同時に宮瀧〔宮瀧1999〕が提示したように考古学・文献史・土木史・歴史地理学などの分野からの総合的なアプローチもわずかながら進みつつある〔藤原・村井ほか1999など〕．その中で，飯村は主に構成される遺構の在り方から遺跡を類型化し，「下古館型」＝「市」と「荒井猫田型」＝「宿」の可能性を提案した．これについては，宇佐見隆之〔宇佐見2001〕・宮瀧〔宮瀧2001〕らの批判もあり，まさに考古学においても「宿・市遺跡の研究は今ようやく緒に就いたばかり」〔宮瀧2001〕であろう．

「宿・市」については，文献史では近年，網野善彦〔網野1996〕，保立道久〔保立1986〕，笹本正治〔笹本1994〕，桜井英治〔桜井1996〕，宇佐見隆之〔宇佐見2001〕，五味文彦〔五味2001〕，石井進〔石井2002〕らの研究があり，その深化が図られている．とりわけ，五味は中世都市を11世紀後半から13世紀前半の中世初期，13世紀後半から15世紀前半の中世中期，15世紀後半から中世後期の三段階の発展段階に分けてその特徴を論じている〔五味2001〕．

五味も指摘しているが，考古学的に見ても，例えば芦田川下流にあった「草井津」と目される広島県草戸千軒町遺跡は13世紀後半と14世紀後半，15世紀後半に大きな画期が認められており，遺跡の大きな変容が指摘されている〔岩本1996〕．また，「三津七湊」に数えられる青森県十三湊遺跡は遅くとも13世紀後半には成立し，15世紀前半に廃絶することが明らかにされつつあり〔榊原1996など〕，前述の荒井猫田遺跡は12世紀後半には成立し，14世紀後半から15世紀には著しく機能低下していくことが指摘されている〔高橋1999；高橋ほか1998〕．

また，岡田章一は中世の「筑紫大道」が13世紀後半に成立し，16世紀前半に機能が停止していることを指摘し〔岡田1999〕，柴田龍司は西上総の鎌倉道とそれに面した集落である山谷遺跡が14世紀前葉に成立し，15世紀には急速に廃絶するとし〔柴田1999〕，飯村も東国の道や川に面した遺跡の成立と廃絶の時期から13世紀と15世紀に流通・交通体系の画期を指摘した〔飯村1999b〕．

以上のように，文献史と考古学の研究成果を重ね合わせると，13世紀と15世紀の画期が「宿・市・津・湊」と目される遺跡ばかりでなく，「道」についても指摘でき，流通・交通体系の全国的な再編があったことが，改めて指摘されつつある．

そこで，本節では，前稿〔飯村1999b・2001c，以下「前稿」という〕では東国の中世前期の遺跡を中心に道及び道に面した遺跡を検討したので，先の五味の中世都市の発展段階を視野に入れつつ，中世後期を中心に道及び道に面した遺跡を検討し，「宿」「市」「津」などの可能性も含めて，その中世後期の様相の一端を明らかにしたい．

1 「道」・道跡——その構造——

　周知のことであるが，道の年代を決定することは困難である．それは，道が路面と路面舗装あるいは波板状凹凸，側溝などで構成され，機能が著しく低下しながらも近世・近代まで農道や畦道，山道などとして利用されるケースが多く，堆積土が極めて薄い上に，攪乱される場合が多い．また，本来生活の場でないことから，周辺に集落があるとか，道で祭祀行為が行われるとかでない限り，出土遺物が極端に少ない．

　さらに，道路側溝から遺物が出土する可能性が高いことから年代決定の資料が期待されるところであるが，道としての機能が高いうちは道路側溝は丁寧に維持管理され，道としての機能が低下するとともに，周辺の集落も廃絶し，出土遺物はやはり極端に少ない．したがって，道の成立と廃絶の時期を決定するのは困難ではあるが，遺構の重複や周辺集落の消長から時期から考えて行かざるを得ない．それを前提に中世後期の遺構としての道跡を検討したい（図Ⅳ-6-1）．

　福島県内屋敷遺跡〔植村 2002；植村・和田 2002〕（図Ⅳ-6-2）は，福島県耶麻郡塩川町に所在し，会津盆地の北側，阿賀川の右岸の河岸段丘上に立地し，古代，中世の複合遺跡として約 10,000 ㎡が調査された．調査区ほぼ中央を東西に蛇行しながら平行して走る 2 条の溝跡が検出され，両側側溝の道路跡と推定している．側溝は幅約 1.5 m，深さ 0.6～1.2 m で，路面幅約 2 m の道跡が延長約 220 m 検出された．側溝は数回の掘り直しが認められる．道跡の北側にほぼ平行する道跡が数条認められ，集落をつなぐ道の可能性を示唆されている．

　道路跡北側の調査区北東側では小穴と井戸跡が集中し，屋敷地が推定される．井戸跡には木枠のもの，石積みのもの，両者が存在する．また，調査区内では火葬骨の集骨ピットも 3 基確認されている．中世の出土遺物は，青磁，白磁，染付，瓷器系・須恵器系陶器，瀬戸，かわらけ，木製品で，15 世紀後半から 16 世紀前半に比定される．前述のように，道路跡の存続年代決定は困難ではあるが，調査区内の出土遺物や屋敷地の存続時期から，ほぼ同時期の道路跡と考えて大過ないであろう．

314　Ⅳ　ムラとマチ

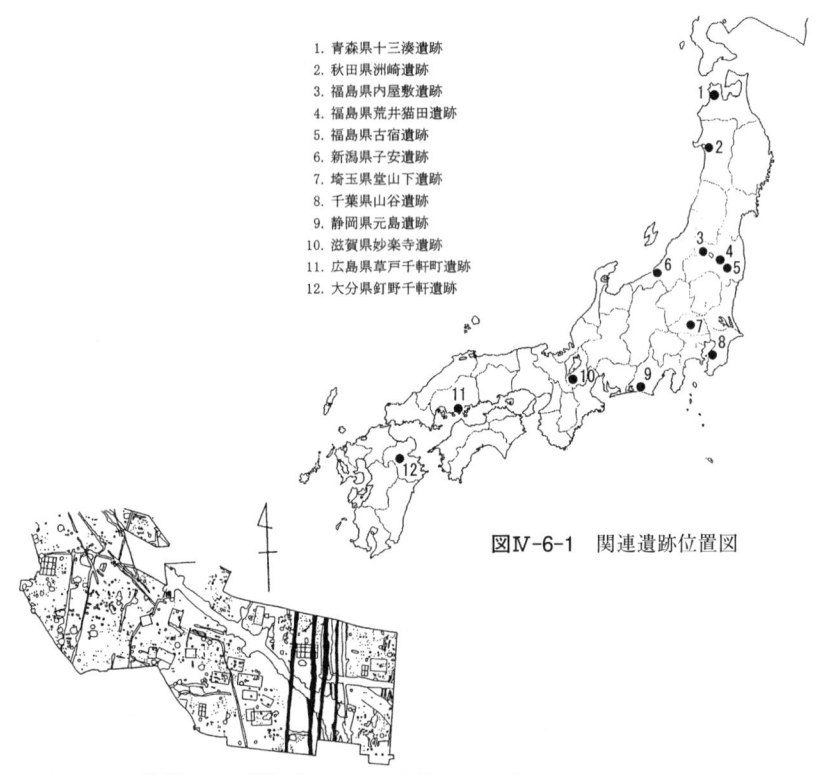

1. 青森県十三湊遺跡
2. 秋田県洲崎遺跡
3. 福島県内屋敷遺跡
4. 福島県荒井猫田遺跡
5. 福島県古宿遺跡
6. 新潟県子安遺跡
7. 埼玉県堂山下遺跡
8. 千葉県山谷遺跡
9. 静岡県元島遺跡
10. 滋賀県妙楽寺遺跡
11. 広島県草戸千軒町遺跡
12. 大分県釘野千軒遺跡

図Ⅳ-6-1　関連遺跡位置図

図Ⅳ-6-2　新潟県子安遺跡〔笹沢1999に加筆　1/2,000〕

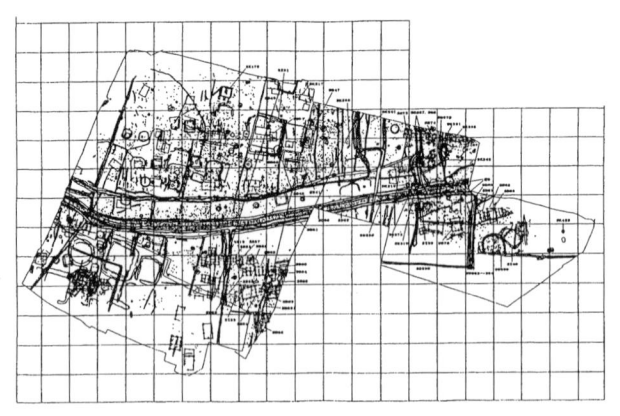

図Ⅳ-6-3　福島県内屋敷遺跡〔植村2002　1/2,000〕

南側の調査区南東側では，東西の道路跡にほぼ直交する溝跡が数条あり，東西の道路跡と交差する南北の道路跡の可能性も考えられる．もし，そう仮定すると屋敷地は交差点にあることとなり，興味深い．東西の道路跡は阿賀川の河岸段丘面を東西につなぐ道で，現在の喜多方市と塩川町をつなぐ，まさに「集落をつなぐ道」の可能性が高い．中世後期の道跡と屋敷地の在り方を示す好例である．

新潟県子安遺跡〔笹沢1999〕（図Ⅳ-6-3）は新潟県上越市に所在し，高田平野，関川右岸の河岸段丘の縁辺部に位置している．弥生時代から近世に至る複合遺跡で，調査区内で古代と中世前期，中世後期の道路状遺構が3条，ほぼ平行して，延長60mほど検出された．古代の道路状遺構は両側側溝で路面幅約6m，側溝が幅約1m，深さ約0.2mで，9世紀前半から10世紀前半に機能したとされている．

中世前期の道路状遺構は両側側溝で路面幅約6m，側溝が幅約1m，深さ約0.3mで，13〜14世紀に機能したとされている．中世後期の道路状遺構も両側側溝で路面幅12m，側溝が路面幅約12m，側溝が幅約1.8m，深さ約0.4mで，14〜16世紀に機能したとされている．更正図上では「中道」と記載された地点に一致している．道路状遺構は東から西へ平行移動しながら，規模を充実させている様子が窺え，道跡の時代的な推移や，機能の変化を知ることができる．

以上のように，中世後期の道も基本的には，中世前期の道〔飯村2002〕と同じ構造で，両側側溝を基本とするようである．規模の点では，内屋敷遺跡例は集落をつなぐ生活道としての性格が強く，子安遺跡例は当然，集落をつなぐ道ではあるものの，同時に直江津にある「越後府中」を核とした幹線道路の一部であることが考えられることから，その機能の違いが路面幅の広狭に反映していると考えられる．つまり，中世後期でも都市に近い幹線道路は路面幅12mという規模になりうるということである．なお，子安遺跡の「中道」という記載を考慮すると，「鎌倉道」同様に，「越後府中」に至る幹線道路は複数あったと推定される．

また，千葉県天羽田稲荷山遺跡〔柴田1994・99〕では，中世後期の路面幅0.4〜0.5mの堀割状の道跡も調査されており，後述する山谷遺跡と近接している．

その機能が課題となっているが，中世前期〔飯村2002〕と同様に，中世後期の道の構造の多様性を知ることができる．

2　道に面した集落——「宿」「市」——

道に面した中世後期の「宿」「市」の遺跡として，埼玉県堂山下遺跡と千葉県山谷遺跡を概観する．

堂山下遺跡〔宮瀧ほか1991〕(図Ⅳ-6-4〜6-6) は埼玉県のほぼ中央，入間郡毛呂山町に所在し，越辺川の右岸の低地に立地する．1988・89年の調査では，約14,000㎡を発掘調査し，掘立柱建物跡22棟，井戸跡15基，土坑257基，茶毘跡9基，溝跡15条，性格不明遺構4基，塚1基，道路状遺構1面が検出された．

その特徴は，「①鎌倉街道（道路状遺構を確認）の越辺川の渡河地点に所在する，②14世紀前半から16世紀初頭頃までの時期のみ存在した集落である，③鎌倉街道に規制されるかたちで方形の屋敷地が存在する，④鎌倉街道に隣接する屋敷地では15世紀以降，鎌倉街道に軒を接するように二間×三間規模の建物が一線に建ち並んでいた（町屋？）が，その奥に位置する屋敷地内には廂を有するやや規模の大きい建物（在家？）が散在していた，⑤職人が使用したと思われる『けがき針』が鎌倉街道に最も近いＳＥ6より出土した，⑥一般の農村では入手し難いであろう舶載陶磁器および瀬戸・美濃産陶器，常滑産陶器等が比較的多く出土した」〔前掲p.126〕点である．さらに，文献史料や地名など地理的な検討を重ね，本遺跡が「苦林宿」であるとし，周辺には「街道・河原・宿・小堂・市場がおりなす中世的な世界」〔前掲p.126〕があったとしている．

その後1992・96年に毛呂山町教育委員会により，前述の調査区の北側および推定鎌倉街道の東側が調査された．それによると，①出土遺物の傾向は14世紀後半から16世紀初頭が中心となる．②12世紀後半から13世紀代の遺物もあり，少なくとも13世紀後半には小村形態が出現．③鎌倉街道東側でも道路に沿って集落が展開．④遺構の分布は街道を離れるに従い極端に減少．⑤鎌倉街道から約100m東側の溝跡から東側は中世の遺構は全く確認されない．など成果が示されている〔佐藤・橋澤2001〕(図Ⅳ-6-6)．

6 道と「宿」　317

1:堂山下遺跡　2:「崇徳寺」跡　3:金井遺跡　4:萱方遺跡

図Ⅳ-6-4　埼玉県堂山下遺跡とその周辺
〔宮瀧 1994〕

図Ⅳ-6-5　埼玉県堂山下遺跡時期別変遷図
15世紀後半～16世紀初頭
〔宮瀧ほか 1991〕

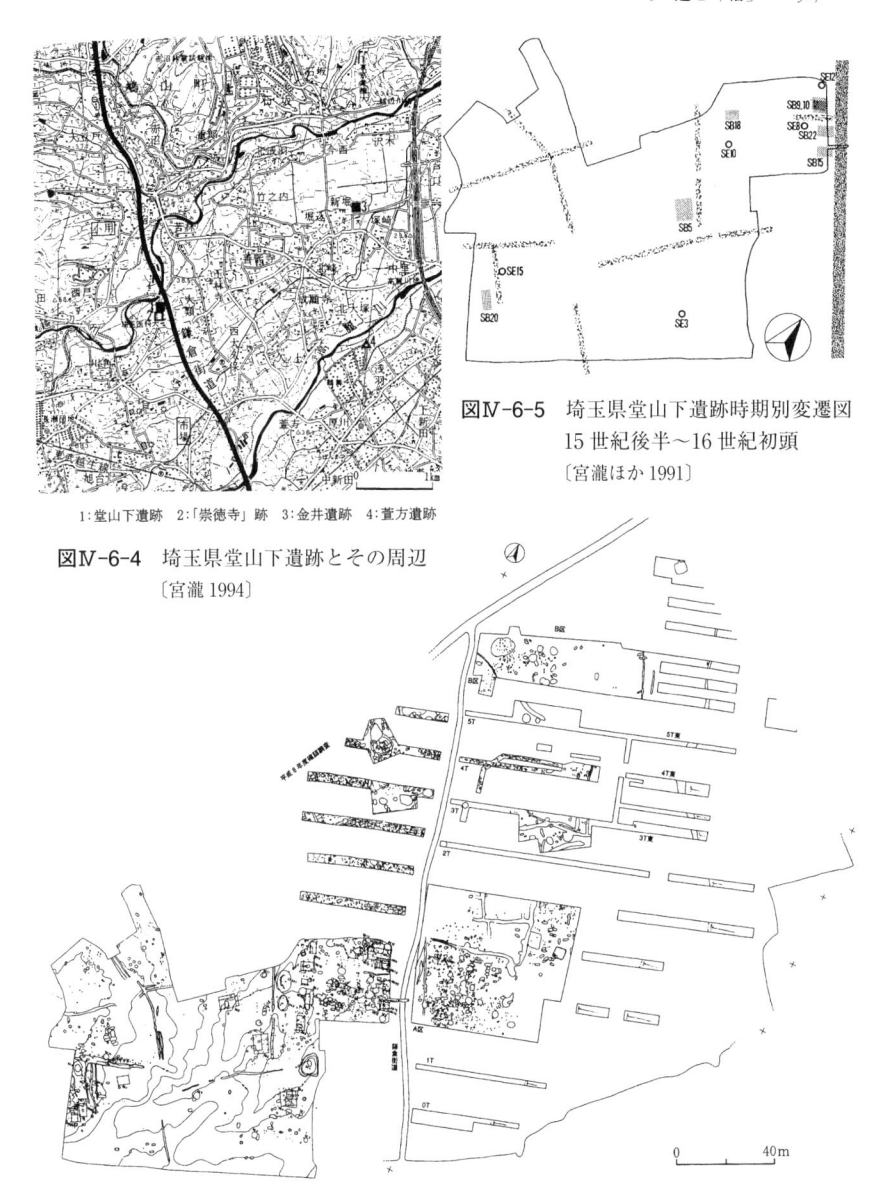

図Ⅳ-6-6　埼玉県堂山下遺跡全体図〔佐藤・橋澤 2001〕

318　Ⅳ　ムラとマチ

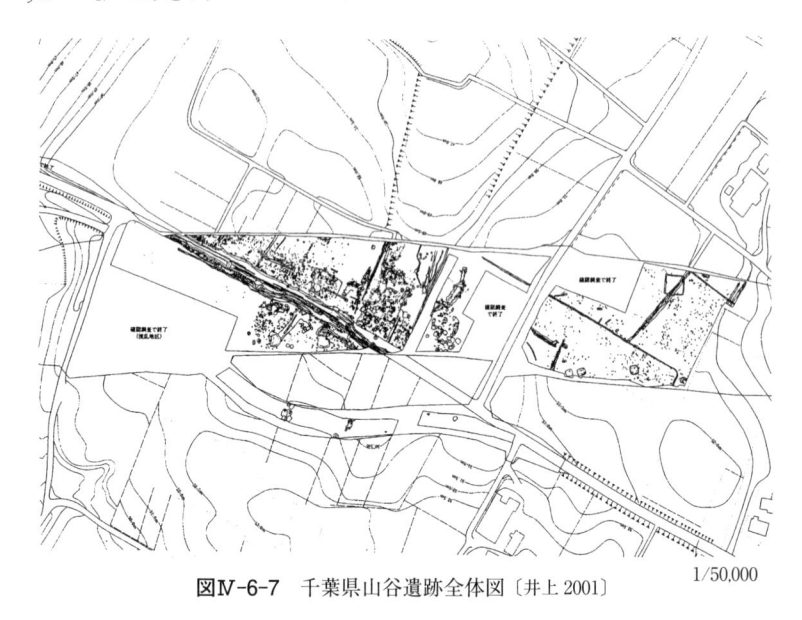

図Ⅳ-6-7　千葉県山谷遺跡全体図〔井上2001〕　1/50,000

　以上のような調査成果から，南北約200m，東西約300mの13世紀後半から16世紀初頭の集落跡で，鎌倉街道に規制された散在的な方形の屋敷地から，15世紀以降鎌倉街道に軒を接するような建物が増加していく様子が窺え，それは鎌倉街道西側のみならず，東側にも同様に展開することが推定され，鎌倉街道を核として数十mほど街村的に町屋が展開し，周囲に在家が散在することが看取される．なお，検出された推定・鎌倉街道は，両側側溝と推定され，幅3mの硬化面が確認されている．

　千葉県山谷遺跡〔井上2001〕（図Ⅳ-6-7）は千葉県袖ヶ浦市「字鎌倉街道」に所在し，北西に東京湾，東側に東京湾，南側に小櫃川沖積地に挟まれた台地上に立地する．旧石器，縄文，古墳，奈良・平安時代，中世，近世の複合遺跡であり，中世の遺構は井戸跡6基，方形竪穴建物跡14棟，掘立柱建物跡43棟，柵列14条，地下式坑14基，火葬土坑10基，土坑墓115基，性格不明土坑約180基，ピット約950基，道跡4条，溝跡32条，並木状植栽痕列14条などである．出土遺物から機能時期は12世紀後半から16世紀初頭とされ，13世紀後半から15世紀後半を中心的な機能時期とされている．

　調査を担当した柴田龍司〔柴田1994・99〕は，「建物が存在したとすれば貧弱

な建物で占められ，また集落規模に比べて井戸が極めて少ないことから，恒常的な生活空間とはとらえにくい」とし，また「集落域が大規模でかつ細長い展開をすると共に道路に規制された区画である」とし，さらに「立地から見ると周辺の台地下にある谷津田を意識しない集落の占地状況である」ことから，「農業集落ではなく，三斎市や六斎市といった非日常的な『市』跡ではないか」〔前掲 p.29〕とした.

一方，報文で井上哲朗は「垣根や鎌倉街道に面した庭も想定でき，仮設店舗にしては規模が大きいこと」「井戸は6基存在し，各集落や墓域に付随する様な位置にあること」「遺物の年代観は12世紀後半から15世紀後半の長期に亙り，常滑コネ鉢が多く，転用砥石を含め，生活感があること」等の点から柴田の見解を批判し，「街道に沿った短冊状の区画がそれぞれ生活関連遺構と葬送関連遺構があり，両者は同時存在して有機的な関係にあったもの（屋敷と屋敷墓）が，一部で街村化し，また一部で墓域化したこと，各生活空間には階級差があること」等と指摘し，「現時点では『市』とする積極的な理由はない」〔井上 2001〕としている.

そして，遺構の変遷については13世紀〜14世紀前半に「鎌倉街道」が造成され，台地整形区画（屋敷地？）と方形竪穴，屋敷墓が造られ始め，15世紀に「鎌倉街道」を整備し，掘立柱建物跡を中心とした街村，共同墓地が発展し15世紀後葉に終焉したと指摘した．そして，笹生衛の房総における中世集落の研究〔笹生1999〕を引きつつ，「15世紀前半に農業生産性の向上・商品作物の生産，物流の活発化などにより街路型集落が形成され，共同墓地が造られるが，15世紀末には笹子城に代表される様に広域領主の城や城下への集住や新たな交通路に面した街路型集落により近世そして現代の集落景観につながるのではないか」〔前掲 p.218〕と考察した．井上の報告にも首肯できる点が多く，確かに柴田の指摘のような「市」と断定することはできないが，少なくとも道に規制され，道への関与高めていく，中世後期の集落の様相を知ることはできる．

なお，「鎌倉街道」は堀割状を呈し，両側側溝で路面幅2.2〜3mを測り，延長133m検出している．遅くとも13世紀には成立し，15世紀後半までは維持管理されていたようであり，路面には轍の痕跡もある．その後，道としての機能は低下するようであるが，18世紀に再整備され，現代まで使われる．

堂山下・山谷遺跡例とも東国の事例であり，ともに「鎌倉街道」に面している遺跡である．いずれも13世紀には道に規制される形で屋敷地・墓地などが成立し，15世紀には道への関与——面路性——が強く現れ，「街村」あるいは「街路型集落」〔笹生1999〕というような景観となり，15世紀後葉から16世紀初頭で終焉を迎える．遺跡の存続期間を通して，墓地や御堂など「宗教的な場」が存在する．一方，遺構の構成要素の違い——例えば方形竪穴建物跡の有無や地下式坑の有無など——もあり，今後もう少し各地の事例が増え，遺構・遺物の分析が進めば，「宿」「市」の実像に迫れるものと考えているが，現時点では中世後期——五味の言う中世中期——の「宿」「市」の事例と考えておきたい．なお，道に面した集落の衰退と軌を一にするように，道の維持管理も行われなくなり，その役割が著しく低下することを特に指摘しておきたい．

3 道と潟に面した集落——「湊」「宿」「市」——

道に面する遺跡というよりは，道を取り込み，内水面交通の「津・湊」をも取り込んでいると考えられる遺跡を検討してみたい．それは，八郎潟と「羽州街道」に面した秋田県州崎遺跡である．州崎遺跡〔高橋・工藤2000；高橋・工藤ほか2000〕（図Ⅳ-6-8～6-10）は秋田県南秋田郡井川町に所在し，八郎潟東岸南部の沖積低地で，井川の河口域左岸に立地し，八郎潟残存湖岸から約500m東に位置する．29,260㎡を調査したが，完全に精査を行ったのは9,350㎡，一部を除き遺構確認に留まったのが19,910㎡である．検出された遺構は掘立柱建物跡115棟，柱穴列13条，竪穴遺構18基，土坑297基，井戸跡312基，堀跡3条，溝跡231条，道路跡3条，畠跡3箇所，呼称不明の遺構2基，旧水田跡36箇所，柱穴群である．

調査を担当した高橋学〔高橋・工藤2000；高橋・工藤ほか2000；高橋2002a〕は，遺跡は方二町（約218m）に外周を堀に囲まれた集落跡で，13世紀後半から16世紀後半にかけて機能した．幅員8mの南北道路を基軸に，これと平行，直交する堀跡，溝跡（柵・塀？）・道路跡等で整然と区画し，掘立柱建物跡・竪穴状遺構・井戸跡・土坑等が配置されるとした．そして，プレA期からD期までの5時期にわたる遺跡の変遷を推定している．

6 道と「宿」 321

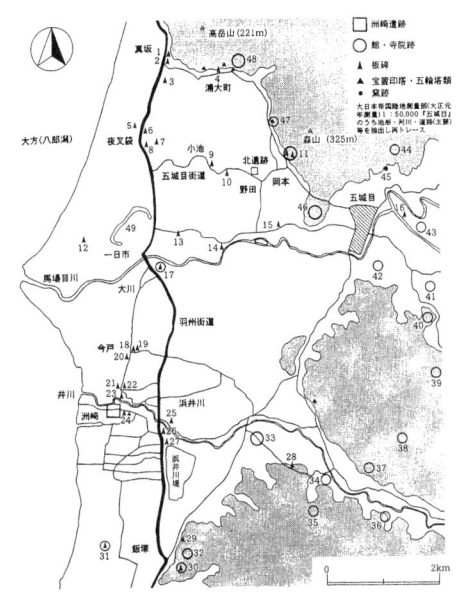

図Ⅳ-6-8　秋田県洲崎遺跡周辺の地勢と中世遺跡〔高橋2002〕

図Ⅳ-6-9　地籍図等から推定される堀・道〔高橋2002〕

1:大沢板碑　2:石塚板碑　3:沢田板碑　4:豊castle板碑　5:後谷地板碑　6:一向堂板碑　7:川原崎板碑　8:地蔵畑板碑　9:中島板碑　10:萱戸板碑群　11:岡本城・板碑　12:蒲沼板碑　13:上星根板碑　14:前川原板碑　15:貝保板碑　16:広ヶ野板碑　17:大川城・板碑　18:実相院板碑　19:熊野神社板碑　20:賢蔵院板碑　21:小今戸板碑Ⅰ　22:小今戸板碑Ⅱ　23:小今戸板碑3　24:新星敷板碑　25:資料館前板碑　26:田中神明社板碑　27:羽立伊勢堂板碑　28:八幡神社板碑　29:飯塚神明社観音堂板碑　30:築掛館・板碑　31:観音寺(寺院)・板碑　32:小玉館　33:坂本湊城　34:築館　35:比丘尼館Ⅰ(伝寺院)　36:味噌野(寺院)　37:館岡館　38:比丘尼館Ⅱ　39:帝釈寺館　40:館越館　41:熊野台　42:雀館　43:広ヶ野館　44:砂沢城　45:砂沢窯跡　46:細越館　47:東谷寺跡　48:浦城　49:押切城

図Ⅳ-6-10　秋田県洲崎遺跡全体図〔高橋2002〕

プレA期は南北道路（SM377）のみがあり，13世紀後半を下限とする．A期は南北道路が平行してさらに二本整備（SM660・202）され，東西道路は未整備であり，13世紀後半とされている．B期は周囲の堀跡（SD706・49旧）が開削され，方二町の区画が完成し，東西の道路が新設され，14世紀代とされている．C期は南北道路は存続し，東西道路が両側側溝の道として整備（SM880）され，周囲の堀跡は小規模化（SD601・666・49新）する．東西道路の完成により集落域は拡大する．15世紀から16世紀後半とされている．

　D期には基本的な遺構の配置はC期を踏襲するが，南北道路に遺構の重複（SD850）が初めて生じ，これまでの南北道路を基軸とした道路の強い規制が一部崩れ始める．調査区南東にある溝跡による1辺10mの区画（SD64・850）が新設され，南北道路の役割は変質・低下する．16世紀後半あるいは末には本遺跡は終焉を迎えるとした〔高橋・工藤2000；高橋・工藤ほか2000；高橋2002a〕．

　高橋はプレA期を南北道路沿い非常設「市」（市庭）とし，Aを「市」機能を取り込み，宗教施設を背景とした「宿」の成立期とし，B期は「宿」と「湊」の一体化と「湊」の整備，C期は「湊」の機能の拡充と「宿」の「湊」指向の時期とし，D期は宗教施設を遺跡内に取り込む形での「湊」「宿」「市」の存続期とし，近世を目前に集落は消滅したとした．そして，『吾妻鏡』（延応元年11月5日条）にある「出羽国秋田郡湯河湊事」にある「湯河湊」の可能性を強く示唆した．その後，「宿」「市」「津」の意味を含めて，周辺の遺跡や石造物の調査成果，あるいは文献史学や歴史地理学的な成果を援用しながら，その所論を補強している〔高橋2002b〕．

　遺構確認に留まった調査区が大半であり，残念ながら道路や区画施設以外の遺構の具体的な配置や構造が不明であるが，遺跡の変遷と遺跡の立地や地理的，歴史的環境の検討から，SM377を中世の「羽州街道」とみなし，八郎潟からの舟入（運河）が本遺跡に到達することは十分推定でき，板碑の存在からも本遺跡の隣接地に宗教施設の存在が推定しうる．したがって，本遺跡が中世後期——五味の言う中世中期——を主として，道と内水面交通路の結節点に成立した，「市」「宿」「湊」の機能を包括したような「湯河湊」の一部である可能性は高いと考えられる．

　こうした内水面交通の「津」「湊」と推測される事例として，滋賀県 妙楽寺

遺跡，静岡県元島(もとしま)遺跡が挙げられる．滋賀県彦根市妙楽寺遺跡〔葛野・稲垣ほか 1989〕は琵琶湖の南東岸，宇曽川の河口付近の沖積低地に立地し，条里地割に規制され，Ⅳb期には溝跡，水路，道路等に整然と区画された長方形の屋敷割——「長方形街区」——があり，15世紀後葉〜16世紀前半（瀬戸・美濃大窯Ⅰ・Ⅱ期相当）と考えられている．

葛野泰樹は「集落を構成する要因として，妙楽寺遺跡は軍事的・商業的・農業的要素を兼揃えており，Ⅳb期には戦国期の都市としての機能を持っていた」としつつも，「諸機能を同一空間にもつ戦国大名の都市とは様相を異にしていた」〔前掲 p. 192〕とした．そして，琵琶湖周辺に展開する集落の主要幹線道路は道路より水路であるとしつつ，運河の機能を果たした南北の水路が町割の基軸となったとした．

さらに，遺跡周辺の歴史的状況を考察しつつ，Ⅳa期「方形館をタイプ」→Ⅳb期「都市的タイプ」→Ⅴ期「農村集落」と遺跡の変遷を推定した．このうちⅣb期の様相は，湖・潟に流れ込む川の河口という立地の点や，道路・運河としての水路を核として長方形（方形）の地割りがなされている点，多機能な要素を包括している点などで前述の州崎遺跡との共通点は多い．但し，遺跡の形成過程やその機能時期，あるいは遺構の構造の点で相違点もある．

静岡県福田町元島遺跡〔加藤ほか 1998・99；加藤 2001〕は遠州灘の「浅羽湊」から太田川・原野谷川を経て，国府見付に至る 15 世紀の物資集積地とされ，1辺 150〜200 m ほどの規模で溝や水路で二重に囲まれた集落跡で，生活空間・生産空間・物資集積空間が機能分化し，物資集散機能を果たす集落として，繁栄をきわめたとし，明応地震（1498 年）の大津波で灰燼に帰したと考察されている．これも「川湊」「津」と考えられる遺跡であるが，水路や溝で囲まれる形態や舟入りの存在，あるいは「潟船」や「碇」の出土や繁栄時期などに共通点があり，州崎遺跡との類似性が指摘される．もちろん，その規模や遺跡の形成過程，内部構造などに相違点も少なくない．

以上，中世後期の潟や湖，川に面した集落を簡単に検討したが，時代性や地域性を十分考慮する必要はあるものの，共通点も少なくない．①「水路（運河）」「舟入り」がある．②方一町，二町などの規模に集落を方形に区画する施設（水路・溝）を持つ．③内部に方形ないしは長方形の整然とした地割り（屋敷

割り）がある．④水運に関わる出土遺物（船の部材，碇など）がある．などである．さらに事例を重ねる必要はあるが，中世後期の交通・物流に関わる多様な機能を包括した集落として，「湊」「宿」「市」の一類型と考えることができる．なお，前述の道や水路，舟入りの機能はいずれも16世紀後半以降，急速にその機能を低下させたり，あるいは終焉を迎えていることを特に指摘しておきたい．

おわりに

中世後期の「道」「宿」「市」「湊」について，考古学的な立場から調査事例を検討してきたが，その多様性を再認識できただけで，何ら結論めいたことを論ずることはできない．筆者は前稿で，中世前期の道に面した遺跡を「下古館」型と「荒井猫田」型に分類し，前者を「市」，後者を「宿」の可能性を提案し，既述のように御批判をいただいている．本稿で検討した中世後期の「宿」「市」「湊」の可能性のある集落は，誤解を恐れずあえて言えば，「宿＋村」＝堂山下遺跡，「村＋市」＝山谷遺跡，「宿＋市＋湊」＝州崎遺跡と言うことも可能かも知れない．いずれにせよ，こうした集落の多様性は強調しておきたい．

もう1点指摘するとすれば，その遺跡の形成過程である．いずれの遺跡も13世紀頃に成立するものの，その盛期は15世紀を中心とし，16世紀後半には著しく衰退するか，廃絶する．つまり，近世にはほとんど生活の場とならないのである．戦国大名，あるいは統一政権による交通・物流機構の再編を考えることができる．また，前稿で「下古館」型とした大溝で囲繞された竪穴建物跡を主体とする集落である福島県古宿遺跡も15世紀を下限としており，こうした東国特有の集落も戦国期まで継続しないことを確認しておきたい．

最後に，戦国期の「宿」の可能性のある事例を挙げておきたい．それは，大分県九重町釘野千軒遺跡〔玉永1996〕（図Ⅳ-6-11・6-12）である．玖珠盆地の野上川の左岸の河岸段丘面に立地し，掘立柱建物跡が，幅約10mの街路状の空間を挟んで，妻側の軒を連ねた状態で整然と短冊状に二列に並び，延長約250mにわたって47棟検出された．極めて高い計画性があるが，目立った建て替

6 道と「宿」　325

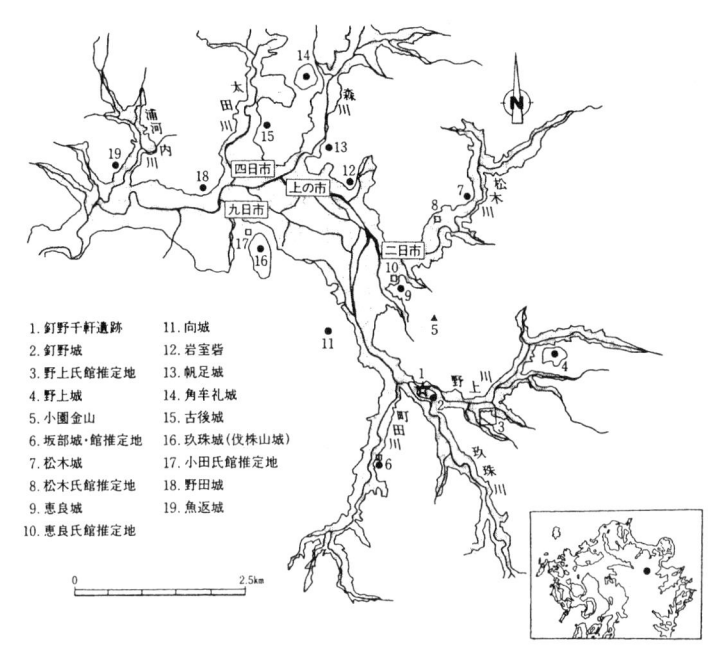

1. 釘野千軒遺跡
2. 釘野城
3. 野上氏館推定地
4. 野上城
5. 小園金山
6. 坂部城・館推定地
7. 松木城
8. 松木氏館推定地
9. 恵良城
10. 恵良氏館推定地
11. 向城
12. 岩室砦
13. 帆足城
14. 角牟礼城
15. 古後城
16. 玖珠城(伐株山城)
17. 小田氏館推定地
18. 野田城
19. 魚返城

図Ⅳ-6-11　大分県玖珠盆地の主要中世遺跡〔玉永 1996〕

えもなく，一気に建てられ，存続期間も短期間とされている．大きさの異なる数棟の建物群が単位として短冊状に並び，際立った階層差はないとされている．出土遺物は 12〜16 世紀とされ，洪水を受けやすい立地のためか少ない．

　これを検討した玉永光洋は一つの可能性として，永禄 12（1569）年に大友宗麟が毛利氏と対峙するため筑前へ出陣するために，交通路に整備した軍の宿泊や陣のための「宿誘」に関連する施設として急ぎ整備し，それを釘野城に付属させたが，戦略上の位置の変化により短期間に機能を閉じたと考察した．玉永の指摘が正しいとすれば，16 世紀後半に戦国大名により軍事目的で交通路に急造された「宿」として，特異な事例と言えよう．

　前川要は考古学の立場から中世後期の集落を類型化し，「居館化，惣村化，都市化」の三つの類型を提示したが，本節で取り上げた事例はいずれも「都市化」の類型に入りうると考えられる〔前川 1997〕．しかし，本節の事例では堂山下遺跡や妙楽寺遺跡，釘野千軒遺跡を除いて，明確な「一乗谷型」「草戸千

326　Ⅳ　ムラとマチ

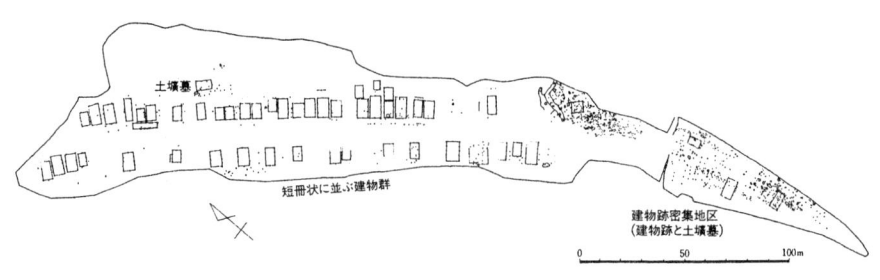

図Ⅳ-6-12　大分県釘野千軒遺跡遺構配置図〔玉永1996〕

軒型」と言われるような短冊形地割を析出できない．なお，前川は堂山下遺跡について，寺院に直接関係のある宿として，伊藤毅の宿二類型論を引きつつ，「『武家地』系宿」としている〔前川1999〕．遺構の詳細な分析まで立ち入ることが困難な遺跡が多いためか，この前川の研究との関連を論じることはできなかった．この点は，課題としたい．

　以上，中世後期の道・川・潟・湖に面した集落＝「宿」「市」「湊」の多様性から，16世紀以降における戦国大名あるいは統一政権による交通・物流機構の再編を推測した．

終章　中世のムラとマチ

1　問題意識の前提

　考古学は歴史的な新発見，意外な新事実を多く知ることができることから，学際的な歴史研究を求められることが少なくない．しかし，その共同研究の「幻想」は，「同床異夢」であることが多い〔石井ほか1991〕．
　例えば建築史と考古学の関係も例外ではないであろう．考古学側は「こういう建物が出た」あるいは「こういうピットが出た」と図面を示して，建築史側に「建物を建てろ」「建物（上部構造）を書け」と要求する事例を良く聞く．そして，遺跡や遺構について両者であまり相互議論せず，一方的なお互いの考え方を押し付け，不一致の点に不信感を持っているだけである．建築史の方法論や研究史も知らずに，一方的に不信感のみを募らせて，真正面から相互に批判し，議論することは全くなかった．その非学問的な不信感が，共同研究の可能性をさらに遠ざけてきた．考古学が学として自立するのであれば，こうした態度は自戒するべきであろう．
　一方もう一つの問題として，「建物を建てない考古学」がある．考古学は「大きな穴」や「遺物のたくさん出る穴」は好まれるが，土器も出ない「小さな穴」は興味を持たれない，十分調査されない場合が多い．その結果，ピットと呼ばれる「小さな穴」は顧みられず，ひどい場合は調査をされないことも少なくない．もちろん，考古学側の事情もある．しかし，「無数にピットだけが漫然と載っている平面図」を見ると，悲しい思いをする．これで「遺跡が語っている歴史の声を十分読み解いたのであろうか」という思いを強くする．
　一方，建築史側に平面図を渡して，建物を建ててもらう——柱穴を図上で結んで建物にしてもらう——という事例はもっと根深い問題であると思っている．この場合の最大の問題は，自らの調査・研究の放棄であるからである．つまり，

建築史と考古学がそれぞれの方法論を駆使して，相互に議論した結論であれば首肯できるが，考古学側の何の説明もなく平面図を渡し，相互に議論することもなく，唯々諾々とその建物を報告書に掲載していたのでは，それは考古学的な事実とは言えない．また，学際的研究とも当然言えない．

20世紀に負っていた考古学の宿命——大規模開発と発掘調査——「マイナスイメージ」を解消し，「つまらない小さい穴」ばかりの中世遺跡の不当な過小評価から脱却し，遺跡の語る歴史の声を十分汲み取る考古学を推し進めるためには，今こそ「ピット」「柱穴」の積極的な正当な評価が重要である．

考古学では基本的に平面的な調査と，断面（土層・形）の調査しか有り得ないわけで，これを駆使してピットの有機的な関係を探すのである．しかし，何百・何千・何万というピットを前にすると暗澹たる気持ちになるので，ブロック毎に分けたり，類型化したり，柱間・柱通り・主軸方向の規則性を見出したり，様々な視点から読み込めば，必ず道は開けると思う．その時に，図面だけ機械的に作成して，現場が終わってから（調査した遺跡がなくなってから）やろうと言う姿勢は好ましくない．時間が許されるのであれば，何回か検証し，現場にフィードバックする作業をしてほしい．必ず見逃していた柱穴を発見できるからである．

こうした作業をしても，建物跡を構成しない柱穴が多数であるという現状は大きく変わらないかもしれないが，「より確からしい考古学的事実」には確実に近付いていけると考えている．それこそが「遺跡が雄弁に語る歴史を十分に読み込む」のに不可欠な基礎的な作業であるからである．現状では，それをすぐに実施することは困難であれば，青森県八戸市『根城——本丸跡の発掘調査——』の報告書〔佐々木1993〕のように，どういう視点と方法で調査し，建物跡を抽出し，報告書をまとめたかを明記するべきであろう．

一方，遺跡の空間構成・立地・景観・地域を前提としたマクロな研究なしに，遺跡研究・集落研究は成立しないことも明白である．しかし，一方だけ欠けた研究も当然不完全であり，前述の柱穴・建物に関するミクロな研究とマクロな研究が車の両輪のように相互に機能して，初めて地域研究・歴史研究・学際研究を可能にする．

これを前提にしつつ，中世東国の「ムラ」と「マチ」の調査・研究の現状と

課題を，改めて確認しておきたい．

2 ム　ラ

　考古学で言う「ムラ」は集落遺跡であり，文献史学や歴史地理学で言う「村落共同体」である「村」とは異なる．中世の集落遺跡であれば，溝などで区画された屋敷地の複合体を取り敢えず「ムラ」と言っている．したがって，集落遺跡が村と評価される場合もあり，町・市・津・泊などと評価される場合もあり，極端な場合は都市や館・寺院と評価されることもある．「ムラ」とは極めて曖昧であるが，ここでは「村落共同体」の構成要素の基本的な単位である屋敷地と理解しても大過ないであろう遺跡を，「ムラ」として取り上げる．それはまだ概念規定できる段階に研究が到達していないからである．

　東国の中世の「ムラ」は，大きくは4類型の建物で構成されていると考えている〔小野ほか 2001〕．それは，①掘立柱建物．②竪穴建物．③壁支建物．④土台建あるは平地式建物．である．大雑把に言って，東国では古墳時代から古代へ，竪穴建物跡は小型化し，無柱穴化する．そして，平安時代からは掘立柱建物跡が主たる居住形態となると通説的に考えられ，カマドを持つ竪穴住居跡は遅くとも11世紀（一部地域は12世紀）には姿を消すと考えられてきた．しかし，現実にはどうであろうか．11・12世紀の遺跡は東京都落川遺跡群や岩手県平泉遺跡群など政治拠点の遺跡しか発見されず，「大開発の時代」に集落がほとんど存在しないこととなる．

　東国では縄文時代以降に集落が見つからない時代がいくつかある．一つは弥生時代から古墳時代初期であり，もう一つは古代末中世初頭である．全くないわけではないが，前後の時代に比して極端に少なく，皆無に近い．これは，ある意味では考古学の限界——諦めてはいないが——ではないかと考えている．つまり，考古学的に発見しづらい建築様式——平地式・半地下式——考古学的に残りにくい食器様式——漆器・木器——のせいではないかと考えている．

　東国では6世紀に火山灰で埋もれた群馬県黒井峯・中筋・西組遺跡の事例を見ても，かなり古い段階（おそらく弥生時代）から平地式住居が主体的であったことが読み取れる．したがって，奈良・平安時代には確実に竪穴住居跡は存

するが，一方で平地式住居も存続し，それが，竪穴住居跡の矮小化とともに，――直接的な根拠に乏しいながら――民衆の居住形態の中心となった可能性が高い．その可能性も視野に入れて，集落景観は考えるべきであろう．したがって，考古学的に多く検証できる①・②の事例のみにとらわれることなく，事例は少ないが③・④も十分視野に入れることによって，新しい集落研究の可能性も考えている．

(1) 掘立柱建物を主体とする集落

東国の掘立柱建物では，梁間一間，梁間二間を基調とした長方形の平面形の建物が主であるが，10～12世紀の拠点的な遺跡や12～14世紀の日本海側――北陸・出羽――の集落では，総柱建物が主となる．これは，地域性と階層性によるものと考えられるが，王朝国家期の平安京の寝殿造系建物との関係も考慮する必要があろう．

屋敷地は基本的に溝や塀・生け垣・段切りで区画され，梁間二間＋縁・庇の長方形の平面形の母屋に，梁間一・二間の長方形の平面形の付属屋・倉庫・工房などが伴い，ほかに竪穴建物の倉庫・工房が伴う例や，おそらく平地住居も存在したことであろう．空間地は畑・庭・作業場となり，屋敷景観を営んでいたものと推測される．

階層性は建物規模や屋敷地の規模，屋敷内の建物数などに表現される．単独の屋敷地や複数（多くない）の屋敷地で構成される場合が多く，遺構の重複が少なく，集落の存続期間が短い．一見，散村的と言える．丘陵斜面を段切りして屋敷地を形成し，あるいは低丘陵上，沖積微高地などに立地する．独特の地形や可耕地，生業との関係で，こうした立地となる．

中世後期になると，館や寺院，街道・津などに関連して屋敷地が集中する傾向が見られ，こうした傾向は12世紀後葉から見られる――福島県荒井猫田遺跡・新潟県樋田遺跡など〔小野ほか2001〕――が，14世紀以降顕在化する．これをもって，集村化・都市化と評価するのは，早計であると現段階では考えている．

(2) 竪穴建物を主体とする集落

　竪穴建物とは一辺 2～4 m を基調とした方形の竪穴遺構で，壁はほぼ直立し，底面は踏み締まりがなく，火処（あまり焼けていない）がある例も少なく，柱穴も多くない．堆積土はほとんどが埋め戻しで，積極的に自然堆積と言える例は少ない．機能した時間は古代の竪穴建物などに比して短い．基本的に古代のカマドを持つ竪穴建物の系譜は引かないと考えており，現状では，11 世紀頃に大陸ないしは半島の影響の下，博多あたりで発生し，都市・鎌倉で顕著に発展した「倉」と考えている．

　しかし，用途については多様で，「住居」「倉庫」「工房」などとする意見がある．これは，時代性や地域性，集落の性格にもよるので，現段階で即断できない．鎌倉・若宮大路周辺遺跡群（秋月医院跡）の事例〔佐藤 1993〕や長野県遊光遺跡の事例から，基本的な構造は半地下式で，土壁で支える建物であり，土台建ての構造であることは推測される．竪穴遺構は現状では南は鹿児島県から北は青森県まで分布するが，これを主体とする集落は，現在，信濃・上野・下野・常陸・上総・陸奥に分布し，東国特有と言える．

　この類型の集落の場合，屋敷の単位を抽出できないという難点と，道に面した宿・市——栃木県下古館遺跡・福島県古宿遺跡・宮城県観音沢遺跡など——や，川に面した津——福島県古館遺跡——と考えられる場合〔飯村 2000・2001c〕があり，性格付けが難しい場合が多い．しかし，茨城県柴崎遺跡や群馬県中村遺跡などは本類型と考えている〔飯村 1999a〕．竪穴建物・土坑・井戸・（地下式坑）・溝などで構成され，明確な屋敷地を抽出しづらいが，一定の規則性は感じられる．竪穴建物の分布状況から見ても，ある程度分布に偏りがあることから，空白地に土台建て平地建物や壁支建物，園地を推定することも可能であろう．建物の分布の偏在性は，用途・機能面での集団性・共同性を表現しているような気がする．

(3) 壁支建物を主体とする集落

　発見例は少ないが，必ず存在すると考えている建物である．新潟県馬場屋敷遺跡下層の屋敷地である〔川上ほか 1983〕．葦を材料として床・壁が構成され，柱材は細く，壁は床をやや掘り下げ手埋め，戻した地中から立ち上がる構造で

ある．基本的には葦壁で支える構造の建物である．間仕切もあり，床の葦の並べ方の方向も異なることから，部屋割りがあったと考えられる．根太の痕跡は不明であるが，低い床貼りなしは平地式の構造であろう．床には囲炉裏を除いて，全面，葦を丁寧に敷き詰めている．

これは信濃川の自然堤防上に立地し，洪水などで埋没していることから偶然発見されたもので，1289〜1310年の木簡も伴っており，出土遺物から見ても13世紀後半から14世紀前半の集落である．建物は溝で区画され，網代塀や呪い札や茅刈の鑑札札も出土し，下駄の未製品も多く，下駄製作用の鋸も出土している．職人の屋敷地である可能性が高い．

これに類似した構造の建物について，都市・鎌倉の佐助ヶ谷遺跡があり，斎木秀雄は「板壁掘立柱建物」と仮称して，提唱している〔斎木1991〕．佐助ヶ谷遺跡は寺院の前面にある工務所と推定され，さまざまな職人や関連する人々の居住が推定されている．板壁を地中から立ち上げる構造で，柱材は細い打ち込みとなり，基本的に板壁で支える構造である．

14世紀には確実に出現していることから，遅くとも14世紀には，東国で普遍的——都市でも集落でも——に存在した建物と考えておきたい．こうした板材・網代や茅・葦といった植物質の材料を使った壁支建物は，絵図・絵巻物などの絵画史料では良く見られるものであり，例えば，『一遍上人絵伝』や『骨寺村絵図』などに描かれている建物が挙げられる．考古学的な直接証拠はまだ乏しいが，隣接諸分野を含めて，視野に入れていく必要があると考えている．

既述の①・②の集落類型でも，同じ屋敷地に壁支建物が存在する可能性は常にあり，これが考古学的にも証明されれば，中世集落研究は飛躍的に発展すると考えている．さらに，斎木秀雄も考察しているように，佐助ヶ谷遺跡の壁支建物の指図らしい墨書の板片も出土しており，あるいは現場で簡単な指図を書いて，短期間で組み立てていくような，現在の「プレハブ」に近いイメージの建物で，必ずしも専門の番匠は関わらなかったかも知れない．

(4) 土台建物・平地建物

福島県馬場中路遺跡5号家屋跡は火災に遭っており，焼けた建築部材と50個体を超える土器がまとまって出土した〔吉田ほか1983〕．11世紀の屋敷地で，

阿武隈川の低位段丘面に立地している．この報告書の図面を見ると，焼けた建築材はあるのに，柱穴が全くない．建築部材や土器の出土状況を見ると，根太を地面に直接置いて，柱を立ち上げる構造の，土台建物あるいは平地建物とも呼ぶべき構造であるとしか，考えられなかった．名称は適切ではないが，取り敢えず構造がわかるまでの仮称と御理解いただき，今後可能性を検討していきたい．

既述のように，11世紀の遺跡が少ない現状で比較しようがないが，出土土器の多様性や出土量を見ると，比較的上層民の建物，あるいは宴会儀礼・宗教儀礼などに伴う特殊な建物と考えている．事例が少ないので即断できないが，少なくとも建物構造からして，③の類型の建物より上層かと推測している．いずれにせよ，考古学的に見つかりにくい建物であるからこそ，今後の調査方法や研究の視点が重要となってくる．

以上，建物形態を中心に集落類型を見てきたが，既にお気付きのように，考古学的に見えない建物を相当読み込まないと，集落研究が出来ないのが東国の現状である．つまり，現在見えている——発掘調査で発見される——集落は，まさに「氷山の一角」でしかないのである．したがって，東国において中世集落研究が進展しないのは当然であり，相当見えないものまで読み込んで，初めて朧気ながら全体像が見えると言った状況であり，隔靴掻痒の感は拭えない．それが「ムラ」研究の閉塞感を生んでいる．

3 マ チ

「マチ」とは，「町・宿・市・津・泊」などと呼ばれる網野善彦のいう「都市的な場」に相当するような空間であると仮定するが，考古学的には極めて定義付けが困難な遺跡である．ここでは「道」に面してある，「ムラ」の遺跡と異なる景観の遺跡を取り上げ，その構成原理と建物を概観したい．

(1)「市」——下古館遺跡——

下古館遺跡については，本報告書が刊行され，田代隆らが詳細な考察を行っている〔田代ほか1995〕．遺跡は「奥大道」と推定される「うしみち」と呼ばれ

る道が南北に縦貫し、その両側に「竪穴遺構・井戸・土坑・掘立柱建物跡」が群在し、「方形区画遺構・塚・墓坑・火葬跡」などの宗教施設も存在する。この遺構群は、1号溝跡（南北480m、東西170m）とそれと相似形をなす49・142号溝跡で二重に区画され、「うしみち」以外の往来を許さない構造となっている。

　1号溝跡内部は、溝跡や空白地帯で「うしみち」を中心に梯子状に11区分され、そのうち8区間は竪穴建物・井戸・土坑で構成される生活感の強い均質な空間であり、中央西側の3区間は宗教施設・塚・土坑墓・火葬跡で構成される宗教的な空間である。また、遺跡成立当初からほぼ同規模の遺構の稀薄な「台形区間」があり、1121号→1670号と変遷し、1号溝跡の掘削とともにその内側に取り込まれ、327号という「台形区画」となる。これを調査者は「市」と考えている。遺跡は12世紀末には成立した可能性があり、15世紀初には廃絶し、1号溝跡が掘削される13世紀中頃が画期となっている。

　この調査成果を筆者なりに評価すると、12世紀末には奥大道が成立し、その枝道の約220m西側に「市庭」が成立し、その中間に小さな御堂があり、その成立根拠となっている。13世紀中頃になると奥大道を中心に長方形の区画が成立し、「市庭」もその中に取り込まれる。御堂は方形区画遺構として大型化し、周囲にお墓・火葬所が寄生する。区画内の道沿いには、道から一定の空白（5～20m）をおいて方形竪穴遺構・井戸跡が分布し、前述の8区画毎にいくつかの集団が存在したことを窺わせる分布である。出土遺物の組成は「都市・鎌倉」的であり、東国の「市」の典型例として考えて大過ないであろう。このとき、常に「道」という物流の基幹と宗教勢力の関与が絶対条件であったことが注目される〔飯村2004〕。

　次にこの遺跡の主たる建物である竪穴遺構に着目したい。竪穴遺構は125基あり、平面形の方形を基調とし、面積3.15～23.1㎡、深さ0.12～1.3mを測り、88％が人為的に埋め戻されている。ほかに特徴としては、①底面の踏み締まりがない。②56基に壁の一部を内側に掘り残した出入口がある。③柱穴はほとんど存在し、配置パターンは20通りくらいあり、根石を置く例もある。④主軸方向は明らかに奥大道を意識した南北・東西方向にまとまる。⑤炉（？）が発見されたのは18基で、ほとんどコーナーである。⑥底面直上から出土遺物

終章　中世のムラとマチ　335

は鎌倉で良く出土する（北武蔵・上野産）火鉢のみである．

　この特徴は中世前期の東国の竪穴建物に共通しており，板床貼，板壁の竪穴建物と考えている．火処は本来存在しないか，あるいは火鉢などで対応した可能性が高い．その意味では，「都市的」と言える．予てから，竪穴建物について，「一過性の建物」「住居・倉庫・作業場」とする意見が強かったが，その意味では下古館遺跡例は，一過性の（あるいは存続期間の短い）「住居」「倉庫」の可能性が高い．その中で筆者は，前述の遺構の特徴や分布状況や遺跡の特殊性から「存続期間が短い倉庫」の可能性を支持したい．

　それを前提に考察すると，100年〜150年で125基の竪穴建物――倉庫――があり，10年程度の存続期間を考えると，多く見ても8区画で1区画に1〜2基しか存続し得ず，区画毎に1基存在する倉庫との推定も可能となる．一方，居住空間については，道と竪穴遺構との間の空白地に壁支建物・土台建物などを推定したい．あるいは，常設的な店棚も考える必要があるかもしれない．

(2)「宿」――荒井猫田遺跡――

　荒井猫田遺跡は〔藤原・飯村ほか2007〕，a. 阿武隈川などの河川の段丘面に立地する．b. 両側側溝の南北道路（奥大道）を中心に遺跡が形成．c. 奥大道の南と北に木戸跡があり，その間は120〜130mである．d. 南側木戸跡（1時期）北側で西に向かう東西道路，北側木戸跡（3時期）北側に東に向う東西道路が接続する．e. 道の両側には，間口20m前後，奥行20〜25mの町屋が連続する．f. 町屋は，梁間が比較的広い二間三間の方形に近い平面形の平入りの掘立柱建物跡で構成され，奥に井戸や総柱や梁間一間型の掘立柱建物跡の倉庫を伴う可能性が高い．

　g. 北西部の区画は鍛冶師集団が居住．h. 遺跡南東側の館跡は道を意識して作られて，当初は単郭であるが，新たに館跡西側の町屋を壊して複郭とし，奥大道からの直接引き込み道路を付設し，その関係を一層強めている．i. 南側木戸跡南側は極端に遺構密度が稀薄となるが，南側約20mまでは遺構が分布する．j. 北側木戸跡北側20mまでは遺構の密度に変化が少ないが，さらに北側の自然流路の間は，遺構の密度が極端に低くなる．k. 道路側溝と町屋との間には1〜2mの遺構の空白が明白に観察でき，河野眞知郎は店棚の可能性を示

唆している．

　l. 出土遺物は多様で，本地域として量的にも少なくない．しかしかわらけが極端に少ない．m. 存続期間は 12 世紀後葉から 15 世紀前葉で，三時期の変遷が推定され，盛期は 13～14 世紀である．遺跡の変遷は，同じ奥大道に面する下古館遺跡に類似するが，主に構成する遺構の違いや，囲繞施設の有無，宗教性の有無を重視し，「宿」と考えた．

　西日本では，これに類似した遺跡として滋賀県草津市野路岡田遺跡が調査され，文献史料にも頻出する東海道「野路宿」に比定されている．a. 12 世紀後半から 13 世紀前半に存続．b.「馬道」（東海道？）と通称される古道の両側に広がる．c. 道に面して空地（小道）や柵跡で，25～30ｍ毎に町屋が区画され，奥には共同の井戸や納屋・畑・屋敷墓が存在．d. 町屋は掘立柱建物跡で総柱のものが多く，平入りと考えられる．e. 瓦器の出土が多い．f. 遺跡の西側には宗教施設らしい方形区画があり，東側には墓域があり，ともに六勝寺系の瓦が出土する．g. 宗教施設の東隣には総柱の大型掘立柱建物跡があり，中核と考えられている．

　まだ，調査途中で断定はできないものの，構成原理や成立時期，町屋の在り方は西と東という地域差——例えば総柱と側柱建物の差など——を勘案すれば，荒井猫田遺跡と極めて類似している．したがって，中世前期の「宿」の一類型として考えておきたい．そのとき，町屋の屋敷地の一単位を見ると，両遺跡ともに建物の面路性という点や建物の梁間がやや広いという点を除けば，周辺の集落遺跡——ムラ——と大差ない．つまり，『「ムラ」の屋敷地が道に面して計画的に集まった』という印象である．そして，その「集まった」原理の要因となったのが，道であり，野路岡田遺跡では宗教勢力であり，荒井猫田遺跡では「公権力」であった可能性が高い．

おわりに

　冒頭で述べたように，共同研究は相互の学問・方法論を尊重しつつ，真摯な態度での相互批判・自己批判が不可欠である事を指摘しておきたい．そして，もし共同研究に具体的な成果を結実させるならば，個別・具体的な「地域研

終章　中世のムラとマチ　337

究」以外あり得ないと考えている．

　列島規模で，考古学を取り巻く状況が一層厳しくなる中で，「発見主義の時代」から「研究の時代」へ大きく舵を切らなければいけない現在，「地域研究」「地域の歴史の構築」が課せられた責務であり，その場でこそ共同研究の有効性が発揮されると考えている．地域にある個々の遺跡や個々の遺構を真摯に調査し，正当に歴史的に評価することなしに，もはや考古学の存在意義は失われると考えている．

　考古学が21世紀に滅びゆかないために，より広い視野で地域の遺跡を考えるべきであり，これを実践する努力をこれからも続けていきたい．

引用・参考文献

会津坂下町教育委員会 1990『大江古屋敷遺跡現地説明会資料』
会津若松市教育委員会ほか 1992『大戸窯検討のための「会津シンポジュウム」 東日本における古代・中世 窯業の諸問題』
赤羽一郎 1987「東日本の焼締陶器」『月刊考古学ジャーナル 特集・中世陶器』No. 280
赤熊浩一 1994『金井遺跡B区』埼玉県埋蔵文化財調査事業団
浅野晴樹 1991「東国における中世在地系土器について」『国立歴史民俗博物館研究報告』第31集, 国立歴史民俗博物館
─── 1998「北武蔵の中世遺跡」『楢崎彰一先生古希記念論文集』真陽社
穴澤義功 1997「東日本における中世の鉄生産」『平成9年度たたら研究会資料集』たたら研究会
安念幹倫 1995「富山県射水郡大島町北高木遺跡の鋳造遺構について」『第5回鋳造遺跡研究会資料』鋳造遺跡研究会
阿部俊夫ほか 1988「第3編 古宿遺跡」『母畑地区遺跡発掘調査報告25』福島県教育委員会・福島県文化センター
阿部義平 1986「東国の土師器と須恵器」『帝塚山考古学』No. 1, 帝塚山大学考古学研究室
網野善彦 1987『無縁・公界・楽──日本中世の自由と平和──』平凡社
─── 1996『中世都市の世界』筑摩書房
網野善彦ほか 1989「荘園史の視角」『講座日本荘園史 1 荘園入門』吉川弘文館
荒井猫田遺跡を考える会 1994『シンポジュウム 荒井猫田遺跡と中世の郡山』
飯村 均 1988「福島県における中世陶器生産の様相」『東国土器研究 第1号 特集──東日本における中世土器研究の現状──』東国土器研究会
─── 1989「陸奥南部における中世村落の様相」『奥田直栄先生追悼集』学習院大学輔仁会史学部
─── 1990「80年代の研究成果と今後の展望 東北」『中近世土器の基礎研究』Ⅵ, 日本中世土器研究会
─── 1991「南奥における古代末中世の土器変遷」『第33回福島県考古学会大会発表要旨』福島県考古学会
─── 1992「福島県の中世窯業」『東日本における古代・中世窯業の諸問題』
─── 1994a「近世入浜式製塩遺跡」『江戸時代の生産遺跡』江戸遺跡研究会
─── 1994b「中世の『宿』『市』『津』──陸奥南部における中世前期の方形竪穴建物跡──」『中世都市研究』第三号, 中世都市研究同人会
─── 1994c「平安時代の鉄製煮炊具」『しのぶ考古』10, 目黒吉明
─── 1994d「山城と聖地のスケッチ」『研究報告』第5集, 帝京大学山梨文化財研究所
─── 1994e「非常識の考古学」『シリーズ都市の考古学 山あいの要衝・川俣町の繁栄 アサヒグラフ』通巻3766号, 朝日新聞社
─── 1994f「小野町猪久保城跡」『第35回福島県考古学会研究発表要旨』福島県考古学

会
―――1995a「陸奥南部における南北朝・室町前期の山城」『論集しのぶ考古』刊行会
―――1995b「陸奥南部の常滑系陶器の生産と技術」『常滑焼と中世社会』小学館
―――1995c「東北の中世窯と常滑窯」『月刊考古学ジャーナル　特集・常滑焼――編年と流通経路』No. 396，ニュー・サイエンス社
―――1995d「9. 中世陶器〔5〕東北諸窯」『概説　中世の土器・陶磁器』真陽社
―――1996a「相馬の近世製塩」『考古学による日本史　第2巻』雄山閣出版
―――1996b「ムラの『中世』，ムラの『近世』」『『中世』から『近世』へ』名著出版
―――1996c「陸奥南部の竪穴建物跡を主体とする集落」『中世都市研究　3　津泊宿』新人物往来社
―――1997a「中世の製鉄・鋳造」『帝京大学山梨文化財研究所研究報告』第8集，帝京大学山梨文化財研究所
―――1997b「2　東北南部」『国立歴史民俗博物館研究報告　〔共同研究〕中世食文化の基礎的研究』第71集，国立歴史民俗博物館
―――1997c「東北地方から見た中世の北陸」『北陸の漆器考古学』北陸中世土器研究会
―――1997d「東北地方南部の近世窯業」『月刊考古学ジャーナル　特集・発掘最前線（東日本編）』No. 417
―――1997e「『聖地』の考古学」『大航海』No. 14，新書館
―――1998a「東国のかわらけ」『中近世土器の基礎研究XIII』日本中世土器研究会
―――1998b「遺跡のかたち　都市のかたち――中世前期の東国」『第6回研究集会発表資料集　都市研究の方法』中世都市研究会
―――1999a「遺跡のかたち，都市のかたち――中世前期の東国――」『都市研究の方法』新人物往来社
―――1999b「東国の宿・市・津」『中世のみちと物流』山川出版社
―――1999c「『館跡』『城跡』という遺跡」『帝京大学山梨文化財研究所研究報告』第9集
―――1999d「東国のやきもの」『東洋陶磁学会会報』第39号，東洋陶磁学会
―――2000「中世東国の『宿』『市』」『中世のみちと物流』山川出版社
―――2001a「やきものから見える『価値観』」『中世土器研究論集――中世土器研究会20周年記念論集――』真陽社
―――2001b「IV生産と技術」『図解・日本の中世遺跡』東京大学出版会
―――2001c「II村と町　2東国の集落」『図解・日本の中世遺跡』東京大学出版会
―――2001d「一．『ムラ』の建物，『マチ』の建物――東国の発掘事例を考える――」『考古学発掘資料による建物の復元方法に関する基盤的研究　一九九八～二〇〇〇年度科学研究費補助金（基盤研究A（1）研究成果報告書』
―――2002「『みち』研究の来た道」『第5回研究集会　中世のみち・「都市」』中世みちの研究会
―――2004「コラム　東国の街道と流通拠点」『中世西日本の流通と交通』高志書院
―――2005a『律令国家の対蝦夷政策　相馬の製鉄遺跡群』新泉社

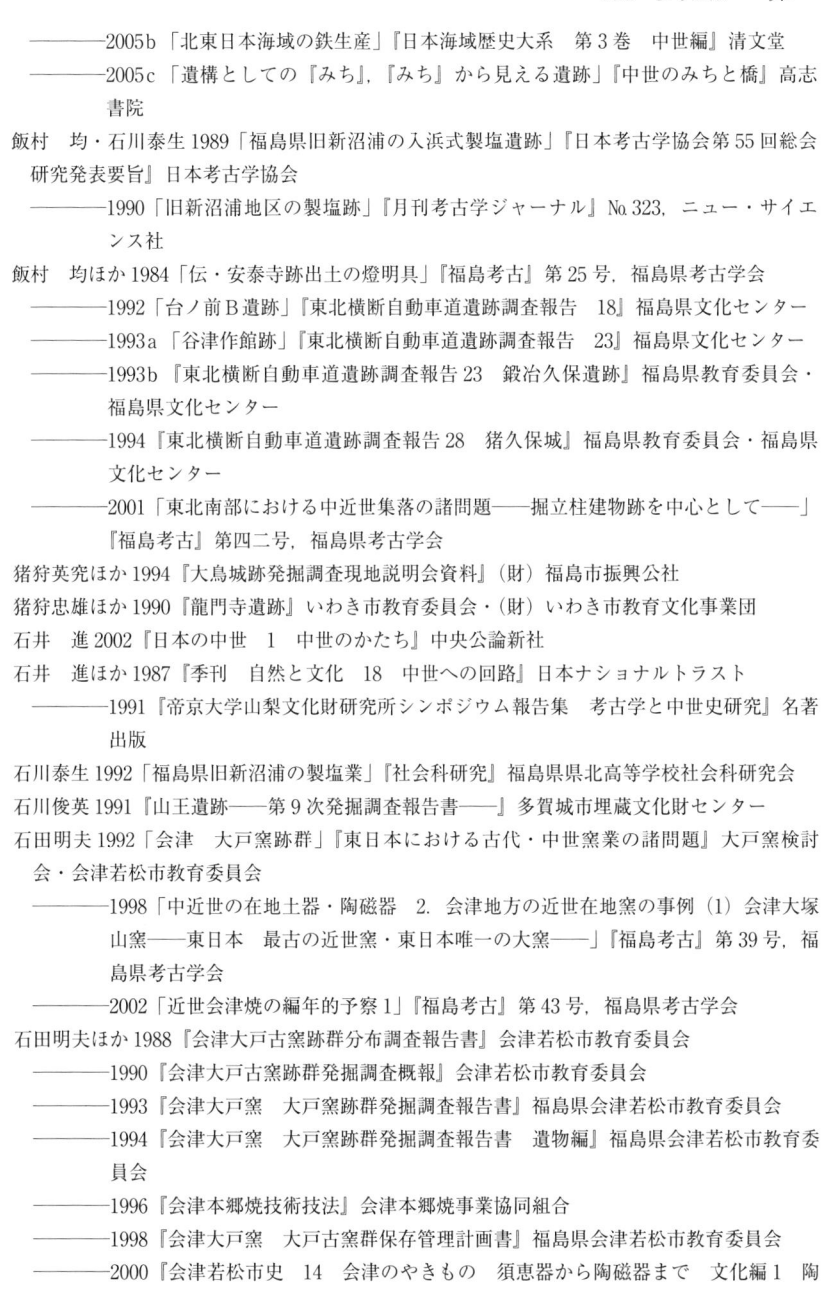

―――2005b「北東日本海域の鉄生産」『日本海域歴史大系　第3巻　中世編』清文堂
―――2005c「遺構としての『みち』,『みち』から見える遺跡」『中世のみちと橋』高志書院
飯村　均・石川泰生 1989「福島県旧新沼浦の入浜式製塩遺跡」『日本考古学協会第55回総会研究発表要旨』日本考古学協会
―――1990「旧新沼浦地区の製塩跡」『月刊考古学ジャーナル』№323, ニュー・サイエンス社
飯村　均ほか 1984「伝・安泰寺跡出土の燈明具」『福島考古』第25号, 福島県考古学会
―――1992「台ノ前B遺跡」『東北横断自動車道遺跡調査報告　18』福島県文化センター
―――1993a「谷津作館跡」『東北横断自動車道遺跡調査報告　23』福島県文化センター
―――1993b『東北横断自動車道遺跡調査報告23　鍛冶久保遺跡』福島県教育委員会・福島県文化センター
―――1994『東北横断自動車道遺跡調査報告28　猪久保城』福島県教育委員会・福島県文化センター
―――2001「東北南部における中近世集落の諸問題――掘立柱建物跡を中心として――」『福島考古』第四二号, 福島県考古学会
猪狩英究ほか 1994『大鳥城跡発掘調査現地説明会資料』(財)福島市振興公社
猪狩忠雄ほか 1990『龍門寺遺跡』いわき市教育委員会・(財)いわき市教育文化事業団
石井　進 2002『日本の中世　1　中世のかたち』中央公論新社
石井　進ほか 1987『季刊　自然と文化　18　中世への回路』日本ナショナルトラスト
―――1991『帝京大学山梨文化財研究所シンポジウム報告集　考古学と中世史研究』名著出版
石川泰生 1992「福島県旧新沼浦の製塩業」『社会科研究』福島県県北高等学校社会科研究会
石川俊英 1991『山王遺跡――第9次発掘調査報告書――』多賀城市埋蔵文化財センター
石田明夫 1992「会津　大戸窯跡群」『東日本における古代・中世窯業の諸問題』大戸窯検討会・会津若松市教育委員会
―――1998「中近世の在地土器・陶磁器　2. 会津地方の近世在地窯の事例 (1) 会津大塚山窯――東日本　最古の近世窯・東日本唯一の大窯――」『福島考古』第39号, 福島県考古学会
―――2002「近世会津焼の編年的予察1」『福島考古』第43号, 福島県考古学会
石田明夫ほか 1988『会津大戸古窯跡群分布調査報告書』会津若松市教育委員会
―――1990『会津大戸古窯跡群発掘調査概報』会津若松市教育委員会
―――1993『会津大戸窯　大戸窯跡群発掘調査報告書』福島県会津若松市教育委員会
―――1994『会津大戸窯　大戸窯跡群発掘調査報告書　遺物編』福島県会津若松市教育委員会
―――1996『会津本郷焼技術技法』会津本郷焼事業協同組合
―――1998『会津大戸窯　大戸古窯群保存管理計画書』福島県会津若松市教育委員会
―――2000『会津若松市史　14　会津のやきもの　須恵器から陶磁器まで　文化編1　陶

磁器』会津若松市

五十川伸矢 1987「鴨東白河の鋳造工房」『京都大学構内遺跡調査研究年報　昭和60年』京都大学埋蔵文化財研究センター

――――1991「中世白河の鋳造工房」「土取りの歴史的変遷」『京都大学埋蔵文化財調査報告Ⅳ』京都大学埋蔵文化財研究センター

――――1992a「古代・中世の鋳鉄鋳物」『国立歴史民俗博物館研究報告』第46集

――――1992b「鋳造工人の技術と生産工房」『中世都市の商人職人』名著出版

――――1994a「中世の鋳物生産と鋳物工人」『中世を考える　職人と芸能』吉川弘文館

――――1994b「梵鐘の鋳造遺構」『考古学ジャーナル』第372号，ニュー・サイエンス社

――――1995「丹南の鋳物師」『中世の風景を読む　5　信仰と自由に生きる』新人物往来社

板倉聖宣 1993『日本史再発見　理科系の視点から』朝日新聞社

板橋範芳 1987 ほか『矢立廃寺発掘調査報告書』大館市教育委員会

市川一秋 1988『南古館跡』長沼町教育委員会

――――1990『長沼城跡』長沼町教育委員会

伊藤清郎 1990「羽州成沢城跡をめぐって」『山形地域史の研究』文献出版

伊藤邦弘 1988『大楯遺跡第1次発掘調査報告書』山形県教育委員会

伊藤邦弘ほか 1989『大楯遺跡第2次発掘調査報告書』山形県教育委員会

――――1990『藤島城跡第2次発掘調査報告書』山形県教育委員会

伊藤正義 1993「城を破る―降参の作法②」『歴史を読み直す　15　城と合戦』朝日新聞社

――――1998「市庭の空間」『歴博フォーラム　中世商人の世界　市をめぐる伝説と実像』日本エディタースクール出版部

伊藤正義ほか 1990『東北の陶磁史』福島県立博物館

稲垣晋也 1963「赤土器・白土器」『大和古文化研究』第8巻，大和文化研究会

井　憲治 1991「第2編下竹の内遺跡」『福島空港関連遺跡発掘調査報告書Ⅳ』福島県教育委員会・福島県文化センター

伊野近富 1987「『かわらけ』考」『京都府埋蔵文化財論集』第1集，京都府埋蔵文化財調査研究センター

――――1991「篠原型須恵器の分布について」『京都府埋蔵文化財論集』第2集，京都府埋蔵文化財調査研究センター

――――1995「Ⅲ土器・陶磁器　1．土師器」『概説　中世の土器・陶磁器』日本中世土器研究会

井上哲朗 1988「村の城について――上野国三波川地域の城館址調査から」『中世城郭研究』第2号，中世城郭研究会

――――2001『東関東自動車道（千葉・富津線）埋蔵文化財調査報告書9――袖ヶ浦市山谷遺跡――』日本道路公団・千葉県文化財センター

井上雅孝 1996「岩手県における古代末期から中世前期の土器様相（素描）」『中近世土器の基礎研究ⅩⅠ』日本中世土器研究会

井上雅孝ほか 1994「滝沢村大釜館遺跡出土の古代末期の土器について」『岩手考古学』第6号，

岩手考古学会
茨城県教育財団 1989『研究学園都市柴崎土地区画整理事業地内埋蔵文化財調査報告書（Ⅰ）柴崎遺跡Ⅰ区・柴崎遺跡Ⅱ区（1）』
─────1990『研究学園都市柴崎土地区画整理事業地内埋蔵文化財調査報告書（Ⅱ） 柴崎遺跡Ⅱ区・中塚遺跡』
─────1992『研究学園都市柴崎土地区画整理事業地内埋蔵文化財調査報告書（Ⅲ） 柴崎遺跡Ⅲ区』
岩本正二 1996「「草戸千軒」の発掘成果から」『中世都市研究 3 津泊宿』新人物往来社
植村泰徳 2002「内屋敷遺跡──平成13年度の調査──」『第44回福島県考古学会大会発表要旨』福島県考古学会
植村泰徳・和田聡 2002『内屋敷遺跡発掘調査概報』福島県耶麻郡塩川町教育委員会
上拵　武 2000「日本前近代の鉄生産──中国地方製鉄遺跡の地下構造を中心として──」『製鉄史論集』たたら研究会
宇佐見隆之 2001「4章　津・市・宿」『新体系日本史 6 都市社会史』山川出版社
内野　正 1992「青白磁梅瓶小考」『研究論集』Ⅸ，東京都埋蔵文化財センター
宇野隆夫ほか 1991『能登滝・柴垣製塩遺跡群』富山大学人文学部考古学研究室・石川県考古学研究会
梅宮　茂ほか 1981a『史跡及び名勝霊山　保存管理計画書』霊山町教育委員会
─────1981b『霊山城』『日本城郭体系　第3巻　山形・宮城・福島』新人物往来社
江上波夫ほか 1958『館址──東北地方における集落址の研究──』東京大学出版会
江川逸生 1995「第4編　道添B遺跡・殿田館跡」『東北横断自動車道関連遺跡Ⅱ』いわき市教育文化事業団
恵美昌之 1992a「名取熊野堂大館跡発掘調査報告」『宮城県遺跡調査成果発表会発表要旨』
─────1992b『熊野堂大館北郭発掘調査現地説明会資料』名取市教育委員会
─────1993『名取熊野三山遺跡群』名取市教育委員会
遠藤　巖 1990「陸奥国」『講座日本荘園史 5』吉川弘文館
及川　司 1994「平泉のかわらけ」『柳之御所跡の検討資料』
─────1995「中尊寺の初期様相」『平泉から鎌倉へ』
及川　司・杉沢昭太郎 2003「(3) 陸奥北部──岩手県──」『中世奥羽の土器・陶磁器』
大石直正 1990「一東北中世村落の成立──中尊寺領骨寺村──」『北日本中世史の研究』吉川弘文館
─────1984「中尊寺領骨寺村の成立」『東北学院大学東北文化研究所紀要』第15号，東北学院大学東北文化研究所
大河内勉・汐見一夫 1997『由比が浜集団墓地遺跡発掘調査報告書』由比が浜集団墓地遺跡発掘調査団
大越道正ほか 1985『母畑地区遺跡発掘調査報告 19　荒小路遺跡　地蔵田A遺跡』福島県教育委員会・福島県文化センター
太田昭夫ほか 1992『富沢・泉崎浦・山口遺跡（4）　下ノ内遺跡』仙台市教育委員会

引用・参考文献

大塚昌彦 1994「群馬県内における中世集落の一形態」Vol. 4『群馬考古学手帳』群馬土器観会
大戸窯跡群を守る会 1983『大戸窯跡群分布調査概要』
大橋康二 1979「中世における赤土器・白土器雑考」『白水』No. 7, 白水会
大橋康二ほか 1981『尻八館調査報告書』青森県郷土館
大平　聡 1994「堀の系譜」『城と館を掘る・読む』山川出版社
大三輪龍彦 1983『中世鎌倉の発掘』有燐堂
大類　伸・鳥羽正雄 1936『日本城郭史』雄山閣
岡田茂弘・桑原滋郎 1974「多賀城周辺における古代杯形土器の変遷」『研究紀要』Ⅰ, 宮城県多賀城跡調査研究所
岡田茂弘ほか 1972『多賀城跡―昭和46年度発掘調査概報』宮城県多賀城跡調査研究所
岡田章一 1999「兵庫県における古代から中世の古道の調査」『中世のみちと物流』山川出版社
小川淳一 1995「富沢遺跡」『仙台市史　特別編2　考古資料』仙台市
小笠原好彦 1976「東北地方における平安時代の土器についての二三の問題」『東北考古学の諸問題』寧楽社
奥川弘成ほか 1998『ウスガイト遺跡の記憶』武豊町教育委員会
押山雄三ほか 1985『郡山東部Ⅴ　艮耕地Ａ遺跡』郡山市教育委員会
─────1999「荒井猫田遺跡と周辺の遺跡」『シンポジュウム　荒井猫田遺跡と中世の郡山』荒井猫田遺跡を考える会
小野正敏 1984「第4回貿易陶磁研究集会, その成果と課題」『貿易陶磁研究』No. 4, 日本貿易陶磁研究会
─────1991「城館出土の陶磁器が表現するもの」『中世の城と考古学』新人物往来社
─────1992「中世の考古学, その生い立ち」『列島の文化史　8』日本エディタースクール出版部
─────1993「中世みちのくの陶磁器と平泉」『日本史の中の柳之御所跡』吉川弘文館
─────1995a「館・屋敷の空間構造をめぐって」『中世資料論の現在と課題』名著出版
─────1995b「中世の考古資料」『岩波講座　日本通史　別巻三　史料論』岩波書店
小野正敏ほか 2001『図解・日本の中世遺跡』東京大学出版会
利部　修 1995「横手盆地の古代遺跡と払田柵跡」『第21回古代城柵官衙遺跡検討会資料』古代城柵官衙遺跡検討会
香川愼一ほか 1993「光谷遺跡」『三春ダム関連遺跡調査報告　6』福島県文化センター
月山隆弘 1986『戸長里窯跡』まんぎり会
加藤　孝ほか 1987『山王坊跡』市浦村教育委員会
加藤道男 1981「植田前遺跡」『東北自動車道遺跡調査報告』Ⅴ, 宮城県教育委員会
加藤道男ほか 1980「3. 観音沢遺跡」『東北新幹線関係遺跡調査報告──Ⅳ──』宮城県教育委員会・日本国有鉄道仙台新幹線工事局
加藤理文 2001「15世紀における物資集散址の様相──遠江・元島遺跡の調査から──」『第4回研究集会　中世のみちと橋を探る』中世みちの研究会
加藤理文ほか 1998・99『元島遺跡Ⅰ』静岡県埋蔵文化財調査研究所

川俣町教育委員会 1995『梅窪遺跡現地説明会資料』
河瀬正利 1994『たたら吹製鉄の技術と構造の研究』渓水社
　────1997「西日本における中世の鉄生産」『平成9年度たたら研究会資料集』たたら研究会
　────2000「近世たたら吹き製鉄の技術──製鉄用木炭の生産──」『製鉄史論集』たたら研究会
川上貞雄 1992『北沢遺跡群』新潟県豊浦町教育委員会
川上貞雄ほか 1983『馬場屋敷遺跡等発掘調査報告書』新潟県白根市教育委員会
河西健二 1997「10　南中田D遺跡」『中・近世の北陸』桂書房
河野眞知郎 1986「鎌倉における中世土器様相」『古代末～中世における在地系土器の諸問題』神奈川考古同人会
　────1990『今小路西遺跡（御成小学校内）発掘調査報告書』今小路西遺跡発掘調査団・鎌倉市教育委員会
　────1992a「鎌倉の搬入土器と在地土器」『中近世土器の基礎研究　Ⅷ』日本中世土器研究会
　────1992b「鎌倉を支えた物資流通」『第2回鎌倉市遺跡調査・研究発表会発表要旨』鎌倉考古学研究所・中世都市研究会
　────1994『中世都市鎌倉　遺跡が語る武士の都』講談社
河野眞知郎ほか 1989『よみがえる中世　3　武士の都鎌倉』平凡社
鎌倉考古学研究所 1994『中世都市鎌倉を掘る』日本エディタースクール出版部
菅野家弘 1988「霊山城」『福島県の中世城館跡』福島県教育委員会
菊地逸夫ほか 1990『利府町郷楽遺跡Ⅱ』宮城県教育委員会
　────1996『一本杉窯跡』宮城県教育委員会
木口勝弘 1995『奥州経塚の研究』大盛堂印刷出版部
木本元治ほか 1985『桑折町大槻遺跡発掘調査報告書』桑折町史編纂室
京都市埋蔵文化財研究所 1996『八条院町──京都駅舎改築に伴う調査──現地説明会』
日下部善己・鈴鹿八重子ほか 1980「第8編　二本木遺跡」『東北新幹線関連遺跡発掘調査報告Ⅱ』福島県教育委員会・日本国有鉄道
葛野泰樹・稲垣正宏ほか 1989『宇曽川災害復旧助成事業に妙楽寺遺跡Ⅲ』滋賀県教育委員会・滋賀県文化財保護協会
工藤清泰 1988「北日本・浪岡城戦国城館の中世遺物」『東国土器研究』第1号．東国土器研究会
　────1989「ＫＵＲＵＷＡと遺構の変遷について──特に北日本の発掘調査事例から──」『第6回全国城郭研究者セミナー発表資料』
　────1990「浪岡城跡の調査成果」『中世末から近世のまち・むらと都市』埋蔵文化財研究会
　────1991「東北北部の城館跡──中世後期における──」『中世の城と考古学』新人物往来社
　────1995「中世・近世」『新編　弘前市史　資料編1　考古編』弘前市

引用・参考文献

工藤清泰ほか 1986『浪岡城跡Ⅷ』浪岡町教育委員会
――――1998『犬走須恵器窯跡発掘調査報告書』五所川原市教育委員会・犬走須恵器窯跡発掘調査団
――――1990『浪岡城跡』Ⅹ，浪岡町教育委員会
工藤　武 2001「絵図に描かれた中世農村『骨寺村荘園跡』」『都市・平泉――成立とその構成――』日本考古学協会二〇〇一年度盛岡大会実行委員会
倉田芳郎・坂詰秀一 1967「二古代・中世窯業の地域的特質　(1) 東北・関東」『日本の考古学Ⅵ　歴史時代　上』河出書房
黒田日出男 1996「特論②網代壁・板壁・土壁　町屋イメージの変貌」『絵巻物の建築を読む』東京大学出版会
――――2000「Ⅵ陸奥の村絵図と堺争論――「中尊寺領陸奥国骨寺村絵図」との〈対話〉――」『中世荘園絵図の解釈学』東京大学出版会
桑原滋郎 1976「須恵系土器について」『東北考古学の諸問題』寧楽社
鯉渕和彦ほか 1992『沢田遺跡』茨城県教育財団
郡山市教育委員会 2001『埋もれていた中世のまち――荒井猫田遺跡――』
国立歴史民俗博物館 1994『日本出土の貿易陶磁　東日本編1』
越田賢一郎 1997「第1部中世食器の地域性　[1] 北海道・東北北部」『国立歴史民俗博物館研究報告』第71集，国立歴史民俗博物館
――――1984「北海道の鉄鍋について」『物質文化』42，物質文化研究会
後藤健一ほか 1989『静岡県の窯業遺跡　本文編』静岡県教育委員会
小林健二ほか 1997『大師東丹保遺跡Ⅱ・Ⅲ区』山梨県教育委員会
小林清治 1975「陸奥田村荘における大名権力と荘園制」『福大史学』20，福島大学史学会
――――1994「14～15世紀の小野保」『東北横断自動車道調査報告28　猪久保城跡』福島県文化センター
小林清治ほか 1966『福島県史　第7巻　資料編②』福島県
――――1978『三春町史　自然・原始・古代・中世資料　第7巻』三春町
――――1982『三春町史　自然・原始・古代・中世　第1巻』三春町
――――1985『「歴史の道」調査報告書　岩城街道　本宮―平』福島県教育委員会
――――1993『日本歴史地名体系　第7巻　福島県の地名』平凡社
小松正夫 1981『大畑窯跡発掘調査報告書』南外村教育委員会
――――1996「秋田県」『古代の木製食器』埋蔵文化財研究会
小松正夫ほか 1993『史跡秋田城跡』金曜社
五味文彦 2001「2章　中世都市の展開」『新体系日本史　6　都市社会史』山川出版社
小柳和宏 1994「鎮西における居館の出現と展開」『城と館を掘る・読む』山川出版社
斎木秀雄 1983「出土かわらけの編年について」『鶴岡八幡宮（研修道場用地）発掘調査報告書』鎌倉市教育委員会
――――1991「板壁掘立柱建物跡の提唱」『中世都市研究』第1号，中世都市研究会
――――1993「『浜地』で検出された掘立柱建物」『鎌倉考古』No.27，鎌倉考古学研究所

引用・参考文献　347

───1994「鎌倉における出土遺物の個体数調査」『考古論叢　神奈川』神奈川県考古学会
斎木秀雄ほか1993『神奈川県・鎌倉市　佐助ヶ谷遺跡』佐助ヶ谷遺跡発掘調査団
斉藤　淳1991『中里城跡Ⅱ　平山西』中里町教育委員会
斎藤邦雄ほか1999『最新情報　出土白磁四耳壺と印章　柳之御所資料館開館記念講演資料』ふれあい歴史のさと事業推進委員会
斎藤慎一1987「岩崎城」『図説中世城郭事典　第1巻』新人物往来社
───1991「本拠の展開」『中世の城と考古学』新人物往来社
斉藤　弘・進藤敏雄1995「北関東における中世集落遺跡について」『研究紀要』第3号　栃木県文化振興事業団埋蔵文化財センター
酒井英一1999「山形県羽黒町執行坂出土の中世陶器」『山形考古』第6巻第3号
酒井英一・山口博之2001『山形県田川郡羽黒町執行坂窯跡──平成12年度試掘調査概報──』羽黒町教育委員会
───2002『山形県田川郡羽黒町執行坂窯跡──第2次発掘調査報告書──』羽黒町教育委員会
坂井秀弥1999「中世越後の村・家・住まい」『中世の越後と佐渡』高志書院
坂本　彰1988「中世的な空間について」『村上徹君追悼論文集』村上徹君追悼論文集編集委員会
狭川真一1993「墳墓に見る供献形態の変遷とその背景──北部九州を中心として」『貿易陶磁研究』No.13,　日本貿易陶磁研究会
───1995「大宰府の変容」『中世都市研究2　古代から中世へ』新人物往来社
榊原滋高1996「十三湊遺跡の発掘調査」『中世都市研究3』新人物往来社
佐久間豊士1985「畿内の中世村落と屋敷地」『ヒストリア』10号,　大阪歴史学会
佐久間淳一1993「地域史を掘り出す──小野町猪久保城跡の発掘調査から──」『文化福島9』福島県文化センター
桜井英治1996「市と都市」『中世都市研究　3　津泊宿』新人物往来社
桜田　隆1990『エヒバチ長根窯跡・大川口館跡・烏野遺跡』秋田県山本郡二ツ井町教育委員会
笹生　衛1999「東国中世村落の景観変化の画期」『千葉県史研究』第7号,　千葉県
笹生　衛・柴田龍司1993「小櫃川流域における中世遺跡の変遷」『研究連絡誌』第37号,　千葉県文化財センター
笹生　衛ほか1993「荒久遺跡の概要」『研究連絡誌』第37号,　千葉県文化財センター
───1998『千葉県の歴史　資料編　中世Ⅰ』千葉県
佐々木和博1984『鹿島遺跡・竹之内遺跡』宮城県教育委員会
佐々木浩一1993『根城──本丸の発掘調査──』青森県八戸市教育委員会
佐々木稔ほか1996『季刊考古学　第57号　特集　いま、見えてきた中世の鉄』雄山閣
笹沢正史1999「新潟県上越市子安遺跡の道路状遺構」『発掘された中世古道　Part 2』中世みちの研究会
笹本正治1994「市・宿・町」『岩波講座　日本通史　第9巻　中世3』岩波書店
佐藤庄一ほか1974a「横川遺跡」『庄内広域営農団地農道整備事業関係遺跡分布調査報告書』山形県教育委員会

―――1974b「須走遺跡」『庄内広域営農団地農道整備事業関係遺跡分布調査報告書』山形県教育委員会
佐藤禎宏ほか1991『大楯遺跡第3・4次発掘調査報告書』遊佐町教育委員会
佐藤 洋1995「山口遺跡」『仙台市史 特別編2 考古資料』仙台市
佐藤 洋ほか1983『今泉城跡』仙台市教育委員会
―――1985『仙台城三の丸跡発掘調査報告書』仙台市教育委員会
―――1990『南小泉遺跡第16～18次発掘調査』仙台市教育委員会
佐藤健郎1981「向羽黒山城」『日本城郭体系 第3巻 山形・宮城・福島』新人物往来社
佐藤春生・橋澤道博2001『堂山下遺跡（範囲確認調査・発掘調査） 鎌倉街道B遺跡』毛呂山町教育委員会
佐藤仁彦1993「若宮大路周辺遺跡群（秋月医院跡地）の調査」『第3回鎌倉市遺跡調査・研究発表会発表要旨』鎌倉考古学研究所・中世都市研究会
佐藤達雄1983「静岡県日詰遺跡――伊豆半島における鉄及び鉄器生産の一様相」『たたら研究』第24号, たたら研究会
柴田龍司1992「『曲輪』について」『千葉城郭研究』第2号, 千葉城郭研究会
―――1994「鎌倉道と市――袖ヶ浦市山谷遺跡の調査成果から――」『研究連絡誌』第41号, 千葉県文化財センター
―――1995「街道と集落」『第3回中世都市研究集会 津・泊・宿』中世都市研究会
―――1999「西上総の中世道路跡――袖ヶ浦市山谷遺跡の事例を中心に――」『中世のみちと物流』山川出版社
潮見 浩1989「製鉄遺跡研究の現状」『月刊文化財』306号, 第一法規
―――1993「調査の総括」『中国地方製鉄遺跡の研究』渓水社
渋江芳浩1992「中世区画溝に関する覚書」『東京考古10』東京考古談話会
渋江芳浩ほか1998『おちかわ』日野市落川土地区画整理組合
渋谷孝雄ほか1996『分布調査報告書（23）』山形県教育委員会
白鳥良一1980「多賀城跡出土土器の変遷」『研究紀要』Ⅶ, 宮城県多賀城跡調査研究所
清水菜穂1991「『かわらけ』考（1）」『中世都市研究』第1号, 中世都市研究会
―――1994「『かわらけ』考（3）」『中世都市研究』第3号, 中世都市研究同人会
宗臺富貴子1996「鎌倉・今小路西遺跡（御成小学校）の瀬戸窯製品について」『研究紀要』瀬戸市埋蔵文化財センター
宗臺秀明1991「長谷小路周辺遺跡群（由比が浜三丁目258番1他地点）」『第1回鎌倉市遺跡調査・研究発表会 発表要旨』鎌倉考古学研究所
―――1994「中世前期鎌倉における街形成の一端――工芸職人と幕府・寺院――」『物質文化』第57号, 物質文化研究会
宗臺秀明ほか1997『横小路周辺遺跡発掘調査報告書』横小路周辺遺跡発掘調査団
―――1993a『今小路西遺跡 由比が浜一丁目213番3地点』今小路西遺跡発掘調査団
―――1993b『長谷小路周辺遺跡群 由比が浜三丁目229番地外（№ 235）」『鎌倉市埋蔵文化財緊急調査報告書9』第2分冊, 鎌倉市教育委員会

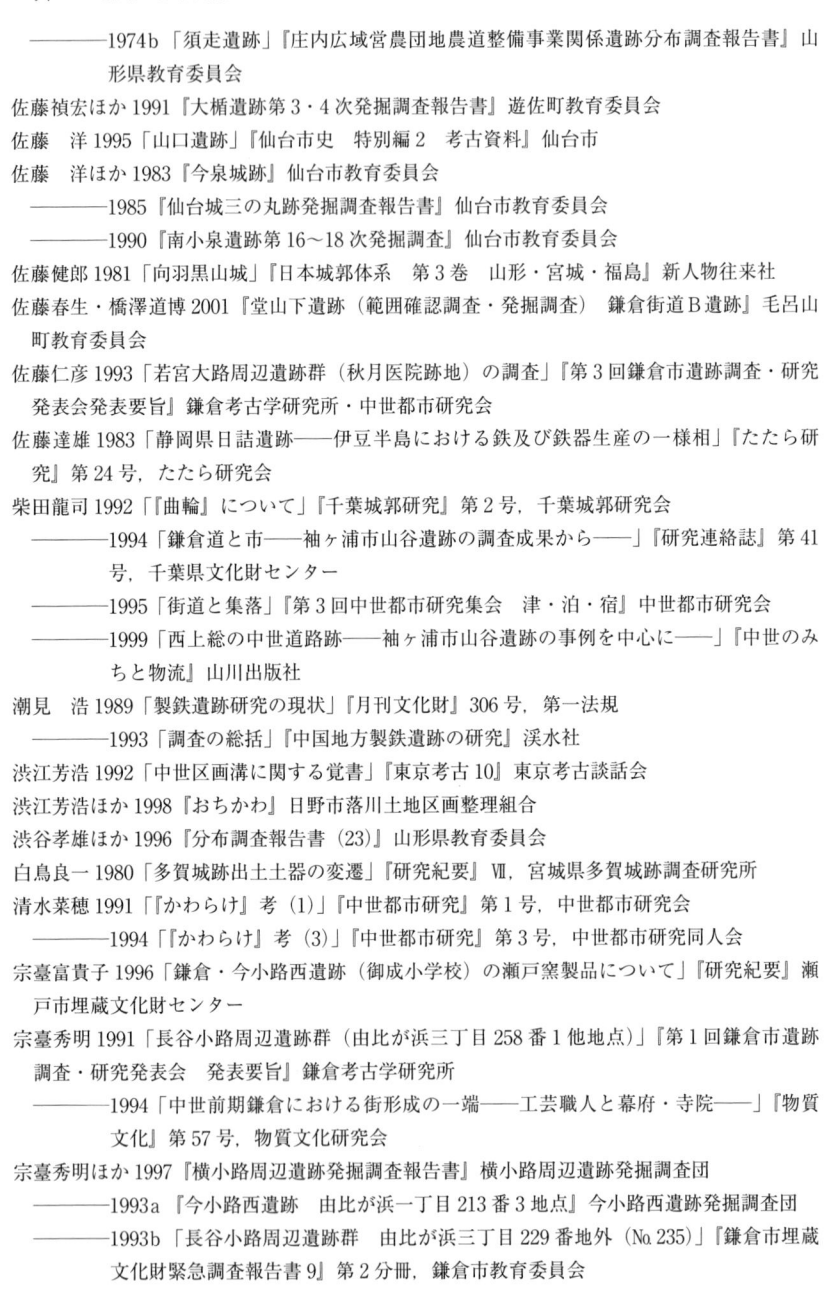

城郭談話会ほか 1992『第 8 回全国城郭研究者セミナー　テーマ「小規模城館」研究報告編』
菅井敏美ほか 1992「宮ノ下 B 遺跡」『東北横断自動車道遺跡調査報告　16』福島県文化センター
菅原弘樹 1994「方格地割りと遺跡の性格」『第 20 回城柵官衙遺跡検討会資料』城柵官衙遺跡検討会
菅原計二 1997「平泉の手づくねかわらけ」『かわらけ検討会』
鋤柄俊夫 1986「長野県の中世集落遺跡について」『長野県考古学会誌』第 50 号, 長野県考古学会
―――1988「畿内における古代末から中世の土器」『中近世土器の基礎研究Ⅳ』日本中世土器研究会
―――1993「中世丹南における職能民の集落遺跡――鋳造工人を中心に――」『国立歴史民俗博物館研究報告』第 48 集, 国立歴史民俗博物館
―――1995a「用途にみる土器文化の地域性」『帝京大学山梨文化財研究所報』第 25 号, 帝京大学山梨文化財研究所
―――1995b「平安京出土土師器の諸問題」『平安京出土土器の研究』古代学協会
鈴木隆康ほか 1995「第 3 編　匠番柵館跡」『東北横断自動車道関連遺跡Ⅱ』いわき市教育文化事業団
鈴木雅文 1992「福島県本宮町関畑遺跡出土の緑釉手付瓶」『福島考古』第 33 号, 福島県考古学会
鈴木　啓ほか 1974『新宮城跡発掘調査報告書』喜多方市教育委員会
―――1976『四本松城跡』岩代町教育委員会
―――1986『遺跡　梁川城本丸・庭園』梁川町教育委員会
鈴木　功ほか 1987『国道一一三号バイパス遺跡調査報告Ⅲ　三貫地遺跡（原口地区）』福島県文化センター
鈴木　功・堀江　格 1996「福島市飯坂町岸窯跡について」『福島考古』第 37 号, 福島県考古学会
鈴木雄三ほか 1983「馬場中路遺跡」『郡山東部』Ⅲ, 福島県郡山市教育委員会
―――1985『郡山東部Ⅴ』郡山市教育委員会
須田茂 1987『東田遺跡』群馬県新田町教育委員会
関根達人 1999「相馬焼の生産と流通」『江戸遺跡研究会第 12 回大会　江戸の物流――陶磁器・漆器・瓦から――』江戸遺跡研究会
―――2000「第Ⅲ章仙台城二の丸北方武家屋敷跡第 4 地点（BK4）の調査　7 考察　(2) 陶磁器・土器の検討」『東北大学埋蔵文化財調査年報 13』東北大学埋蔵文化財調査研究センター
関根真隆 1969『奈良朝生活の研究』吉川弘文館
勢田廣行ほか 1992『金山・樺製鉄遺跡群発掘調査報告書――小岱山麓における製鉄遺跡の調査――』荒尾市教育委員会
千田嘉博 1991「中世城館研究の構想」『中世の城と考古学』新人物往来社

――――1994a「中世の城郭」『歴史と地理』463, 山川出版
――――1994b「田村地域の中世社会と城館」『東北横断自動車道調査報告28 猪久保城跡』福島県文化センター
仙台市教育委員会 1991『富沢遺跡第77次調査――現地説明会資料――』
高島好一ほか 1993『久世原館・番匠地遺跡』いわき市教育文化事業団
高桑 登 1998「山形県平田町新溜窯跡出土の須恵器系中世陶器」『山形考古』第6巻2号
高橋與右衛門 1989「掘立柱建物跡の間尺とその時代性――民家の間尺と比較して――」『紀要』IX, 岩手県文化振興事業団埋蔵文化財センター
――――1992「発掘された中世の建物跡」『北の中世』日本エディタースクール出版部
高橋與右衛門ほか 1988『笹間館跡発掘調査報告書』岩手県文化振興事業団埋蔵文化財センター
高橋圭次 1997「伊達郡川俣町の旧大綱木村の館跡と屋敷跡」『福島考古』第38号, 福島県考古学会
高橋圭次ほか 1993『河股城跡検討会資料』川俣町教育委員会
――――1994『河股城跡の概要』川俣町教育委員会
――――1996『梅窪遺跡発掘調査報告書I』福島県川俣町教育委員会
高橋信一ほか 1987『母畑地区遺跡発掘調査報告23 蛭館跡』福島県教育委員会・福島県文化センター
――――1989『福島空港関連遺跡発掘調査報告書II 湯神前遺跡』福島県教育委員会・福島県文化センター
――――1992『東北横断自動車道遺跡調査報告17 堀ノ内遺跡』福島県教育委員会・福島県文化センター
高橋信一・井 憲治 1991『福島空港関連遺跡発掘調査報告IV』福島県教育委員会・福島県文化センター
高橋博志 1995「安子島城跡出土の陶磁器について」『貿易陶磁研究』No.15, 日本貿易陶磁研究会
――――1998「荒井猫田遺跡とその周辺」『第1回研究集会 発掘された中世古道 Part 1』中世みちの研究会
――――1999「荒井猫田遺跡の町跡とその周辺」『中世のみちと物流』山川出版社
――――2002「第11章 陶器生産と陶磁器流通」『鎌倉・室町時代の奥州』高志書院
高橋博志ほか 1998『荒井猫田遺跡(III・IV・V区)――第一次～第六次発掘調査報告――』郡山市教育委員会・郡山市埋蔵文化財発掘調査事業団
高橋 学 2002a「第三節 発掘された中世の街道・古道――秋田県州崎遺跡の事例を中心に――」『中世出羽の領主と城館』高志書院
――――2002b「井川町州崎遺跡とは何か――州崎遺跡に見る中世出羽北半の一様相――」『秋田県埋蔵文化財センター研究紀要』第16号
高橋 学・工藤直子 2000「秋田県州崎遺跡における道路跡」『発掘された中世古道 Part 3』中世みちの研究会
高橋 学・工藤直子ほか 2000「州崎遺跡」秋田県教育委員会
高橋 満ほか 2000「第3編関林H遺跡」『福島空港公園遺跡発掘調査III』福島県教育委員会・

福島県文化センター
高橋義行ほか 2004『大貝窯跡群』宮城県利府町教育委員会
高松俊雄ほか 1985『郡山東部Ⅴ』郡山市教育委員会・農林水産省東北農政局
田島明人 1992「雑感『古代土器と中世の土師器』」『中世前期の遺構と土器・陶磁器・漆器』
田代　隆 1989「『うしみち』と下古館遺跡」『よみがえる中世　5　浅間火山灰と中世の東国』平凡社
田代　隆ほか 1983～90『住宅・都市整備公団　小山・栃木都市計画事業　自治医科大学周辺地区埋蔵文化財発掘調査概報』栃木県文化振興事業団
――――1995『下古館遺跡』栃木県教育委員会・栃木県文化振興事業団
たたら研究会 1987『日本古代の鉄生産　1987年度たたら研究会大会資料』
――――1991『日本古代の鉄生産』六興出版
田中照久 1994「九右衛門窯焼成実験の記録」『越前古窯とその再現　九右衛門窯の記録』出光美術館
田中則和 1984『山口遺跡Ⅱ』仙台市教育委員会
――――1992a「川沿いの屋敷群」『よみがえる中世　7　みちのくの都　多賀城・松島』平凡社
――――1992b「発掘された中世の水田」『よみがえる中世　7　みちのくの都　多賀城・松島』平凡社
――――1995「鴻ノ巣遺跡」『仙台市史　特別編2　考古資料』仙台市
――――2000「第三節北条氏の進出　三屋敷と道の跡から探る中世」『仙台市史　通史編2　古代中世』仙台市
田中則和ほか 1995「6 中世」『仙台市史　特別編2　考古資料』仙台市
田中正能ほか 1988『小野町史　資料編Ⅰ（下）』小野町
玉永光洋 1996「大分県釘野千軒遺跡発見の建物群跡」『中世都市研究　3　津泊宿』新人物往来社
千葉孝弥ほか 1990『新田遺跡』多賀城市埋蔵文化財調査センター
千葉孝弥・菅原弘樹 1994「シンポジウム古代地方都市の成立とその様相　多賀城周辺の様相」『第20回古代城柵官衙遺跡検討会資料』古代城柵官衙検討会
中世城郭研究会ほか 1995『第12回全国城郭研究者セミナー　テーマ「村の城を考える」』
中世みちの研究会 1998『第1回研究集会　発掘された中世古道 Part 1』
中世都市研究会 1994『中世都市研究　1　都市空間』新人物往来社
中世都市研究同人会 1993『都市内の収納・貯蔵――方形竪穴建築址の性格と分布を含めて――』
中・近世班 1992「中世の竪穴遺構について」『研究ノート　創刊号』茨城県教育財団
鋳造遺跡研究会 1991～95『第1～5回鋳造遺跡研究会資料』
角田徳幸 2004「中国山地における中世の鉄生産」『第32回山陰考古学研究集会　中国山地の中世製鉄遺跡』
角田伊一 1988「向羽黒山城（岩崎城）」『福島県の中世城館跡』福島県教育委員会

引用・参考文献

手塚　孝ほか 1992『大浦Ｃ遺跡発掘調査報告書』米沢市教育委員会
手塚直樹ほか 1996『甦る鎌倉』根津美術館
寺島文隆 1983「福島県における製鉄遺跡の実態――阿武隈高地南部西縁の場合――」『福島県歴史資料館研究紀要』第 5 号
寺島文隆ほか 1981「阿武隈地区遺跡分布調査報告（Ｉ）」福島県教育委員会・福島県文化センター
――――1982「阿武隈地区遺跡分布調査報告（Ⅱ）」福島県教育委員会・福島県文化センター
――――1983「阿武隈地区遺跡分布調査報告（Ⅲ）」福島県教育委員会・福島県文化センター
――――1984「小半弓遺跡」福島県玉川村教育委員会
――――1987『八郎窯跡群――梁川町における中世窯の調査――』梁川町教育委員会
――――1989『相馬開発関連遺跡調査報告Ｉ』福島県文化センター
――――1991a『山田Ａ・Ｂ遺跡現地説明会資料』福島県教育委員会
――――1991b『茶臼山西遺跡・輪王寺跡』梁川町教育委員会
東海埋蔵文化財研究会 1988『清洲――織豊期の城と都市――』
東京大学史料編纂所 1995『日本荘園絵図聚影一上　東日本一』東京大学出版会
東北中世考古学会編 2003『中世奥羽の土器・陶磁器』
土佐雅彦 1981「日本古代製鉄遺跡に関する研究序説――とくに炉形を中心に――」『たたら研究』第 25 号，たたら研究会
栃木県文化振興事業団 1987「下古館遺跡」『季刊自然と文化　18　中世への回路』観光資源保護財団
豊田宏良 1997「北海道における須恵器の様相」『蝦夷・律令国家・日本海――シンポジュウムⅡ・資料集――』日本考古学協会 1997 年度秋田大会実行委員会
中川成夫 1960「中世考古学の諸問題」『地方史研究』45，地方史研究協議会
中澤克昭 1993a「空間として『城郭』とその展開」『史学会第 91 回大会研究発表要旨』史学会
――――1993b「中世城郭試論――その心性をさぐる――」『史学雑誌　第 102 編第 11 号』史学会
中野晴久 1996「第Ｉ部生産　1 瓷器系中世窯」『財団法人瀬戸市埋蔵文化財センター設立 5 周年記念シンポジュウム　古瀬戸をめぐる中世陶器の世界～その生産と流通～　資料集』
――――1997「瓷器系中世陶器の生産」『研究紀要』第 5 号，瀬戸市埋蔵文化財センター
中野裕平 1994「発掘された板碑――河南町須江関ノ入遺跡の事例報告」『六軒丁中世史研究』第 2 号，東北学院大学中世史研究会
――――2004「河南町の遺跡から検出された木炭窯について」『宮城考古学』第 6 号，宮城県考古学会
仲田茂司 1992『西方館』三春町教育委員会
――――1993「東国古代の挽物」『考古学研究』156 号，考古学研究会
――――1996「東北」『古代の木製食器』埋蔵文化財研究会

中山雅弘 1985「福島県における中世土器の覚書」『東洋文化研究』第4号
―――― 1988「福島県における中世土器の様相」『東国土器研究』第1号, 東国土器研究会
―――― 1992「福島県の手づくねかわらけ」『いわき地方史研究』第29号, いわき地方史研究会
中山雅弘ほか 1985『砂屋戸荒川館調査概要』いわき市教育文化事業団
―――― 1987『石坂遺跡』いわき市教育委員会・いわき市教育文化事業団
―――― 1994『上ノ内遺跡』いわき市教育委員会・いわき市教育文化事業団
長尾　修ほか 1983『向羽黒山城跡』本郷町教育委員会
長山幹丸 1992『仙北郡南外村大畑・桧山腰窯跡発掘調査報告書』南外村教育委員会
長山幹丸ほか 1992『大畑・桧山腰窯跡発掘調査報告書』南外村教育委員会
楢崎彰一 1977「中世の社会と陶器生産」『世界陶磁全集　3　日本中世』小学館
楢崎彰一・斎藤孝正 1983『愛知県古窯跡分布調査報告（Ⅲ）』愛知県教育委員会
楢崎彰一ほか 1988『会津　大戸古窯跡群分布調査報告書――須恵器・中世陶器の窯跡群――』福島県会津若松市教育委員会
―――― 1989『会津　大戸古窯跡群発掘調査概報』会津若松市教育委員会
新津　健 1997「中近世集落研究の視点」『山梨県考古学協会誌』第9号, 山梨県考古学協会
新野一浩 1992「松島町円福寺跡」『宮城県遺跡調査成果発表会発表要旨』
―――― 1993「松島町瑞巌寺境内遺跡」『宮城県遺跡調査成果発表会発表要旨』
西山眞理子 1994「南陸奥の焼物は何を語るのか？」『福島考古』第35号, 福島県考古学会
西ヶ谷恭弘 1986『向羽黒岩崎城――現状遺構確認調査・測量調査報告書――』本郷町教育委員会
二戸市教育委員会 2001『諏訪前遺跡』
日本考古学協会 2001『都市・平泉――成立とその構成――』日本考古学協会二〇〇一年度盛岡大会実行委員会
野場陽子 1995「中世の絵画作品からみる中国陶磁器」『貿易陶磁研究』No.15, 日本貿易陶磁研究会
芳賀英一 1996『福島空港関連遺跡発掘調査報告Ⅴ』福島県教育委員会・福島県文化センター
芳賀英一ほか 1992「台ノ前A遺跡」『東北横断自動車道遺跡調査報告18』福島県文化センター
―――― 1996『東北自動車道遺跡発掘調査報告――勝利ヶ岡遺跡――』福島県文化センター
羽柴直人 2000「岩手県における中近世集落の掘立柱建物」『東北地方南部における中近世集落の諸問題』福島県考古学会
―――― 2003「平泉におけるかわらけの用途と機能」『中世奥羽の土器・陶磁器』高志書院
橋本久和 1974「中世村落の考古学的研究」『大阪文化誌』第2号, 大阪文化財センター
畑　大介 1997「大師東丹保遺跡の網代の保存処理と製作技法」『大師東丹保遺跡Ⅱ・Ⅲ区』山梨県教育委員会
畠山憲治 1981『内村遺跡発掘調査報告書』秋田県教育委員会
服部実喜 1984「中世都市鎌倉における出土かわらけの編年的位置付け」『神奈川考古』第19号, 神奈川考古同人会

────1985「鎌倉旧市域出土の中世土師質土器」『中近世土器の基礎的研究』日本中世土器研究会

────1995「南武蔵・相模における中世の食器様相（3）」『神奈川考古』第31号，神奈川考古同人会

────1996「関東南部・鎌倉」『古瀬戸をめぐる中世陶器の世界～その生産と流通～』瀬戸市教育委員会・瀬戸市埋蔵文化財センター

早川英紀1992「白石市一本杉窯跡」『宮城県遺跡調査成果発表会発表要旨』

────1993『白石古窯跡群一本杉窯跡中間報告』

原口正三1977「古代・中世の集落」『考古学研究』92，考古学研究会

原田信男・渋江芳浩1994「中世村落の景観復原について」『札幌女子短期大学部紀要』第23号

────1999『中世村落の景観と生活──関東平野東部を中心として──』思文閣出版

原町市教育委員会1994「原町市における平成3～5年度の製鉄関連遺跡の調査」『第36回福島県考古学会大会発表要旨』福島県考古学会

久田正弘ほか1993『小松市林遺跡』石川県埋蔵文化財保存協会

平尾政幸1992「平安京・京の土器・陶磁器」『古代の土器研究』古代の土器研究会

────1994「白色土器」『平安京提要』角川書店

平田禎文1995『丈六焼見学会資料』福島県考古学会中近世部会

広瀬和雄1986「中世への胎動」『岩波講座　日本考古学　6』岩波書店

────1988「中世村落の形成と展開」『物質文化』50，物質文化研究会

福井県朝倉氏遺跡資料館1986『シンポジュウム　一乗谷と中世都市　都市の構造と生活の復元』

福島県『福島県史　第8巻　資料編三　近世資料一』

福島県考古学会1990『平成元年度福島県考古学会研究会発表要旨』

福島県考古学会中近世部会2000『東北地方南部における中近世集落の諸問題』

福島県教育委員会1993『掘り出された幻の山城──小野町猪久保城跡──』

福島県文化センター1987「中近世の遺構と遺物」『第9回栃木・福島埋蔵文化財研究協議会資料』

福島市史編纂委員会1969『福島市史　原始・古代・中世資料　6』福島市教育委員会

福島雅儀ほか1992「蛇石前遺跡」『三春ダム関連遺跡調査報告　5』福島県文化センター

────1993「四合内B遺跡」『三春ダム関連遺跡調査報告　7』福島県文化センター

藤木久志1995『Ⅲ村から見た戦国大名』『戦国史をみる目』校倉書店

藤澤良祐1996『古瀬戸をめぐる中世陶器の世界』瀬戸市埋蔵文化財センター

藤澤良祐ほか1995『京・鎌倉出土の瀬戸焼』瀬戸市埋蔵文化財センター

藤本正明ほか1980『下右田遺跡　第4次調査概報』山口県教育委員会

藤原良章1988「中世の食器考　〈かわらけ〉ノート」『列島の文化史　5』日本エディタースクール出版部

────1997「中世人の宇宙観　かわらけ」『大航海』No.14 新書館

藤原良章・村井章介編1999『中世のみちと物流』山川出版社

藤原良章・飯村　均ほか2007『中世の宿と町』高志書院

藤沼邦彦 1975「宮城県の経塚について」『研究紀要』東北歴史資料館
――――1976「宮城県地方の中世陶器窯跡（予察）」『研究紀要』第2号，東北歴史資料館
――――1977a「宮城県出土の中世陶器について」『研究紀要』第3号，東北歴史資料館
――――1977b「東北」『世界陶磁全集　3　日本中世』小学館
――――1981「東北地方の古代・中世窯　中世陶器」『日本やきもの集成　1　北海道　東北　関東』平凡社
――――1986「Ⅵ摂関―封建時代　2東北における中世陶器の生産」『図説　発掘が語る日本史　1　北海道・東北編』新人物往来社
――――1991「東北地方出土の常滑焼・渥美焼について」『知多半島の歴史と現在』No.3，日本福祉大学知多半島総合研究所
――――1992「石巻市水沼窯跡の再検討と平泉藤原氏」『石巻市史　第6巻　特別史篇』
藤沼邦彦ほか 1978『多高田窯跡調査報告書』三本木町教育委員会
――――1979『伊豆沼古窯　熊狩Ａ窯跡発掘調査報告』東北歴史資料館
――――1983『東北の中世陶器』東北歴史資料館
――――1984『水沼窯跡発掘調査報告』石巻市教育委員会
――――1987『硯沢・大沢窯跡ほか』宮城県教育委員会
――――1991「多賀城跡出土の中世遺物」『多賀城市史』第4巻，多賀城市
古川利意ほか 1985『御前清水遺跡・金山遺跡』福島県山都町教育委員会
――――1991「第2編古館遺跡」『県営ほ場整備事業遺跡調査報告書（概報）』福島県会津坂下町教育委員会
――――1992「古館遺跡」『福島県ほ場整備事業阿賀川Ⅱ期地区遺跡発掘調査報告書』福島県会津坂下町教育委員会
古川利意・吉田博行ほか 1989a『木留場遺跡』新鶴村教育委員会
――――1989b『中丸遺跡・鬼渡りＡ遺跡』会津坂下町教育委員会
――――1990『大江古屋敷遺跡　若宮地区遺跡発掘調査報告書』福島県河沼郡会津坂下町教育委員会
古瀬清秀 1996「近世たたら吹き製鉄への道」『季刊考古学　第57号』雄山閣
古瀬清秀・潮見　浩 1983「広島県大矢製鉄遺跡」『たたら研究』第25号，たたら研究会
保立道久 1986「宿と市町の景観」『季刊　自然と文化　13　地方の都市空間』日本ナショナルトラスト
堀江　格ほか 1998『岸窯跡――近世窯跡の調査――』福島市・福島市教育委員会・福島市振興公社
堀内明博 1994「中世京都の鋳造関連遺跡」『第4回鋳造遺跡研究会資料』鋳造遺跡研究会
本澤慎輔 1981「岩手県における中世方形竪穴遺構の検出例」『東北地方北部の中世城郭発表資料』岩手県北上市立博物館
――――1991「考古資料にみる平泉　木製品編」『広報ひらいずみ』412，平泉町
――――1993「12世紀平泉の都市景観の復元」『古代文化』45，古代学協会
――――1995a「都市平泉の成立と構造」『古代から中世へ』新人物往来社

――――1995b「都市平泉遺跡群と中尊寺について」『平泉と鎌倉』平泉祭実行委員会

――――1995c「都市平泉の総論」『平泉から鎌倉へ』鎌倉市教育委員会・中世都市研究同人会・鎌倉考古学研究所

――――1996「都市平泉の地割りについて」『月刊考古学ジャーナル』No. 407, ニュー・サイエンス社

本堂寿一 1994「所謂蝦夷館から柳之御所まで」『歴史評論』535, 校倉書房

本間宏ほか 1993a『東北横断自動車道遺跡調査報告 22　馬場平B遺跡』福島県教育委員会・福島県文化センター

――――1993b『東北横断自動車道遺跡調査報告 24　本飯豊遺跡』福島県教育委員会・福島県文化センター

埋蔵文化財研究会・(財)大阪文化財協会 1990『第 27 回埋蔵文化財研究集会　中世末から近世のまち・むらと都市』

前川　要 1989「平安時代における施釉陶器の様式論的研究（上・下）」『古代文化』第 41 巻 8・10 号, 古代学協会

――――1991a『都市考古学の方法――中世から近世への展開――』柏書房

――――1991b「日本中・近世の都市と村落――考古学から見た「都市」概念の再検討――」『富山大学人文学部紀要』第 17 号

――――1997「中世環濠集落と惣構え――考古学から見た中世後期集落の類型と変遷――」『日本史研究』420 号

――――1999「日本中世集落における短冊形地割の考古学的研究」『国立歴史民俗博物館研究報告』第 78 集, 国立歴史民俗博物館

松井和幸 2001「中世の棒状鉄鋌と呼ばれる鉄器について」『たたら研究』第 41 号, たたら研究会

――――2004「鉄と鉄器の生産と流通」『日本考古学協会　2004 年度広島大会　研究発表資料集』

松崎瑞穂 1994『史跡上ノ国勝山館跡 XV』上ノ国町教育委員会

松本建速 1992「柳之御所跡におけるかわらけ存在の意味」『紀要』XII

――――1993「柳之御所跡出土かわらけ編年試案」『紀要』XIII, 岩手県文化振興事業団埋蔵文化財センター

――――1994「ロクロかわらけと手づくねかわらけ」『岩手考古学』岩手考古学会

――――1995「平泉のかわらけと平安京のかわらけ」『紀要』XV, 岩手県文化振興事業団埋蔵文化財センター

松本茂ほか 1992a『東北横断自動車道遺跡調査報告 15　木村館跡』福島県教育委員会・福島県文化センター

――――1992b「福島県郡山市木村館跡」『日本考古学年報 44　1991 年度版』日本考古学協会

馬目順一　1986「飯野八幡宮の神酒壺」『潮流』第 11 号, いわき地域学會

馬淵和雄 1991「都市の周縁, または周縁の都市――いわゆる方形竪穴建築址による都市論の

試み——」『青山考古』第9号，青山考古学会
三浦圭介 1990「日本海北部における古代後半から中世にかけての土器様相」『シンポジュウム　土器からみた中世社会の成立』シンポジュウム実行委員会
三浦圭介ほか 1997「五所川原古窯跡群で生産された須恵器について」『蝦夷・律令国家・日本海——シンポジュウムⅡ・資料集——』日本考古学協会1997年度秋田大会実行委員会
三浦謙一 1991「柳之御所跡出土の木製品——速報——」『紀要』XI，岩手県文化振興事業団埋蔵文化財センター
————2000「岩手の経塚」『岩手の経塚』岩手県立博物館
三浦謙一・松本建速ほか 1995『柳之御所跡』岩手県文化振興事業団埋蔵文化財センター
三重県埋蔵文化財センター 1992『池ノ上遺跡』
三上次男 1967「Ⅰ 古代・中世と歴史考古学—支配機構に関する諸問題」『日本の考古学　Ⅶ　歴史時代　下』河出書房
水口由紀子 1989「考古遺物からみた中世成立期の様相」『文化財の保護　第二一号　特集　東京の中世考古学』東京都教育委員会
水野　哲・手塚　孝ほか 1986『戸長里窯跡』まんぎり会
水野正好 1983「屋敷と家屋の安寧に——そのまじなひ世界」『奈良大学紀要』第十二号，奈良大学
水澤幸一 1997「8　樋田遺跡・古町B遺跡・寺町遺跡」『中・近世の北陸』桂書房
道澤　明ほか 1995『シンポジュウム　よみがえる篠本城跡——戦国動乱期城郭の謎にせまる——』東総文化財センター・光町教育委員会
道澤　明 1988「千葉県篠本城跡の発掘と出土陶磁器」『貿易陶磁研究』№ 18, 日本貿易陶磁研究会
道澤　明ほか 2000『篠本城跡・城山遺跡』東総文化財センター
水戸弘美 1997『塔の腰遺跡発掘調査報告書』山形県埋蔵文化財センター
三春町 1978a『三春町史　7　自然・原始・古代・中世資料』
————1978b『三春町史　8　近世資料1』
————1981『三春町史　9　近世資料2』
————1982『三春町史　1　自然・原始・古代・中世』
————1984『三春町史　2　近世』
三春町教育委員会 1993『近世追手門前通遺跡群B地点遺跡現地説明会資料』
宮　宏明 1996「北海道大川遺跡，大浜中遺跡出土陶磁器」『第17回研究集会発表資料集』日本貿易陶磁研究会
宮島義和ほか 2000『更埴条里遺跡・屋代遺跡群——古代2・中世・近世編——』長野県教育委員会
宮田　真 1993a『今小路西遺跡発掘調査報告書（社会福祉センター用地・御成町625番地2地点）』今小路西遺跡発掘調査団・鎌倉市教育委員会
————1993b「若宮大路周辺遺跡群（スポーツクラブ用地）の調査」『第3回鎌倉市遺跡調査・研究発表会発表要旨』鎌倉考古学研究所・中世都市研究会

―――― 1994「若宮大路周辺遺跡群の出土渥美刻画文壺」『鎌倉考古』鎌倉考古学研究所
宮田　真ほか 1997『若宮大路周辺遺跡群発掘調査報告書』若宮大路周辺遺跡群発掘調査団
宮瀧交二 1994「中世『鎌倉街道』の村と職人」『中世の風景を読む　2　都市鎌倉と板東の海に暮らす』新人物往来社
―――― 1995「古代の村落――奈良～平安初期」『古代史研究事典』東京堂出版
―――― 1999「北武蔵地域における中世道路研究の現状と課題」『中世のみちと物流』山川出版社
―――― 2001「コラム　発掘された中世の宿・市」『新体系日本史　6　都市社会史』山川出版社
宮瀧交二ほか 1991『堂山下遺跡』埼玉県埋蔵文化財調査事業団
武蔵考古学研究会 1992・93『発掘王』Vol. 6・7・8
村上恭通 1995「中世の製鉄遺跡――西日本を対象として――」『広島大学文学部考古学研究室開設 30 周年記念シンポジュウム製鉄と鍛冶――遺跡の構造と炉形を中心として――』広島大学文学部考古学研究室
村田晃一 1994「土器から見た官衙の終末」『古代官衙の終末を巡る諸問題』東日本埋蔵文化財研究会
―――― 1995「宮城県における 10 世紀前後の土器」『福島考古』第 36 号，福島県考古学会
村田修三 1987『中世城郭事典』新人物往来社
室野秀文 1995「厨川の中世初期居館」『岩手考古学』第 7 号，岩手考古学会
室野秀文ほか 1991『盛岡城跡』盛岡市教育委員会
目黒吉明ほか 1984『梁川町分布調査報告』梁川町教育委員会
―――― 1990『相馬開発関連遺跡調査報告Ⅱ』福島県文化センター
―――― 1993『梁川城跡Ⅲ』梁川町教育委員会
百瀬正恒 1985「平安京及び近郊における土器の生産と消費」『中近世土器の基礎研究』日本中世土器研究会
八重樫忠郎 1994『柳之御所跡発掘調査報告書』平泉町教育委員会
―――― 1995a「奥州平泉に見る常滑焼」『常滑焼と中世社会』小学館
―――― 1995b「平泉町出土の刻画文陶器集成」『平泉と鎌倉』甦れ黄金・平泉祭実行委員会
―――― 1995c「藤原氏滅亡以降の土器様相」『都市遺跡検討会資料』都市遺跡研究会
―――― 1996a「輸入陶磁器から見た柳之御所跡」『中近世土器の基礎研究　Ⅺ』日本中世土器研究会
―――― 1996b「平泉出土の輸入陶磁」『貿易陶磁研究』№ 16，日本貿易陶磁研究会
八重樫忠郎・飯村　均 1994「東日本における土器からみた貿易陶磁器」『第 13 回研究集会報告資料』中世土器研究会
八重樫忠郎ほか 1995『志羅山遺跡 35 次発掘調査報告書』平泉町教育委員会
―――― 1997「鎌倉時代の瑞巌寺境内遺跡――予察――」『月刊歴史手帖』第 25 巻 1 号，名著出版
八木光則 1989「安倍・清原氏の城柵遺跡」『岩手考古学』第 1 号，岩手考古学会

―――1993「陸奥中部における古代末期の土器群」『歴史時代土器研究』
八木光則ほか1983『大館遺跡群　大新町遺跡』盛岡市教育委員会
　　―――1994「岩手町出土の古代末期の土器」『岩手考古学』第6号
谷下田厚子1993「箸についての考察」『佐助ヶ谷遺跡発掘調査報告書』佐助ヶ谷遺跡発掘調査団
安田　稔ほか1991～95『原町火力発電所関連遺跡調査報告Ⅰ～Ⅷ』福島県文化センター
柳沢和明1994「東北の施釉陶器――陸奥を中心に――」『古代の土器研究』古代の土器研究会
　　―――1995「多賀城周辺における10世紀前後の土器群」『古代末期土器群の勉強会』
柳沢和明ほか1991『宮城県多賀城跡調査研究所年報』多賀城跡調査研究所
柳沼賢治ほか1983『河内下郷遺跡群Ⅲ　桜木遺跡』郡山市教育委員会
　　―――1983「桜木遺跡」『河内下郷遺跡』Ⅲ，福島県郡山市教育委員会
柳内寿彦1986「大戸窯跡群における表面採集の中世陶器」『会津考古』第1号，いわしろ考古学研究会
柳内寿彦ほか1986『若松城跡三の丸跡発掘調査報告書』会津若松市教育委員会
　　―――1984『南原・雨屋地区埋蔵文化財調査概報』会津若松市教育委員会
山内幹夫ほか1994『母畑地区遺跡発掘調査報告34』福島県文化センター
山形県埋蔵文化財センター1993『升川遺跡』
　　―――1993『升川遺跡調査説明資料』
山岸英夫ほか1992「仲作田遺跡」『東北横断自動車道遺跡調査報告　19』福島県文化センター
山口博之1992「地域霊場の様相――山形県天童市舞鶴山の風景から――」『東北文化論のための先史歴史学論集』加藤稔先生還暦記念会
山中雄志1995「梁川町東土橋遺跡の調査」『第37回福島県考古学会大会研究発表資料』福島県考古学会
　　―――1996「中世村落景観展開の一事例――陸奥国伊達郡の村落例より――」『東国史論』群馬考古学研究会
山中雄志ほか1986『西山城跡調査報告書』桑折町教育委員会
山本信夫・狭川真一1987「鉾ノ浦遺跡（福岡県）――筑前大宰府鋳物師の解明――」『仏教藝術』174号，毎日新聞社
　　―――1991「大宰府市の鋳造関連遺跡」『第1回鋳造遺跡研究会資料』鋳造遺跡研究会
山本光正・小島道裕1992〔資料紹介〕永禄六年北国下り之足帳」『国立歴史民俗博物館研究報告』第39集，国立歴史民俗博物館
山本武夫1976『気候が語る日本の歴史』株式会社そしえて
矢部良明1978『日本出土の中国陶磁』東京国立博物館
　　―――1992「世界からみた柳之御所跡」『奥州藤原氏と柳之御所跡』平泉文化研究会
　　―――1983a「猿投窯から瀬戸窯へ移行する過程にみられる様式断層」『東洋陶磁』第9号，東洋陶磁学会
　　―――1983b「宋元陶磁と古瀬戸の相関関係」『月刊考古学ジャーナル』No.217，ニュー・サイエンス社
　　―――1985「総説・日本の陶磁」『日本の陶磁』東京国立博物館

――――1992「世界から見た柳之御所跡」『奥州藤原氏と柳之御所跡』吉川弘文館
――――1994『日本陶磁の一万二千年』平凡社
矢部良明ほか 1983『八王子城』八王子市教育委員会
横山勝栄 1989「新潟県東蒲原郡の中世資料について――山城の位置を考える――」『新潟県考古談話会会報』第 4 号,新潟考古談話会
――――1991「山間地域の小型城郭」『中世の城と考古学』新人物往来社
――――1995「越後北部の城郭」『第 12 回全国城郭研究者セミナー』
――――1996「越後北部山間集落の城郭について」『新潟史学』第 37 号,新潟史学
吉岡康暢 1982「北陸・東北の中世陶器をめぐる諸問題」『庄内考古学』第 18 号,庄内考古学研究会
――――1985「経外容器からみた初期中世陶器の地域相」『紀要』第 14 号,石川県立郷土資料館
――――1987「中世陶器の生産経営形態――能登・珠洲窯を中心に――」『国立歴史民俗博物館研究報告』第 12 集,国立歴史民俗博物館
――――1988「北東日本海域における中世窯業の成立」『国立歴史民俗博物館研究報告』第 16 集,国立歴史民俗博物館
――――1989「北東日本海域における中世陶磁の流通」『国立歴史民俗博物館研究報告』第 19 集,国立歴史民俗博物館
――――1994a『中世須恵器の研究』吉川弘文館
――――1994b「食の文化」『岩波講座　日本通史』第 8 巻中世 2,岩波書店
――――1995「北方流通史と大川遺跡」『1994 年大川遺跡発掘調査概報』余市町教育委員会
吉田生哉 1986「二三　砂屋戸荒川館」『いわき市史』第 1 巻,いわき市
吉田生哉ほか 1985『砂屋戸　荒川館調査概要』いわき市教育文化事業団
――――1990『岸遺跡』いわき市教育文化事業団
吉田幸一ほか 1983『郡山東部Ⅲ　穴沢地区遺跡』福島県郡山市教育委員会
吉田敏弘 1987「中世絵図読解の視角」『絵図にみる荘園の世界』東京大学出版会
嵐山町教育委員会 1995『金平遺跡現地説明会資料』
和田　聡ほか 1991『県営ほ場整備事業遺跡発掘調査報告書（概報）　的場館遺跡　古館遺跡』会津坂下町教育委員会
――――1992「第 1 編　古館遺跡」『福島県営ほ場整備事業阿賀川Ⅲ期地区遺跡発掘調査報告書』会津坂下町教育委員会
――――1997『鏡ノ町遺跡 A』塩川町教育委員会
渡部　学ほか 1997「大光寺新城跡」『東北の貿易陶磁』日本貿易陶磁研究会
渡辺一雄ほか 1982『関畑遺跡』本宮町教育委員会
渡辺　実 1990『日本食生活史』吉川弘文舘

あとがき

　本書を構成する論文等の初出は，下記の通りであり，既発表論文，口頭発表の記録を本書の構成に合わせて一部改稿したものであるが，各論文，口頭発表の論旨は全く変更していない．

序　　新　稿
Ⅰ-1　「付編：80年代の研究成果と今後の展望〈地　域〉東　北」日本中世土器研究会『中近世土器の基礎研究Ⅵ』1990年12月
Ⅰ-2　「中世食器の地域性　東北南部」国立歴史民俗博物館『国立歴史民俗博物館研究報告　第71集』1997年3月を加除・修正
Ⅰ-3　「平泉から鎌倉へ──出土かわらけから見える東国──」生活史研究所『財団法人サントリー文化財団1996年度研究助成報告書　宴をめぐる日本文化の歴史的総合研究（研究代表　小泉和子）』1997年5月を加除・修正
Ⅰ-4　「土器から見た中世の成立」小野正敏・五味文彦・萩原三雄編『中世の系譜』高志書院，2004年7月
Ⅰ-5　「Ⅲ土器・陶磁器　9．中世陶器〔5〕東北諸窯」中世土器研究会『概説　中世の土器・陶磁器』真陽社，2001年5月を加除・修正
　　　「Ⅱ陶器　総論」東北中世考古学会『中世奥羽の土器・陶磁器』高志書院，2003年7月を加除・修正
Ⅰ-6　「やきものから見える『価値観』」中世土器研究会『中世土器研究論集』真陽社，2001年5月
Ⅰ-7　「北海道・東北地方における古瀬戸流通」財団法人瀬戸市埋蔵文化財センター『財団法人瀬戸市埋蔵文化財センター研究紀要』第5輯，1997年3月を改稿
Ⅱ-1　「平安時代の鉄製煮炊具」目黒吉明『しのぶ考古　10』1994年3月を加除・修正
Ⅱ-2　「中世の製鉄・鋳造」帝京大学山梨文化財研究所『帝京大学山梨文化財研究所研究報告　第8集「中世の考古学」』岩田書院，1997年6月
Ⅱ-3　「中世の鉄生産」小野正敏・萩原三雄編『鎌倉時代の考古学』高志書院，2006年6月
Ⅱ-4　「近世入浜式製塩遺跡」江戸遺跡研究会『江戸遺跡研究会第7回大会　江戸時代の生産遺跡〔発表要旨〕』1994年1月を加除・修正

Ⅲ-1 「山城と聖地のスケッチ」帝京大学山梨文化財研究所『帝京大学山梨文化財研究所研究報告 小特集「中世城館と民衆」第5集』名著出版，1994年8月

Ⅲ-2 「陸奥南部における南北朝・室町前期の山城」論集しのぶ考古刊行会『論集しのぶ考古 目黒吉明先生頌寿記念』1996年2月

Ⅲ-3 「『館跡』『城跡』という遺跡」帝京大学山梨文化財研究所『帝京大学山梨文化財研究所研究報告 第9集 特集「中世城館の考古学」』岩田書院，1999年12月

Ⅳ-1 「第八章 中世奥州の村」柳原敏昭・飯村均編『鎌倉・室町時代の奥州』高志書院，2002年6月

Ⅳ-2 「ムラの『中世』，ムラの『近世』」網野善彦・石井進・萩原三雄編『『中世』から『近世』へ』名著出版，1996年2月を改稿

Ⅳ-3 「ムラがない――中世前期の東国――」畑大介編『ムラ研究の方法――遺跡・遺物から何を読みとるか』岩田書院，2002年11月を改稿

Ⅳ-4 「中世の『宿』『市』『津』――陸奥南部における中世前期の方形竪穴建物――」中世都市研究同人会『中世都市研究 第3号』1994年3月

Ⅳ-5 「東国の宿・市・津」藤原良章・村井章介編『中世のみちと物流』山川出版社，1999年11月

Ⅳ-6 「道と『宿』」小野正敏・萩原三雄編『戦国時代の考古学』高志書院，2003年6月

終 章 「ムラの建物，マチの建物――東国の発掘事例を考える――」研究代表玉井哲雄『考古学発掘資料による建物の復原方法に関する基盤的研究 1998年度～2000年度 科学研究費補助金（基盤研究A（1））研究成果報告書』2001年3月を加除・修正

　まずは，前記論文執筆あるいは本書を成すまでに，発掘現場や研究会など様々な場面で御指導・御助言をいただいた多くの方々に，遺漏を恐れて御名前を挙げないが，厚く感謝申し上げたい．

　私はいつも，「穴掘り屋」と自称する．考古学を勉強していると言うのはやや気恥かしいからである．それは，私は大学で考古学を体系的に学んだ経験がないという「負い目」があったのと同時に，現場の叩き上げであるという自負があったからかも知れない．

　私が最初に考古学――発掘現場――に触れたのは，高校3年生の時に福島県東村（現・白河市）の笊内古墳群の見学であった．その後，学習院大学法学部に進学し，歴史に漠然と興味があった私は「輔仁会史学部」という古めかしい

あとがき

木の看板に惹かれて，このサークルに入部した．これが考古学——中世考古学——との出会いであった．このサークルは故・奥田直栄先生が顧問として指導し，中世都市・鎌倉や中世城館の調査を主に取り組み，中世考古学を標榜し，当時としては稀有な存在であった．

入部後早速，私は鎌倉市鶴ヶ岡八幡宮境内の発掘調査に参加し，このころから，鎌倉考古学研究所の方々にお世話になるようになった．その夏には青森県尻八館跡の調査に参加し，先輩の大橋康二・千葉孝弥氏などに指導いただき，思い出深い調査となった．2年生の春には，練馬区石神井城跡（石神井台1丁目遺跡）の調査に参加し，先輩である故・大河内勉・福嶋宗人氏に，発掘調査のイロハを手ほどきいただき，昼夜分かたず御指導をいただいた．

その後引き続き，横浜市奈良地区遺跡群の調査に3年間参加し，奥田先生，先輩である伊藤正義・大河内・福嶋氏にご指導いただき，発掘調査のみならず，現場運営や考古学について大いに勉強になった．2・3年生の夏には，新潟県村松城跡の調査を奥田先生の指導の下に史学部が主催し，大河内氏の直接指導の下で，灼熱の中，調査に没頭した．4年間の大学生活は，学業もそっちのけで，各地の中世遺跡の発掘調査に参加し，発掘現場に入り浸り，現場から大学へ通学する生活であった．

当然最初は遊び半分のサークル活動として参加していたが，先輩方の昼夜にわたる懇切丁寧な指導や，学問的な議論に触れて，徐々に興味を持っていった．伊藤氏には研究者としての姿勢や現場運営の方法をお教えいただき，大河内・福嶋氏には考古学や発掘調査のイロハを教えていただいた．史学部では前述の多くの先輩方を始めとして，同期・後輩に恵まれた．先輩の佐道明広氏には研究者としての姿勢を学び，同期の山野井功夫・三船隆之氏，後輩の長佐古真也・荒川正明・桜井英治氏には現在でも常に学問的な刺激を受けている．

大学卒業後は郷里に帰り，偶然予定されていた福島県棚倉町の松並平（まつなみだいら）遺跡の調査に参加した．その後，目黒吉明先生のお誘いで，福島県文化センター遺跡調査課（現・福島県文化振興事業団遺跡調査課）に採用された．その後は福島県における大規模開発事業の発掘調査を多く担当した．相馬地域開発事業では古代製鉄遺跡群や近世入浜式製塩遺跡の調査を担当した．いずれも，全国的に事例の少ない発掘調査で，調査方法や埋蔵文化財保護の在り方としても考えさせ

られた．その後の火力発電所建設事業では，さらに大規模な古代製鉄遺跡群が調査対象となり，やはり多くの課題を考えた．「Ⅱ　鉄と塩」はこの時に，発掘現場で考え，学んだことが基礎となっている．

　その後担当した高速道路建設事業では，福島県田村地方で中世城館や近世村落などの調査を行った．このとき現場で考えたこと，地域権力の問題や地域性の問題として意識し「Ⅲ　城と館」や「Ⅳ　ムラとマチ　2　ムラの『中世』，ムラの『近世』」などに反映されている．この他，町史編纂事業では梁川町（現・伊達市）の八郎窯跡など伊達氏関連の中世遺跡の調査に参加した．瓷器系陶器窯である八郎窯跡の調査は，東北地方の中世陶器生産を考える契機となり，陶片を持って全国の窯跡を行脚し，自分なりに得られた研究成果が，「Ⅰ　土器と陶器　5　陶器生産」にまとめられている．

　また，「Ⅳ　ムラとマチ」は，1989年刊『奥田直栄先生追悼集』に執筆した「陸奥南部における中世村落の様相」が契機となっている．当時，まだ東北地方では中世考古学が公認された雰囲気ではなく，城館跡などの遺跡は注目されていたが，村落などは全く意識されていなかった．そこで，「このままでは中世村落が葬り去れる」という危惧もあり，当時既に調査されていた村落と思しき遺跡を集成し，紹介した．それが，一方では「方形竪穴建物跡」問題を含んで，「宿・市・津」といったマチの問題に発展し，もう一方では1996年の郡山市荒井猫田遺跡の調査という衝撃を受けて，道や町という問題に発展した．その思索の過程は「Ⅳ　ムラとマチ」に反映されている．尚，栃木県下古館遺跡の評価については，最近，江崎武氏（「下古館遺跡の再検討――東国における中世墓の実像――」『古代』第121号2008年3月）などからの批判があり，本書ではお答えできなかったが，いつの日か，明快にお答えできればと願っている．

　このように，私は縄文時代から近代まで多くの遺跡の発掘調査に携わった．その間私は，常に最新の研究成果を取り込むべく努力し，休日の度に，全国の発掘現場・研究会・学会に出かけ，多くの研究者と意見を交わすことができた．それは，私にとって極めて刺激的な，心満たされる，至福の時間であった．序でも記したように1980年代以降の中世史ブームは中世考古学発展の後押しをし，その学際的な研究の場はまさに熱気あふれるものであったことも，私にとって幸いであった．特に，多くの研究発表の機会をいただいたことは，私にと

って大変勉強になった．さらに，多くの仲間とともに1995年に発足させた東北中世考古学会は，12回の大会を開催し，まさに東北地方の中世考古学のネットワークと研究の底上げを図ることができ，多くの新たな研究と研究者を生み出した．これもまた，私にとって大きな財産である．

　この約15年間に，乞われるままに，その時々の興味・関心に基づいて，執筆した論文・口頭発表の記録が本書であり，私の研究の過程である．私は，常に地域や遺跡——発掘現場——の視点から，列島史へ発信を心掛けてきたが，それには論理の飛躍や理解し難い面があることは否めない．それは，まさに私の未熟さで故であり，研究途上の姿として御理解いただきたい．

　また，本書は当初から一書にする意図がなかったことから，重複の多い部分があり，章立てのバランスも悪く，内容の精粗も否めない．私のたどたどしい「牛歩の歩み」の結果であり，同時に私の「生きた証」でもある．その意味で，改稿は最小限とし，その後の研究成果は盛り込まなかった．今後の研究によって，改めていきたいと考えている．

　本書刊行の契機は，『図解・日本の中世遺跡』（編集代表　小野正敏）刊行の2001年頃に遡る．記憶は定かでないが，通称「同窓会」の飲み会か旅行で，浅野晴樹・斎藤愼一氏からお勧めいただいたのが最初であった．その後，思いがけず『図解・日本の中世遺跡』の編集を担当した東京大学出版会の増田三男氏から再三お誘いがあり，2003年からようやく原稿をまとめる作業に着手したが，私の仕事上での異動が相次ぎ，また日頃の怠慢も相俟って，一応の原稿として提出できたのが，2008年に至ってしまいました．この間，手厳しく励ましていただいた「同窓会」の諸氏に感謝申し上げたい．

　最後に，本書刊行の御推薦をいただいた五味文彦氏，そして図版が多く，難解な私の文章を編集していただいた増田氏に衷心より厚く感謝申し上げます．

　　2009年2月　福島市の自宅にて　　　　　　　　　飯　村　　　均

遺跡索引

あ

会津大塚山窯跡（福島県）97,98
会津本郷窯（福島県）98
会津若松城（福島県）25,26
青井沢遺跡（福島県）153
赤川窯跡（福島県）15,75,80,81,83
赤平平家窯跡（秋田県）86
秋田城跡（秋田県）43
安子島城跡（福島県）114
芦ノ口窯跡（宮城県）82
穴沢館（福島県）252
穴沢地区遺跡群（福島県）308
天羽田稲荷山遺跡（千葉県）315
荒井猫田遺跡（福島県）7,111,236,304,306,311,312,330,335,336
荒川館跡（福島県）25,114
荒久遺跡（千葉県）294
荒小路遺跡（福島県）23,245
安国寺西遺跡（宮城県）81

い

飯坂窯跡（福島県）15,72,80,83-85,89,90,95
飯野八幡宮（福島県）104
池ノ上遺跡（三重県）162,163
石神遺跡（広島県）131
伊豆沼窯跡（宮城県）83
伊豆沼古窯（宮城県）82
泉屋遺跡（岩手県）68,89
泉谷地窯跡（山形県）81,83,87
一乗谷朝倉氏遺跡（福井県）2,261
一本杉窯跡（宮城県）33,87

今泉城跡（宮城県）22
今神遺跡（福島県）177
今小路西遺跡（神奈川県）139,140,292
岩崎台地遺跡群（岩手県）294

う

植田前B遺跡（宮城県）13,20,72
上ノ内遺跡（福島県）31
後城遺跡（秋田県）114
ウスガイト遺跡（愛知県）266
内屋敷遺跡（福島県）313
宇津木台遺跡（東京都）279
内真部遺跡（青森県）53
内村遺跡（秋田県）26

え

エヒバチ長根窯跡（秋田県）27,69,71,85,88,89,95
円福寺跡（宮城県）（瑞巌寺）22,36

お

狼沢窯跡（新潟県）75,94
大貝窯跡群（宮城県）159
大釜館遺跡（岩手県）68,70
大槻遺跡（福島県）115
大川遺跡（北海道）112,264
大沢窯跡（宮城県）33
大楯遺跡（山形県）27,31,34,36,111
大戸窯跡（福島県）11,72,84,85,87,88,90,95,105
大鳥城跡（福島県）201
大畑窯跡（秋田県）82,83,88,89,95
大畑桧山腰窯跡（秋田県）27,86

368　遺跡索引

大藤1号谷遺跡（熊本県）　134
大矢遺跡（広島県）　131
落川遺跡（東京都）　276

か

加賀窯（石川県）　94
鏡ノ町遺跡A（福島県）　228
鍛冶久保遺跡（福島県）　31, 120, 125, 129, 250-252
鹿島遺跡（宮城県）　11, 13
勝山館跡（北海道）　109, 115
金井遺跡（埼玉県）　142, 145
金沢地区製鉄遺跡群（福島県）　125, 130
金平遺跡（埼玉県）　144, 145
樺・金山製鉄遺跡群（熊本県）　133
鎌倉（神奈川県）　5, 36, 56, 60-62
甕コ沢窯跡（秋田県）　86
河内迫遺跡群（福島県）　125
川股城跡（福島県）　37, 115, 210
川原毛窯（岩手県）　98
観音沢遺跡（宮城県）　286, 290, 300, 303, 331

き

岸窯跡（福島県）　16, 97
岸窯跡群（福島県）　97
北沢遺跡（新潟県）　134, 137
北高木遺跡（富山県）　144
屹館跡（福島県）　212, 216
狐谷遺跡（熊本県）　133, 137
木村館跡（福島県）　188, 256
旧新沼浦製塩遺跡群（福島県）　168
京都（京都府）　39

く

釘野千軒遺跡（大分県）　324

草戸千軒町遺跡（広島県）　2, 312
久世原館跡（福島県）　212
熊刈A窯跡（宮城県）　82, 84, 87, 89
熊刈窯跡（宮城県）　81
熊刈C窯跡（宮城県）　82
熊刈D窯跡（宮城県）　82
熊刈B窯跡（宮城県）　82
熊野堂大館跡（宮城県）　22, 203
栗出館跡（福島県）　243
黒田遺跡（福島県）　308
黒森窯跡（宮城県）　82

こ

更埴条里遺跡（長野県）　278
鴻ノ巣遺跡（宮城県）　232
光谷遺跡（福島県）　241
郷楽遺跡（宮城県）　229
湖西窯（静岡県）　107
五十堀田A遺跡（福島県）　154
五所川原窯跡（青森県）　72, 106
御前清水遺跡（福島県）　14
子安遺跡（新潟県）　315
艮耕地A遺跡（宮城県）　23, 229, 231, 250
権兵衛沢窯跡　75

さ

境関館跡（青森県）　112
境の沢遺跡（宮城県）　81
桜木遺跡（福島県）　14, 23
笹間館（岩手県）　19, 114
篠本城跡（千葉県）　218, 266
佐助ヶ谷遺跡（神奈川県）　58, 272, 332
砂屋戸荒川館跡（福島県）　36, 200
沢田遺跡（茨城県）　162, 163, 179
三貫地遺跡（福島県）　228
山王遺跡（宮城県）　41, 43, 44, 69, 105,

遺跡索引　369

127
山王坊跡（青森県）109
三本木窯（宮城県）83
三本木古窯（宮城県）82
山谷遺跡（千葉県）296, 306, 311, 312, 318, 320, 324

し

四本松城跡（福島県）25
四合内B遺跡（福島県）256
猪久保城跡（福島県）25, 184, 196
寺中遺跡（静岡県）137, 138
品ノ浦窯跡（宮城県）80, 81
篠窯跡（京都府）107
志海苔館跡（北海道）112
柴垣製塩遺跡群（石川県）162, 179
柴崎遺跡（茨城県）304
下竹の内遺跡（福島県）136, 154
下古館遺跡（栃木県）294, 297, 300, 311, 331, 333
執行坂窯跡（山形県）77, 87, 88
升川遺跡（山形県）264
正直A遺跡（福島県）121, 129
正直B遺跡（福島県）125
匠番柵館跡（福島県）212, 216
勝利ヶ岡遺跡（福島県）226
丈六窯跡（福島県）34
白河城跡（福島県）26
白旗遺跡（福島県）226
白水阿弥陀堂境内域（福島県）23
志羅山遺跡（岩手県）19, 34, 35, 47
尻八館跡（青森県）113, 281
白石窯跡（宮城県）83, 90
白石古窯（宮城県）82
新宮城跡（福島県）23
新溜窯跡（山形県）77, 81, 83, 87, 88

す

瑞巌寺（宮城県）33
瑞巌寺境内遺跡（宮城県）87, 104, 111
州崎遺跡（秋田県）320, 324
須走遺跡（山形県）27
諏訪前遺跡（岩手県）225

せ

関の入遺跡（宮城県）136, 157
関畑遺跡（宮城県）31, 123, 125, 127-129
関林H遺跡（福島県）154
瀬戸遺跡（大分県）207
背中炎窯跡（新潟県）94
銭神G遺跡（福島県）136, 137, 153
仙台城三の丸跡（宮城県）22, 32

た

大光寺新城遺跡（青森県）225
大師東丹保遺跡（山梨県）272
大新町遺跡（岩手県）17
台ノ前A遺跡（福島県）282, 290
台ノ前B遺跡（福島県）256
多賀城跡（宮城県）10, 20, 41, 53, 123, 127, 129
滝製塩遺跡群（石川県）162, 179
多高田窯跡（宮城県）80-82, 84, 89
田束山寂光寺（宮城県）53

ち

中尊寺金剛院（岩手県）17, 20, 37, 50, 68, 70, 72
中尊寺真珠院（岩手県）68, 70

て

伝・安泰寺（福島県）26

遺跡索引

天神山窯（福島県）　98
天王寺経塚（福島県）　89

と

土井ノ内遺跡（福島県）　276
東北窯跡（宮城県）　15, 80-82
塔の腰遺跡（山形県）　306
堂山下遺跡（埼玉県）　296, 306, 311, 316, 320, 324
十三湊遺跡（青森県）　109, 113, 115, 312
戸長里窯跡（山形県）　16, 97, 98
殿田館跡（福島県）　212, 214
鳥海A遺跡（岩手県）　68, 70
富沢遺跡（宮城県）　232, 237
樋田遺跡（新潟県）　268, 330

な

中崎館跡（青森県）　110
仲作田遺跡（福島県）　240
中里遺跡（青森県）　112
中田D遺跡（富山県）　268
長沼城跡（福島県）　37
長沼天神窯（福島県）　98
中村遺跡（群馬県）　265
浪岡城跡（青森県）　53, 113, 209, 261, 281

に

新田遺跡（宮城県）　20, 31, 89
西方館跡（福島県）　188, 241

ね

根城跡（青森県）　113, 281, 328

の

野路岡田遺跡（滋賀県）　336

は

白山社遺跡（岩手県）　146
白山廃寺（岩手県）　68, 70
長谷小路周辺遺跡（神奈川県）　139, 140
長谷小路南遺跡（神奈川県）　140
八条院町（京都府）　140
八郎窯跡（福島県）　15, 84, 87, 88
花山寺跡（宮城県）　53
馬場小路遺跡（福島県）　308
馬場平B遺跡（福島県）　241, 243
馬場中路遺跡（福島県）　13, 23, 123, 272, 308, 332
馬場屋敷遺跡（新潟県）　269, 272, 331
林遺跡（石川県）　144

ひ

東沢窯跡（宮城県）　82
東田遺跡（群馬県）　265
東土橋遺跡（福島県）　31
日置荘遺跡（大阪府）　141, 145
毘沙門平窯（福島県）　80, 81, 83
桧山腰窯跡（秋田県）　88, 89
平泉（岩手県）　5, 61, 62, 95, 101, 102, 106
平泉遺跡群（岩手県）　17, 19, 20, 51, 68, 72, 73, 101, 110, 125

ふ

武井地区製鉄遺跡群（福島県）　125, 130
藤島城跡（山形県）　27
双子遺跡（福島県）　171, 177
二ツ井窯跡（秋田県）　85
古宿遺跡（福島県）　288, 301, 303, 324, 331
古館遺跡（福島県）　284, 290, 301, 303, 331

遺跡索引　371

古戸遺跡（福島県）　308
古屋敷遺跡（福島県）　11, 44, 70, 105

へ

平安京（京都府）　39, 40, 52, 64
蛇石前遺跡（福島県）　258

ほ

鉾ノ浦遺跡（福岡県）　141
菩薩院窯（福島県）　98
堀ノ内遺跡（福島県）　25, 256
本飯豊遺跡（福島県）　31

み

水沼窯跡（宮城県）　10, 15, 31, 69, 71, 83, 86, 89, 95, 136, 157
南川尻A遺跡（福島県）　171, 179
南古館跡（福島県）　25, 36, 114
三春城下町（福島県）　25, 26, 255
宮耕地遺跡（宮城県）　229, 230, 246
宮田A遺跡（宮城県）　246
宮田B遺跡（宮城県）　246
宮ノ下B遺跡（福島県）　250
妙楽寺遺跡（滋賀県）　322, 323

む

向羽黒山城跡（福島県）　194
向田A遺跡（福島県）　125, 127
陸奥国分寺跡（宮城県）　11
群田遺跡（宮城県）　136

も

元島遺跡（静岡県）　323

元屋敷遺跡（福島県）　115
茂谷沢窯（秋田県）　83
盛岡城跡（岩手県）　19, 20
師山遺跡（福島県）　171, 179

や

矢栗遺跡（広島県）　131
矢立廃寺（秋田県）　27, 53
梁川城跡（福島県）　25
柳之御所跡（岩手県）　10, 17, 31, 34, 35, 46, 51-53, 68, 89, 101, 104, 107
山口遺跡（宮城県）　231
山田A遺跡（福島県）　125
山塚沢窯跡（宮城県）　81, 82

ゆ

由比ヶ浜（神奈川県）　292
由比ヶ浜集団墓地遺跡（神奈川県）　58

よ

横川遺跡（山形県）　27
蓬田大館（宮城県）　53

り

霊山城（福島県）　194
輪王寺跡（福島県）　25, 26

わ

若宮大路周辺遺跡群（神奈川県）　60, 292, 331
鷲塚遺跡（福島県）　171

著者略歴
1960 年　栃木県生まれ
1983 年　学習院大学法学部政治学科卒業
現　在　財団法人福島県文化振興事業団主幹

主要著書
『図解・日本の中世遺跡』（共編著，東京大学出版会，2001 年）
『鎌倉・室町時代の奥州』（共編著，高志書院，2002 年）
『律令国家の対蝦夷政策・相馬の製鉄遺跡群』（新泉社，2005 年）
『歴史考古学を知る事典』（共著，東京堂出版，2007 年）
『中世の宿と町』（共編著，高志書院，2007 年）

現住所
福島市永井川字壇ノ腰 22-1-304（〒 960-1102）

中世奥羽のムラとマチ
　　考古学が描く列島史

2009 年 5 月 12 日　初　版

［検印廃止］

著　者　飯村　均
　　　　いいむら　ひとし

発行所　財団法人　東京大学出版会
代表者　長谷川寿一
　　　113-8654　東京都文京区本郷 7-3-1 東大構内
　　　http://www.utp.or.jp/
　　　電話 03-3811-8814　Fax 03-3812-6958
　　　振替 00160-6-59964

印刷所　株式会社平文社
製本所　誠製本株式会社

Ⓒ 2009 Hitoshi Iimura
ISBN 978-4-13-020146-9　Printed in Japan

Ⓡ〈日本複写権センター委託出版物〉
本書の全部または一部を無断で複写複製（コピー）することは，著作権法上での例外を除き，禁じられています．本書からの複写を希望される場合は，日本複写権センター（03-3401-2382）にご連絡ください．

藤本 強
考古学の方法 調査と分析　　A 5 判　2700 円

鈴木公雄
考古学はどんな学問か　　四六判　2800 円

鈴木公雄
考　古　学　入　門　　A 5 判　2200 円

小野正敏　編集代表
図解・日本の中世遺跡　　A 4 判　6800 円

千田嘉博
織豊系城郭の形成　　A 5 判　6400 円

高橋康夫・吉田伸之編
日本都市史入門　Ⅰ空間　B 5 判　4500 円
　　　　　　　　Ⅱ町　　　　　　3800 円
　　　　　　　　Ⅲ人　　　　　　4800 円

ここに表示された価格は本体価格です．御購入の
際には消費税が加算されますので御了承下さい．